U0145975

有度

一切皆有法　一切皆有度

是非与曲直 （修订版）

个案中的法理　苏力 著

北京大学出版社

PEKING UNIVERSITY PRESS

图书在版编目（CIP）数据

是非与曲直:个案中的法理/苏力著. —2 版（修订版）. —北京:北京大学出版社,2024.1

ISBN 978 - 7 - 301 - 33933 - 6

Ⅰ. ①是… Ⅱ. ①苏… Ⅲ. ①案例—中国 Ⅳ. ①D920.5

中国国家版本馆 CIP 数据核字（2023）第 067937 号

书　　名	是非与曲直——个案中的法理（修订版）
	SHIFEI YU QUZHI——GE'AN ZHONG DE FALI（XIUDING BAN）
著作责任者	苏　力　著
责 任 编 辑	王　晶
标 准 书 号	ISBN 978 - 7 - 301 - 33933 - 6
出 版 发 行	北京大学出版社
地　　址	北京市海淀区成府路 205 号　100871
网　　址	http://www.pup.cn
新 浪 微 博	@北京大学出版社　@北大出版社法律图书
电 子 邮 箱	编辑部 law@pup.cn　总编室 zpup@pup.cn
电　　话	邮购部 010 - 62752015　发行部 010 - 62750672
	编辑部 010 - 62752027
印 刷 者	三河市北燕印装有限公司
经 销 者	新华书店

965 毫米 × 1300 毫米　16 开本　26 印张　421 千字

2019 年 8 月第 1 版

2024 年 1 月第 2 版　2024 年 1 月第 1 次印刷

定　　价　76.00 元

但是我一直没有被迷惑

从来没有

如同河流

在最深的夜里也知道明天的去向

余秀华
《你没有看见我被遮蔽的部分》

修订版序

初版已四年了。这一版只是纠正了一些明显的错误，对全书文字做了些许调整、修改和补充。

苏　力

2023 年 2 月 20 日星期一

序

一直从事法学理论的教学和研究，自然更容易偏宏观。但我知道，如果对经验事实缺乏精细具体的理解和把握，很危险，所有分析和结论就有可能是想当然；在部门法的法学/法律人看来毫无用处，就是你自说自话。甚至，很难说你还是位法学人或法律人，因为"没有调查，就没有发言权"[1]。而且，不关注真实世界的麻烦，也就不可能开发提炼出真有意义的新问题。因为，就法学而言，所有的新知或发现只可能来自经验，不可能来自概念、命题或理论自身。法律人必须"小大由之"，或者说"上得了厅堂，也下得了厨房"。

因此，自大学任教以来，我会不时分析一些我认为有点意思的法律个案或可能进入司法的法律事件。有意思，是说与轰动程度无关，与社会舆论大小无关。只是我觉得，一，其中有些问题可能别人没看到，忽略了，省略了。二，即便这事过去了，其中的那个或那些麻烦还会在。换种说法，即其中的争点有超越此案或此事件的意义。若让这事就这么过去，太亏了。三，其中有些道理，哪怕很残酷，也该说明白，且可以说明白。我喜欢捕捉这种稍纵即逝，但不好高骛远。即便我的分析结论或建议不被人接受，甚至错了，我也不担心，我不希望它成了应对个案的法律操作建议。法理人要知道自己的站位。

[1] 参见毛泽东：《反对本本主义》，载《毛泽东选集》（第一卷），人民出版社1991年版，第109页。

　　积攒下来，稍大一点的文章就这些了。最早的一篇收入了《法治及其本土资源》，为对得起读者，这本书就不收了；都是"干货"。

　　这本书有理论关切，却从实务视角切入，即在我们社会的价值体系中，如何公平合理有效地解决争议。但我既非律师，也非法官，亦不曾以任何从业者身份介入这里讨论的或其他案件。事实上，我甚至谢绝了法律咨询或仲裁。在法学院教书，教的课程均属理论法学，也很少参加学术会议，我可以说是典型象牙塔内的人。这注定我的所谓实务视角下的个案分析不一定靠谱，甚至很离谱。但即便说是"法盲"，我也不觉得丢人。因为我确实一直设身处地尽量体会，也即"脑补"，智识普通但合乎情理的中国人，即广大"法盲"，在中国的社会语境中，对这些法律事件会怎么想，怎么看，怎么分析，怎么判断，尽可能察知他们的情感，他们的期待，他们的根据，和他们的道理。

　　缺乏实务经验是本书的软肋。但一个学人仍可能因为只关心司法如何公正合理有效地解决实在的争议，并在这个意义上，其关切和视角是司法的、务实的，不过于也不自觉地为职业利益所左右。缺乏具体制度语境下的工作经验，也未必全是坏事。这有助于他从不同视角——法官、检察官、律师甚或不同当事人的视角——来考察同一个问题。转换视角不一定更高明，甚至可能导致优柔寡断，却可能因更多体察，有另一种务实和平衡。我关心，在既定的社会、制度、法律、信息、技术、资源甚至主流社会规范条件下，公平合理有效地处理争议。我不必像律师必须关心胜诉，也不必像主审法官面对成堆案件、舆情或人际关系的压力，甚至不必像当事人那么——即便有道理的——情绪用事。颠倒一句老话：败也萧何，成也萧何。

本书的预期读者是法学/法律人。这种说法太容易遮蔽些什么。其实，即便是同班同学，最后也未必真属于想象的"法律共同体"。说不定哪天，我会把你，或是你把我，因利害冲突，给告了；或因犯罪或贪腐，给抓了。一旦进入司法实践，屁股决定脑袋，只能以守法为前提，以不出事为底线，职业法律人按各自职责来处理相关法律问题。也打擦边球，由于职业利益，还往往只朝着某个方向打，攻其一点不及其余，甚至夸张、牵强或煽情。我不认为存在一种可供分享的法律人思维或法律思维。

在更大程度上本书是为谨慎保守的判断者准备的，首先是抽象的法官。我说抽象，因为真实的法官，都有种种真实和想象的利益，多少就会偏离本书展示的思路。真实的法官还会有个人特点，法律训练也没法，甚或不应，将之规训齐整。有人偏于进取，有人偏于慎重，也即保守。法学教育就那么几年，更长更复杂更锻炼人的从来都是社会生活经验和各种从业经验，思维方式、敏感、平衡感以及对相关变量的权重判断不同，甚至天赋也有所不同。如今法官太忙，不大可能有法学人宽松的时间和情境，可以从容琢磨。本书承认个体法官的差别，不指望书中提及的考量都被接受。我只希望这一或那一考量不是没道理，即便之前教科书、教义或学人未曾提及。

也包括其他虚构的裁判者，如检察官、法学人和法学生，以及对本书也许感兴趣的普通人。只要不固守某种法治信念——其实是意识形态，我认为，本书涉及的相关因素都应当进入法律实践关注者的视野。我不想说某案就该如何处理；我只希望读者读后，在思考或处理其他个案时，除关注法律制度规定外，还知道有些因素不能忽视，至少不该从一开始就忽视。即便最后在利益权衡时舍弃了，扪心自问，天地良心，也得承认，它真的曾进入我们的视野。

　　从业律师也是预期读者。将之放最后，因为两个考量，说偏见也可以。第一，律师的法务实践会令本书的分析对他们来说太小儿科。本书主要是说理，让那些"日用而不知"的道理能进入中国法律人的视野，因此很絮叨，律师没法直接套用。但这些絮叨对刚入行的法学生可能有好处，也更重要，就希望有助于他/她们察知生活中那些有法律意义的事实和规范，看到法律规则、教义和学说背后的复杂利益格局。第二，更重要的是，律师的职业伦理和职业利益都要求律师必须首先以当事人的利益为重。这种利益追求迫使他们简化自己的方程式，对胜诉的渴望和激情一定会高于我书中的为平衡利益冲突的理性分析。对律师来说，也实在没必要像本书那般事无巨细，面面俱到。管用，只要有一招就行。但话又说回来，他们仍可能因浏览本书有所收获。一方面，只要计较案件输赢，一个守规矩（不只靠关系）的从业律师，会因了解其他法律人特别是法官可能如何思考和裁断而获益。专注于司法职业的利益，胜诉是一种快乐；但置身输赢之外，以非利害的眼光审视个案还能收获别种快乐。打麻将对有些人是种娱乐，对有些人则只是输赢，极少快乐，虽然都是麻将。律师只是职业，不应是当律师的人的全部生活。

　　引论除外，其他都是旧作，曾先后公开发表，有的甚至是新近发表。只有第三章的附录是此次最后改定，其实也可以独立成文。但本书并不只是旧文汇编。各章基本观点未变，却有不少修改调整，有些部分几乎完全重写。各章并非按写作年份编排，更多考虑到各章间的内在联系。

　　感谢不可能在此一一列明的众多学友，在我当年写作中曾给予的帮助。同样感谢在此也不一一列明的首发这些论文的杂志和编辑。但还是特别感谢我的大学同学，北京大学出版社的李霞编辑；没有她的耐心，但特别是督促，这本书就不可能在 2019 年除夕前完稿。

苏　力

2019 年 2 月 3 日于北大法学院陈明楼 516 室

目　录

|引论| 摆事实、讲道理、断是非

从实践中来，到实践中去。

——毛泽东[1]

法律并不总是很合乎逻辑，幸亏如此。

——波斯纳[2]

这本书汇集了多年来我分析法律个案（包括司法个案或涉法社会事件）的一些论文。分析个案，自然与相关部门法有关，但这仍是一本有针对性的法理之作。

首先，针对的是目前中国理论法学研究的一个突出问题：喜欢谈论一些抽象的概念或命题，而不是直面生动、复杂甚至多变的真实世界，察觉其中很难，甚或就是不能为这类理论命题涵盖的事实，清楚地讲出点道理。不是讲"某外国怎么做的"或"张三怎么说过"，而是讲这件事在我们的生活世界中的道理。这样讲道理才有助于决策和行动，更有助于心态平和，好好活着。

其次，从方法上看，这些个案分析或可用作法学教育，让法学生察知，进而能有效应对，法律经验世界中各种行动者对事实和规范的利用、挪用，有时甚至是"死磕"，以及由此而来的意义的复杂、流变和微妙，从而真正理解在这个世界中法律人选择的可能和必要。

最后，既然涉及具体案件或事件，却不必像部门法学

---

〔1〕 这是对毛主席原话的一种概括，原话是，"认识从实践始，经过实践得到了理论的认识，还须再回到实践去。认识的能动作用，不但表现于从感性的认识到理性的认识之能动的飞跃……"《实践论》，载《毛泽东选集》（第一卷），人民出版社1991年版，第292页。

〔2〕 *United States v. Browning*, 436 F. 3d 780, 782 (7th Cir. 2006).

人那样，直接甚至仅仅关注法律应对，或诉讼胜负，我希望能从中抠出点新意，与相关部门法理论、相关司法实践甚或其他有关；用法理的方式来重新表达相关部门法通常会以教义方式表达的一些内容。我希望以此展示（而不是论证）理论法学的实践意义，也即竞争力。

一

如今的法理研究常常会令许多法律人觉得非常无力，非但于法律人的实务没什么实际帮助，更重要的是对总体理解把握法律往往也缺乏智识启发。其实这不仅在中国。波斯纳法官就曾多次吐槽法理学，认为其研究的问题，有点常识、还要养家糊口的人连一分钟都懒得思考。他引证了哈特《法律的概念》，一点不装，他坦承，看不懂这本书为啥受人崇敬。在一个判例中，波斯纳指出："美国法的慢性病之一就是概念越来越多，这导致人们更注意定义，而不是实践。"[3]

法理，在我看来，必须至少在某一点上有助于我们更清晰更真实更全面地理解这个世界，从而有助于有效决策和化解纠纷，而不应只顾着攒上一堆值得供奉的正确命题，一大堆人名。我就举一个法学的核心概念或命题为例。我们如今很多人主张"为权利而斗争"，有"权利本位"论，主张"走向权利的时代"，等等。抽象看，当然很对，我们确实应当维护每个人的权利。这类主张或话语会有法治意识形态宣传的效果。但理论法学如果不能由此向前迈进一步，则无助于理解和发现新问题，更无助于有效解决具体问题，其意义就会非常局促。因为在真实世界中，几乎所有案件，或争议事件，都不是，或至少很难说是，一个界定和维护某一方权利的简单问题。一个最基本的事实就是科斯指出的权利相互性。[4]保护一方主张的权利，一定会波及，至少是影响，甚至

---

〔3〕〔美〕波斯纳：《法理学问题》，苏力译，中国政法大学出版社 2001 年版，第 2、4 页。〔美〕波斯纳：《各行其是：法学与司法》，苏力译，中国政法大学出版社 2017 年版，第 76 页注〔26〕。*United States v. Johnson*, 380 F. 3d 1013, 1014 (7th Cir. 2004).

〔4〕〔美〕科斯：《社会成本问题》，载《论生产的制度结构》，盛洪、陈郁译校，上海三联书店 1994 年版，第 142 页。

"侵犯"另一方可以或可能主张的权利。宿舍内，我唱歌，你就没法享受安静；你想熄灯休息，那我怎么刻苦看书学习？除非借助大家都认同的方式，达成协议并遵守协议——其实就是双方都修改并限定自己的权利主张，这种冲突就不可能有你好我好大家好或"双赢"局面。无论如何主张"为权利而斗争""权利哲学""权利本位"等，或再多抽象的讨论，都无法解决这类问题。对权利的争议只可能具体地分析，具体地限定，具体地解决。如果冲突各方相互不妥协，都坚持同真理站在一起，都声称"只向真理低头"，居间调解无法达成共识，那就只能交由各类裁判者判决，而判决的真正意义并非只是宣布一个决定，而是由此得以合法化"强制执行"，"你不服不行"。其实，你只是向司法代表的权力低头了。学者的话不能都当真，有些就是用来煽情的。

这种权利冲突不限于民商事案件，即所谓的好人之间。同样会，以同样的程度和同样的百分比，出现在刑事案件中，在所谓的或"本质上"的好人与坏人之间。刑法和刑诉法主张保护被告的权利，要做的也是这事。当然这很人权，很善良，很暖心，至少在主要是但不只是刑事法律人/法学人看来如此。但也必须冷静甚至冷酷地看到，无论你是否赞同，是否支持，如此主张和保护刑事被告的权利都一定会以牺牲受害人的某些权益，不只是边际的，有时就是重大的、实质性的权益，为代价；还会增加警方和检方直至整个国家为此支付的人力、财力和智力。"疑罪从无"当然很好，至少就原则而言，在某一个具体案件上；否则没有良心。但从社会层面来看，当其他变量不变时，一刀切的"疑案从无"，不论疑点大小和程度，不论社会危害大小（如恐怖犯罪），不论涉及轻罪、重罪以及再犯的概率，不论是谁（法官、检察官、辩护律师乃至有时社会公众）心中的疑点，不论社会科技发展水平和潜能，换言之完全不考虑"从无"的成本收益或社会风险，结果一定趋于，与"证据确实、充分"或"不存在合乎情理之怀疑"相比，有更多案件最后无法破案，或是无人出庭受审，或出庭后无法定罪。这与你我无关，照样讲课，学习或工作；但这意味着此案的受害人及其亲属没得到法律允诺的救济，意味着有些世俗意义的罪犯仅因未成为法律意义上的罪犯而被放纵了。社会公众因此对警方、检方和法官可能有更多不满、批评、指责、嘲笑甚至辱骂。如果否认这一点，那就是没有脑子。我们希望自己有良心，也有脑子；甚至，更多点脑子。

相比日常的书本上的法理，社会生活的经验现象，即便一则新闻，也可能令人有法理的觉悟，对现有的流行法理命题有所反思。大约两周前，某地警方抓获两名 14 岁窃贼。讯问时，其中一位竟洋洋自得地说："我知道我还能偷 400 多天，到 16 岁我就不偷了！"[5]这可以说是通常说的"知法犯法"。其实有些许不同，因为行为人告白自己是依法违法，依法犯罪[6]，尽管这个"罪"是社会意义的，还不是刑法意义的。不应低估这些微的不同，以及它可能具有的法理可能性。若仅仅是知法犯法，许多人，甚或法律人，看到的就是这位少年的荒唐，或是现行法治还不完善，等等；也可以完善。针对这类现象和民众反映，最高检也开始有所动作。[7]很好。但从法理视角看，这里有个智识无解，实践上无法完善的问题：无论我们喜欢不喜欢，如果真的仅仅强调依法办事，必然结果之一就一定是有更多人"依法犯罪""依法违法"。由此才能理解孔子当年曾预测和告诫过的："道之以政，齐之以刑，民免而无耻"；老子当年也曾预测和告诫过："法令滋彰，盗贼多有"；以及与此相伴的其他历史实践或断言。[8]进而可能理解孔子之所以这么说，不是因为两位哲人愚蠢，或有社会偏见，只相信人治/礼治，搞法律虚无主义；恰恰因为他们务实，不仅理解人性的复杂和法律的功能，更看到当时社会的技术能力和政治治理能力，才准确预判了相应的不可欲结果。

---

〔5〕《两 14 岁少年偷窃手机案值 20 多万，被抓后竟称"还能再偷 400 天"》，http：// china. huanqiu. com/article/2019-01/14148797. html? agt＝46，2019 年 5 月 5 日最后访问。

〔6〕《中华人民共和国刑法》第 17 条规定："已满十六周岁的人犯罪，应当负刑事责任。已满十四周岁不满十六周岁的人，犯故意杀人、故意伤害致人重伤或者死亡、强奸、抢劫、贩卖毒品、放火、爆炸、投放危险物质罪的，应当负刑事责任。"另需说明，本书的法条皆按成文时的规定引用，所讨论的问题没有因为法条的部分修改而有实质的变化，因此再版未做此方面的更新，后同。

〔7〕2019 年 2 月 12 日，最高人民检察院向社会发布了《2018—2022 年检察改革工作规划》。其中第 15 项任务是，检察机关将深化涉罪未成年人的教育感化挽救工作，探索建立罪错未成年人临界教育、家庭教育、分级处遇和保护处分制度。http：// www. chinanews. com/gn/ 2019/02-12/8751564. shtml，2019 年 5 月 5 日最后访问。

〔8〕杨伯峻：《论语译注》，中华书局 1980 年版，第 12 页；陈鼓应：《老子今注今译》，商务印书馆 2006 年版，第 280 页。又如："善人在上，则国无幸民。谚曰：'民之多（侥）幸，国之不幸也'。""先王议事以制，不为刑辟，惧民有争心也。""刑不可知，则威不可测。"李学勤主编：《十三经注疏·春秋左传正义》，北京大学出版社 2000 年版，第 674、1226、1227 页。

只要不将他们的看起来"反法治"命题当成普世真理，就会发现，他们的洞察反倒比不具体考察社会各种条件一味重复"依法治国"更有法理意义，至少这有助于预见甚或弱化以成文化为法治核心可能引发的不可欲后果之一。它起码提醒、甚至告诫了我们，就和锁一样，法治是防君子不防小人的。真正务实的人不可能指望单靠法治就能建构一个完美的世界。法治是要件之一，用来建设和规范一个绝大多数人觉得还行的世界。如此思考，或理解先哲，丝毫不意味着看轻法治；就如今天欧洲人仍讨论《理想国》并不意味着贬低法治。而且，事实胜于雄辩，也得相信人性，在现代社会条件下，真有实效的法治实践一定会比任何反法治的言辞更强有力。

真正负责任的法律人，无论是理论法学还是部门法学，一定不会是些成天掰活和捯饬各种概念、教义、理论甚或理论家名字的人，爱给学者分类贴标签的人，太善于归纳、概括、梳理思想理论源流脉络的人；而是高度关注各类事实，努力清理和理解这些事实背后的实践意味，基于职责，但更出于公心，不仅听取各类诉求，而且能设身处地发现各方，甚或不在场者的潜在和未来诉求，尽力协调平衡立法、行政和司法中那些可以也很容易用各种教义、理论或人名的虎皮装点的利益冲突，毅然地，有时甚至是不计毁誉地，在制度范围内，在自己能力可及的范围内，坦然做出自认为最佳的选择。有时，甚至就因为这种抉择，在一定程度上，他其实是以"人治"来推进或创造法治。[9]事实上，这类法律人，即便懂，他/她也根本不在意理论，因为更重要的从来都是改造世界，而不是解释世界。若只研究法律，那他/她也仍然会认真具体实在地了解相关的各类事实，发现必须应对的种种实在或潜在的麻烦，然后根据各种资源和条件，提出应对这些麻烦的决断。他不仅能说清如此决断的所以然，更重要的甚或是，至少是独自凭栏时，他/她也会承认并理解，这个"最佳选择"有时就等于"只能如此"，承认决策者的无

---

〔9〕 想想"一九七九年，那是一个春天，有一位老人在中国的南海边画了一个圈。""同其他创新者一样，制度开创者必须是位冒险家。他做的不是跨过从现行法到新情况的坚固大桥，他要带来一个'范式转换'，后来者才能因此实践'常规科学'。"Richard A. Posner, *Law, Pragmatism, and Democracy*, Harvard University Press, 2003, p. 91.

力和无奈。

其实这就是我喜欢的，也认为中国法理研究应当坚持的进路。用一句老话来说，就是摆事实，讲道理（法理），断是非。三者的顺序也不能乱。只有针对众人确实能经验感知的事实，才能展开可分享的说理，即便由于各人对相关因素评价不同，甚至因为自我利益的驱动，各自的判断有所甚或完全不同。

这也是本书的追求。尽管是非常不同的案例，涉及不同部门法，我从各案例提炼的争点也很不同，但我都希望尽可能从案件的事实出发，不仅是法律人通常关注的狭义的案情，还有那些会被法律人有意遗忘、主动省略或懒得以实证经验核实的各类事实，包括案件或事件发生的历史和社会的语境。不是上帝，并非无所不能，我就只能拒绝，居高临下，以所谓的普世价值命题来裁判。我追求一种更生动也更开放的案例分析。所谓更生动，我不急于用案例分析来印证或支持某一个法理命题或法学教义，也不总是急于得出一个仅解决此案纠纷的确定方案，我更希望发现和展示在我看来有法律制度、理论意义的重要争点，由此开放一个或一些更有智识意味的分析。我希望，即便这个争议以某种方式处置完了，我提出的这个问题以及有关讨论本身，仍有意思，仍可能对此后的其他法律人或其他事有点启发甚或只是"忌惮"。

这其实就是一种法理话语，十年前桑本谦就已推过[10]，我在此加一助力。只因为，这对目前中国法理研究的主流，会是个重要补充。

二

我希望这一追求更贴近中国的法律实践，也有助于改进法律教学。

由于先前法理关心的问题过于抽象，许多法理课程和著述也就容易与日常法律实务相距遥远，甚至会鼓励学生花时间和精力去"思考"一些从情境设定上就注定不可能有满意答案，只会让你自觉惭愧的抽象

---

[10] 请看，桑本谦：《理论法学的迷雾：以轰动案例为素材》，法律出版社 2008 年版。

难题；典型如"电车难题"。法学生，理论法学生尤甚，可以概括复述众多学者的理论，或某某教义及其要件，却往往无力细致透彻地分析一个真实的法律个案或涉法事件；除了对大词对概念对命题对各种"说"外，对其他各类事实均不敏感。由于太重视"依法"，他们已经习惯了筛选、省略、剪裁个案事实，将之塞进自认为合适和重要的概念、语词或要件中去，无力体察人们无意间提及的某个细节，在当时语境下，对此案甚至此类案件的意义，自然也很难从具体案件或事件中提炼对本案或本事件至关重要的争点，更没法展开有一般意义的法学/法律的理论分析。这不仅祸害了喜欢理论的法学生，也会祸害一些部门法的学生。当理论法学不能有效训练启发他/她的理论思维，面对个案，他/她就一定看不出其中的特别之处，发现不了更有一般意义的问题，只能教义分析，摆弄要件或程序，甚至死磕或煽情。

甚至，中国法学院的法律实务教育也注定脱离实际。主要原因是用作分析的案例是虚拟的，或是老师预先设计的——老师已经有了标准答案的案例。事实已给定，剩下来的就是给定条件下的逻辑演绎、推理和论辩，模拟法庭的胜方从来都是因为其出色的辩论。这太容易误导未经世事的年轻法学生，以为诉讼输赢关键在于辩论和表达。真实世界中，法官或任何裁判者，都会欣赏出色的论辩，但不可能完全不考虑自己决断的社会后果，因此其判决的最重要输入，其实是具体案件的基本事实，以及其中透出来的是非对错。此外，除了法律外，其他种种社会规范也会影响裁判者的是非判断。辩论和论证的作用其实是边际的，可以强词夺理，却很难混淆是非，更没法颠倒黑白。

抽象讨论很难说服人。就让我以新近网上流传颇广的两份律师文件为例证作个比较。一份是张扣扣案一审律师的法庭辩护词，另一份是，就刘强东的性侵传闻，刘的律师发布的声明。[11]这也可以补上本书欠缺的对案件中律师角色的分析，尽管第三章的附录和第七章结语也略有涉及。

---

〔11〕《邓学平律师：张扣扣案一审辩护词》，http：//www. lawview. net/Item/Show. asp？m=1&d＝1813，2019 年 5 月 5 日最后访问；《刘强东代理律师 Jill Brisbois 女士就案件事实的公开声明》，https：//www. sohu. com/a/283861318_99933661，2019 年 5 月 5 日最后访问。

据律师的辩护词，张扣扣之所以大年三十，杀了王父、王大和王三，起因是，22年前，张王两家因琐事厮打，时年13岁的张扣扣目睹了王三以木棒击打张母致其死亡。王三被法院以故意伤害致死罪判刑七年，服刑仅四年后出狱。由于，当年法院对王三的惩罚没给张扣扣"足够的正义感受"，没有抚平张的"心灵创伤"，没有排遣其"复仇欲望"，张扣扣杀王家父子三人据说因此是复仇，"有可原谅或可宽恕的基础"。甚至张扣扣的复仇还有"节制的一面"——只杀了王家的男人，没杀在场的女人。

这份辩护词极端偏颇。当年张王两家的纠纷是，因过往矛盾，张母首先挑事（对王二脸上吐唾沫），张母还先用一米长的扁铁击打王三的头，打破了王三左额左脸，王三随手捡起木棍还击，一击失手打到了张母。事后，张母独自步行回家，三小时后伤重死亡。[12]死了人，当然不幸，但王三显然并非故意，甚至有理由辩论和认定是防卫过当。法院认定王三故意伤害致死，判了七年。张扣扣家对判决书的事实陈述未有争议，仅对法院判决不满，觉得判轻了，要求更多赔偿。但张家并未就判决提起上诉，有过上访；在法律上，这意味着张家对合议庭认定的事实和适用的法律均无争议，可以接受，只是对判决结果不服。判的刑并不轻，因王三当年才17岁，又有自首，刑法明文规定可从轻或减轻处罚。王家多少也赔了些钱，虽不到一万，但在当时当地也算尽其所能了。[13]王三实际服刑了四年，超过刑期一半以上；这类过失犯在狱中只要不惹

〔12〕《陕西省南郑县人民法院刑事附带民事判决书》（（1996）南刑初字第142号）披露：张王两家因早先过节，张扣扣母亲路过王家门前，朝王二脸上吐唾沫，引起争吵。王三赶来加入争吵，张母拿一扁铁在王三左额和左脸各打了一下，王三从路边捡起一木棒朝张母头部猛击一下，张母随即倒地。后张母自己步行回家。打架在晚7点左右，张母去世在晚10点。张扣扣参加了王三过失杀人案的审理。张家对王三的判决结果未有上诉或申诉。在汉中市中级人民法院庭审中，张扣扣再次确认王三打了他母亲，打了一下。《官方通报南郑除夕凶案：张某某对王正军伤害其母致死怀恨在心》，https://www.thepaper.cn/newsDetail_forward_2004187；《张扣扣为母复仇杀父子3人案一审开庭当庭宣判，张扣扣获死刑》，https://m.sohu.com/a/287600847_99960262。又看看，《知情人讲述：我所知道的张扣扣杀人案》，https://www.guancha.cn/society/2018_02_21_447538.shtml；周公子：《张扣扣不是你们的英雄，蹭流量的大号们，散了吧！》，https://zhuanlan.zhihu.com/p/33907096。以上网址为2019年5月5日最后访问。
〔13〕请看知乎网友红糖小糍粑的分析，https://www.zhihu.com/question/308450019/answer/570493117，2019年5月5日最后访问。

事，听管教，减刑完全正常。[14]辩护词避开这些基本事实，也算辩护律师尽责，并无不妥。但借此隐射先前判决不公，暗示张扣扣是司法制度的受害者，以此为张扣扣杀人辩护，这就有点过了。

因为张扣扣不满判决，杀人就有"可原谅或可宽恕的基础"？当事人对判决不满其实是任何社会都会有的现象，并不少见，甚至相当普遍。这既不意味司法判决一定就有问题，也不意味不满判决的当事人可以自行其是，以所谓的复仇挑战司法判决。从定义来看，司法就不大可能让冲突各方都满意。争议所以发生，需要"打官司"，让法官来断案，根本原因就是，人的天性，趋于认定自己更有理，只认或更认自个儿的理。在争名于朝、争利于市的今天，加之律师主要是为自身职业利益而介入，都趋于强化这类不满。

说张扣扣"复仇"也是有意混淆视听。不错，在人类历史上，可以说司法是复仇的替代，但司法也是对复仇的镇压。事实上，甚至复仇本身也是个制度，就为镇压听任情绪支配的复仇。情绪化的复仇不仅血腥，还一定会过分，殃及无辜，从而会引发循环复仇，导致世仇，令所有相关人甚至相关社区都无法有和平的预期。因此才有了"以牙还牙，以眼还眼"的实践，有了"以直报怨"的规范，以及，当社会有剩余产品后，有了最早的司法。这些都可以视为制度化的复仇，但主要功能都不再为满足复仇者的欲望，而是为了社会公共利益而有节制有分寸地惩罚侵害他人权益的人，为镇压人们的复仇冲动。在允许复仇的时代，社会也只允许"以牙还牙，以眼还眼"，隐含的其实就是后来的"罪刑法定""罪刑相适应""一事不二罚"；强调"以直报怨"，就是拒绝"以怨（情绪性地）报怨"；强调"一人做事一人当"，因此就是要"罪责自负"，不允许殃及无辜！民间甚至一直还有"冤家宜解不宜结"的说法，反对世仇。但张的所谓"复仇"是在事发 22 年后，司法已经依法处置过了，王三也已服过刑了。大年三十，你精心策划谋杀了王家父子三人（另有王二因外出，才捡了一条命）。确实没杀王家女人，但这也算"节制"？是同恐怖分子比吗？

---

[14]　涂山氏：《如何看待张扣扣二审维持死刑？》https://www.zhihu.com/question/319717578/answer/649884027，2019 年 5 月 5 日最后访问。

辩护词中还有其他一堆纯属虚头巴脑的民（社）科类辩解。根据弗洛伊德"童年创伤说"，律师推断出张扣扣"几乎不可能成为一个健全的正常人"。张自幼家境贫寒，学历不高（初中），长期工作生活不如意，收入微薄，曾几次被人骗入传销组织；父亲小学文化，对张管教严苛有余，温情不足，母亲去世早，姐姐出嫁早，家庭没给他足够关爱，尤其是女性的关爱，张扣扣有很强的恋母情结；张扣扣"不打牌不抽烟不喝酒，不惹事……对人有礼貌，［甚至］衣服都是自己洗"，所以结论称"张扣扣本质上……不是坏人"。

父亲管教严苛有余，温情不足；但这不恰恰是中国社会通常认可的"严父"形象吗？律师有何种理由苛求张父？母亲离世，姐姐远嫁；那么那些父母离异、母亲另嫁的独生子又怎么说？"恋母情结"更是望文生义。俄狄浦斯王是出生后当即被亲妈遗弃，却也没见他行凶杀人。即便特崇拜弗洛伊德，你也不能直接无视"天将降大任于是人也，必先苦其心志，劳其筋骨……"吧？希特勒不抽烟、不喝酒，还是世界上最早的动物保护主义者，自杀前还不忘给爱娃一个名分——比比如今的一些"渣男"！而且，就算你说的这一切都是真的，这与行凶杀人有关吗？法官能就此判决：因为张扣扣本质上是个好人，我们判他死缓或无期？

这位律师拿出了杀手锏，发出了"柔软的恳求"，以他自称"最诚恳的态度，恳求法庭能够刀下留人，给张扣扣留下一条生路"，期待法院"体谅人性的软弱，拿出慈悲心和同理心，针对此案做出一个可载入史册的伟大判决"。[15]这真是"技术细节无关宏旨……文科生最擅长的，是抒情"。[16]但，你是律师啊！"你的柔情我永远不懂"！

完全且故意漠视本案以及与本案有关的基本事实，用所谓的名人名言、趣闻轶事代替说理，以引证代替论证，以华而不实的修辞、引证堆砌和不节制的多情表达，蛊惑不了解案情的公众，不谈实体法，不谈程序法，胡扯些随意剪辑的所谓法理，捎带着打个擦边球，搞点司法政治：让不会吱声的社会，让此刻没法吱声的前案法官，来背锅。这份辩护词根本没把审案法官当回事，只想着放到网上煽情网民。这还是份法

---

〔15〕《邓学平律师：张扣扣案一审辩护词》，同前注〔11〕。
〔16〕 马伯庸：《显微镜下的大明》，湖南文艺出版社 2019 年版，第 18 页。

庭辩护词吗？这是个赝品！它根本不在意眼前的法庭、本案法官，以及前案法官的判决，以及中国《刑法》的规定。他根本就没遵守律师依法辩护的规则。这个依法不仅指自己的言行要守规矩，而且辩论的问题和诉求也必须有制定法的根据！

该律师有超出刑法的追求。因为这是在中国，诉诸民意是近年来，少数律师无计可施时，常用的手段之一。反正中国法官也不可能因为你法庭上不谈法律只煽情就吊销你的从业执照。说不定，还真能让案子翻转——想想2017年"辱母案"的二审。就此而言，这种辩护词，也算是此案律师心中最好的辩护词了！想想，若真一一摆开此案的上述基本事实，辩护律师还能说啥？支持判张扣扣死刑？既然收了人家的案子，一分钱没拿，那也得说几句！还必须大义凛然，慷慨陈词，那才能让通常不明就里、没时间也没真打算明就里的社会公众，从辩护律师理直气壮的姿态甚至声调中，就推断或觉得这律师或许真有点道理，至少不可能全没道理。这是修辞中最关键的，与其陈述是否真实丝毫无关的，伦理感染力。[17]出了法庭，往网上一放，自己的职业生涯就多了个很不错的广告。[18]我觉得这涉嫌违背律师职业伦理。

然而，不讲有效辩护，仅就其想影响的目标受众——公众——而言，这份辩护词其实是挺成功的。因为有不少人，包括一些律师，都觉得这辩护词真还不错，纷纷转发，甚至为之动容。但为什么？为什么一份没啥干货的辩护词会有如此效果？关键在于，辩护律师筛选剪裁了此案的事实，用抽离事实的抽象命题，用情绪性表达，将行凶杀人包装成了好像还有点正当性的"复仇"。中国法学教育的重大欠缺也便利了这套把戏——不只是不会摆事实，而是根本不关注事实，煽情，民粹，甚至玩火，根本不关心这样做的长远社会后果，其实是风险。

可以对比一下刘强东的律师的声明。检方既然已决定不提出任何指

---

〔17〕〔古希腊〕亚里斯多德：《修辞学》，罗念生译，生活·读书·新知三联书店1991年版，第24—25页；又请看，〔美〕波斯纳：《修辞、法律辩护和法律推理》，载《超越法律》，苏力译，北京大学出版社2016年版，第447—450页。

〔18〕细致分析后，有知乎网友"DoonnerDie"认定该律师几乎"毫无刑事辩护经验"；"胖猫咪 scofield"判断"这就是给媒体公众的辩护词"，就为"提高辩护律师的知名度"。https://www.zhihu.com/question/308450019/answer/570493117，2019年5月5日最后访问。

控，若是涉事的是位普通人，这类声明就毫无必要。但刘是著名企业家，公众人物，涉嫌性侵指控，公众很容易甚至就爱脑补细节，添枝加叶，这不仅会长期影响刘本人，更可能影响他的企业，这就需要澄清一些事实了，不是为了刘本人，这涉及企业股东的重大商业利益。因此，仅就功能而言，这份声明也可以说是份"辩护"，只是针对的不是检察官或法官，是公众。我觉得这一辩解颇为成功。不动声色，未做任何评价，声明中只有一系列清晰、节制、细致、按时序排列的对事件过程的陈述。除房间里究竟发生了什么外，每句陈述都可以得到验证。这里仅摘录其中主要几段：

> 当晚聚餐前，刘强东不认识女方。刘强东及其助理并没邀请女方参加晚宴，也没邀请她坐在刘强东身边。
>
> 刘强东的助理买酒供两场聚会：当晚的聚餐，大约 24 个人；次日另一晚宴。当晚只喝了一小半酒，14 瓶左右。没喝的酒聚餐后装回了车上。
>
> 刘强东和女方聚餐时都喝了酒。期间女方曾主动向刘强东敬酒，也主动给自己杯中添酒。刘强东没醉，女方也没任何行为表明她醉了。
>
> 餐后，大家一起决定去某位聚餐人租的房子继续聚会。女方主动说想参加，和刘强东一起离开餐厅。女方、刘强东及其两位助理共乘刘强东该周租赁的一辆 SUV，前往那所房子。
>
> 在车内，助理目睹女方主动与刘强东亲热，没有任何拒绝或不情愿的表示。
>
> 车停在那所房前。两位下车后，女方主动建议不参加聚会，去女方公寓。刘强东和女方回到车上，女方将自己公寓地址输入司机的手机，让司机找到她的住地。
>
> 到公寓楼后，女方邀请刘强东进楼。她用自己的门禁卡开了楼门，并示意刘强东进去。女方主动挽起刘强东胳膊走进楼。
>
> 公寓内一位居民在走廊上看到了女方和刘强东。他注意到刘强东和女方胳膊相挽走得很近，两人看起来都很高兴。两人看起来都没醉，女方路过时面露微笑。
>
> 房间里发生的一切都是自愿的。该女士全过程都很主动，没有

任何不情愿的表示。

声明肯定也省略了某些可作其他解释的事实。例如，它只提及女方的主动，没提晚宴上、车内和车下双方的互动，更没提刘的任何主动。但刘只是玩偶吗？此外，声明中两次提及女方"没有任何拒绝或不情愿的表示"，似乎透露出刘有过主动或"积极"的互动。但律师没打算为刘立牌坊，只需清除性侵传言，这就够了！

还值得一提的是，刘的律师是位女性。相当程度上，这也会增强该声明对于中国公众的可信度。

中国的法学院教育很需要一种工匠精神。要培养这种"让事实说话"的技能，包括这种朴实无华但生动有效的修辞。[19]法学生必须在大量真实和虚拟个案中摸爬滚打，不断转换设定自己在个案中的虚拟角色，学会从不同角色的视角分析案件和自我利益，分析并解构包括种种法律文件和司法判决书，养成精细的辨别力和洞察力，不仅能理解自己在某案中的具体角色，也能看穿或预判该案其他角色各自的追求和策略，更重要的是能按自己的角色去行动，去互动，乃至当必要且可能时，有能力超越具体个体的利益视角去行动。这种超越才能避免"匠气"！但诸如此类的能力，以及这种超越，都不可能从理论本身获得，不可能从读书中获得，无论是正义理论还是司法理论，无论是修辞学还是法律解释理论。唯一的路，因此算是特定意义上的捷径，就是大量分析案例，始终保持着对经验事实和话语的敏感、认真和专注。但这一定是一种更多质疑的态度，不是教义学的态度。

三

尽管始终关注法律实践，但从一开始，我分析个案就拒绝沦为针对

---

〔19〕"智识教育主要不是采购事实，而是学会让事实生动起来……高手的标志就是，当他的思想磁流穿过之际，那些外行眼里乱糟糟的事实，立刻井然有序，生动有效。" Oliver Wendell Holmes, Jr., *The Essential Holmes*, ed. by Richard A. Posner, University of Chicago Press, 1992, pp. 224-225. 关于好的法律修辞，请看，Richard A. Posner, *Law and Literature*, 3rd ed., Harvard University Press, 2009, ch. 9。

个案的法律对策或建言，这在目前的个案讨论中已成套路，甚至有心服务或针对了特定利益群体。本书各章力求基于与个案相关的各种"事实"，特别是那些我们无论有意无意都不可能无视的各种因素，以一种不局限于部门法，不局限于直接利害关系人的主张，避免被舆论和媒体裹挟，以开放的法理视角展开讨论，努力澄清并重新理解个案涉及的利害和法律争点。也正是从显然不受理论指导也没打算接受理论指导的案件涉事者的日常实践中，我察觉到，然后才逐步理解了，这些案件或事件中蕴含的某些道理，不仅可用来理解和分析此案，而且有助于我以类似的思考去考察其他案件和事件。个案研究的经验告诉我，理论只是从特定维度对纷繁的生活实践的一种抽象描述，它不可能追随、更没法规训真实生活的复杂和生动。看起来再好的理论，也不应试图以其抽象的命题来规训真实生活的永恒生动、饱满和复杂。理论法学人必须始终清醒自己习惯的那种话语在真实生活世界中的局限，并能不断以对经验的考察来理解生动的法律世界。

以我的个案分析为例。我的法理起点其实大致是自由主义，虽然一直警惕教条主义，起初却还是有点教条的。我最早的个案分析，《〈秋菊打官司〉的官司、邱氏鼠药案和言论自由》一文（因收入其他书，不再收入本书），就是一个例证。该文更强调权利，强调权利的制度性配置，试图以法律位阶理论来论证言论自由/表达高于贾氏主张的肖像权和邱氏主张的名誉权，拒绝用法经济学的边际分析来权衡和裁断两种权益的轻重。[20]本书第一章也突出强调了与自由主义配套携手而行的个人自由和责任。

但也就在这一章，当涉及签字者应是患者还是患方（患者加患者家属或单位）时，在一系列强硬的现实/事实面前，我就不得不从抽象的原子化个人这个基本假定后撤了。试想，如果患者已处于癌症晚期，只能活两个月。从医生职业伦理看，你该如何让你的患者"知情并同

---

[20] 冯象曾批评了我的这一教条主义的立场，认为"在理论上，我们无法论说一般意义上的权利优先；我们只有具体的、随时变化的、归根结蒂属于道德立场的策略选择，以及支持这些立场和选择的社会力量之对比、倾轧、聚散"。冯象：《案子为什么难办?》，载《政法笔记》，江苏人民出版社2004年版，第44页。

意"？而如果不告知他/她全部真实情况，病人同意的又是什么？如果为手术付费者并非患者本人，而是患者亲属，或——如此前——是患者的工作单位，那么从合同法的合意来看，这个知情同意就没有理由拒绝考虑实际支付费用者的知情和同意。从这些需要建构却因此才更真实的社会场景，我开始理解中国和其他东亚国家（日本和韩国），在医疗手术法律上，为什么采取了与美国截然相反、不一定更正确却仍然有道理的做法：医生会争取甚或有时只争取患者亲属的知情同意。对诸多社会事实或约束条件的理解，以及对社会语境的关注，或多或少改变了我研究前的预判，修正了我的法理立场。这个改变与接受或喜欢某种法理无关，甚至与某种法理的论述是否逻辑强大也无关，有关的其实是我或我们必须面对的生活情境：众多个人意志并不坚强、忍受不了残酷的病情真相的患者，以及大量财力有限的患者亲属或工作单位。我只能设身处地，像一个普通人那样来分析论证，我得出了一个不符合自由主义、个人主义信条，但在中国语境中更合乎情理的结论。我放弃了一些于现实生活中根据不充分的法律信条，我需要有助于理解或指导我观察理解周边普通人真实生活的命题。

也是因对事实的关注，我才发现，因其不证自明而几乎已被学人从其著述中放逐的罪责自负原则，个人主义在刑法的重要体现，许多时候，在刑事惩罚中，仍会以某种方式殃及无辜（第三章）；甚至死刑会导致"死不是死者的不幸，而是生者的不幸"。我不因此走极端主张废除死刑。但针对当时已实行三十年独生子女政策的当代中国，体会古代"存留养亲"的司法实践，我认为，中国应当把这个问题纳入立法考量。但在此之前，则可以或应以某种方式让这一点进入司法裁判者的视野，甚至律师在相关案件中也应修改自己的辩护策略和话语。

药家鑫案的分析意味着有些有长期深厚社会民意基础的社会规范一定会影响中国的司法。这导致在一系列个案研究中，我有意关注那些可能影响并可能支持法官有效司法的社会规范。在讨论"南京虐童案"时（第四章），我概括了我们社会中有关父母亲打孩子的一系列社会规范。我知道这很犯忌讳，绝对政治不正确，逆反一时颇为汹涌的民意，因为这都是些支持和指引父母打孩子的社会规范。但我更想指出的是：

这也是限制和约束父母打孩子的社会规范。尽管此前没人系统总结，却一直为中国社会广大民众自觉实践着。这不就是"百姓日用而不知"的"君子之道"吗?!照《周易》的说法，仁者会说这就是"仁"，智者会说这就是"智"。[21]我们有理由把这里的"道""仁"和"智"换成"法理"或"智慧"。它不来自其他高大上的理论，不来自抽象的思考，只是认真对待了中国父母，以及文中提及的世界众多国家的父母，打孩子的事实，琢磨了他们打孩子的具体做法，解说了其中隐含的道理。

对社会规范的关注包括吸纳，但更包括限定，因为没有放之四海而皆准的规范，所有的普遍规范其实都隐含了某些条件。第五章分析了历史中国有关保护个人隐私的一些社会规范，歧视性的如"为尊/长者讳"，以及普遍性的"揭人不揭短"。我不仅努力指出其发生的道理，也努力展示中国历史上，为平衡其他重要利益，这些规范在实践中所受的限制，例如"为老不尊"等。

对社会事实的关注促使理论修正，不限于家庭法或刑法。针对罔顾事实、太意识形态化和教条化的自由主义法律话语，我从自由主义、女性主义和社群主义视角分析了"黄碟案"中被完全无视的经验事实（第二章），不仅重新界定了"黄碟案"的争点，让人们看到了那些因为太显著才不被人看见的此案诸多基本事实，那些对于社区生活，尤其是农村村落，极为重要，但容易为城市生活省略，也确实被一众法律人的感官过滤的事实。这令我从日常生活经验层面更切实理解了，中国是一个各地政治经济发展不平衡的大国这一将长期且全面影响中国社会的基本命题，以及这一命题对于中国法治和司法实践以及法学研究的普遍指导意义。

但也并非都如此严肃，也不限于历史或农村。一则"搞笑"电影《无极》的网络短片让我看到并讨论了当代中国城市社会的一个问题，与网络有关，与知识产权也有关（第六章），借用了欧美知识产权法的"戏仿"概念。只是借用，不仅因为当代中国知识产权法中没有这个概

---

[21] 周振甫:《周易译注》，中华书局 1991 年版，第 235 页。

念，哪怕中国社会中"戏仿"的做法极为普遍，更因为我并没太多关注通常与戏仿直接相关的知识产权保护，我关注更多的是"戏仿"背后的中国电影批评和电影观众消费指南问题。这个问题逼着我走上了戏仿研究的"邪路"。但邪路走多了，也可能会有路。所有的路其实程度不同都始于邪路。

对舞剧《红色娘子军》争议案来龙去脉的细致分析（第七章），让我有了至少两番道理质疑法院的这一裁决。一套有关舞剧《红》的知识产权，另一套有关此案的乃至一般的司法实践和论说。但最重要的，这让我重新反思了现代社会更具一般意义的产权实践问题。

基于个案的分析，结论却可能影响更广泛的法律实践。在编撰本书时，我发现重复出现的主题是个人权利自由与家庭、社群、社会利益的冲突。不因为个人的理论偏好，只因为这是当代中国社会的一个非常重要的现实。中国目前约40%的人口住在农村，他们的生存状态是村落社群的。即使在城市，社群情感也依然强烈。想想，广场舞，而不是"起舞弄清影"，就因为"高处不胜寒，何似在人间"！现代工商城市生活是在重塑着个人和社会，个人本位的法律日益增多。但这一变化只是功能性的、回应型的，而不是价值论的或目的论的。即便无法避免，立法者、司法者和法律/法学人也不要误以为自己已经知悉"天意"或"真理"，应当追求，主动并努力以牺牲家庭、社群、社会的权益为代价。因为，首先，真正愿意且能够实践原子化个人主义的人更多是社会竞争中的"强者"，这也就是民间说的，"有钱，任性；没钱，认命"。但在任何社会，从定义上看，绝大多数人都不可能是这类强者。其次，即便成功人士，其实也只有在社会群体中，才可能有效感受自身的成功、荣耀甚或虚荣，才有"任性"的场子。再说极端一点，若无此参照，又何以收获孤芳自赏，体验清高和孤独，甚或愤世嫉俗，遗世而独立？

这一点对中国法律人特别重要。目前绝大多数中国法律人非但城市化了，一众律师和法学家甚至基本已"中/资产阶级化"了。我的意思是，其日常交往、收入、生活方式、思想情感和趣味与社会中下层有了显著差别，其话语体系更大程度透着自由主义和个体主义。当个人与社群冲突时，他们更关注抽象的个人，而不是在现有法律制度和法律话语中更容易被忽略的社群和群体。对这类法理问题的敏感，对这类视角的自觉，适度的换位思考是法律/法学人保持接地气的必需。

尽管都是个案分析，事后来看，大致可分为两大类。

一类是针对个案重要法律争点的分析讨论。任何一个案件其实都可以有很多法律争点，从证据到法律，因为世界上没有两个案件完全相同；即便一样的地方，也可以因关注点不同，或视角不同，分析不同。

但我更关心个案中凸显但为当时学界和舆论普遍忽略或认为无关紧要的一些问题，事实问题或法律问题。因此，不同程度上，我的绝大部分个案研究都属于"顶风作案"。不是爱唱反调，只因为，学术重复没有价值。必须独立发现不仅对此案的法律应对可能有实践意义、而且对其他案件（甚至未必同类案件）也可能有一般意义的问题。这才是法理的个案研究，有别于却更有可能补足部门法的个案研究。部门法学者不会想要多一个敲边鼓或捣糨糊的，法官也不需要你告诫他早已熟知的。

另一类个案研究则集中关注司法决策及其法理表达，包括判决书中表述的解释、论证或"证成"。这不可能完全脱离个案研究，但比前一类个案研究多了一个关注点，即关心或集中关心在这一个案中法官是如何分析论证的，在努力设身处地理解法官的同时，又保持一种苛刻的分析态度——看似却有别于批评态度，这必然包括分析理解塑造法官思考和判断的诸多社会和制度条件。这类研究的要点不是我赞同或不赞同某一判决，而是为什么赞同或不赞同。这类研究，至今国内还不多。之前因为判决书不公布，研究少还说得过去。如今判决书全面上网了，已不缺研究资料了；但有多少人愿意投入这一领域，我也没信心。担心的道理多年前我就讲过了：中国的判决书其实只有当事人关心，关心的通常还只是最后那句话。[22]但有些事，即使没多少人做，也该做；或者，正因为没多少人做，才更该做。

---

〔22〕 苏力：《谨慎，但不是拒绝：对判决书全部上网的一个显然保守的分析》，载《法律适用》2010 年第 1 期。

属于这类研究的，有"药家鑫案"（第三章）的附录；"虐童案"（第四章）的第三、四节，以及"舞剧《红》案"（第七章）的上篇。第八章借"许霆案"讨论司法如何解决某一类"难办案件"，即依据现有法律无论说理、解释和论证都不能证成一个合理判决，除非"超越法律"（"违法"）。在这种情况下，我的分析结论是，更合适、更好的回应方式，是借助现行司法制度来回应这类案件的法律问题。第九章涉及最高法司法决策更容易出现但必须注意的一个问题。最高法可以以各类司法解释介入它并不熟悉且很少有制度制约的立法领域和公共政策领域，就一些问题事实上行使"准立法权"，由于是"最高"，它要比其他各级各类法院都更容易过界甚至越权，并在某些问题上改变了自己与其他国家机构间的宪法关系位置。

虽然讨论的是法律事项，但由于法理的关注，有意无意地，其中有些个案分析提出的问题已经超越了法律。对舞剧《红》的分析最为典型。对这一争议的发生和演变展示了 20—21 世纪之交中国社会一些与法治有关的深层次问题：随着法律日益渗入我们的日常生活，许多人变得更有心计了，这些心计还都在法治的名目下正当化了。这种情况的弥散，构成一个重大的社会生态问题，会是许多人不得不面对的一个重大人生问题。具体从业的法律人可以不思考这些问题，但理论法学人有理由也有必要关注这类现象。

我不认为，本书各章对事实的关注方式，个案应对建议或从个案中获得的法理启发是正确的，值得推荐。其实，正确从来不是我的最高追求。个案法理分析追求的更多是开放问题，开放智识，更生动、更强健和更野蛮的思考；更有效沟通理论法学和部门法的理论和实践。

任何理论话语，长期而言，如果不能以某种方式有助于广大普通人的日常生活实践，那么它就一定是死路一条，无论什么规划，或何种名目，也无论从业者何等虔诚，何等努力，最多也只能令其苟延残喘。经院哲学曾经宏大、系统、缜密和智慧，诸如"针尖上可以站几位天使"这种论题。这种情况并不只属于过去，从来就徘徊在我们身边；最突出的，就是现代社会中那日渐增多的"非物质文化遗产"。不是因为其不高明，而只因世事变迁带来的萧瑟秋风。法学不是经院哲学，也不是数学、逻辑，甚至不是严格意义上的社会科学，它更多是一种职业技能，如果它还有存在的理由，它就必须回应社会实践的需求。法理更是必须以某种方式让法学/法律从业者获得部门法甚或其他学科无法及时提供的些许启发。社会功用永远是学术存在的根据。

　　而这就是本书的主题。

第一章

个人自由和法律责任

——从肖志军签拒手术事件切入

　　可怜之人，必有可恨之处。

　　　　　　　　　　　　　　　　——民谚

　　事件正在继续。有些事实尚待发现和确认，可能影响我对这一事件的分析和判断。但就目前而言，这一事件基本事实清楚[1]；只要基本事实确定，就不大可能影响本文分析的基本结论。尤其是，不大可能改变本文的分析思路。

　　2007 年 11 月 21 下午 4 时左右，据报怀孕已 38—41（？）周的李丽云因感冒并发症，被以夫妻名义同居三年的肖志军送到了北京市朝阳医院京西分院。肖、李"身无分文"（也有报道带了不足 100 元）。但鉴于病情危急，医方决定让李免费入院治疗，也做好了剖腹产的手术准备。虽已告知肖不手术或不及时手术孕妇就会死亡，肖却从一开始就拒绝手术，并于 4 时 30 分在手术同意书上签下"拒绝剖腹产手术生孩子，后果自负"。一再劝说无效，院方紧急

　　[1]　这一概括主要依据了袁正兵、吕卫红：《丈夫拒签手术，产妇胎儿双亡》，载《检察日报》2007 年 11 月 23 日版 1；同时参考了《京华时报》《新京报》和《竞报》等的报道；但关于李某的怀孕周数争议颇大。本文材料主要来自这几家报纸的持续报道。
　　一年半后，在北京开庭审理此案前，《南方周末》以调查报告的形式，公布了一系列所谓的新"事实"，将矛头指向医方，同时给法院施加压力（请看，柴会群：《谁杀死了李丽云？——"丈夫拒签手术致孕妇死亡案"再调查》，载《南方周末》2009 年 4 月 30 日版 1。对柴文的质疑，请看，高兴翔、张金玲：《孕妇之死，谁是真相的诠释者？》，载《时代周报》2009 年 5 月 7 日）。司法鉴定中心对李某死亡的司法鉴定结论是：李某死亡与其病情危重、复杂、疑难，病情进展迅速，临床处理难度较大等综合因素密切相关，医患双方临床决策的分歧、患方不依从医方建议等因素对临床诊疗和最终结果也有一定影响，朝阳医院的不足之处与患者李某死亡无法定因果关系。据此，2009 年 12 月 18 日朝阳法院一审驳回了死者家属的诉讼请求。但鉴于死者父母痛失爱女，家境困难，法院认为，医院在无责情况下可向死者父母提供一定人道主义关怀帮助金。死者父母不服判决，提出上诉。2010 年 4 月 28 日北京市二中院驳回上诉，维持原判。

招来已下班的神经科主任，认定肖精神正常；又请警方110紧急调查孕妇户籍，试图联系她的其他家人；院方还紧急报告了北京市卫生系统的各级领导，试图破例进行无签字手术。终因相关法律白纸黑字，无法启动手术。近30名医生、护士以各种方式抢救3个小时无效，李某死亡。

"一尸两命"！这一概括引发了全国各类媒体广泛关注和激烈讨论，涉及手术签字、医疗体制、贫富差别等大小社会问题。其中最重要的争点有关签字手术制度以及医院坚守这一制度的正当性。尽管绝大多数网民认为肖某应对这一悲剧负责[2]；但几乎所有官方媒体都高唱"生命尊严高于一切"，倾向于医方强行救治。[3]不少人，包括一些专家建议修改相关法律。[4]更有律师匆忙出动，"连夜"起草了修改法案，次日便寄往国务院。[5]

不仅有对制度的反思，更有诉讼的涌流——背后则是利益的争夺。一开始还有人提出肖某可能涉及刑事责任[6]，但几乎无人（包括争夺

---

〔2〕 在有28636人参加的"新浪网"民意调查中，70.82%的网民认为死者丈夫应对此事负责；《中国青年报》社会调查中心和腾讯网联合实施的民意调查（参加者1.2万人）中79.1%的受访者认为肖某不值得同情（《中国青年报》2007年12月3日版2）；以及正义网的网上调查为67.6%的网友认为医院不该承担责任（《检察日报》2007年11月24日版1）。

〔3〕 除中央电视台等电视媒体的报道外，一些重要纸面媒体均就此发表诸多署名评论。例如，王思海、王君平：《悲剧告诉我们什么》，载《人民日报》2007年11月26日版5；白剑锋：《生命尊严高于一切》，载《人民日报》2007年11月27日版11；《假如再有一次孕妇事件》，载《人民日报》2007年11月29日版5；以及《为贫困病人留一扇门》，载《人民日报》2007年12月13日版15。董城、刘文嘉：《生命遇险，强制治疗权能否适用》，载《光明日报》2007年11月28日版5；钟一苇：《修改管理条例要兼顾医患双方》，载《光明日报》2007年11月28日版5。李北方：《失去医德，医患关系将会怎样》，载《中国青年报》2007年12月8日版3；李隼：《'知情同意'不是救命的必要条件》，载《中国青年报》2007年12月8日版2。李郁：《悲惨事件凸现对法规理解缺陷》，载《法制日报》2007年11月25日版4；王岳：《医生急救决定权应走出模糊地带》，载《法制日报》2007年11月27日版3；郭晓宇、王一飞：《"拒签"事件是否击中了医疗法规软肋》，载《法制日报》2007年11月27日版8；阮占江：《切不能让制度之弊遮蔽良心之善》，载《法制日报》2007年11月30日版3；谢望原：《孕妇事件：医院应负有不可推卸的法律责任》，载《法制日报》2007年12月2日版1。吴丹红：《追问'手术签字制度'》，载《法制日报》2007年12月9日版2）；李曙明：《不能眼睁睁看着病人死去》，载《检察日报》2007年11月24日版1；赵衡：《对急危患者，医师不得拒绝急救处置》，载《检察日报》2007年11月30日版1。刘效仁：《医患合同引悲剧，呼唤急诊立法》，载《人民法院报》2007年12月5日版3；赵刚：《孕妇之死与医疗制度之窘》，载《人民法院报》2007年12月9日版1。

〔4〕《丈夫拒签手术单致孕妻身亡》，载《京华时报》2007年11月23日版A12。

〔5〕《律师上书国务院建议修改〈医疗机构管理条例〉》，载《新京报》2007年11月27日版10。

〔6〕《死者丈夫涉嫌过失杀人》，载《新京报》2007年11月23日版17。

代理"公益"诉讼的律师）关注，甚至有人斥之"无聊"。[7]另一方面针对医院的诉讼却在悄悄筹划和努力。有人建议死者父母追究肖某的法律责任，但最终，他们坚持"医院没有采取有效的救治方法""应负主要责任"，据此要求"赔偿……精神损失费……"。特别奇怪的（或不奇怪的?）是死者父母主张的理由之一竟然是"家里还有三个孩子等着花钱"。[8]至少有三家律所争夺免费代理这一"公益"案件。一番角逐后，获得代理的律师，还没进入调查，当即称"没［胜诉］把握就不会接［案子]"。[9]

上面的概述必定不完整，也未必准确。还有人从中读出讥刺、嘲讽，包括对"弱者"（例如，死者父母）。但这并非我本意。"争名于朝，争利于市"，既是人之常情，也符合时下主流法治意识形态——"为权利而斗争"。如果有谁对此敏感，那或是心虚，或怕人说破，换言之，想自欺欺人。但要分析理解问题，首先须直面冷峻现实，否则一番道德话语热血冲头后，被遮蔽的是对相关法律制度及其必须回应之社会现实的务实理解。

基于公开报道，我力求细致、全面分析该事件涉及的医疗制度以及各种权利、风险和责任的分配。一如既往，我集中关心中国问题，以及相关问题的自身逻辑，但鉴于中国法学界乃至时下中国学界的知识氛围：不引几个洋人，"你都不好意思跟人家打招呼"，我也会涉猎些国外但主要是美国的经验。不为"接轨"，只为理解制度的逻辑以及各国法律关注问题的普遍性和特殊性，顺带清理一下在这个以及相关问题上媒体发布的虚假信息或胡乱解释。一如既往，我拒绝"神圣"话语，更多诉诸普通人日常可感知的"情理"，力求展示其中的法理，希望以冷酷的分析来理解制度和人，力求在理性基础上凝聚我们社会的某些制度和道德共识。

为了行文便利，除非必要，本文一般将使用"医方"或"院方"代表医生、医院以及医疗管理机构，使用"患方"代表患者、其"丈

---

〔7〕 许志勇：《"肖某悲剧"后的更大悲剧》，载《南方周末》2007年12月6日版A3。
〔8〕 《三律所争夺'孕妇案'》，载《竞报》2007年11月27日版15。
〔9〕 同上注。

夫"肖某、患者其他近亲属或其他法定有权代表患者利益决策的人。

医院做了以及能做什么?

诸多网络调查均表明,绝大多数网民认为肖某应对此事负责,只有部分网民认为医方也有责任[10];一些权威媒体的评论则集中指责医方。例如,《人民日报》的一篇署名评论认为,从法律上看,医方没有过错;但"从伦理上看,医生……眼睁睁看着生命凋亡,其做法显得冷酷无情;"并罔顾事实地断言"无论在什么情况下,医生见死不救,都是有悖医学人文精神的"(着重号为引者所加)。[11]随即有法学人认定医方违反了《执业医师法》特别是第 24 条"对急危患者,医师应当采取紧急措施进行诊治;不得拒绝急救处置"。[12]有鉴于此,首先必须了解并具体分析一下医方究竟做了些什么——包括作为和不作为,以及依据相关法律,医方又能做些什么。

1. 何为"救治"?

其实,没有任何证据表明医方曾"见死不救"或"拒绝急救处置";甚至不存在拖延或推诿责任的问题。碰巧在场因此目睹了事件全过程的《检察日报》记者公布的记录足以证明这一点。[13]

为抢救死者,医方至少做了四方面的救治努力。第一,及时诊断并迅速(在患者到来约 20 分钟后)做好了手术准备;在患者病状转重却

---

〔10〕 见前注〔2〕。我并不认为网上调查足以代表民意。网络并无歧视,但作为制度运作起来,它具有某种"筛选"功能。一般说来,它偏于表达当时中年以下、有一定收入、乐于表达的城市男性观点。

〔11〕 白剑锋:《生命尊严高于一切》,同前注〔3〕。

〔12〕 谢望原:《孕妇事件:医院应负有不可推卸的法律责任》,同前注〔3〕;上官丕亮:《要用生命权至上理念来理解医疗法规——"孕妇死亡"事件留给我们的启示》,载《法学》2007 年第 12 期,第 8 页。

〔13〕 《悲剧责任何在,各方都在探究》,载《检察日报》2007 年 11 月 24 日版 1。

无法启动手术的情况下，以"心肺复苏""上呼吸机"等方式一直在抢救患者。第二，为启动手术，医方已及时告知病情以及手术之必要（"不手术会死人"），便于患方作出知情决定。第三，尽管患者和肖某拒绝签字，在一个半小时内，医院曾先后6次试图获得患者同意和肖某签字，平均每15分钟一次。第四，在肖某拒签（其实是签拒）后，医方招来精神科医生鉴定了肖的精神状态；通过警方查找患者其他亲人；以及请示相关医疗机构。[14]

第一项毋庸多言。值得讨论的是后三项。

许多人，无论支持还是批评医院的人，包括许多法律人，习惯把"治疗"仅仅理解为诊断、用药和/或手术，因此把后三项视为非治疗措施，无实质意义，可以省略。普通人犯这一错误还可以原谅，一直高歌程序正义的法律人也这么说，就非常奇怪了（或不奇怪？——也就说说罢了）。

治疗并非医生对一个无生命静物的操作，不是单方行为。在任何意义上，它都是，也必须视为，医方与患者的互动。治疗效果也永远取决于双方有效配合和合作，不仅包括行为的，也包括相关信息的，如之前的病史、家族病史、已采取的医疗措施以及药物过敏等重要信息都需患方提供。患方若以涉及隐私拒绝透露，医方就很难治疗。也正因此，医疗常常被视为一种合同。法律也常常从事后合同的视角来考察医疗事故侵权纠纷。在不同国家，医疗事故有被视为违反合同的，也有作为侵权来处理的，或两者均可。[15]特别是手术，由于会触及甚至深入患者身体，更需患者的明确许可。在这个意义上，告知患方诊断结果，建议何种治疗或手术，有何种替代措施，相关医疗风险（包括拒绝治疗或手术的后果）和相关费用，在此基础上获得患者对建议方案的签字同意，从来不是可有可无的手续。它非但是治疗的重要组成部分，也是治疗的正当性和合法性基础。

这一点其实老百姓都清楚。哪怕你只是想让医生开点药，你也得告

---

〔14〕《孕妇李某的最后人生》，载《南方周末》2007年12月6日版A7。

〔15〕可参看，Julie A. Davies and Paul T. Hayden, *Global Issues in Tort Law*, Thomson/West, 2007, p. 130ff。

诉医生哪里不舒服，——如失眠想开几片安定！绝大多数门诊患者最重要的其实是"看医生"；如果医生什么都不说也不问，就开药、打针，患者就不放心，也不满意。

由于肖拒绝同意，需要说服或采取其他可能的应对措施，因此，第三项和第四项也都变成了紧急救治不可缺少的组成部分，是医方抢救李某的努力。无论在医疗惯例上，还是在法律上，它们都属于法律定义的"诊治"和"急救处置"。[16]

就此而言，签字甚至是第二位的。签字，并不像许多人想象或误解的，是医院推卸或转移自身违规责任的机制；它是证明医院履行了相关告知义务并获得了患方同意手术的一个书面证据，是分清责任的一个制度措施。[17]如果没有告知，或没有足够的告知，即使医院以其他（如欺骗）方式获得患方同意签字，但只要不是医疗惯例或法律规定的"知情同意"[18]，在各国都不仅是医疗事故，还构成独立的故意侵权——人身侵害/伤害。[19]

相关报道也表明：一，医方没有以预收费拒绝、推辞或拖延治疗；二，即使知道患方"身无分文"，医方也一直进行手术的物质准备和法律准备；三，医方还已决定为患方免费治疗；以及四，在劝说肖某签字同意手术时，医方也没提出其他任何可能令人反感的条件。

任何合乎情理的常人不难得出结论：医方已尽心尽力履行了自己的

---

〔16〕 例如，Emergency Medical Treatment and Active Labor Act，42. U. S. C. 1395 dd.（（b）（2）。

〔17〕 《签字不意味责任转移》，载《新京报》2007年12月11日版A6。

〔18〕 何为知情的同意？一般说来，医生有义务向患方提供与诊断、治疗方案、有医学根据的替代措施以及患者拒绝治疗之后果有关的信息，这对患者接受、选择或拒绝治疗很重要。参看，Barry R. Furrow et al.，*Health Law: Cases, Materials and Problems*，4th ed.，Thomson/West，2001。美国法律实践要求医生有义务告知，对一位合乎情理的病人来说的重大（material）信息，如果一个信息会导致一个合乎情理的病人接受该治疗，就需告知（*Marsingill v. O'Malley*，128 P. 3d 151；2006 Alas）。但不要求提醒患者每一可能发生但不确定发生的手术后果，病人只要知道了手术的核心（essential）特点和可能后果，就算知情了（*Shetter v. Rochelle*，409 P. 2d 74；1965 Ariz. App.）。就李某事件而言，由于医方已告知肖、李，"不手术会死人"，因此满足了这一要求。

〔19〕 《医疗机构管理条例》第33条规定："医疗机构施行手术、特殊检查或者特殊治疗时，必须征得患者同意，并应当取得其家属或者关系人同意并签字"。否则，依据《医疗事故处理条例》，即可能构成医疗事故。在美国，这则构成直接侵犯人身（battery/assault），一种独立的严重民事侵权行为。可参看，*Schmeltz v. Tracy*，119 Conn. 492，495，177 A. 520（1935）；*Logan v. Greenwich Hospital Assn.*，191 Conn. 282，288-289，465 A. 2d 294（1983）。

职责。其行为不仅符合相关法律，也符合医学伦理（这包括必须尊重患方的意思自治）。那些以"生命尊严高于一切"的抽象道德命题来指责医院，甚至自相矛盾地称医院"见死不救"的指控，如果不是以讹传讹，那就是——鉴于这类信息早已公开且很容易获得——有意不顾事实，显然已涉嫌诽谤医方相关人员——即使按照极为严格的美国有关诽谤侵权的法定标准。[20]

2. 相关法律规定

质疑者，包括一些法律人，想转而挑战医院声称遵守的相关法律。首先是法律实证主义的挑战，他们或试图从现行法律条文中找到一条"麻袋型"规定，或试图以能纳入其想要之后果的宽大解释，为其欲念找到紧急出口。[21]

那就看看相关法律法规。国务院颁布的《医疗机构管理条例》第33条明确规定："医疗机构施行手术、特殊检查或者特殊治疗时，必须征得患者同意，并应当取得其家属或者关系人同意并签字；无法取得患者意见时，应当取得家属或者关系人同意并签字；无法取得患者意见又无家属或者关系人在场，或者遇到其他特殊情况时，经治医师应当提出医疗处置方案，在取得医疗机构负责人或者被授权负责人员的批准后实施。"[22] 依据这一规定，医方必须同时获得患者及其家属的同意。

----

[20] *New York Times Co. v. Sullivan*, 376 U. S. 254（1964）。该判决确立了对"公众人物"名誉侵权的标准：原告必须证明所谓的侵权者或者"实有恶意"，即明知陈述虚假而故意为之，或"玩忽放任"，即根本不在乎所述真实与否。实际恶意历来很难证明，但在此事件中，这一"玩忽放任"的指控很显然。此外，在分析中国此类事件之际，要注意一些媒体有很强政府色彩，卷入这一事件中的医方也没法说是"公众人物"。

[21] 例如，谢望原：《孕妇事件：医院应负有不可推卸的法律责任》，同前注〔3〕；许志勇：《"肖某悲剧"后的更大悲剧》，同前注〔7〕。

[22] 又请看，2002年8月原卫生部颁发的《病历书写基本规范（试行）》。第10条规定，对按照规定需取得患者书面同意方可进行的诸如特殊治疗、手术之类的医疗活动，"应当由患者本人签署同意书。患者不具备完全民事行为能力时，应当由其法定代理人签字；患者因病无法签字时，应当由其近亲属签字，没有近亲属的，由其关系人签字；为抢救患者，在法定代理人或近亲属、关系人无法及时签字的情况下，可由医疗机构负责人或者被授权的负责人签字。"

　　质疑者提出了两个问题。第一，肖与李是同居关系，非法定夫妻，因此即使医方获得肖的签字，也无效。并由此主张，鉴于不能获得其他有效签字，医方应当且完全可以申请医疗机构批准后施行手术。[23]第二，即使承认肖是丈夫，肖拒绝签字本身也应视为该法规定的"特殊情况"之一，医院同样可以申请医疗机构批准后施行手术。[24]基于其中任何一点，鉴于医方曾向相关医疗机构报告并请示，质疑者，包括死者父母，都认为区、市卫生局没有批准是失职。[25]

　　这几点质疑都不成立。第一点质疑纯粹不讲理。这一质疑若成立，必须基于这样一个事实，即医方知道或应当知道或有责任查清肖、李的关系。这一假定没根据，不厚道，也很可怕。每天就医者如此之多，医方不可能确知，没理由怀疑，没必要也没能力查证，就诊者自称或在相关表格上填写的诸多信息是否完整或真实。医方的职责是救死扶伤；其集中关注的是疾病，而并非病人身份。如果太关注患者身份或其报告信息的真假，不仅可能侵犯患者隐私，而且可能阻遏至少某些患者及早、有效的诊治，例如某些人工流产者或艾滋等性疾病患者。这不利于医方履行职责。医院不是，我们也不希望增加一个，公安局。

　　应当承认李、肖的夫妻关系。尽管没有结婚登记，中国《婚姻法》也未明确承认事实婚姻，但中国法律一直有条件地承认事实婚姻。[26]肖、李两人均符合法定结婚条件（尽管他们起初同居时，或许李还不到法定婚龄），长期以夫妻关系同居并相互称呼，其周边民众也认为他们是夫妻关系[27]；以及李、肖就诊时的言行，都要求医方认可肖作为丈

　　[23] 这类质疑网上颇多。如，刘春泉：《不签字能不能免除医院见死不救的责任?》，http://springlaw.blog.163.com/blog/static/28584650200710288282３169/，2010 年 9 月 20 日最后访问。死者父母也如此主张。

　　[24] 请看，董城、刘文嘉：《生命遇险，强制治疗权能否适用》，载《光明日报》2007 年 11 月 28 日版 5；许志勇：《"肖某悲剧"后的更大悲剧》，同前注〔7〕。

　　[25] 李某的父母已经开始了这方面的努力。请看，《死者父母质疑"死亡不可避免"》，载《新京报》2007 年 11 月 29 日版 A6；以及，《律师函希望卫生部调查孕妇死因》，载《新京报》2007 年 12 月 5 日版 A10。

　　[26] 参看，《最高人民法院关于适用〈中华人民共和国婚姻法〉若干问题的解释（一）》法释〔2001〕30 号；以及，胡康生主编：《中华人民共和国婚姻法释义》，法律出版社 2001 年版。

　　[27] 《孕妇李某的最后人生》，同前注〔14〕。

夫的签字。

如果真要较劲，还别忘记胎儿。尽管《民法通则》规定公民从出生时起才具有民事权利能力，依法享有民事权利，承担民事义务[28]，就此而言，胎儿不是中国民法严格意义上的公民或人。但《继承法》保护胎儿的财产继承权[29]，胎儿已基本足月、可离开母体独立存活，以及民间对此案"一尸两命"的说法，都表明中国当代法律，以及民间习俗，都赋予了胎儿某种程度的"人"的资格。鉴于该手术直接涉及胎儿，就有无可辩驳的理由认定肖是"家属"。当然了，好事者可能忘了"死磕"：医方未鉴定胎儿与肖某是否真是亲子关系。[30]

再退一步，作为李的长期同居者或胎儿的父亲，肖也应属于该法中目前尚无明确法律界定的"关系人"。[31]依据该法，在有家属或关系人（以下除必要，简称亲属）在场的情况下，尽管不排除医方有权向上级医疗机构提出请求，上级医疗机构仍无权批准。

肖拒签是否属于"特殊情况"？首先，肖的行为更准确地说是"签拒"。这不是抠字眼，因为这两者的法律意义不同，无论在合同法还是证据法上意义都完全不同。该法的"特殊情况"目前无明确法律界定。

---

[28]《中华人民共和国民法通则》第 9 条。

[29]《中华人民共和国继承法》第 28 条："遗产分割时，应当保留胎儿的继承份额"。

[30] 其实，抽象来看，这一亲子关系，仅作为一个事实而言，确实还不确定。请看，顾加栋：《难产孕妇不救而亡谁之过——兼谈知情同意权的制度缺陷》，载《南京医科大学学报》（社会科学版）2007 年第 4 期。但即使不是，也不构成有效法律质疑。我国《婚姻法》并未界定法律意义上父子间的亲子关系，但各国法律规定和实践一般认定，除特别情况外，婚姻期出生的子女，在法律上均推定为丈夫的子女；只有丈夫有权提出"生母不贞"的抗辩。大陆法系的相关规定，可参看，《德国民法典》1592 条（亲子推定），1717 条 1 项 1 段（生母不贞之抗辩）；《日本民法典》772 条（亲子推定），774 条（允许丈夫有否认权）以及 777 条（丈夫须在子女出生一年之内提起否认诉讼）。又可看看我国台湾地区"民法"第 1063 条（第 I 款亲子推定；第 II 款，否认之诉及其条件）。美国的相关案件，请看，*Parker v. Parker*, 950 So. 2d 388 (Fla. 2007); *Martin v. Pierce*, 370 Ark. 53 (2007); *B. E. B.*, *v. R. L. B.*, 979 P. 2d 514 (Ala, 1999)。美国法学界的有关讨论，可参看，Theresa Glennon, "Somebody's Child: Evaluating the Erosion of the Marital Presumption of Paternity", *West Virgina Law Review*, vol. 102, Spring/2000, pp. 547ff; Brie S. Rogers, "The Presumption of Paternity in Child Support Cases: A Triumph of Law over Biology", *University Cincinnati Law Review*, vol. 70, 2002, p. 1151ff; Niccol D. Kording, "Little White Lies That Destroy Children's Lives-Recreating Paternity Fraud Laws to Protect Children's Interests", *Journal of Law & Family Studies*, vol. 6, 2004, pp. 237ff; Jeffrey A. Parness, "Old-Fashioned Pregnancy, Newly-fashioned Paternity", *Syracuse Law Review*, vol. 53, 2003, pp. 57ff.

[31] 关于关系人的界定，可参看，《医生何时可不签字手术?》，载《新京报》2007 年 11 月 29 日版 A6。

据学者称，特殊情况是"指无陪伴、无钱、无身份证明的'三无'人员，由同事、同学、路人或警察送来的患者"。[32]根据原卫生部颁发的《病历书写基本规范（试行）》第 10 条的规定，"为抢救患者，在法定代理人或近亲属、关系人无法及时签字的情况下，可由医疗机构负责人或者被授权的负责人签字"。这种解说有理由成立。但如果成立，其核心则是无法及时获得法律预先认定有权签字者的签字。在这种情况下，只要患者未明示反对，法理会推定紧急救治对患者最为有利，并进而推定，若有机会，患者或其他有权签字的人会签字。[33]

肖不属上述情况。无论作为亲属还是关系人，肖就在场，并非无法及时签字。肖也已签了字，签字拒绝手术。尽管肖的举动反常，但按照法律解释的同类规则（*ejusdem generis*），当一法条列举若干情况后跟随有"以及其他"的字样时，这一"其他"只能包括未列举的同类情形而不能包括不同类情形。[34]签拒与无法获得签字显然不同类。前者若手术将直接违背患方明确表达的意志；后者仅仅是患方真实表达的缺位，手术不直接对抗，相反符合，推定的患方意思表示。

既然不属"特殊情况"，那么市、区卫生局不批准医院的请示不仅正当，甚至只能如此。若批准，则大概率越权；在行政诉讼中，上级医疗机构就可能因此败诉。[35]还值得注意，该法仅仅规定了"在取得……批准后"手术，它并没规定医疗机构接到请示，就得批准。换言之，该法律授予医疗机构的是一种裁量权，不是强制性规定。医疗机构不必须批准每一个请示，即使事后看也许应当批准，可能是错，却未必是错。

---

[32] 同上注。又请看，邓艳玲：《医生为何不愿舍己取义》，载《青年周末》2007 年 11 月 29 日版 A4。

[33] 一般的法学理论分析，可参看，Richard A. Posner, *Economic Analysis of Law*, 4th ed., Little, Brown, and Company, 1993, pp. 25-53；又可参看，Restatement (Second) of Torts, § 892D, 规定了无须同意的紧急行动。即使未获他人同意，如果（a）为防止此人受伤的紧急情况使之必须或看似必须在获得此人或有权之人表示同意之前行动，并且（b）行为人没有理由认为此人若有机会同意会拒绝同意，那么即使行为伤害了此人，行为人也不承担责任。

[34] 薛波主编：《元照英美法词典》，法律出版社 2003 年版，第 462 页。

[35] 这里仍留下一些有待澄清的法律问题。如果卫生局败诉，谁承担责任，何种责任？只由卫生局承担行政责任？但卫生局的批准若越权，从理论上——"毒树之果"的理论——看，医方的手术就缺乏合法根据，医方是否还应承担医疗事故责任？

3. 何为"紧急情况"?

很多质疑者认为医方不强行手术是担心引发医疗事故,怕承担法律责任,因此指出,医方可以诉诸《医疗事故处理条例》第 33 条第 1 款强行救治。这一款规定"在紧急情况下为抢救垂危患者生命,采取紧急医学措施造成不良后果的,不属于医疗事故"。言外之意,李的情况理所当然属于紧急情况,医方担心医疗事故是多余的。[36]

其实,若仅仅就减轻医方的担心而言,医方完全可以诉诸该条第 5 款,"因患方原因延误诊疗导致不良后果"不属于医疗事故。但问题是《医疗事故处理条例》并未细致界定何谓"紧急情况"。即使当时已经构成了紧急情况,不顾患方"签拒"的强行治疗是否属于法律许可的"紧急救治措施"?

许多法律都有紧急情况的规定,尽管中文的具体表达不同。[37]它在外文中是一个词(英语 emergency;法语 urgence;德语 Notstand)。它大致指向这样一种抽象状态,即必须采取与相应法律之常规相当不同的应对措施,以较小损失防止正在或即刻发生的对国家、公共利益和个人的生命、财产和自由权利的更大伤害。[38]由于各法律指涉的具体事态非常不同,各法律间的紧急情况不能相互搬用或套用。

但有一点很明确,也很关键,"紧急情况"并非一个不要法律可以

---

〔36〕 许志勇:《"肖某悲剧"后的更大悲剧》,同前注〔7〕;谢望原:《孕妇事件:医院应负有不可推卸的法律责任》,同前注〔3〕。

〔37〕 宪法中为"紧急状态",但未界定。请看,《中华人民共和国宪法》,第 67 条第 21 项,第 80 条,以及第 89 条第 16 项,刑法和民法中称为"紧急避险"。请看,《中华人民共和国刑法》第 21 条、《中华人民共和国民法通则》第 129 条以及《最高人民法院关于贯彻执行〈中华人民共和国民法通则〉若干问题的意见(试行)》第 156 条,在 1949 年之前中国和今日台湾,则称"紧急避难"。如今我们更熟悉的是"突发事件"。请看《中华人民共和国突发事件应对法》,第 3 条:"本法所称突发事件,是指突然发生,造成或者可能造成严重社会危害,需要采取应急处置措施予以应对的自然灾害、事故灾难、公共卫生事件和社会安全事件";以及《突发公共卫生事件应急条例》第 2 条:"突发公共卫生事件(以下简称突发事件),是指突然发生,造成或者可能造成社会公众健康严重损害的重大传染病疫情、群体性不明原因疾病、重大食物和职业中毒以及其他严重影响公众健康的事件。"

〔38〕 参看,《突发事件应对法》,第 3 条。

恣意妄为的状态，不是一张随便填写数额事后都能获得批准的"空白支票"。允许背离常规的法律要求，它却仍然是一种由法律界定的状态；它不仅不允许毫无限制地中止或剥夺他人基本权利和自由，而且不允许诉诸这一条款的人把法律拿在自己手中任意解释。在各部门法中，除了事先界定外，往往会通过具体法律实践逐渐明确"紧急情况"的边界；当受到挑战时，还可能得接受司法的审查。司法的判断标准也不是某个抽象定义，无论是否是法学界的通说，而总是要具体考虑紧急措施造成损失之大小，所保护收益之大小，危机的实在性和急迫程度，有无可替代性应急措施及其成本如何等因素。在经验层面，特别当涉及专业问题时，司法往往会尊重专业或职业标准，有时甚至会尊重当地的职业标准。

因此，争点不在于李的病情是否需要紧急救治——医方已开始急救；也不在于医方对紧急情况下的救治引发的不良后果是否要承担医疗事故责任。争点在于，紧急情况下是否还必须遵守某些法律，是否还要接受某些法定制约？是否因紧急情况，手术就无须执行患方同意签字的法律规定，甚或可以直接对抗患方明确表示的反对意愿？或医方可以——在字面的中性含义上——"为所欲为"？回答自然是否定的。手术治疗中患方的知情同意权，如前所述，不仅为法律明文规定，是强制性规定；而且是各国医疗职业长期遵循的核心伦理和惯例之一。因为（下一节详细论证）即使在紧急情况下，这仍然是对患方权利最有效的制度性保护措施。

但允许例外。从中国以及世界各国医疗实践来看，确有无须获得患方知情同意就手术治疗的紧急情况。查阅英美等国的法律和判例之后，概括起来，仅限于以下几种情况：

（1）患者需急救但不省人事，且无法及时获得有权同意者（亲属、监护人或其他有法定授权的人）的同意签字；

（2）有民事行为能力的患者（年龄可低于选举年龄，一般还会考虑患者对医方建议的治疗手术有多少理解），需急救但因其酗酒或吸毒或其他原因没有医学上的行为能力，且无法及时获得有权同意者的同意签字；

（3）年幼患者且需急救，却无法获得其父母的同意（包括因其拒绝）或其他有权同意者的签字；以及

（4）患者有生命危险，患者和/或有权同意者均拒绝同意签字，但患者的存活涉及重大公共利益，或其死亡极有可能危及至少一位无辜第三人的生命和安全。[39]

李某不属于其中任何一种情况。[40]李当时清醒、有行为能力，她可以明确同意治疗并要求肖某签字或自己签字，但她授权肖处理；肖在场，有能力签字，相关法律还规定手术必须有他的同意签字，但肖令常人不解地（其实有解，第四节分析）签字拒绝了手术。也许这也是一种"紧急情况"？许多人认为是，认为应当是；我不反对。但这没用。因为这不是法律规定和医疗实践确认的紧急情况。问题因此成了，是否应当将此视为一种新的紧急情况？

涉及应然，涉及制度安排，涉及立法，涉及公共政策，因此留待下一节讨论。但这里仍有一个实证法必须关注的问题，即每个人都可以自己解读法律概念，不会有任何实在的法律后果，反而在心理上会有良好的自我感受，觉得自己很高尚，很道德，甚至很勇敢。但医方当时必须直面的却是，它能否认定肖的签拒就是法律规定的紧急情况，或至少它确信包括法官在内的整个社会都会接受它的认定？我们在此讨论的都是"事后诸葛亮"——李已死亡。这一死亡就让这个问题变了，我们是事后考虑，是否应当对紧急情况扩大解释。这个应当就表明它曾经不是或我们没法确定地认为这就是紧急情况。这个事先事后问题，以及这个问题的转变，对人的行为有重大影响。[41]

综上所述，我认为，从相关法律看，在现有法律制度框架中，医方

---

[39] 这一条看起来颇为奇怪，违反了个人自由原则。其实这类情况也不少：（1）如烈性传染病患者，他若拒绝治疗可能引发疾病流行；（2）如受了致命伤的恐怖分子有可能拒绝治疗，想以死来保守恐怖组织的秘密；以及，（3）临盆孕妇基于宗教信仰拒绝输血，可能危及胎儿生命。由此可见，个人自由仅限于不损害他人或社会的至少同样值得保护的自由。

[40] 由于胎儿已经足月，这在某些国家，也许会纳入第四种情况。但依据中国民法，人始于出生，依据法教义学仍不成立。

[41] 学术术语是"事后偏见"（hindsight bias）。这是特维尔斯基（Amos Tversky）和卡尼曼（Daniel Kahneman）的发现，已被广泛运用于包括法学在内的诸多学科。法学著作，可参看，Richard A. Posner, *Frontiers of Legal Theory*, Harvard University Press, 2001, ch. 8；以及，Cass R. Sunstein, ed., *Behavioral Law and Economy*, Cambridge University Press, 2000, ch. 3。

已经尽了最大努力；从合乎情理的常人标准和医疗职业规范来看，都无可挑剔。如果医院不是在 20 分钟内就做好了手术准备；如果不是一直劝说肖；如果肖不是签了字拒绝，而只是拒不签字；如果卫生局批准了医院的请示；只要最后是现在这个结果，医方都会受到更多更严厉的谴责和指控。

超越法律？

毕竟是"一尸两命"，追求结果和制度完美的善良人们，尤其是相信依法办事就从此过上幸福生活的天真的人们，会认为这里一定有问题，应当完善。[42]基于广泛分享的一种典型的唯心主义世界观，许多人也趋于认为，只要有善良的追求就一定能改进和完善现有制度。习惯规范分析[43]并且熟悉道德话语的质疑者转向了一种自然法的观点，对"非签字不手术"制度进行了看似深刻的反思。他们主张"用生命权至上理念来理解医疗法规"[44]；试图论证医院在这种情况下必须、应当且可以自由裁量，违背患方意志，强行手术，据说"在制度与生命之间，我们必须坚守一条底线：生命尊严高于一切"，一定要"赋予制度更人性化的内涵……不应让制度束缚住手脚"。但其全部论证只是："因为制度是冷的，而血是热的，人的尊严不能匍匐在制度的脚下。只有让人的尊严挺立，制度才更有生命的温度。"[45]我相信此文作者的热血已经沸腾，但我只听到了口号，听不清他究竟说了些什么？废弃手术签字制度？允许更大的医学裁量？但多大才算合适？

---

〔42〕《中国青年报》网调发现，"33.8% 的公众认为肖家悲剧警示急诊法规有待完善"，参见前注〔2〕。

〔43〕 这是个很混乱的概念。在中国法学语境中，由于法条是规范，因此规范分析常常被等同于法条实证分析（legal positivism）或教义分析（doctrinal analysis）。严格说来，规范分析（normative analysis）基本是一种应然分析，无论是法理的还是道德的。我在后一种意义上使用规范分析。

〔44〕 上官丕亮：《要用生命权至上理念来理解医疗法规——"孕妇死亡"事件留给我们的启示》，同前注〔12〕。

〔45〕 白剑锋：《生命尊严高于一切》，同前注〔3〕。

制度之所以发生就是因为人类不完美，因此不可能指望不完美的人类只要加把劲就能创造完善的制度。在这个意义上，制度永远有待完善，也没人反对完善。真正的问题是如何完善？所谓的完善会不会带来更大问题，尤其是考虑到当代中国的社会转型？这就需要超越实在法的分析，看看相关制度背后的道理。我赞同并接受实用主义法学的观点："法律的最终目标是社会福利"，制度必须回应社会生活。[46] 我也反对把制度过度神圣化乃至僵化，但恰恰是通过超越法律的分析，我的结论是，坚守"非签字不手术"的制度，尤其在当下中国，利大于弊。

1. 签字与知情同意

问题的关键是要充分理解手术签字同意的制度意义。在孕妇事件中，与这一制度伴随的是一个悲剧，人们因此要求修改甚至废弃它。但制度处理的是常规问题，而不是特例。对制度的评价要具体，但不能仅根据一件事，一个例外。恰当的思考进路是，就其针对的问题以及社会语境而言，这个制度总体上是否合理？在什么样的情况下出了问题或可能出问题？有无其他简单有效的辅助规则和制度来保证这一制度实践？以及，当迫不得已必须个人裁量之际，这种裁量权又可能有什么问题，边界何在？弊大还是利大。[47]

规则化、制度化治理（法治）是现代社会治理的基本方式，处理社会常规问题。由于具体问题千差万别，任何制度都不可能预先一一规定所有可能发生的情况。也不应当；因为无论从经验上看还是从理论上看，规则一旦复杂繁多，即使看起来严格全面，也会留下更多漏洞，容易被人上下其手，追求不正当利益。因此，尽管世界各国都强调严格依法，但实践中总试图而且必须平衡法律的细密和粗略。法治追求以"简

---

〔46〕〔美〕卡多佐：《司法过程的性质》，苏力译，商务印书馆 1999 年版，第 39 页；〔美〕波斯纳：《超越法律》，苏力译，中国政法大学出版社 2001 年版。

〔47〕参看，苏力：《语境论：一种法律制度研究的进路和方法》，载《中外法学》2000 年第 1 期。

单规则来应对复杂世界"。[48]

强调"规则之治",不允许一般意义上的"特事特办"或"具体问题具体分析",不允许有太多的个人裁量,总体来说更有利于人们预先理解自己的权利和责任,确定自己的预期,有效安排自己的努力,包括规避可能的法律风险。如果不是规则地预先分配权利和责任,而是根据事后结果好坏来分担责任,人们很容易受制于各种无法确定和掌控的因素,只能听天由命。因此,制度性的、规则化的权利配置,不仅公正,给了人们更多选择和更大自由,它也更有效率。这就是为什么在常规情况下,人们更偏爱法治,而不是裁量权过大的"人治"——即使是仁慈的"人治"。

手术签字就是一种制度,它意味着患方了解了并同意医方建议的手术方案,委托医方手术。若没有患方的委托,或没有法律允许的例外,即使用心良好,只要手术出现死亡或其他意外,无论有无技术/责任事故,依法均可能构成刑法上的"杀人"或"伤害"。若有技术/责任事故,甚至可能构成故意杀人或故意伤害;若无,则构成过失杀人和过失伤害。[49]美国的一系列判例甚至强调,告知并获得患者同意的手术,若与实际施行的手术差别很大,都构成故意伤害。[50]

看起来似乎不合理,但这一制度体现的是尊重患方的自由,维护患方知情权和最终决定权。隐含地,它还体现了同等认可和尊重每个成年非精神病患者的理性,即推定,在涉及手术治疗风险和成本收益评估时,每个知情的常人都冷暖自知,会作出对自己最有利同时不损害他人的理性选择。这后一假定并不现实,因为现实生活中每个人的智力、知识和受教育程度有差别,其实际选择至少有时——在其本人事后或在旁人看来——对其自身未必最佳,但除了对孩子、老糊涂、精神病等认知

---

[48] Richard A. Epstein, *Simple Rules for a Complex World*, Harvard University Press, 1995.

[49] 参看,杜勤:《论医疗领域中的人道主义与法律制度:兼论"肖志军"事件》,载《新西部》2007年第24期。

[50] *Cobbe v. Grant* 8 Cal. 3d 229 (1972). 该判决引证了 *Berkey v. Anderson*, 1 Cal. App. 3d 790 (1969)(患者同意一个较为简单的手术,但实际过程涉及骨髓穿刺);*Bang v. Charles T. Miller Hospital*, 251 Minn. 427 (1958)(原告同意前列腺切除,但不知该手术还要结扎输精管);以及 *Corn v. French*, 71 Nev. 280 (1955)(原告为检查乳腺癌同意实验性手术,但医生切除了其乳房)等判决。

有障碍的人外，这一推定仍是必须，许多事只能自己做主，不能让别人替代。这是现代社会各种制度共同分享的基础之一，无论在经济（市场）、政治（民主）、社会（择业或结社自由）还是个人生活（婚姻自由）中。如果没有这个最基本的假定，自由和平等就没有存在或追求的理由。

但自由总是同责任和风险相伴；治疗和手术也不例外。医方只是尽可能制定几个各有利弊的方案，推荐医方认为对患方收益成本（包括权衡后的最低风险）最佳的治疗方案，患方可以接受也可以拒绝。当选择接受某一方案并获得收益，自然也要接受与这一方案相伴的成本（包括费用和可能的风险）；拒绝某一方案可以避开与这一方案相伴的成本和风险，但这意味着承担拒绝的风险，至少有时，会是更大的风险。[51]

在医患关系中，患方的最后决定权对医方权力是一个最好也最有效的制约。尽管每个社会都会通过各种正式和非正式制度，包括法律、职业伦理甚至社会意识形态（例如"救死扶伤"这类信条），激励医生以患者利益为重，也会以各种制度方式尽可能筛选有能力、负责任的好人当医生。但医患双方在医疗上仍不时会有利益冲突，上述这类措施还不足以确保医生任何时候都以患者利益为重。知情同意因此是，针对医方建议的具体治疗方案，患方的最后防线，是"一票否决"。

当下中国社会转型引发的医患关系紧张也需要这一制度。不仅社会陌生化确实会令少数医生更关心自己的各类利益，甚至不无可能以牺牲患方利益来追求自己的利益。陌生化还令患方无法事先有效辨识医生"好坏"并筛选，这也使大量在熟人社会中如鱼得水的普通患者太不容易信任陌生的医生，甚至更容易猜忌医生的职业操守。由于并非有意针对哪一位，因此，这种猜忌其实针对了所有医生；或者说，针对了整个医疗体制。但理解医患关系紧张的社会原因甚至未必有助于缓解这种紧张。因为社会变化了，就不可能回到"从前"了。只能根据这种变化了

---

[51] 有人基于权利可放弃的原则，质疑知情同意权和签字制度。请看，吴丹红：《追问"手术签字制度"》，同前注〔3〕；以及，长平：《不要以"孕妇之死"曲解病人权利》，载《南方都市报》2007 年 11 月 29 日版 A30。在法律理论世界中，有放弃权利没有后果的情况；真实世界中，这种情况从来不存在，每种选择都会有机会成本。

的社会环境，或建立一些新制度，或强化一些制度来应对。就此而言，长期来看，强化患者知情权和最后决定权，是防止并制约医方牺牲患者利益，促使双方相互信任，有效改善医患关系的基本制度。

即使用心良好，"赋予制度更人性化的内涵"也只是听起来很美。一旦"更人性化"，允许医方灵活解释"紧急情况"，为其所欲为，"紧急情况"就一定会变成一种人们普遍厌恶的真正的"霸王条款"。更多权力会从患方转到医方，因此减少了，在特定情况下甚至剥夺了，患方权利。遇到此类情况，医方更可能以紧急救治为名，不征求患方同意，甚至不顾患方反对，开刀、截肢、强迫非传染病病人接受医方认为必需的治疗，或使用某种医方认为必要但至少是两可的药品。随之而来的，一定会有极少数不良医生谋私利。由于利益驱动，从理论上可以推断，利用"口子"干坏事的会比干好事的更多。

就孕妇事件而言，以及未来的类似事件，还会有其他一些技术上的麻烦。尽管肖已签拒，但事前来看，谁也不能排除，经医方或/和他人劝说，肖会改变立场，签字同意手术。无论从智力上还是伦理上看，谁都不能认定肖已经铁了心拒签。若肖一拒签或签拒，医方就强行手术，事后，肖和/或公众会不会指责医方劝说不够，没给肖更多斟酌反省的机会？肯定会。但如果要求医方继续劝说，又该劝到何时才算适当？这类弹性空间其实会进一步鼓励患方以及许多人的投机侥幸心理。医方又该如何判断，并在必要时如何在法庭上向社会证明，当时已没时间等了，只能手术？而且，每多等一分钟患者就多一分危险，医方就会多一分被指控抢救不及时的危险。从这一角度看，"非签字不手术"，这种决绝的规则更可能了断一些人"再等等看"的投机念想，使患者更可能尽早得到救治。

这个看似"不人性化"的制度因此对患者恰恰是人性的，但也针对了复杂有时甚至是狡诈的人性。它不是"妇人之仁"（一种政治不正确的说法）；它是冷峻的仁慈。正如一位评论者指出的，它不完美，但在所有可能的选项中，却是"最不坏的制度"。[52]

---

[52] 盛大林：《"非签字不手术"是最不坏的制度》，载《中国经济时报》2007年11月29日版6。

2. 签字：患者 v. 患方

对医方另一质疑是患者签字即可，为什么还需要肖的签字。依据原卫生部颁发的《病历书写基本规范（试行）》，"手术同意书是指……由患者签署同意手术的医学文书"（着重号为引者所加）。国务院颁布的《医疗机构管理条例》规定："施行手术……时，必须征得患者同意，并应当取得其家属或者关系人同意并签字"。质疑者指出这两个规定有冲突；并基于对此案最好结果的追究，他们更赞同前者。但由于前者法律位阶低，因此质疑者接着又诉诸了"超越法律"的分析，质疑国务院文件为什么规定需要家属同意和签字。[53] 如果仅需患者签字同意，从理论上讲，或许还有可能说服李签字同意；或在李没有明确表示的情况下，作为特例，予以强行救治。按照自由主义和个体主义的原则，在决定手术甚至生命这样的重大问题上，鉴于有时，患者与其亲属以及其他有权签字者之间利益不一致，甚至可能对立，他们主张彻底贯彻尊重患者个人的自主决定。

我甚至可以为这一质疑提供一个额外但更有力的理由，尽管至今无人提及：这场手术涉及一个即将临产的胎儿，至少也是一个离开母体也能独立存活的早产儿。[54] 虽不是法律意义上的"人"或"公民"，但这也是一条"命"。为救这条命，可否省略肖甚或李的签字同意？[55] 至少有些西方国家法律定义"人"始于受孕，或离开母体可以独立存活，鉴于国家利益（state interest），就可能允许医方无须患者同意而强行

---

〔53〕 顾加栋：《难产孕妇不救而亡谁之过——兼谈知情同意权的制度缺陷》，同前注〔30〕；吴丹红：《追问"手术签字制度"》，同前注〔3〕；长平：《不要以"孕妇之死"曲解病人权利》，同前注〔51〕；以及，韩东屏：《悲剧之后的追问：相关法规不需要修改吗？》，载《科学时报》2007 年 12 月 7 日版 A4。

〔54〕 一般怀孕不到 37 周为早产儿。据报道，李某怀孕为 38—41 周。有资料显示，由于现代医学技术发展，34＋周存活率与足月婴儿已几乎相同。

〔55〕 这不意味着我主张或赞同修改民法关于"公民"或"人"的定义，将之提前。有几点理由。第一，无论提前到何时，都是专断的界定，不比以出生为标志逻辑上更合理更正当。第二，如果将这一点提前，胎儿作为公民也受国家保护，则可能被人用来限制妇女人工流产自由。

手术。

我把这边的道理甚至可能的道理全都摆出来，就为彻底断绝那些唱高调的人的念想。就是要让他们知道，世界上的事很少是就一边有道理，另一边毫无道理。

首先，这毕竟是在中国，由中国法律管辖。可以参考，但不可能直接适用外国法。何况世界上也并非只有中国和外国，外国还很多，它们相互间也有许多不一致。何况，医生不可能全都了解；就算都了解，也不能任其随意选择对自己最有利的规定；即使选择了，一旦遇上诉讼，忠于中国法律的法院也不认。

其次，为什么不先想想国务院规定为什么要求家属签字？难道立法者会没想到或遗漏了我们现在想到的问题，或是在征求意见时，各医院和医生会对自己未来的尴尬处境毫不在意？会不会，这一规定恰恰有为自由主义信条忽略，却为人类珍视的其他某些价值？或是缘于中国社会的某些特点还只能如此规定？法律人和法学人都不应，一看到中国法律规定与其假装知道（随后两小节会表明，我说他们假装知道是客观描述，并非恶意诽谤）或想象的外国法律规定不一致，就立刻推断中国的立法者都是糊涂虫。即便你旨在推翻它，也必须首先假定中国的立法者至少和你我一样善良和聪明。

自由主义命题的前提是每个人都理性，是各自独立、互不影响的成人，因此应当让他/她自主选择。这个命题很吸引人，但不现实。实践起来一定要开口子。有儿童、低龄未成年人、老年痴呆者、聋哑人、盲人、智障者、醉酒者、吸毒者等。在当代中国还有，事实上我相信各国都会有，一些人，因其他种种原因，他们无法理解评价自己的疾病性质和医方推荐的治疗手术方案，有的甚至干脆无法同医生有效交流。在有些疾病上，甚至可能包括你我。当然仍可以要求这些人自己同意签字，但这还是法律和医疗职业伦理要求的"知情同意"吗？如果真的不知情，那在什么意义上能算作同意？

但不管某患者多么缺乏理解或交流能力，从中国经验来看，他/她的亲人中总会有一两个人理解力稍强一些，有一定的社会和医学常识，因此能做主。根据我非系统的考察，在家庭中，最后拍板的大多是，尽管不只是，父亲或丈夫；许多时候，也会是妻子、母亲或儿子。因此，如果真正要坚持自由主义的知情选择，在这类情况下，就不得不从自由主义的个人自主教义上后退一步。

这似乎是不得已，似乎是赝品。但如果所谓的赝品比正品效果更好的话，人们就会重新定义正品。亲属签字有一些积极的社会功能，不仅有利于患者，也有利于社会诚信和家庭关系。

第一，有许多疾病，至少在包括中国在内的不少亚洲国家，人们普遍认为不宜让患者完全知情。许多患者甚至情愿不知情。例如晚期才发现的癌症患者，一旦明确告知其真实病情，特别是预后，那就等于宣判了其死刑，会严重影响他的身体和情绪，对治疗非常不利。有人不配合治疗，也可能有人自杀，甚至也有人是"吓死的"。鉴于这种告知对患者显然不利，在医疗上，即使在最强调患者本人知情同意的一些西方国家，也有法律允许医生斟酌，可以不告知患者某些很可能有损治疗效果的信息，尽管对此有严格限制。[56]在日本和韩国，这种父爱主义文化是如此强大，乃至于"传统上，患者几乎没有，或就是没有，获得关于自己状况和前景的信息渠道"，医生和家人会联手让患者一直蒙在鼓里，直到死亡。[57]真相至少有时同样致命，布莱克早就曾用诗句警告过天真的人们："恶意道出的真相，为害胜过谎言。"[58]即便支持知情同意的医疗制度，真正头脑清醒的法律人，也必须，至少在法理层面，多一根弦，永远保持适度的敏感和必要的反思。

在纯职业层面，这必然引发一个技术性法律问题，如何保证手术治疗的知情同意，以及在什么条件下，让谁知情和同意？由此才有了既征求患者同意，但至少有时也要求让患者的直系亲属知情和签字同意的制度。后一要求假定的是，直系亲属通常比医生或其他人更关心患者利益。这个假定大致合理。这样做也更有人情味，更深刻理解了人性，真实的个体常常不像自由主义的理想个体那样，总能勇敢和坚强面对自己

---

〔56〕 可参看，Julie A. Davies and Paul T. Hayden, *Global Issues in Tort Law*, Thomson/West, 2007, p. 132。

〔57〕 Robert B. Leflar, "Informed Consent and Patients' Rights in Japan", *Houston Law Review*, vol. 33, 1996, p. 16。

〔58〕 William Blake, *The Complete Poems*, ed. by Alicia Ostriker, Penguin, 1977.

很快或大概率到来的死亡。

第二，更现实也更务实的考量之一还有，必须考虑伴随手术治疗的费用支付问题。这个因素，在中国，在全民医保制度建立之前，会很重要。即便建立之后，只要还有部分医疗药品或手术的费用需要患者个人支付时，在一定程度上，谁承诺并有能力支付也会是个棘手问题。任何医院在接受病人治疗和手术时，都不可能完全不考虑收费问题。即使在公费医疗体制下或建立全民医保之后，由于医疗资源有限，为防止浪费，相关制度设计也会要求患者按相应比例支付部分医疗费用。现实生活中，许多治疗手术的费用都不是由患者本人支付，或多或少，有些甚或全部费用，将由其直系亲属支付。但至少有大量直系亲属未必有或不总是有足够的支付能力。相对于普通疾病的治疗费用支出，手术治疗的费用往往更高，直系亲属支付能力不足相当普遍，绝非偶然或鲜见。在手术治疗问题上，征得亲属同意签字，让他/她参与手术方案的选择和确认，事实上就是要让亲属承担费用支付的连带责任，可以说是一种担保。这有利于医疗机构获得有效支付，维护医方的财产权；从社会层面，这也是一种保证和促进社会诚信的机制，是改善医患关系的必需。

还要考虑有些患者可能死亡，在手术或治疗过程中或之后。如果无亲属的同意和签字即做了手术，医方则有可能被指控威逼患者手术，不能排除有死亡患者的亲属借此逃避并很容易成功逃避支付医疗手术费用。在转型中国社会，这不是可能发生，而是肯定会发生，数量还不会很少。为平衡收支，医院要想维系下去，就只能提高对其他患者的收费，或要求政府补贴。无论何种措施，对其他患者或纳税人都会很不公平，因为这等于让他人为拒绝或不能支付费用的患者支付了手术医疗费用。有亲属同意并签字，医方据此要求亲属支付，这不仅对医方有利，对防止纠纷和欺诈，促进社会公平，都有意义。一个社会的和谐其实不可能来自大家"凭良心办事"。就因为我们知道不是人人都有良心，却不知道谁有良心，谁没良心，有时就只能"亲兄弟，明算账"。

这是否太冷酷了，尤其是在患者与其亲人之间？恰恰相反。第三，当把家庭这个社会基本单位纳入考量时，从总体上看，亲属签字制度其实有避免制造或激化家庭矛盾的功能。除了极少数特例外，每个家庭财政支付能力都有限，手术费用支出必定影响其他家庭成员的生活状况，甚至可能引发家庭纠纷甚至冲突。如果一位老人自己没收入，也没积蓄，住院手术欠下一大笔债，让其亲属全家为之节衣缩食多年，这个家庭有可能和睦吗？这一点在当代中国，特别在但不限于农村家庭会更为明显。不少家庭生活本来就颇为拮据，许多患者也未必了解家庭的经济收入或手术的费用，如自行其是，不同家人协调即签字同意手术，其术后的日子会好过吗？如术后无人探望或家人冷眼相对，患者又会是何种感受？从这一角度看，亲属签字同意制度，反倒促进患者与亲属事先协调，是有效安排家庭各项支出的机制之一。这就维系了甚至强化了作为个人福利最主要产地的家庭。

我不否认在特定条件下，亲属签字制度会有缺点，甚至有重大漏洞（后面我会分析并提出修补这一漏洞的制度建议）。但就一般人性以及中国社会现状而言，这个制度在我看来是更务实、更可行的制度。在这个意义上，是个好制度，尽管它不完全符合自由主义个人主义的信条。

但制度的正当性，其发生和存在的基础并非某种听起来高大上也很自洽圆融的政治哲学，而是社会实践和制度竞争。这个签字制度之所以总体上为中国患者接受，并不因为中国人愚昧。在我看来，恰恰因为中国人对社会人心的洞察和智慧。

3. 外国的一些做法

上述分析已经展示了，法律是基于本地资源对人类某些普遍问题以及部分地方性问题的制度化回应。因此，这隐含了，除表明你知道有"外国"外，简单搬用外国法其实没多少实在意义。但在一个全球化时代，一个更关注"同国际接轨""言必称希腊"的当代中国法学界，外国的，特别是一些发达国家的做法，对许多人，特别是法学界和媒体人，已具有无可辩驳的标准意义。也确实有人在这一事件发生后介绍了一些所谓的外国做法。[59] 这就迫使本文不得不参考，主要其实是考订，被许多人视为医疗职业伦理典范来推荐的一些发达国家有关紧急救治和签字问题上的做法。

我先得限定这一比较的意义和可能。第一，任何外国做法都不具有标准意义，不能作为评判肖、李事件的基准。评判标准必须是事物自身的道理，不是枚举例证，哪怕有无数例证。第二，应更多从智识参考和启发层面上来看外国的做法，追问并理解为什么某国这么做，甚至其起因，其实践和法条之间的区别，才可能真的有利于反思、批评和改进中国的做法。鉴于能力、时间和资料来源的限制，我主要使用两类外国资源：一是分析现有报道提供的外国做法，包括剔除报道者可能的误解甚至虚构；二是，相对而言，我有能力接近的美国的相关法律和做法。这个比较分析因此注定不完整，不具结论性；甚至难免"以讹传讹"。它只是一块砖，但不无可能，也是艘草船。

各国都确立了基于个人自由和自主原则的患者知情同意制度，这是"患者权利的基本宗旨"。[60] 知情同意权的核心是知情，但各国具体实践有不少差别。在美国，知情告知意味着患方获得对其决策有影响的重大信息；否则，就可能侵权。但在医疗侵权诉讼中，患方须证明未告知的内容造成了自己的伤害，即如果告知、患方就不会同意因此就会避免这种伤害，或是会采取其他不会造成伤害的措施——这一要求因此是对患方胜诉的一种限制。[61] 日本（可能还有韩国等受中国文化影响的国家和地区）在知情告知问题上则与欧美形成反差。在日本法律和司法上，病人几乎没什么知情权，在诸如癌症这类病症上，病人谈不上严格的知情权和决定权。日本的实践，与中国更相似，趋于仅让直系亲属知情和同意；尽管这种状况也在改变。[62]

基于知情同意，当需要但患者不能签字时，各国也都承认亲属签字

---

〔59〕 程谦：《救治程序分国情，应对拒签各有招》，载《法制晚报》2007 年 11 月 30 日版 31；又请看，王开虎等：《危机时刻生命至上行规让路》，载《北京晚报》2007 年 12 月 2 日版 10；以及《家属没签字，国外医生怎么办？》，载《参考消息》2007 年 12 月 6 日版 14。

〔60〕 可参看，Julie A. Davies and Paul T. Hayden, *Global Issues in Tort Law*, Thomson/West, 2007, p. 132.

〔61〕 *Ibid.*

〔62〕 Robert B. Leflar, "Informed Consent and Patients' Rights in Japan", *supra note* 〔57〕.

的法律意义，并有比较严格的序列。美国各州诸多先例都承认亲属签字的合法性和权威性。[63]此外，作为亲属签字之替代，还有一些法律措施，例如可以向法院申请批准，获得法定签字人签字同意的制度。日本和韩国对同居者的签字的资格要求更严；不允许一般的同居者，因此可以推论不大可能允许中国法律规定的"关系人"签字；其目的是防止万一出了问题，患者亲属会把医方和签字人告上法庭。[64]除此之外，还必须注意，有些同居者，之所以仅同居，而不结婚，就因为至少其中一方不愿意承担婚姻的法定责任。根据定义，同居者就比配偶更可能是机会主义者。法律有理由对机会主义者多设一分提防。

有报道称，美国允许医院在紧急情况下，患者或家属未签字而强制治疗。[65]这混淆了未签字和拒绝签字。未签字往往因无法及时获得患方同意签字或其签字无效，法律支持医院及时治疗，并从法理上推定这样做对病人是最有利的。[66]但没有任何消息说，当医方向患方提出的治疗建议被明确拒绝后，医院仍可以违背病人或其亲属的意志强行手术。

许多媒体称，西方国家大都有要求所有人在发生危及生命的灾难时施以援手的紧急灾难施救法。有人以戴安娜车祸事件为例：法国医生赶到车祸现场救人，虽无人签字，行为被认为合法；而忙于拍照、未援救戴安娜的狗仔队摄影师受到了见死不救的"杀人"指控。[67]确实，许多大陆法系国家，以及美国的少数州，都有这类法律，并且是刑事法律。[68]但这些法律只是对公民的一般要求，与紧急医疗救治无关。媒体人的想

---

〔63〕 例如，*Barfield v. South Highland Infirmary*，191 Ala. 553（1915）。原告一腿截肢后对医院提出医疗事故诉讼，指控之一为手术未经其同意。终审判决，当时原告受重伤无行为能力（incapacitated），必须尽快作出决定，在此情况下医生征求了原告母亲的意见，并视其母亲的同意为原告的隐含同意，是合适的。

〔64〕 可参看，Julie A. Davies and Paul T. Hayden，*Global Issues in Tort Law*，*supra note*〔15〕。

〔65〕 有人引证了美国的《医疗法：紧急施救手术法规》的规定："医生有权在病人面临生命威胁，或有导致身体残疾的危险时，在未得到病人同意以及未得到任何其他人准许的情况下，对病人实施救治。"王开虎等：《危机时刻生命至上行规让路》，同前注〔59〕。

〔66〕 例如，*Miller v. Rhode Island Hosp.*，625 A. 2d 778（R. I. 1993）。病人醉酒造成车祸，重伤必须手术；医生在没有患者同意的情况下成功手术。终审判决认为法律上的行为能力和医学上的行为能力是不同的，患者重度酗酒不能对急救治疗表示同意或反对。又请看，*Cardwell v. Bechtol*，724 S. W. 2d 739（Tenn. 1987）。

〔67〕 《家属没签字，国外医生怎么办？》，同前注〔59〕。

〔68〕 可参看，Julie A. Davies and Paul T. Hayden，*Global Issues in Tort Law*，Thomson/West，2007，p. 121。

象力不能过于发达，从此演绎出结论：医方可以违背患方意志强行治疗。

《德国刑法典》也规定了紧急救助义务，对违法者还规定了最高一年监禁或罚金的处罚。但这一条款"罕为适用"，"更多起'教育功能'"。[69]德国法院也拒绝，依据《德国民法典》§823（2），以违反刑法规定的紧急救治义务为由而施加民事责任，理由是该刑法条款的目的是保护整个社会，不是保护某具体人。[70]有类似刑事制裁条款的其他国家也采取了德国方式，拒绝强加民事责任。[71]

《法国刑法典》规定的紧急救助义务更严格，目前对违法者可处最高5年监禁或75000欧元的罚款[72]，还允许依据《法国民法典》§1382—1383，因违反这一紧急救助义务而施加民事责任。[73]但实践效果并不像人们想象的那样。就以报道者提及的戴安娜案结果为例：法国警方确实调查了追逐戴安娜的狗仔队，多人当时被指控涉嫌见死不救；但2006年2月22日法国上诉法院最终判决，无人因此获罪；3名摄影师仅因侵犯隐私，被判象征性地每人赔付死者之父1欧元。[74]美国少数州的经验也证明关于救人的刑事法律很难乃至无法执行。[75]诸如此

---

〔69〕 Basil S. Markersinis and Hannes Unberath, *The German Law of Torts*, *a Comparative Treatise*, 4th ed., Hart Publishing, 2002, p. 27.

〔70〕 Jeroen Kortmann, *Altruism in Private Law*: *Liability for Nonfeasance and Negotiorum Gestio*, Oxford University Press, 2005, p. 42；转引自，Julie A. Davies and Paul T. Hayden, *Global Issues in Tort Law*, *supra* note〔15〕。

〔71〕 可参看，Julie A. Davies and Paul T. Hayden, *Global Issues in Tort Law*, *supra* note〔15〕。

〔72〕 French Penal Code, Art. 223-226, Ordinance No. 2000-916. 最有意思的是，这一条款最早源自1941年二战期间维希傀儡政权因德国的压力而颁布的，为惩罚那些袖手旁观任凭德军受游击队或抵抗组织攻击或设施被破坏的法国人。Edward A. Tomlinson, "The French Experience with Duty to Rescue: A Dubious Case for Criminal Enforcement", *New York Law School of Journal International and Comparative Law*, vol. 20, 2000, p. 462.

〔73〕 Basil S. Markersinis and Hannes Unberath, *The German Law of Torts*, *a Comparative Treatise*, *Supra* note〔69〕, p. 35；可参看，Julie A. Davies and Paul T. Hayden, *Global Issues in Tort Law*, *supra* note〔15〕。

〔74〕 《三摄影师每人须赔一欧元》，载《华商报》2006年2月24日。

〔75〕 在美国，有佛蒙特、罗德岛、明尼苏达、夏威夷以及威斯康星州有这类刑事法律。但学者称其为"象征性的"和"基本没影响"（Julie A. Davies and Paul T. Hayden, *Global Issues in Tort Law*, Thomson/West, 2007, p. 130ff.），"不大见"指控（可参看，Julie A. Davies and Paul T. Hayden, *Global Issues in Tort Law*, Thomson/West, 2007, p. 127）。

类的许多介绍和引证，看似言之凿凿，其实似是而非，甚至荒诞不经[76]，或凭空臆想。

最重要的是，这些看似相关的法律与肖、李事件真的是全然无关。设想一下，什么叫"伸出援手"？如果灾难现场人很多，谁伸了，谁没伸，该如何甄别？如何处罚？还必须注意，即使有灾难、事故或急病，外行的好心救助往往会事与愿违，反而危及患者生命。事实上，美国有不少专家就反对采纳这种法国式的紧急救助法。[77]

对美国相关法律和案例的搜寻和研究都一再表明，在美国医疗体制中，有关手术问题，始终强调患者个人意志自由。最典型的是美国联邦政府 1990 年制定的《患者自主决定法》，该法不仅明确要求尊重病人的知情决定，并且要求必须明确告知病人你有权拒绝医药或手术治疗。[78]有人作为权威引证但连名字都严重错译的美国《紧急医疗法》中，丝毫没有，当病人面临生命威胁或有身体残疾危险之际，医生可以违背患方意志强行施救的文字和意思。[79]恰恰相反，该法明确规定，如果患方拒绝同意治疗，"医院只要向患者提出了进一步检查治疗的建议，告知了患方检查治疗的风险，就被视为满足了法定的紧急救治的要求；但医院应以一切合乎情理的步骤获得其拒绝检查和治疗的文字表达，也即签字拒绝（着重号为引者所加）"。[80]在肖、李事件中，这一切医方都做到了。

〔76〕 例如，白剑锋（《生命尊严高于一切》，同前注〔3〕）文中称："在美国，遇到紧急救治时，病人的手术决定权掌握在医生手里。3 个以上主治医生会诊，就可决定患者是否需要手术。医生会诊后，只需把病人的病情和急救措施告知家属即可。"真的吗？这里说的究竟是什么紧急救治？什么叫做告知家属即可，当时家属何在？手术决定权掌握在医生手中又是什么意思——决定是否需要手术？但李某需要手术，这是患方决定的？肖某当时不就是反对手术吗？

〔77〕 Julie A. Davies and Paul T. Hayden, *Global Issues in Tort Law*, supra note〔15〕, p. 498.

〔78〕 Federal Patient Self Determination Act 1990, 42 U. S. C. 1395 cc（a）.

〔79〕 白剑锋（《生命尊严高于一切》，同前注〔3〕）称在美国"在紧急情况下，因家属不同意手术，最终导致患者失去生命，医院将负连带责任。即使病人的家属不起诉医院，美国联邦政府也会对医院提起公诉，追究医院责任"。

〔80〕 Emergency Medical Treatment and Active Labor Act, supra note〔16〕.

4. 两个案例

光看法条不够，特别是事关英美法时。第一，法条的确切含义是在司法裁判中界定的——想想前面德国刑法、民法关于紧急救助义务的例子。案例更有助于理解行动中的法律，理解具体情境中医患双方的权利义务。第二，在美国，治疗和手术涉及合同和侵权，均属普通法，即由法官在具体案件中创制的法；除涉及联邦法律问题外，联邦不会介入。因此，在医疗法上，严格说来，只有各州法院的判决才是真正的美国法律。因此，在此介绍两个可能相关的美国案例会有更切实的理解。

第一个是著名的特瑞·夏沃（Terri Shiavo）安乐死案件。1990年，特瑞突发心脏停搏，大脑严重受损，丈夫迈克带她到处求治，却无力回天。特瑞能睁眼，有时也能转头，但没有任何知觉和意识；神经科医生反复各种测试后断定特瑞已成为通常说的"植物人"。[81]迈克没有选择离异，而是以特瑞的名义，耗时8年打赢了一场官司，获得了一笔百万美元赔偿金；钱在特瑞名下，但由其丈夫迈克作为第一监护人全权处理。迈克随即以监护人身份要求医院拔除特瑞的鼻饲管，理由是特瑞病前曾说过，不愿接受人工维持的无意义生命。基于天主教的生命信念以及因为特瑞名下由迈克掌管的钱，特瑞父母坚决反对迈克的请求。

此后七年间，迈克同特瑞父母就是否拔管来回回打了19场官司。双方都有证人出面证明特瑞对人工维持生命有完全对立的说法。法院最后依据迈克的法定监护人身份采信了迈克的证言，决定拔管。保守派控制的佛罗里达州议会立刻通过"特瑞法案"（Terri's Law），授权州长发出一次性停止拔管令，州长照此行为。官司又几次打到州最高法院，管子拔了插，插了拔。2005年3月18日，佛罗里达州最高法院最后判定拔管。共和党控制的美国国会于3月21日召开紧急会议，十几小时激烈辩论后，连夜通过法案要求联邦法院介入，布什总统也放弃度假紧急

---

〔81〕 注意，植物人并不等同于"脑死亡"，前者有自主呼吸，心跳也能够自主维持；而后者的身体"存活"必须依赖众多的医疗器械。这是一个安乐死案件。

赶回华盛顿，于凌晨 1 时签署法案生效。依据该法案，特瑞父母在两天内分别向联邦地方法院和上诉法庭起诉，均败诉；向联邦最高法院请求，也被拒绝。佛州最高法院关于特瑞安乐死的决定因此得到了维系。[82]

另一著名案例是康涅狄格州（简称康州）的斯戴佛医院诉维嘉案。[83] 1994 年 8 月 28 日晚，患者维嘉在康州斯戴佛医院产下健康婴儿后大出血，昏迷。如不输血，维嘉肯定会因失血过多死亡。维嘉及其丈夫都因宗教信仰拒绝输血，医生也知道患者有此信仰实践。但出于救人第一的理念，医生紧急要求并获得了当地法院的命令，允许医生未经病人同意予以输血。维嘉获救了。出院后，她"恩将仇报"，随即控告医院侵犯了她的自由权。

1996 年 4 月 9 日，康州最高法院判定，除非有法律明确且毋庸置疑的权威规定外，每个个体都有拥有自己和把握自己，不受他人限制或干扰的权利；据此每个成年常人有权决定有关自己身体的事情。法院认为，在医疗上所谓知情同意权就包含拒绝治疗权。该判决承认，医院和医生想为、也确实为患者和垂死病人提供了医护，如果不这么做，医院和医生的声誉会受损；但即便如此，法院认为，医方的这些利益仍不高于维嘉维护个人身体完整的普通法权利，即使她主张的权利会危及本人生命。法院宣称，如果普通法拒绝治疗的权利值得尊重，那就是，即便后果有关生死，也必须予以尊重；只要患者已了解后果，明确拒绝了治疗，医院就无权也没义务对患者强加她不想获得的医疗。[84]

此案判决有两点值得中国学界小心。第一，尽管维嘉拒绝输血是出于宗教信仰，但法院判决的根据不是美国宪法规定宗教信仰自由，而是普通法的个人自由。这意味着，无须基于宗教信仰，而是任何人，出于任何原因，都拥有这一权利。这坚持了政教分离，豁免了也排除了可能

---

〔82〕 有关这一事件的前因后果，可参看，鱼崇：《自由女神下的阴影："美国式法治"断片》，中国法制出版社 2007 年版，第 2 章。

〔83〕 *Stamford Hospital v. Vega*, 674 A. 2d 821 (Conn., 1996).

〔84〕 对这一事件的过程的精要描述以及对其中法律问题的比较精细的分析，可参看，"Blood Transfusion: Court Upholds Jehovah's Witness's Right To Refuse", *Legal Eagle Eye Newsletter for the Nursing Profession*, July, 1996, p. 4.

从判决中引申出来、但医院不可能完成的区分基于宗教、非宗教甚或邪教之拒绝的责任。最重要的或许是，这也防止了在生死关头，宗教群体可能对某个体信徒在选择输血与生命时施加压力。

另一点，此案细节之一是，输血的争议是在孩子已经出生之后，这时维嘉拒绝输血已不涉及另一个体（胎儿）的生命安全。否则，康州最高法院或许会支持医院的强行输血。后一决定的基础是承认这一胎儿已是"人"，有生命危险，州有权平等保护每个个人的利益。

我选择这两个案例不因为其特别或典型，而是因其常规。[85]一般说来，只有当涉及传染病或有其他重大公共（所谓州的）利益时，医方方可强制治疗；或当患者年幼或无医学上的行为能力、且情况紧急无法及时获得亲属同意签字，医院方可紧急手术而无须获得亲属或其他有权

---

〔85〕 关于拒绝生命维系，请看，*McConnell v. Beverly Enterprises-Connecticut*, Inc. , 209 Conn. 692（Conn. 1989）（患者因车祸大脑严重受损，成为植物人，无望改善。家人希望停止维持生命。康涅狄格州最高法院认定，拒绝医疗属于自我决断权，而自我决断是根本性的、悠久的和令人难忘的普通法权利，是最神圣、最明确的权利；而且家人没有痕迹表明有任何其他动机，证据明确充分，表明患者曾强烈且毫无动摇地表明不愿以人为方式延长生命）。

关于拒绝治疗，*In re Quackenbush*, 156 N. J. super. 282, 383 A. 2d 785（1978）（患者双腿严重坏疽，不截肢治疗三周内就会死亡，但拒绝手术。医方向法院请求为患者指定监护人并授权同意截肢以及其他必需的手术。患者称自己神志清楚，主张自己的私隐权和自主权，要求撤销申请。新泽西州最高法院认定患者有行为能力，能行使知情同意；即使这个手术完全会成功，但完全切除双腿必定全面涉及身体，这就足以令该州维护生命的利益给患者的私隐权让路）；以及 *Shine v. Vega*, 429 Mass. 456（1999）（患者严重哮喘却拒绝治疗，医方硬给他插管；后患者死亡。马萨诸塞州最高法院认定，很明确的是，即使患者处于生命危险境地，医方也不能超越有行为能力的患者的拒绝医疗）。

关于拒绝输血，请看，*Erickson v. Dilard*, 44 Misc. 2d 27；252 N. Y. S. 2d 705（1962）（患者愿意手术但拒绝输血，生还希望渺茫。纽约州最高法院认定，患者有行为能力，能够自己决定，已经清楚告知患者不输血手术的风险，患者是仔细考虑后的拒绝，必须予以尊重）；*St. Mary's Hospital v. Ramsey*, 465 So. 2d 666, 668（Fla. App. 1985）（病人不输血会在数小时内死亡却拒绝输血。佛罗里达州最高法院认定有行为能力的病人有权拒绝输血，无论他是出于担心后遗症、宗教信仰、不听话还是怕费用太高）；In re *Brown* 478 So. 2d 1033（Miss. 1985）（谋杀案的唯一目击证人急需手术和输血，却拒绝输血。密西西比州最高法院判定，让罪案的目击证人活下来，这确实涉及公共利益，但还不是重大和即刻公共危险乃至可强行输血；若无患者的知情同意，任何医生和医院都不能强行治疗患者）；*Public Health Trust v. Wons*, 541 So. 2d 96（Fla. 1989）（患者拒绝输血并可能死亡，家中有四个未成年孩子，丈夫离异。州主张强制输血救活她以保护家庭。佛罗里达州最高法院认定，这种州利益不能超越患者基于宪法隐私和宗教信仰自由的拒绝输血的权利）；In re Dubreuil, 629 So. 2d 819（Fla. 1993）（患者不愿输血，医院希望州以保护无辜第三方的利益为由授权强行给患者输血。佛罗里达州最高法院认为，这种情况并未证明州利益超过了患者的宪法权利，医院不可主张州利益否决患者的拒绝治疗之意愿）。

签字者的同意签字。[86]

患者自主是西方医疗界的长期传统；随着社会发展和世俗化，甚至日益增加。法律界和医学界针对患者拒绝急救输血和治疗的问题也颇多研究[87]；包括欧洲人权委员会等国际组织对此也表示尊重。[88]事实上，正是这种拒绝治疗权的延伸才可能有安乐死，尽管由于操作问题，安乐死至今在西方，除个别国家外，并未合法化。

这些外国法律和医疗的实践支持了本文的中心论点。甚至，我之所以拒绝"举一反三"，如此啰唆举证，核心想法就是要解构相关法学人或媒体人的一个迷思。这世界上真就没有那么一个"外国"，让你可理所当然地诉诸，作为中国的标准。学术只能，也应当基于事实的论证和说理，尽量少乃至不诉诸权威，尤其要防止各取所需的机会型诉诸权威。因为，从理论上看，前文我已经有所提示或暗示，外国法律也有其不周全、不可行之处。例如，用刑法来强制普通人紧急救援陌生人；对患者本人过于严酷的知情告知。这些做法在我看来，都很值得商榷，更别说搬用。

尽管如此，外国经验还是可能给我们某些重要启示。例如，道德命题、法律修辞与法律实践差异颇大；不能在命题或修辞层面理解法律，权利永远是具体的；许多权利和利益都重要，但冲突，需要精细的平衡；不能抽象认为某权利一定高于另一权利，即便有关生命权也不例外；以及当道德权利与法律权利冲突之际，除非法律完全不合理（恶法），人们首先应尊重和理解法定权利，而不能感情冲动地修改和轻易废除有长期实践为根据的法律。

---

[86] 关于例外的一个细致概述，请看，Kurt M. Hartman and Bryan A. Liang, "Exceptions to Informed Consent in Emergency Medicine", *Hospital Physician*, 1999, pp. 53-59。

[87] 例如，Zenon M. Bodnaruk, Colin J. Wong, and Mervyn J. Thomas, "Meeting the Clinical Challenge of Care for Jehovah's Witnesses", *Transfusion Medicine Review*, vol. 18, 2004, pp. 105-116；Paul A. Remmers and Alice J. Speer, "Clinical Strategies in the Medical Care of Jehovah's Witnesses", *The American Journal of Medicine*, vol. 119, 2006, pp. 1013-1018。

[88] Cf. Osamu Muramoto, "Recent Developments in Medical Care of Jehovah's Witnesses", *West Journal of Medicine*, vol. 170, 1999, pp. 297-301.

如果强行治疗？

我们据此会对肖、李事件中医方行为多一点设身处地的同情理解。问题并非医生有没有道德勇气，敢不敢为救人而违反制度。事实上，当现场医生护士为李某之死落泪，对肖某签拒表示愤怒之际，就已表明他们在道德上丝毫不低于，如果不是更高的话，那些质疑、指责和批评医方的人。

但在现代社会，影响人们行为的主要不是道德上甚或法律上的应然，而是可能的法律制裁（包括奖励）。[89] 由于不生活于医方的制度环境下，普通人看不到，也无由关注这些制裁，可以理解。但诸多批评质疑文字，特别是一些法律人的文字，完全不从法律上细致分析各种行为的可能后果，就不可理解了。除了法治、人权等几个口头或文本中的法律语词，不少爱侣一直坚守在，因此也局促于，他们看似反对的道德话语世界中，一厢情愿地相信世界的规则是"好心应有好报"，因此"好心必有好报"。他们试图论证，强行救治在法律上有理有据；法律风险不存在，或不实在；还会得到社会的支持和赞美。其论证还是如此言之凿凿，确定无疑，乃至令众人不理解医方为什么连这等好事也不做。

不能轻信"知道分子"的侃侃而谈，弄不好就会上当受骗。翻开据说已完全解除了医生潜在责任的《医疗事故处理条例》，开篇（第2条）就明明白白地规定："医疗事故，是指医疗机构及其医务人员在医疗活动中，违反医疗卫生管理法律、行政法规、部门规章和诊疗护理规范、常规，过失造成患者人身损害的事故"；第5条也明确规定："医疗机构及其医务人员在医疗活动中，必须严格遵守医疗卫生管理法律、行政法规、部门规章和诊疗护理规范、常规，恪守医疗服务职业道德"（着重号均为引者所加）。[90] 同意和签字都是强行规定，不考虑违反规则

---

[89] Oliver Wendell Holmes, Jr. , "The Path of the Law", *Harvard Law Review*, Vol. 10, 1897, p. 457.

[90] 按照这一条例，医院首先要遵守的是法律、法规等，最后才是医疗服务的职业道德。

时的心态和主观追求；显然这不止是为防止医方自己攥着法律，钻空子，也为防止有时好心办坏事。虽然第 33 条列数了不属于医疗事故的伤害，但"紧急情况下的救治"与"因患方原因延误诊疗"都没有说医方可以不遵守相关法律法规。至于随后紧跟的第 5 章和第 6 章，分别规定了对医疗事故的赔偿和处罚，不仅机构和个人要支付金钱赔偿，机构会停业整顿直至吊销执业许可证，个人则可能吊销执业证书甚至承担刑事责任[91]；他们更是一字不提。可以理解，干嘛要提呢——反正这种惩罚永远不会落在他们头上！

眼见为实；站着说话不腰疼；阅读法条很难真切感受法律的压力。为真切了解医方在孕妇事件中的进退维谷，那就让我们沙盘推演，看看如果医方强行手术，依据法律，在一个可能的司法过程中，会是什么后果？

1. 至少是严重医疗事故！

假定手术母子平安，医院会如何？

第一，从程序上看，医院没有遵守《医疗事故处理条例》第 5 条的强制性规定，没有手术签字，就无法证明有知情的告知和同意。肖某签拒则进一步排除了医院提出"其他特殊情况"的抗辩可能。手术——剖腹产——是在患者肚子上动刀，却未经患者同意。所有这些，依据《医疗事故处理条例》第 2 条，至少是严重医疗事故。第二，从民法上看，强行手术还违背了公民的意志自由和民事行为上的意思自治原则，侵犯了肖某的自由（自主决定签字或不签字）。第三，没有患方同意，就剥衣服动刀，这还严重侵犯了公民隐私权。最重要的是，不顾肖某的签

---

[91] 该条例第 46 条规定，除其他方式外，当事人可以直接向人民法院提起民事诉讼；第 50 条则规定了由承担医疗事故责任的医疗机构赔偿包括精神损害抚慰金等多种费用；第 55 条规定了，发生医疗事故，对医疗机构可以警告，责令限期停业整顿直至由原发证部门吊销执业许可证；对负有责任的医务人员给予行政处分或者纪律处分，直至依照刑法关于医疗事故罪的规定追究刑事责任；即使是对有关医务人员，还可以责令暂停 6 个月以上 1 年以下执业活动，甚至吊销其执业证书。

拒，医方行为已不是"过失"，而是"故意"，这就大大加重了其行为的违法性和严重性。[92]

医方可以提出某些道德和法律的辩解，如救了李某和胎儿，李、肖不当得利或无因管理等，但只要肖某坚持，鉴于铁证如山的签拒以及相关法律的强制性规定，没有人能救得了医方。法官最多也只能在裁量范围内从轻发落。这意味着：医院至少必须支付一笔赔偿费，包括精神损害赔偿，无论是通过司法判决还是司法调解，即便是和解（私了）；决定手术的医生本人很可能因有意违反强制性规定，受到包括赔偿、罚款、内部处分、暂时中止执业乃至直接吊销行医资格的处分。

这还是建立在最乐观的救治后果之上。真实世界却从来不那么玫瑰色。不会因医生用心善良，强行手术就一定能救活李某及胎儿。医学，特别是手术，不是精密科学，既不会因行动者心地善良而心想事成，也不会因事先精心规划，操作符合程序，就如同嫦娥一号那样圆满进入月球轨道。大手术常常如同台风中的海上航行，没人敢说手术会百分之百成功；甚至，医学上的手术成功，也不必定等于患者完全康复甚至能存活下来。就此事件而言，没有哪位医生能够保证孕妇、婴儿两者或其中之一活下来。[93]完全可能，经全力救助和紧急手术，两人或之一死了。这起码涉嫌过失杀人；接下来，会是什么局面和结果，就不用多说了吧！

上述分析的重要前提是肖某会告医院。许多善良的人会认为，这个前提不真实——特别是如果母子平安的话。但医生在手术前，无论如何必须考虑到这一点。这并非医生一般不相信患者，也并非因为抽象的医患关系紧张；而是谁敢说，这个社会中没有这样的人?！这种人不会事先招摇；每一次手术，医生都不知道自己会不会遇到这种人。这个世界并不像某些学者所说的，只有患者才有信息不对称问题，医生同样有。甚至更严重，因为他们时刻与不同的患者打交道，而患者不会随时更换

---

[92] 在美国，任何未经对方同意的行为，哪怕只是碰了对方的衣服都构成一种独立的故意侵权（battery），而无须证明有实际伤害。

[93] 究竟如何，这是一个经验问题，我没有确切的数据资料。但有医学界人士指出，李的病情属高危产妇，即使手术，能抢救回来的概率也不过百分之六七十。

医生。

更何况此案医生已见了此人，还已过了几招。法学/法律人、媒体人却没有。不管出于什么原因，肖某根本就不相信医方，甚至不相信李某之外的任何人。他不相信医方关于李某病情的诊断和表述，不相信任何人的任何劝告。他相信迷信；并且，看起来吊诡其实一致的是，他又像相信迷信那样相信某种抽象的医学，只要是一个好医院，有一位好医生，在任何情况下，无须手术，就能救活他的妻子和胎儿。仅几小时之后的事实就表明，医方当时的谨慎完全正确：没有任何证据，肖某却一再指控医院和医生谋杀。[94]任何人，面对这么个人，还要对决定和行动后果承担责任，能不谨慎吗？

只要起诉到法院，只要法官不是特别目光犀利，并且敢于——且不用说他/她有无此倾向——不顾社会舆论坚持独立判断，就很容易，甚至必须依法作出不利于医院和医生的判决。无论手术结果如何，严重违法都明摆着；从侵权法上看，在几乎所有国家，一个行为只要违反了制定法的强制性规定，法官首先就应假定行为人有过错。[95]因此，事后几乎人人认可赞同的医方强行救治的行为本身，在法庭上，就成了医方必须承担法律责任的最大和最基本的根据。在这个世界上，并非只有秀才遇到兵，才有理说不清！在当下中国，你遇上了律师或法官甚或法学家，也完全可能。

2. 举证责任问题

真不是修辞，就因为法庭上关于医疗纠纷的举证责任倒置，尤其是在这个事件中。

根据最高法院的相关法律解释，"因医疗行为引起的侵权诉讼，由医疗机构就医疗行为与损害结果之间不存在因果关系及不存在医疗过错

---

[94] 《丈夫拒签手术单致孕妻身亡》，载《京华时报》2007 年 11 月 23 日版 A12。

[95] 可参看，Julie A. Davies and Paul T. Hayden, *Global Issues in Tort Law*, *supra* note〔15〕。

承担举证责任".[96]这一"说有容易说无难"的举证难度，在一般医疗纠纷中，本来因《医疗事故技术鉴定暂行办法》规定由医学专家鉴定和鉴定程序而大大减轻，但在这一事件中，医院的举证责任变得异常复杂。在一般医疗纠纷中，即在不存在违反甚或仅仅是过失违反医疗卫生管理法律、行政法规、部门规章和诊疗护理技术操作规范、常规的情况下，医学专家鉴定组基本是"运用医学科学原理和专业知识，独立进行医疗事故技术鉴定"，确定（1）医疗过失行为与人身损害后果之间是否存在因果关系；以及当确认有因果关系之际，确定（2）医疗过失行为在医疗事故损害后果中的责任程度；（3）医疗事故等级；（4）对医疗事故患者的医疗护理医学建议。[97]但在这一事件中，由于肖的签拒，以及医院强行治疗，医院故意违反了相关法律法规，即使不能剥夺专家技术鉴定的必要，专家们最多也只能得出医院采取的医疗措施与李的死亡之间不存在因果关系的结论。即便他们对医院当时公然违背患方意志强行手术表示同情和理解，也无法在法律上和医学惯例上将之正当化和合法化。医方因此必须证明在当时境况下，故意违法仍是一个正确决定（这个命题就其本身而言就是个悖论，或是个矛盾修辞），不构成过失，并且在强行的手术过程中或之后，当李或胎儿或两者死亡之际，还要证明该违法行为与患者死亡之间没有因果关系。最强的证明也许是人总算活下来了。但现在人都死了，你又以何证明？

即使救助完全成功，大人和孩子都活下来了，医方的法律境况也不会有实质性改善。相反给肖某起诉医方并必然获胜创造了一个机会：肖某可以据此而轻易但无可辩驳地质疑手术是否必需。医方现在必须证明强行手术是合乎情理的必要，但这一前提判断是，不手术李某很可能或必定死亡。肖签拒的前提是，不手术，采取其他治疗手段，李某也能活下来。现在李没有死。这究竟支持的是医方的判断，还是肖的判断？要

---

〔96〕《最高人民法院关于民事诉讼证据的若干规定》（2001 年 12 月 6 日最高人民法院审判委员会第 1201 次会议通过），第 4 条第 8 款。需要注明的是，在我国，四级法院均为人民法院：最高人民法院、高级人民法院、中级人民法院和基层人民法院。本书简称为法院，如最高法院、高级法院、中级法院和基层法院。有时更简称为最高院、高院、中院等。但在文件名称、引用等处保留全称或原文，后面不再一一说明。

〔97〕《医疗事故技术鉴定暂行办法》第 4 条，以及第 35 条第 1 款第 5—8 项。

反驳肖的主张，医院就必须证明，手术以外的其他治疗手段都不能救活李某。这是一个不可能完成的举证责任，因为医方要证明一个反事实的因果判断（counterfactual），这是举证上的大忌。如果证明不了，又何以正当化你的违法手术？如果不是必需，就完全有理由声称，这一手术就给病人带来了不必要的身体损害（剖腹产）、疼痛和精神损害，还给肖某带来了痛苦和精神损害——包括李某肚子上的手术疤痕。[98]

事实上，就此案件而言，只要为救助而故意违规了，仅此一点就足以构成医疗事故。因为，依据《医疗事故处理条例》第 56 条，只要违反该条例的规定，即便只是未如实告知患者病情、医疗措施和医疗风险的，情节严重，即便未发生医疗事故，也要对负有责任的主管人员和其他直接责任人员依法给予行政处分或者纪律处分。因此，公然违背患方明确表达的意志，强行救治，只要引发诉讼，我判断，至少是严重医疗事故。

3. 审判结果预测

必须注意，在医疗纠纷中，医疗行为与医疗事故之间的因果关系其实只是一种法律上的因果关系；所谓法律上的因果关系，如同法学家的研究指出的，其实是一种分配法律责任的机制；换一种非常"糙"的说法，即法官或陪审团认为施加某种法律责任会更有利于社会公正就会认定"有"，反之就会认定没有。[99]这种认定裁量性很大，会受到很多社会因素的影响。包括法官对公共政策的理解，法官以及社会对肖某的同情，舆论的压力，等等。因此，有必要考查实际生活中的法官审判和决策行为。

尽管强调司法独立，但现实生活中一个信仰并追求司法独立的真诚

---

〔98〕 "我还想要第二个孩子，说句心里话，我怕动手术，我老婆的肚子上会留疤……"《肖某首次"认错"：我没签字枪毙我也愿意》，载《北京晚报》2007 年 11 月 26 日版 9。
〔99〕 请看，〔美〕波斯纳：《法理学问题》，苏力译，中国政法大学出版社 2001 年版，第 4章。

也勇敢的法官，也仍会受各种社会因素的影响，会因各种激励因素和制裁因素，在审理具体案件时作出偏离"公正"的判决。这并非中国特色，而是国际通例。甚至也不像人们想象的那样全是或总是坏事。[100]说法官一定受外界因素影响，这不是贬低法官，其实是抬举法官，是辩护，是恢复法官的本来面貌。法官，至少绝大多数法官，都是普通人，不是超人。而在当下中国，在一个"强者"（医方）不顾"弱者"签拒，公然违法手术，"弱者"随后死亡且"一尸两命"的案件中，普通人包括法官的感情天平从一开始就很难冷静和中立。

由于无法辨认是违法救治造成了死亡还是本来就无法救治，部分医务界人士除外，整个社会就一定会一致谴责医方。不会、也不敢有谁公开站出来以"人的生命尊严高于一切"的命题来为医方当时的决定辩解。他们都会直指医方最明显的硬伤：违反法律规定，不顾患方拒绝等。不会有谁强调甚至提"紧急情况"了，也不会反思肖之签拒引发医院的两难了。相反，肖的签拒会被公众视为弱者英勇抵抗医方强权的行为，进一步证明医方的无耻和邪恶。潜伏的民粹主义会纷纷出笼，借助"保护弱势群体""保护公民基本权利""执政为民，司法为民"以及"和谐社会"等主流话语，铺天盖地压过来。兴奋的媒体和"公知"们将毫无疑问站在人民/弱者/患者/消费者/"农民工"这一边。医方的辩解会非常微弱，不仅听不见，最重要的是不会有人听。不无可能，面对民情踊跃，作为"执政为民"的标志和象征之一，各级党政部门以及主管部门领导会对此作出即便并无偏向，但理解、执行起来一定有偏向的系统内的批示。一旦民意同主管机关携手，一个冷静的司法判断就不敢指望了。

鉴于绝对不利于医方的强力证据，主审法官会真诚确信医生有过错甚至有罪。[101]面对"一尸两命"，面对身无分文的肖（弱者），面对社

---

[100] 为什么如此，一个理论分析，可参看，〔美〕波斯纳：《法官最大化些什么？》，载《超越法律》，同前注〔46〕；又请看，Owen Fiss, "The Right Degree of Independence", *The Law as it Could Be*, New York University Press, 2003, p. 59ff.

[101] 鉴于必须有人的认知介入，证据在一定意义上是文化构成的，并非客观的。相关的分析，可参看，苏力：《窦娥的悲剧——传统司法中的证据问题》，载《中国社会科学》2005 年 2 期。

会公认有钱有势的"强者"，面对近年来医院在舆论中的恶名，无须心地特别善良，只要法官还有点良心，或是觉得自己很有良知，或是想向全社会充分表现自己的良知，想为弱势群体做点事，就很容易自觉地或下意识地作出一个自认为、社会也认为公平，实际严重偏向肖某的判决或调解结果。这并非因为他不想独立，完全可能是他太想独立了。坚信"司法为民""保护弱者"会使他主动迎合民意，"上下都满意"对他怎么可能是坏事？

当然不排除有法官在这个问题上目光犀利。但他通常不会或不敢为了别人的事同整个社会舆论作对，即便私下他也常常批评媒体的傲慢与无知。但他一个人能有什么用？即便他作出一个自认为正确的认定和决定，他能说服另外两位法官吗——他们只是参审可不想背上这口锅？还可以想见缠诉、上诉、申诉，因此也就可能有改判、重审或再审。他不大可能指望自己能说服比他说话更算数的其他或上级法官接受他的观点（而且，这不也表现了法律人希望的司法独立吗？），也很难指望其他法官愿意牺牲自己的收益来支持他的观点。甚至，这些麻烦会占用他（以及拖累其他法官）本来可用于审理堆满他或她办公桌的其他案件，或用来个人休闲的时间和精力。

这丝毫不是指责中国法官。说实话，换上我，很可能也会这么想，这么做。至于我在此还敢写出来，恰恰因为我不是法官，不会承受那种是非困扰。是，法官承诺了"铁肩担道义"，但这种情况其实极少。各国法庭上争执不休的纠纷，其实真没有那么多的，那么大的，那么明明白白的，因此你可以凛然担当的"道义"。至少此案不是。毕竟这不涉及死刑，这世界上，有谁，个人或机构，一辈子没受点甚至经常受点委屈？毕竟，主要责任，特别是经济负担，将由医院承担；毕竟，要"案结事了"。对所有这些因素的清醒或下意识的感受，都会促使法官要求医方让步，特别是要求医院让步。结果必定是，医方败诉。

然后，这个事件就会成为医务界的耻辱，主管部门会要求医务界学习整顿，相关的医生和领导可能受处分。那位很傻很天真，真的确信生命权至上的医生将从此不再相信生命权至上了。尽管他善良，却成为

"国人皆曰当罚"的恶劣典范，弄不好，还会锒铛入狱。[102]一些因简单而善良或仅有善良因此简单的人，包括不少法律人，会欢呼法治和民生的又一进步。虽没死人，仅从法理上看，真的比窦娥还冤。

这只是沙盘推演。但只要有这种可能，就可以理解，在此为什么医方不敢贸然实践"生命尊严高于一切"。问题与生命尊严无关。生命尊严首先在于有生命，能保住生命；现在的问题是，即使实施了救助，也未必能救出所有善良乐观者认为理所当然可以救下的生命，又何谈论生命的尊严？相反，强行救治可能导致事过之后更多人丧失尊严，甚至遭舆论蹂躏，被公知践踏。这是不是一种讽刺？也许，正因为有些人不像医生那样可能为此丧失尊严甚至自由，因此这些人才可能一味高歌生命的尊严。只是，这样的言辞是否很虚伪，结果很野蛮?!

个人自由与责任

值得注意的是，在整个事件中，媒体总是倾向于更多考查和拷问医方有无过错，实在搜不出什么，就开始深刻了，归咎于抽象的"制度"或"社会"。但为什么总是回避分析、讨论和追究甚至是提及肖、李是否可能有，以及有什么样的，过错和责任？这种回避有理由，但不应当；其实很虚伪。

尽管不能只停留于常识，常识还是应当作为分析问题的出发点。从常识看，要避免这个悲剧，其实真不需要什么太复杂、太深刻乃至令人感到浅薄的社会和制度分析，也不需要医方承担太多的医疗和法律风险。很简单，就是肖签字同意手术。手术结果不一定保证挽救生命，但第一有可能挽救生命；第二，也不会导致上面分析展示的医方困境。为何明明有这条近路不走，一定要兜那么大的一个圈子呢？这一定是知识界和法律人有毛病，故弄玄虚地追求高大上，追求深刻。

这个直觉判断与人类长期以来形成的经验理性其实一致。普通法的

---

[102] 《中华人民共和国刑法》第335条。

历史早就隐含地表明，1960 年代肇始的法律经济学分析也毫无疑问地证明，要最优地降低社会损失，无论是减少事故发生，还是预防事故费用的最优化，最好是事故双方都采取适当的防护措施。一个真正有效的制度应激励潜在纠纷的双方合理分担责任，笼统地采取严格责任规则，即要求某一方承担太高的责任，不会有效。据此相关的法律应当集中关注，事故中哪一方可能以更低的费用防止事故的发生，并据此分配责任。合理分担责任是侵权法（处理事故和侵害的法律）的核心。[103]

这是一个可以用来分析各类侵害、事故的原则。事实上，它已经成为人类的直觉和常识。前面已提及，普通人普遍批评甚至谴责肖某，不像"公知"总是深刻批判社会，并非前者缺乏同情心和理解力，而是他们反映了我们这个社会的价值和道德共识，反映了一种几乎已本能化的人类理性。

1. 肖、李逃避个人责任

尽管同情肖和李，也不愿触动肖的伤口，但法律人必须冷静和冷酷（并非冷漠），我不得不指出，在这一事件中，肖、李的言行表明他们缺乏基本的责任感。

有大量报道为证。肖某一直试图，或至少看起来是试图，享有某种收益，却拒绝与收益相伴的风险和责任。他"身无分文"地（也有说带了不足 100 元）送怀孕八九个月、重感冒的妻子来看病。他是穷。但仅仅因为穷吗？他曾向机构求助，或者是向机构借钱。《南方日报》报道他在 10 月中下旬打遍了妇联、民政局、救助站、市长热线，甚至110。居委会将之送到救助站，肖首先也是借钱，还希望"救助站能提

供火车票，以返回湖南老家"。[104]有人责备这些机构未能满足他的请求。[105]这里我也不讨论这些机构是否有义务或权力借钱——谁的钱——给肖某了。我只想提一个更简单的问题：为什么肖某不向同事、同乡或其他熟人，包括向自己家人或李某家人，借钱？

可以有多个解释。但最简单的解释就是，肖某不想承担借钱的责任。向熟人借钱显然就有责任还钱。向机构求助，则有可能逃脱这个责任。向机构如果借到了钱，至少没有强烈的还钱压力（责任）；能还则还，还不起就拖着，最后或许也就不了了之。除银行外，上述机构一般不会像个人那样逼着还钱——一笔在机构看来不算大的钱。肖某其实洞察了这一点。

惧怕承担个人责任，还表现在肖的其他一系列行为上。他不同李某家人联系。拒绝向医生提供李某家人的电话。说是"怕签字之后出了事李某父母问他要人"。李死后，他突然指责医生"为什么不让我签字？"又说，"我就是不签字，他们也可以做手术啊！"他还否认医生曾警告过他：不签字手术李就有生命危险。他一再指责医院"谋杀"（尽管这可以理解为冲动，但这还是表明他没想对自己说的话负责）。他还称自己"签过同意这两个字……被一个不认识的医生拿走了，也不还给我"。其他报道也都显示，肖某说太多谎了，乃至一贯坚持只报道少评论的记者也破例称肖"在谎言里躲避世界"。[106]冒充和说谎有道德因素，但我不认为肖冒充说谎是道德问题。就肖而言，其核心在他不敢真实对待自己和世界，不愿承担自己的无论是什么责任。用普通中国人的话来说，在有关妻子孩子生死的问题上，他太不像男人了！

也不只是肖。无论是否真的如此，当清醒时，事关自己和胎儿的生命，李某对手术与否拒绝表态，她口头或用身体表示，一切由肖某决

---

[104] 《孕妇李某的最后人生》，同前注〔14〕。

[105] 方礼纲：《李某之死能否激活社会管理》，载《新京报》2007 年 12 月 4 日版 28。这种责备毫无道理，这些机构由于预算资金的限制，专款专用以及相关财务制度，还有如何甄别真实的需求和防止可能的诈骗，不可能也不应当提供现金包括火车票这种所谓的"救助"。生孩子能不能申请救助？

[106] 《肖某首称拒签因怕担责》，载《京华时报》2007 年 11 月 28 日版 A10；《丈夫拒签手术单致孕妻身亡》，载《京华时报》2007 年 11 月 23 日版 12；《我们要把官司打到底》，载《竞报》2007 年 11 月 25 日版 3；《孕妇李某的最后人生》，同前注〔14〕。

定。[107]与肖某同居不是问题，那是她个人的选择和自由。但知道肖和自己收入不高、生活高度不稳定，这种条件下却不注意避孕。这不是我苛求，由于李对何时可能受孕了解更多，能够控制，从理论上讲她可以更简单因此有更大责任防止怀孕。怀孕之后就决定生育，从未做检查；这是负责任的行为吗？怀孕早期可以继续在京打工，但孩子都快生了，之前没有任何经验，她却什么准备都不做。她是离家出走的，但她毕竟还不是无家可归。还有肖某的家呢。这些家也许都不欢迎她/他们，但总会为她提供一个比漂泊在外的生活略为安全稳定的环境吧。所有这些她都没有安排。这是负责任的行为吗？

如果仅涉及自己，依据自由主义的原则，李的这些行为不应受指责。但这涉及另一条命，即便她对这条命有决定权。还涉及医方。虽然她对医方没有法律义务，但从情理上和伦理上看，她是否有点拿自己、拿孩子不当回事？

我批评肖、李，并非针对他们个人，我针对的仅仅是其行为及其后果。我会为他/她辩解：这种不愿和畏惧承担责任，希望别人代自己做主的行为方式，一定程度上[108]，可能与他们长期生活的具体的中国社会有关，缺乏市场经济塑造的个人自主和责任，父爱制[109]等。不仅如此，我也能指出他们的优点甚至为之感动。不只是肖曾救过、帮助过一度轻生的李某。[110]我还愿意相信他们相濡以沫、不弃不离的真实感情。甚至，当李把自己和孩子的命运都完全交由肖决定，换个角度看，也有某种凄美——这不就是许多恋爱中的年轻男女期待的生死相托？与尾生抱柱、神女峰或望夫石等传说，在抽象层面，很难区分。

我理解甚至欣赏这些。法律人冷酷却非无情。但这仍然无法开脱他们的法律和道德的责任。这个世界不只是审美的。在很大程度上，法律就是要帮助人们摆脱那些有审美感的悲剧，就因为悲剧会把人生的有价

[107]《朝阳医院披露"孕妇被拒签致死"事件全过程》，载《中国青年报》2007年11月26日版7。

[108]仅仅是在一定程度上。有无数人曾在这样的制度环境中生活，他/她们并不缺乏责任感。这表明制度/文化对人的影响是有限的，不应无限夸大，成为决定性因素。

[109]据报道，肖某17岁顶替父亲当了工人。这种就业经历，在他的同时代人中，在这个改革开放的时代，显得如此不协调。

[110]《孕妇李某的最后人生》，同前注〔14〕。

值的东西毁灭给人看。这个世界从来是，将永远是，有风险的世界。所有选择都有风险，逃避选择也是一种选择。没有任何制度、任何社会可能消除风险，只能通过合作来降低和分担风险。所谓风险意识并非只是知道要规避风险，首先是知道风险不可避免，必须承担，然后选择以最好的方式承担。这就要求个人责任，特别是成年人。当肖、李以逃避选择的方式做出选择之际，他们也就不可避免地要承担与此相伴的风险。

2. 因贫穷和无知？

许多评论者试图用"农民工"、贫穷或无知来解释并进而宽容肖、李的行为[111]，埋下了一些政治正确的"雷"。

我知道有些较劲不值得，也不重要。但还是想首先说一句，肖、李其实都不是"农民工"，更非严格意义上的农民。尽管均出生于农村，但据报道，肖 17 岁时（也有报道是在 1995 年，那肖则为 22 岁）初中未毕业便顶替父亲到资兴市（1984 年 12 月建市）当了工人。李在遇到肖之前一直是学生。[112] 他们其实更应算是"城市人"，否则许多确实来自农村的大一或大二学生也算"农民"？

贫穷无知的解说更是似是而非。是的，通常说"人穷志短"。但那也仅仅是短、不高远罢了，但总还得有点志呀！世界上绝大多数穷人，许多比肖、李二人更穷的人，不是照样生孩子养家，送孩子上学、上大学，含辛茹苦，创造家业，望子成龙，盼女成凤吗？其中也造就了许多很有成就的人，成为社会精英。已有多少这样的故事了；包括本文的许多读者可能就是这样走过来的。

是的，肖怕负债。但谁不怕呢？但我们还是知道，这个世界上，就在我们中国，为了拯救亲人，倾家荡产，负债累累，也要给自己的亲人治病的，大有人在。往往就是一些普通人，不一定受过多少正规教育，

---

[111] 例如，许志勇：《"肖某悲剧"后的更大悲剧》，同前注〔7〕；李北方：《失去医德，医患关系将会怎样》，同前注〔3〕。

[112] 关于肖的个人情况，参看，《多面肖志军》，载《新京报》2007 年 11 月 29 日版 A20。

日常生活中也未必总是道德特别高尚，甚至常常就是、也不得不斤斤计较的人；但在事关生死之际，他们都努力不让，也没让亲人无助坠落。

事实上，中国的穷人或农民工，很少像肖、李这样行为。中国的富人或有社会地位的人也未必都有强烈责任感——否则如何解说那些贪官污吏，那些渎职懈怠者？如果一定要以肖、李作为中国穷人的典型，若不是别有用心，那就一定是无知，已习惯了看低穷人。背后是一些其实还真没读过几本书的法律人或媒体人或"公知"的居高临下，感觉良好。这也不是否认有时，贫穷可能扩大了一些人的缺点或后果。我想说的其实是，贫富本身从来不与责任感直接等同。贫穷难成理由。

无知也不是理由。肖、李二人都不是文盲。肖上过中学，"曾想考大学"；李上过中专。他们不仅不属于中国社会中受教育程度最低的群体，事实上，他们的受教育程度大致相当于甚或略高于全国15岁以上人口的平均教育水平。[113]更重要的是，千万别假定，文盲就都像肖那样爱推卸责任。[114]真"为朋友两肋插刀"的人少有知识分子，除非是把刀插在朋友两肋上。因为真有实证研究证明，文化程度高的人一般要比文化程度低的人更容易、也更能够找到理由或借口推卸自己的道德或法律责任。[115]

尽管很多人认为肖"愚昧""无知"，肖其实有自己的一套知识。不仅有人猜测，"也许［肖］怀着拒不签字医院也得治疗的狡诈式侥幸"，[116]肖拒不签字还可能与他的另一套知识有关："8岁时一个和尚给我算命，说我老婆会被人害死，还说我第一个孩子也要被人害死。医生按我老婆的肚子，我就觉得他们是想害她。"[117]医生将李从呼吸科转到

---

〔113〕 据教育部门户网站的资料，2007年，中国15岁以上国民平均受教育年限超过8.5年；即不足初中毕业。据报道，肖初中未毕业，李则上过中专，这意味着，他们的受教育水平其实还略高于同龄人。

〔114〕 专家对肖心理治疗后指出"偏执型人格、侥幸心理和对医学常识的无知是导致肖某在妻子危急情况下拒绝签字的三大原因"。《肖某接受心理专家治疗》，载《京华时报》2007年11月30日版A11。

〔115〕 请看，Richard A. Posner, *The Problematics of Moral and Legal Theory*, Harvard University Press, 1999, ch. 1。

〔116〕 许志勇：《"肖某悲剧"后的更大悲剧》，同前注〔7〕。

〔117〕 《死者母亲来京怒打女婿》，载《京华时报》2007年11月24日版9。

妇产科，他不相信有必要，觉得医生骗他。有记者向肖某解释肺炎会严重影响孕妇，他坚称：小感冒，治治就能好。李死后，肖又说"〔医方〕方法不对，把我老婆害死了"；他还不允许将李的遗体放进冰柜，说："孩子可能还活着，放进冰柜会把孩子冻死的，我要让医生把孩子剖出来抚养大。"[118]当然，这些话也可以理解为善良，对妻子和孩子的痴情。但从另一角度来看，也表明肖有一种我们斥为无知愚昧但他本人坚信并据此行动的知识。

但任何人都必须对自己接受的知识、信仰以及据此行动的后果负责。否则，各种知识或信仰就没有区别了。如果任何命题、概念和表述都不会引发行动结果的差别，那么知识就没有任何意义，或就得重新定义知识。从实用主义视角来看，真正的知识就是我们根据它行为会有不同的后果。人们选择接受或相信什么，不在于它是否被称为"知识"，说得是否好听，而在于依据其行动的后果会不同，甚至根本不同。[119]

我的上述分析也许错失了辩护者/批判者的要点。在他们看来，肖某贫穷无知，追究他的责任没有意义，唯一应反思、批判和追究的只能是社会和制度。这是一种看似社会学的进路，但这是一种极肤浅尽管在当今中国知识界和媒体仍有不小市场的进路。我承认这是政治正确，却不认为这是对本案事实和问题的靠谱的分析论证。我相信社会存在决定社会意识，社会环境塑造人的行为，在研究诸如孕妇事件这样的社会问题之际，确实需要有社会角度的考察；但这并不意味着无须具体分析，就把一切责任统统归结到社会或制度上。这不是分析，这是信念。相反，具体分析社会事件中的个人责任反倒是一种社会分析。

用医患关系紧张来解说此案也站不住脚。是的，中国社会当下医患关系紧张。但这并没回答此事件中应关心的问题，那是需要具体考察分析的，在这一事件中医患关系是否紧张。是，这世界上是有医生不可信，也有医院不可信；但是不是这个医院，这些医生护士呢？肖为什么

---

〔118〕 关于肖的个人情况，参看，《多面肖志军》，同前注〔112〕。
〔119〕 〔德〕维特根斯坦：《哲学研究》，汤潮、范光棣译，商务印书馆 1992 年版。

选择这个医院？这并非北京唯一的医院。而且，在场数十位医生、护士，在场的其他病人，还有警察，难道其中没有一个好人，全都联合起来骗肖？包括有病友愿意资助他一笔数额不小的医疗费，肖也拒绝了。[120] 这就肯定无法用医患关系紧张来解说了。事件现场的绝大多数人其实不是医方人士！

这不是否认有社会因素。但仅仅因为有社会因素，甚或社会有责任，就不应追究甚或分析个人责任了？如果只有这个道理，在这个世界上，我们还能追究谁的责任——无论是杀人放火还是贪污腐败，甚至希特勒屠杀犹太人，难道不都有社会因素？社会分析不能替代对个人责任的分析、理解和判断。就算社会有过错，社会就没理由批评甚至制裁具体个人的过错了？这不合逻辑。斯蒂芬说得漂亮，一个人醉酒摔断了胳膊，酒醒后，他还是可以决定切除这只因其醉酒而受伤的其实完全无辜的胳膊。[121]

事实上，社会——无论以法律或社会舆论的方式——追究肖（甚或李）的道德或法律责任完全不是因为他们贫穷或无知，只因为他们的选择伤害了其他人的或社会的重要利益。这正如惩罚有博士学位的贪污犯，不是因为他的高学历；惩罚黑煤窑窑主，也不因为他有钱。文化程度低、生活贫困、农民工，这只是追求政治正确或有意迎合民粹的虚构借口，根本不足以解说肖在此事件中的不可理喻。尽管可能甚至注定被误解，我却不是在批评肖（毋宁说是在批评肖的一些辩护者），我是在分析这个事件是如何发生的，如何可能更有效地避免或减少其发生。可以同情肖，也可以痛惜李，但我们必须面对显然的事实，分析必须彻底，才能真正展示问题所在以及问题复杂性。不能简单用抽象的"制度""社会"这些概念来替代具体的分析，那只是用概念来遮蔽和回避问题。所有悲剧或喜剧都离不开具体的行动者。

---

〔120〕 有人甚至以此证明肖责任感强烈，"虽有热心人愿意资助，但对于一个有责任感的人而言，这是必须偿还的债务，足以让肖某却步"（李北方：《失去医德，医患关系将会怎样》，同前注〔3〕）。这个解释不成立，因为医院已免除了他的费用，而且该如何解释他曾向那么多机构打电话借钱呢？如何解说他的诸多谎言呢？

〔121〕 〔英〕詹姆斯·斯蒂芬：《自由·平等·博爱》，冯克利、杨日鹏译，广西师范大学出版社2007年版，第115页。

3. 沉重的自由

上述分析其实还展示了，现代社会，法治社会，并不只是个人有更大权利和自由来享用社会财富或福利的社会，那也是一个要求更多个人责任的社会。一个真正结合个人自由和个人责任的社会才是更可欲的社会。如果一个人只想尽情享用自由和权利，甚至试图以各种机会主义方式获得更多福利，却不愿、不敢承担责任，那么他/她最终一定会以其他方式承担自己行为带来的后果。

在今天中国的社会发展中，在日益市场化、城市化、现代化的社会变迁中，在中国的社会建设中，个人自由选择和个人责任原则同等重要。中国的经济社会发展、法治发展和政治制度完善都需要自由和负责任的个体。无法想象，每个人都以权利为名拒绝或惧怕承担责任，怎么能够有一个现代社会？当然，必须高度关注并进一步发扬民主，关心民生，但仅有这些都还不够。还必须关心现代人格的培养和养成，需要的不只是文化知识教育，还有训练和规训。

这一重要性，在传统中国农业社会中，不大容易看出来。尽管自古以来普通百姓和封建士大夫都分享或倡导一些重要价值，强调"威武不能屈""贫贱不能移""士不可不弘毅""好汉做事好汉当"或干脆"男儿能吃千般苦"之类的，但农耕社会的村落、家庭和家族等组织往往会替代个人作主，无论是大事小事，无论是个人婚姻还是其他问题，个人因此很容易推卸责任，把脑袋埋在集体、社区和家庭的沙堆中。许多人也习惯了这种传统。

近现代以来，革命和建设，现代化、城市化和商业化已经对这一传统提出了巨大挑战，社会也因此有了重大变化。但即使在中国城市地区，由于中国家庭的结构、单位制以及其他诸多因素的影响，许多人还不习惯承担责任，缺乏担当。许多人嘴上讲自由，一旦面对与自由相伴的责任之际，就会"逃避自由"。[122]他们希望有人代自己做主，最好

---

[122] Erich Fromm, *Escape From Freedom*, Henry Holt and Company, 1969.

"有一位老人在南海边画了一个圈"。

这一缺陷不仅反映在李、肖身上；在讨论这一事件的许多评论者身上也颇为显著。主要还真不是普通人，在这一事件中，常常更多是一些知识人甚至法律人把责任归结到医院，归结为制度，归结为社会，不愿直面前文展示的，其实非常明显的，肖、李的个人责任。这里一个很便利的替罪羊是，医院是一个没有人格的机构。制度和社会是最容易用来推卸个人责任的语词和概念，还不用得罪具体人，可以保持你好我好大家好；甚至捎带着，还展示或炫耀了自己多么善良，多么深刻，多么政治正确；一句话，多么"公知"。

"严重的问题在于教育农民"[123]；今天应当把农民改为公民，因为这是中国社会现代化、政治发展、法治发展的基础。一个社会，没有公民权利基本保障不可能建成法治社会；但没有公民责任，公民推诿责任，一出事就上穷碧落下黄泉地寻找制度或社会做替罪羊来承担显然当属个人的责任，有可能建成法治社会吗？

自由很好，太值得追求了；但自由从来沉重。这一点是在各个层面上必须为自己或他人做决定的人，不仅是政治家或官员，而且在我们每个人的一生中，无论是作为父母为孩子，作为朋友为朋友，或者为自己——例如是否与某人结婚，是否辞职，是否出国留学——做决定之际，都曾经感受和经历的。这就决定了我们只能直面、必须承担自由，无法逃避自由，即使有时我们实在希望逃避。

肖、李事实上一直试图逃避自由以及与自由相伴的责任。难道不是吗？但不自爱者无人爱，不自保者谁能保？

小结：探讨肖某刑事责任的意义

从李某事件切入，在社会科学背景下，本文具体分析了有关医疗的某些微观法律制度安排，力求在更大的社会和制度背景下展示这些制度

---

〔123〕 毛泽东：《论人民民主专政》，载《毛泽东选集》（第四卷），人民出版社1991年版，第1477页。

的实践意义和可能后果，其中也隐含了一些完善相关法律的建议，让我概括一下。

除了在加强实证研究基础上更宏观的制度建设外，如建立医疗保险以减轻患者的经济负担，建立医疗职业保险以减轻医方可能因各类医疗事件而承担的负担，本文突出强调了以知情同意为核心促进医患的事先了解、协商和信息对称，以此制度来缓和医患矛盾。在医疗事故纠纷的司法中，应严格限制适用医疗纠纷中的举证责任倒置的前提条件。在医疗和手术问题上，原则上仍应坚持患者加亲属同意签字制度，同时应严格规定亲属同意签字的范围和序列。应明确规定无签字手术的紧急情况例外，后者的基本原则是，医方无法及时获得患方同意，但依据现有证据可预先推定患者会同意治疗，以及涉及他人生命安全或社会重大利益。还可以考虑设立法定授权同意和签字的机构和程序。对无同意签字紧急救治的获益者，法律应支持医院对获益者通过司法强制补偿，可考虑直系亲属承担连带责任。对极特殊的无支付能力的获益者，国家也可考虑给予医院适度的财政补偿（60%—80%，以防止医院借机把政府财政当银行）。

我的更重要的建议是，对理应签字但拒不签字同意手术治疗的亲属，造成患者死亡的，警方应介入展开刑事调查，追究其刑事责任。之所以如此建议，是因为从事件一曝光，就有人指出，在李某死亡事件中，除了道德和民事法律责任外，肖某可能涉嫌过失杀人[124]或间接故意杀人。[125]有人反对，说探讨肖某刑事责任的说法"太无聊""太离谱"；理由是中国社会中有许多农民会把亲人送到医院，因为缺钱，又不得不默默把病人拉回家。[126]

确实如此。上述情况不仅在农村，在城市也不时发生。例如，一些癌症晚期才发现的病人，特别是老人，医院和家人，甚至患者本人都同

---

[124] 孙东东的观点，请看，《丈夫拒绝手术，孕妇难产而亡》，载《新京报》2007年11月23日版A19。

[125] 韩玉胜的观点，《肖某涉嫌间接故意杀人还是过失致人死亡？》，载《财经》2007年11月26日，第16页；以及顾加栋：《难产孕妇不救而亡谁之过：兼谈知情同意权的制度缺陷》，同前注〔30〕。

[126] 许志勇：《"肖某悲剧"后的更大悲剧》，同前注〔7〕；以及，许志勇：《"孕妇死亡案"：谁制造了一个冰冷的世界》，载《经济观察报》2007年12月3日版16。

意，不治了，"回去弄点好的吃吃，算了"。除了反映了中国社会目前的医疗条件有限外，这其实反映了中国人基于对真实世界的理解而形成的一种关于生老病死的观念，一种实用主义态度："治得了病，治不了命"。不是所有疾病都可能治愈，即使未来，医学更发达了也不可能。他们更重视生活的质量。在现有经济条件下他们只能做出一个理性选择。为尊重病人，基于现实，家人默认了，医院允许了。这种事件，永远会以某种方式在社会中存在。

但以此作为辩解却不能成立。首先，作者做的是简单类比，但太简单了。就"癌症等死"的情况而言，从病重到死亡是个相对长的过程。诊断结论只能缓解、延长生命，无法有效救治。患方无力承担医疗费用。医方和患方，有时还有患者本人，对如此安排虽心情沉重，却也没有太多异议。肖、李事件的情况根本不同。李某是生命力旺盛的年轻人；腹中有即将出生的生命；尽管病情危急，该疾病从理论上讲并非不治之症；死亡也并非迫在眉睫；以及最重要的是，医院已同意免费治疗。在此情况下，肖某仍签字拒绝治疗，直接导致"一尸两命"，全然没有道理。

其次，法律是否惩罚一种行为，固然要考虑到行为人的多寡——"法不责众"。但决定法律制裁与否不应由行为统计学决定，而必须基于多种社会利益综合平衡考量。有时，恰恰因为某种行为多，并非因其少，才予以法律制裁：想想当年禁鸦片，想想打击"很黄很暴力"的网络色情。因此，真正值得关注的问题是，制裁诸如肖的行为对当代中国法治和社会发展有何长远意义？

我认为很有意义。事实上，通过讨论分析，刑法学界对肖的行为在刑法上定性已经基本形成了共识。[127]不仅便于民众了解法律，而且对今后中国司法处理此类问题都有好处。

我不打算重复已有的分析。许多刑法学者和律师已做了很好的分析，无论是从控方还是辩方的角度。我关心的其实是其中隐含的刑事政

---

[127] 除了前注〔126〕韩玉胜的观点外，又请看，张赞宁：《评李丽云医案的法律责任：丈夫拒绝在手术单上签字致妻儿双亡已构成间接故意杀人罪》，载《南京医科大学学报》（社会科学版）2007年4期，第279—281页。

策问题或公共政策问题，即如何制度化地有效处理今后可能日益增多的危急病人家属拒签甚或签拒事件，有效保护公民权利。

由于市场的发展，个体对自我利益的追求，我们的社会一定会遇到，数量日增的患者家属出于各种动机——为继承遗产、获得保险利益、为解脱各种责任或义务等——的拒签，从而导致患者死亡。尽管本文为便利一直使用了"患方"概念，我不天真，并不假定患者及其亲属的利益总是一致，永远一致，因此是"一方"。在许多情况下，他们不一致，甚至尖锐对立。

设想，如果一位年长的亿万富翁遭遇车祸，急需手术，但神志不清，一般可以推定他会同意手术，医院建议紧急手术并已经做好了手术准备，可能救活他，尽管可能有后遗症。但他年轻的第 N 任妻子却可能以种种理由拒绝签字，其真实想法或是尽早解脱同这个注定严重残疾者的婚姻，或想尽快继承遗产，或怕手术和治疗耗尽家产，或是她早有"备胎"。对此，法律应如何处理？在这种情况下，这位妻子拒签或签拒就妨碍了医疗救治。警方介入调查，当有充分证据时，追究其故意杀人的责任，我认为完全正当和必要。这不仅符合中国法律允诺的对个人生命自由的保护，也符合社会普遍分享的道德共识。法律，包括刑事法律必须对这类情况早做准备。[128]

从现有报道来看，肖当然不是这种情况，他签拒仅因或主要因怕负责任和迷信，他作出了一个普通人认为不合情理的决定。但首先，法律惩罚行为，并非一个人的主观心态。不能仅仅因他没希望李死亡，就不调查或追究他造成了他人死亡的责任。而且不调查，又如何在法律上认定一个人没有放任他人死亡的动机和行为呢？肖也许没有。但如果马马虎虎放过了这个事件，不无可能，社会中的机会主义者会得到一个糟糕信号。不排除会有人为了利益，以类似肖某的方式，以害怕承担责任为借口，以各种不作为来阻碍医务人员抢救，达到非法剥夺他人生命追求

---

[128] 有不少学者已经关注了这一点，祝彬、姜柏生：《患者知情同意权代理行使的规制："丈夫拒签字致妻儿死亡事件"法律视角的审视》，载《南京医科大学学报》（社会科学版）2007 年第 4 期，第 276—278 页；又如，韩东屏：《悲剧之后的追问：相关法规不需要修改吗？》，同前注〔53〕。他们建议修改有关同意签字手术的法律规定，把手术治疗的最后决定权完全交由患者本人。但我已经论证了，这种修改看似合理，对患者却未必有利。

自我最大利益的罪恶目的。

有鉴于此，我认为，警方有权介入调查。但有权，并不是说警方一定要介入这一事件，介入的目的，也不是要把肖送进监狱。重要的不是这一事件，而是在今后所有类似事件中，警方可以根据事件具体情况和相关因素自行裁量，决定是否介入；个案调查，对事不对人，对被调查人也不构成一种行政处罚。

这是中国社会转型时期执法的必要政策考量，但也是出于执法和法治的效率考量。这种调查本身会向全社会发送一系列重要信息：珍爱生命，维护人权；为保护公民个人的生命权，在某些时候，国家法律不允许患者近亲属推卸他/她理应承担或必须承担的责任和义务；对任何试图以类似方式获取不当利益的行为人，这是一种威慑，有可能减少这类事件发生；甚至，我们也必须看到这种调查对潜在嫌疑人的好处，它可以更好地解脱嫌疑人的刑事责任。

这会进一步凸显了法治作为制度的意义。法治并不只是事后来分辨和明确个体责任，它必须借助一切有影响的社会事件向全社会也向世界宣示中国的法治和人权承诺，警告潜在的违法者，并经此来塑造负责任的现代公民人格。

这也是为什么，当这一事件已开始被社会淡忘之际，作者仍不忘提交这篇似乎但并未迟到的论文。

2007 年 11 月—2008 年春节于北大法学院陈明楼

|第二章| 黄碟遭遇陕北

> 法律的目标并非惩罚邪恶，而是防止某些外在结果。
>
> ——霍姆斯[1]

> 论文令人钦佩地回答了其提出的问题。但不幸的是，它提错了问题。
>
> ——斯蒂格勒[2]

借助一个具体法律事件，所谓"黄碟案"（鉴于其最终也未进入诉讼，因此不是"案件"），以及围绕这一事件的法律人的话语，本文试图梳理一下相关部门法学者在思考和分析这一事件时实际运用的知识。梳理的结论是，当代中国的主流法理话语大致属于学术上的自由主义：强调保护公民生命、自由和财产，包括个人的隐私和价值偏好。这都没错，确实很重要。但问题是，以本文的分析来例证，这是一种被阉割的教条化的自由主义，不仅不完整，视野过于狭窄，还太爱重复一些政治正确的法律关键词、概念或命题，对事件的具体事实和重要细节不仅不敏感，甚至可以说毫不在意。对中国城乡社会以及乡村司法和执法的真实语境缺少切实关注和理解。一句话，表现了太强的法教义学倾向，不像要做事更想做成事的法律人。

我的批评容易被人指责是以偏概全。但从个案透视整体，我也只能以偏概全。也并非全无道理。"一沙看世界，

---

[1] *Commonwealth v. Kennedy*, 170 Mass. 18, 20 (1897).

[2] George J. Stigler, *The Conference Handbook*, *The Intellectual and The Marketplace*, Harvard University Press, 1984, p. 40.

一花见天堂"[3]；任何人都只能首先从一个具体个案切入，一般性判断无不最先来自具体经验。只要不是全数据分析，任何取样分析其实与个案分析的区别只是一百步与五十步之别。个案分析的结论有可能错。但本文的目的并不是终结讨论，相反是为引发学人反省，努力开发法律分析的能力，发展中国的法理，更重要的是推进中国法治实践。

争点的界定

2002 年 8 月 18 日晚，延安市宝塔公安分局万花山乡派出所民警接到群众举报电话，毗屹堵村有户居民在"家"播放黄碟。11 时许，一名警察，与三名身着警服、据称因未授警衔所以未佩带警号的民警（辅警?）前去调查。播放黄碟的张某毕业于宝鸡市卫校。毕业后，张在宝塔区万花山乡毗屹堵村开了家诊所，由两个通透的商业门面房构成。房屋靠后有一床，张某夫妇俩晚上就住在这里。诊所面朝该村大道，紧邻的房屋也全都是商用门面。民警到来后从后窗看到里面确实有人放黄碟，就敲门进去。除了收缴黄碟外，警察还试图扣押 VCD 机、电视机。张某不让，抢起一根木棍砸向一名民警，该民警手被打肿，两民警受伤。民警以妨碍警方执行公务为由，将张某，以及现场收缴的作为播放淫秽录像证据的 3 张淫秽光碟以及电视机、影碟播放机一起带回派出所，并留置。次日，张某在向派出所交了 1000 元暂扣款后被放回。[4]

8 月 20 日《华商报》第一次报道了这一事件[5]，随即引起媒体和读者的广泛关注。[6]在从中央到地方政府[7]、从媒体到学界的巨大压

---

[3] William Blake, "Auguries of Innocence", in *Collected Poems*, ed. by W. B. Yeats, Routledge, 2002, p. 88.

[4] 这里的描述综合了相关报道，排除了各方不一致的细节。

[5] 《家中看黄碟民警上门查》，载《华商报》2002 年 8 月 20 日。

[6] 《夫妻家中看黄碟犯法吗?》，载《华商报》2002 年 8 月 21 日。

[7] 此案讨论期间正是中国共产党第 16 次全国代表大会召开前。

力下，尽管宝塔公安分局曾试图以各种方式抵抗[8]，均以失败告终。2002 年最后一天，事件有了最终结果。当事人与当地警方及有关部门达成协议：警方向当事人赔礼道歉；有关部门一次性补偿当事人 29137 元（医疗费、误工费等），对事件有关责任人作出相应处理（万花山乡派出所所长贺宏亮及警长尚继斌待岗察看；警察任杰被清退，离开公安队伍）。[9]

在媒体与学界的"合谋"下，这个事件从一开始就被界定为公权力与个人隐私的冲突。[10]后续也就基本按这一路子走下来了。观点——就各类媒体能见到的——一边倒，大致可以用一句话概括，就是"政府无权干预诸如夫妻在自家中看'黄碟'这种不损害他人的事"。

我完全同意这一原则。鉴于中国社会长期以来确实有政府管得过多过宽的现象，提出这一原则，并予以某种宣传，有针对性，对于中国社会的转型甚至很有必要。但我们在此讨论的是一个具体法律事件，任何严肃的讨论都必须基于对事件事实的认真梳理、考察和分析，不能脱离事件，不关心细节，一般地复述一些正确的法律原则或改革理想。那一定会止步于一种粗糙的法治宣传，甚至变成法治意识形态蛊惑。只是直到我写作此文之际，这一事件仍有许多情况不十分清楚，未必完整，因此很难更细致地分析讨论。如此事件涉及的执法事实就有争议，许多细节可能有重要法律实践意义，甚或学术意义。又如，当公民感到执法不公甚至违法之际，公民应当即暴力反抗执法，如此案中张某那样行为，还是事后寻求司法救济，对于中国法治，也有重要实践意义。但鉴于这一事件目前已有结果，估计不会再有人去调查更多细节，也未必值得。有所取舍，不了了之，这既是人类的命中注定，也表明了人类的明智。

本文因此特意限定讨论的范围。在我看来，此案涉及两个基本法律争点。第一个争点，基于目前基本未有争议的一些"事实"，警方在当

---

[8] 最突出的一点是警方在两个月后以涉嫌"妨碍公务"刑事拘留了张某。请看，《"家中看黄碟"又起波澜，事隔两月当事人张某被刑拘其妻对此想不通拒绝在"通知"上签字》，载《华商报》2002 年 10 月 23 日。

[9] 中新网：《延安"夫妻看黄碟"案在 2002 年最后一天划上句号》，2003 年 1 月 1 日。

[10] 9 月 3 日，《北京青年报》组织在京的一些专家学者讨论了此案，定了这一基调。相关的讨论，请看，贾桂茹、马国颖：《夫妻家中看黄碟，警方闻讯入室，扫黄能否进家？》，载《北京青年报》2002 年 9 月 3 日。又请看《家中看黄碟民警上门查》，同前注〔5〕。

时条件下有无正当权力，甚或有义务，干预张氏夫妇看黄碟的行为?[11]
如果无正当权力，讨论就可以结束了。但如果"有"，我将论证"有"，
第二个争点就是，这种干预的方式是否适当，是否违反了法定程序? 有
正当理由的干预，若干预手段不适当，无论是违反了法定程序或天理或
人情，这一干预也会，甚至应当归于，无效或非法。

目前有关此案的讨论均围绕第一个争点。基于事后了解的一些信
息，如"夫妻"在"家"，许多人从一开始就原则上断言警察无权干预
个人看黄碟，认为这是个人隐私，但没给出什么特别有力的，无论基于
国法还是基于天理人情的理由。最多是大动感情地、笼统地断言——尽
管没人反对——公私权力要有界限。偶尔也有人提及了警方的行为和程
序是否合法，但一带而过，只是强化了有关前一争点的主张。但我恰恰
发现，在前一争点上，最能充分展现当代中国法律人实际坚持和运用的
法理和分析思路。从此切入、剖析、研究，更可能展示其知识谱系，展
现其重大不足。很自然，我不涉及后一争点。本文不是对黄碟案的全面
法律分析。这并非有意避重就轻，仅因那一定需要对此案事实和情节有
更多更细致的了解，只是目前无法获得相关信息。事实上，我会在第八
节利用相关报道中透露的信息，指出即便警方有权干预，这几个警察的
行为也有滥权的嫌疑。

坚持一贯的多视角也即多立场的分析，我力求把此案分析与诸多潜
在相关的法理流派的思路联系起来。这一努力或涉嫌，却不是为，展示
学术羽毛。我只是认为，只有以这种方式，才可能令我们清醒自觉法律
分析所依赖的理论假设及其学术渊源，消除法理话语是普适的纯专业技
术知识的幻觉或神话，进而察知目前主流法理思路之不足。我的另一目
的在于促使这些法理流派同当代中国法律实践的结合，改变多年来法理
话语与司法执法实践的疏离，使中国法律人在社会法律实践中和开阔的
法学视野中更有效地理解和应对中国问题。

---

[11] 必须说明。这些事实在目前各种报道中未有很大争议，但这不意味着其中没有可争议
的地方。在本文最后，我会指出最终报道的这些事实也许仍有争议。

自由主义（或个体主义）的法理分析

以下三节文字分析证明，在黄碟案上，主流法理展现了一种思路简单、很教条化的自由主义的或个人主义的法理。[12]

这种分析首先——错误地——认定此案双方，一方是个人，夫妻两人在此都被视为个人，且由于两人的特殊关系，也确实可以视为单一的利益体，另一方是国家或代表国家权力的警方。据此，套用自由主义或个体主义理论，个人的生命、自由和财产权至高无上，只要个体的权利行使未侵扰他人行使同样的权利，国家的任务就是保护这种自由和产权。[13]在众多评论者眼里，张氏夫妻在"自家"看黄碟是个人权利，未侵扰他人权利。其实，古典自由主义及其某些传人，至少在诸如涉及性这类问题上，未必都像近代自密尔开始的自由主义那么开放。[14]在讨论此案时，无论法律实务人还是学人，注意，还不是"一些""少数"或"多数"，而就我看到的，全都如此，都更多吸收了当代美国自由派的观点，即把有关个人的性、隐私或色情阅读的偏好全纳入了古典自由主义的"自由"之中[15]；并据此，认为警方代表的国家干预了夫妻的

---

[12] 在本文中，我是将自由主义同个人主义作为可替换的关键词使用的，尽管两者强调的着重点略有不同，也尽管自由主义在当代西方一些学者看来有点变味了。关于自由主义，可参看，〔美〕波斯纳：《超越法律》，苏力译，中国政法大学出版社 2001 年，特别是"引论"；关于个人主义，可参看，〔美〕哈耶克：《个人主义与经济秩序》，邓正来译，生活·读书·新知三联书店 2003 年版。

[13] 〔英〕洛克：《政府论》（下篇），叶启芳、瞿菊农译，商务印书馆 1964 年版；〔德〕康德：《法的形而上学原理》，沈叔平译，商务印书馆 1991 年版；〔英〕密尔：《论自由》，程崇华译，商务印书馆 1982 年版；以及某种程度上的，〔英〕边沁：《道德与立法原理导论》，时殷弘译，商务印书馆 2000 年版。

[14] 例如康德对非婚生子女的态度："非婚生孩子是法律之外的孩子……他因此不受法律保护。这个孩子是偷偷钻进了这个共同体（与违禁品相似），可以忽略其存在和毁灭（因为他不应以这种方式发生）……"〔德〕康德：《法的形而上学原理》，同上注，第 170 页（译文根据英文版做了修改）。

[15] 这一运动始自 1965 年的《格里斯沃德诉康涅狄克州案》（Griswold v. Connecticut, 381 U. S. 479, 480）；最终确认是在凯西案（Planned Parenthood v. Casey, 112 S. Ct. 2791 (1992)）。在此案中，最高法院将人工流产的权利界定为自由权的一种，隐私权。但是这一隐私权界定因过于牵强，受到了许多人，包括古典自由主义学者的批评。例如，〔美〕波斯纳：《正义/司法的经济学》，苏力译，中国政法大学出版社 2002 年版，第 3 编；以及〔美〕波斯纳：《超越法律》，同前注〔12〕，第 5 章特别是其第 2 节。

自由。

依据这种观点，警方搜查扣留黄碟的行为至少侵犯了这几种个体利益：（1）个人（夫妻）观看黄碟的偏好；（2）私人住宅不受非法侵犯的权利，这是传统的财产权；以及（3）与此相关的个人隐私。如果情况真是如此，问题就很简单。哪怕看黄碟确实品位不高，甚至道德低下，只要无伤他人，国家或社会就不该管；否则，个人自由必定受损。就此而言，我赞同密尔，"在仅涉及本人的那部分行为，一个人的独立性在权利上是绝对的"。[16]由此可见，我说中国当代法律意识形态是自由主义的，并非言过其实。[17]中国学者的"法理"分析，哪怕他们未必清醒意识到，大同小异，都建立在这种自由主义理论基础上。

但这些法律人依仗的，如果不是"水货"或赝品的话，至少也是一种被阉割的或不完整的个人主义。因为，自由主义者从来没有认为自由权是绝对的，相反总有一条限制，这就是康德说的，"普遍立法"原则[18]；或波斯纳概括的密尔的说法："你的权利止于我的鼻尖"[19]；或科斯说的权利相互性[20]。自由主义强调的个人自由从来以不损害他人同样的自由为前提。密尔在《论自由》开篇就称其"主题不是所谓意志自由……这里所要讨论的乃是公民自由或社会自由，也就是要探讨社会所能合法施用于个人的权力之性质和限度"。[21]讨论自由就是讨论自由的限度，而不是重复自由这个词的音节。也因此，也算最早的自由主义阐述者之一，边沁，就认为乞丐没有乞讨的自由，应受限，因为乞丐有碍

〔16〕〔英〕密尔：《论自由》，同前注〔13〕，第 10 页。引文根据英文版作了调整。

〔17〕苏力：《现代法治的合理性和局限性：秋菊的迷惑和山杠爷的悲剧》，载《东方》1996 年 4 期。

〔18〕这是李泽厚的概括，参见李泽厚：《批判哲学的批判》（再修订本），安徽文艺出版社 1994 年版，第 8 章。据沈叔平的译文，这一原则表述为："任何一个行为，如果它本身是正确的，或者他依据的准则是正确的，那么，这个行为根据一条普遍法则，能够在行为上和每一个人的意志同时并存。"〔德〕康德：《法的形而上学原理》，同前注〔13〕，第 40 页。

〔19〕〔美〕波斯纳：《超越法律》，同前注〔12〕，第 34 页。密尔在《论自由》中一开始就称，该书"要讨论的乃是公民自由或社会自由，也就是要探讨社会所能合法施用与个人的权利之性质和限度"（着重号为引者所加），因此，讨论自由就是讨论自由的限度或边界。

〔20〕〔美〕科斯：《社会成本问题》，载《论生产的制度结构》，盛洪、陈郁译校，上海三联书店 1994 年版，第 142 页。

〔21〕〔英〕密尔：《论自由》，同前注〔13〕，第 1 页；着重号为引者所加。

观瞻，令游人不快；此外，乞讨行为对行人或游人还构成无端骚扰。[22] 你可以不同意边沁，我并不反对。我只是想以此例证，对有碍观瞻这样"侵犯"他人琐细自由的利益，自由主义也会考虑，并不简单拒绝。这一点在科斯那里有更系统、严密的分析和阐述，即所谓的权利相互性。[23]

分析自由时，自由主义者也会考虑其他因素，并不将自由当成一种不加分析的意识形态或教义。密尔就强调，他的自由教义"只适用于能力已臻于成熟的人类。……对尚需他人照管的人（指未成年人），也须防范他们的个人行为，就像防范外来伤害一样"；他甚至说："作为一项原则而言，在人类尚未能借助自由、对等的讨论而改善之前，自由则无所适用"。[24]

就"黄碟案"而言，我不走那么远，既无须假定当事人尚不成熟，也不必猜测他能否借助自由来自我改善。我只考虑一个问题，这对夫妻看黄碟是否有碍或侵扰其他人的合法利益或正当期待？

就我看到的而言，所有法律人都假定这不证自明：这对夫妇是在自己"家"中看黄碟。这些学术和实务法律人，有意或无意，忽视了一个明明白白摆着且无人争议但就是视而不见的重要细节："民警接到了群众的电话举报"。我不认为仅此一点就足以正当化警察的干预，更无法正当化——如果有的话——警察违反程序或过度的行为；但只因有了这一点点事实，一个彻底但严谨的自由主义者，从保持自由主义的法理一贯性来看，就不能否定，至少有人认为张氏夫妇看黄碟侵扰了他/她的利益期待，并且是受国家保护的——否则为什么打电话给警察？当然，不是有人主张，就足以表明这就是法律应当且必须保护的利益。这是另一个问题，是一个只有考察后才能判断的问题。我只想说，你不能从一开始就无视这一主张；鸵鸟战术可不是自由主义。用继承了自由主义政治哲学传统的经济学或法律经济学话语说，有人抱怨张氏夫妇看黄碟就

---

[22] Jeremy Bentham, *Tracts on Poor Law and Pauper Management*；转引自，〔美〕波斯纳：《正义/司法的经济学》，第 1 章。

[23] 〔美〕科斯：《社会成本问题》，同前注〔20〕。

[24] 〔英〕密尔：《论自由》，同前注〔13〕，第 10，11 页（译文略有调整）。

表明了其行为有外在性，应当予以内化。在经济学人或法经济学人看来，内化需要相关者以合约来解决[25]，当合约无法解决时，交易费用过高，政府才应干预；即用法律强行界定相关者的权利/产权。[26]

有举报电话就表明，不同人的利益有冲突。张氏夫妇确实是在屋内（但这不等于"家"，后面讨论）看黄碟。没张扬，也没想张扬，但他们未能将黄碟的图像或声音保持在室内。由此引发了他人的反感，还颇为强烈，乃至打电话要求警方干预禁止。双方是可以，甚至应当，自行交涉，化解纠纷，我承认。但邻居之所以选择打电话，也不是毫无理由。邻居一定要拉下面子，把话说开；但即便吵上几句，也未必能制止。在抬头不见低头见的熟人社会，这也还可能影响双方今后的交往。这就是所谓的交易费用太高。于是，邻居诉求了警方，要求政府来居间界定这里的"产权"。

在此情境下，我认为，警方支持这一请求、予以干预，有道理；剩下的就是干预手段、程度和分寸问题。在美国留过学或生活过的许多朋友都会有这样的经验，哪怕你在自己屋内放音乐、看电视或朋友聚会，声音大了点，或是过了比方说晚上 11 点，邻居就可能打电话让警察来干预，要求尊重他那点在许多初来乍到的中国学生看来微不足道的权利。但这就是权利。权利是在细微处界定的，是可以放弃，但更能主张。

许多学术或实务法律人会说：那是声音干扰了别人，应当或可以干预；这里是室内图像，你若不向张氏屋内瞅，你还看不到，你可以自我回避；"食色，性也"，看黄碟这种事没必要干预。但我们很难区分"溢出边界"的声音和图像，哪个更构成干扰，哪个不构成干扰。看黄碟的人确实可能调低了音响，但外人未必就听不到。甚至有时，即使声音低，甚或恰恰因为声音低，更撩人，干扰更大。而且，是可以自我回避，但为什么外人必须自我回避，别往别人家屋里瞅（待会我还会讨论这个"屋里"）？难道这是每位外人的"义务"吗——相对于张氏夫妇

---

[25] 〔美〕科斯：《社会成本问题》，同前注〔20〕，第 142 页。

[26] 可参看，盛洪：《法官裁决和公共选择》，载《中国社会科学季刊》（香港），1996 年春，第 80 页。

在屋内看黄碟的 "权利"？

从自由主义立场看，不能预先认定在屋内看黄碟是权利。因为这一预定本身就已违背了自由主义了，等于把一种意识形态化的、本质化的自由主义强加于一个基于种种原因反对或不喜欢看黄碟的人身上，并以此为根据剥夺了他不看黄碟的 "自由"。自由主义不预先坚持某人的偏好或某种自由更高或更有价值。边沁就认为，儿童的针戏与学人的哲学价值相当，难分高下；除非有损他人，否则任何一种偏好都应得到尊重；他甚至根据动物有感知痛苦的能力而主张把动物的福利也纳入人类的效用计算公式。从自由主义立场看，如果我们不能断言厌恶黄碟者的厌恶比喜爱黄碟者的喜爱价值更高，我们也就无法断言后一偏好比前一偏好价值更高。事实上，自由主义之所以成为价值偏好多元的现代工商社会中最通用的主义，就因为它对各种偏好近乎无原则的宽容，它最能兼容各种偏好并组合社会，它也许是现代复杂多元社会的一种比较好的选择。当然，这一点也是自由主义最易受抨击的软肋，因为它没有原则。[27]

学术和实务法律人称政府没有理由干预夫妻在屋内看黄碟的说法显然太匆忙，缺乏根据，是用自己的偏好或习惯假定掩盖了自己的偏颇。

社群主义的法理分析

说自由主义可能是价值和偏好日益复杂多元的现代工商社会中最可用的主义，并非随口一说，也并非我个人偏好自由主义。在我看来，自由主义确实是，却并不只是，一套理论话语，只需反复重申自由、宽容、自给自足或独立等几个概念就可以推广实践，因此是一种放之四海而通用的价值。自由主义其实是基于特定经济基础和社会条件的一种社

---

〔27〕 有关自由主义必定会导致相对主义、虚无主义的批评，可参看，〔德〕施特劳斯：《自然权利与历史》，彭刚译，生活·读书·新知三联书店 2003 年版。自由主义学者对这类批评的概括和反驳，可参看，〔美〕霍尔姆斯：《反自由主义剖析》，曦中、陈兴玛、彭俊军译，中国社会科学出版社 2002 年版。

会实践，主要与现代工商社会相联系。[28]但问题是，这是西北黄土高原上一个经济和社会均不很发达的城市，五年前刚从县级市（当年 GDP 仅 12.77 亿元，人口不到 40 万）升格为地级市，具体事件则发生在市郊乡里的一个村！我没到过此地，不了解那里的具体情况。但还是可以想见这里与中国东部现代都市工商社会环境差距相当大，甚至没法同东部一般县城相比。在这样的环境中，还保持着一定强度的农村社区情感，社会的文化价值或偏好还不那么多元化，即便正开始多元——这对青年夫妇夏夜在面朝马路的诊所内看黄碟，就是其正在多元化的标志之一。但无论我们认为这里的社群情感是好是坏，可欲与否，它却是长期定居此地的人们无法忽视、甚至必须予以适度尊重的一个事实，是当地民众认为正当并要求人们普遍遵守的规范发生的基础，并因此是警方执法时不能完全不顾及的一种民意民情。

但警方执法为什么应支持甚或必须尊重这一农耕社区的现实，这种文化传统，当地的社会规范？当地警方为啥不能支持张氏夫妇在社区屋内看黄碟，给当地来一场"文化小革命"？为说明这一点，让我们想象，2002 年，西北高原上这个城郊乡村社区，各家各户关系相对密切，不时还可能有人串门，不像中国东部尤其是城市小区各家住在各自密闭的居室内，较少往来，各家自有隐私。在这样的乡村居住地，任何人即便在屋内看黄碟，也很容易影响邻居。这是在夏天，在这作字面理解的"七月流火"的日子——这一天是末伏第九天！各家只能门窗大开，通风透气。甚或，还有不少大人孩子在室外玩耍。邻居可能对哪怕在自家屋内看黄碟这种行为、这种个人偏好也很反感。我也不认为这一定是他或她思想保守僵化，不开放，未能与时俱进。其实他/她有权利"保守僵化"，正如你有权利与时俱进一样。事实上，黄碟真还可能是不少农民的"喜闻乐见"，想想那些流行的民谣"吃点麻辣烫，打哈小麻将，看哈'歪录像'！"。但即便如此，至少绝大多数农民也会反对这种近乎半公开地看黄碟。也不是他们虚伪，只因许多人家中有正在发育期或青春期的男孩或女孩，正上初中、高中或备考大学。并且，尽管未必有坚

---

〔28〕可参看，〔德〕马克思、恩格斯：《共产党宣言》，人民出版社 1997 年版；〔美〕托克维尔：《论美国的民主》，董果良译，商务印书馆 1988 年版。

实的根据，但几乎所有中国父母都趋于认定黄碟有可能让他们的孩子"学坏"，至少会让孩子"分心"，影响学习。并因此，他们会"讨厌""厌恶"甚至"痛恨"这对夫妇在自家屋内看黄碟。法律人/法学人当然可以义正词严地指责他们管得太宽。但扪心自问，又有谁敢说农民对其邻里社区的这种期待要求真的毫无道理，没有正当性？设身处地想一想，有几位律师或法学教授在自己家中会，或是让他人，当着十几岁的儿女的面，看黄碟？人必须通情达理！不要求你言行一致，但也不能彻底分裂吧！

注意，我并不是说，也没说，农村社区人们的看法正确或真。事实上，我甚至愿意退一步且有根据地说，他们的某些判断——所谓看了色情影像书刊，人会变坏——很可能是错的。尽管有不少公开报道，确实有些男孩女孩，看了色情影像书刊，犯罪了、违法了或学业荒废了，但更有大量也接触过色情影像书刊的男孩女孩一直好好的，品行端正，学业和事业也有成，未被报道，不会被报道，甚至不被人知晓。只是这些与我在此的论点无关。我这里的要点是，如果当地社区民众通常都这样认为，也这样坚持，这就是法律必须适度考虑和回应的一个"社会事实"。注意，有别于科学追求真理，法律其实更多是反映或回应民意，或称"服务于人民"。我承认，我对法律特点的这一概括，在一些人看来，绝对政治不正确，是应当批判的。但我就是想不明白：靠右或靠左行车、限速80千米或100千米，哪个是真理？3%或4%的税率，7年或7年半的徒刑，又哪个是真理？

因为在这种人际关系紧密的社区中，自由主义或个人主义甚至很难发生，势必以社群主义为主导，哪怕生活在这类社区中的人从没听说过这些概念，不了解何谓自由主义和社群主义。在这种生活环境中，人们势必更多强调、也不得不分享社区的集体良知，强调妥协忍让，相互迁就，避免随心所欲。谁若我行我素，违反社区规则，他一定会感到社会压力，受到以各种形式表现的社会制裁。如背后的议论、无缘无故的作梗、直接或间接的轻度报复，以及在适当且可行时，还可能邀请国家正式制度（如此案中的警方）干预制裁。[29]我个人并不偏好这种环境。绝大多数现代都市人、尤其知识分子不喜欢这种生活境况。中国经济社会的发展也正在重塑这种生活环境。但即便如此，没人有资格简单用"落后"来概括这里人们的生活状态。各种社会学和人类学研究成果都指出，在一个社会公共物品即正式制度供给不足的社区中，这种社群观念和情感是维系社群内部秩序不可缺少的。[30]事实上，也很有些思想家，包括法学家，面对个人主义盛行、社会共识碎裂而带来的诸多社会问题，追求建立一个以社群主义为基础的、有更多社区共识的社会。[31]

虽然理解社群主义，但我也曾从学理上分析过，这类社群主义的法律追求不很现实，很难实践。[32]其中最关键的是，我认为社群主义是传统社群生活条件和环境的产物，而现代工商社会——如《共产党宣言》所言——正把人变得日益个体化。社群主义的理想不仅无法重建，而且重建努力还可能带来不必要的代价，侵扰更多人的自由选择。据此，我认为在工商城市生活中追求社群主义更像乌托邦。但这个逻辑也可以反转过来，批评另一种乌托邦，自由主义的乌托邦，即试图在农耕乡村社群中强行推进以自由主义和个人主义甚至是自我中心主义导向的社会秩序、社会规范和社会价值。就现代工商社会而言，从中国社会发展的一般趋势来看，我同意，应更注意保护公民个人权利，国家不应也不必干预诸如在自己家中看黄碟这类在我看来不高尚的个人偏好。但如果这种

〔29〕〔美〕埃里克森：《无需法律的秩序：邻人如何解决纠纷?》，苏力译，中国政法大学出版社 2003 年版。

〔30〕 可参看，费孝通：《乡土中国·生育制度》，北京大学出版社 1998 年版；林耀华：《金翼：中国家族制度的社会学研究》，生活·读书·新知三联书店 1989 年版；黄树民：《林村的故事：一九四九年后的中国农村变革》，素兰、纳日碧力戈译，生活·读书·新知三联书店 2002 年版；〔英〕埃文思—普里查德：《努尔人：对尼罗河畔一个人群的生活方式和政治制度的描述》，褚建芳、阎书昌、赵旭东译，华夏出版社 2002 年版。

〔31〕 社群主义的主要著作，请参看，Aasdair MacIntyre, *After Virtue*, 2nd ed., University of Notre Dame Press, 1984；〔美〕阿拉斯代尔·麦金太尔：《德性之后》，龚群、戴扬毅译，中国社会科学出版社 1995 年版；Charles Taylor, *Sources of the Self*, *The Making of The Modern Identity*, Harvard University Press, 1989；Michael J. Sandel, *Liberalism and The Limits of Justice*, 2nd ed. Cambridge University Press, 1998；*Democracy's Discontent*, *America in Search of a Public Philosophy*, Harvard University Press, 1996。又请看，Dennis H. Wrong, *The Problem of Order*, *What Unites and Divides Society*, Harvard University Press, 1994。

〔32〕 苏力：《社群主义的挑战》，载刘军宁等编：《公共论丛》卷 4，生活·读书·新知三联书店 1997 年版。

个人偏好的实践侵扰了所在社区内更多他人的并非毫无理由的偏好，法律适度干预并抑制这种偏好，是有理由的，甚至足以正当化。支持这种干预的正当理由比在一个完全工商化城市社会中的类似理由更强，也应当更强。

因此，在相关报纸上评论此案的一众学术和实务法律人不仅肤浅，而且实在有点不着调。他们完全，甚至可能为了其心中的法律真理有意，误解了这一冲突的性质。在此事件中，真正冲突的双方其实不是代表国家的警方与看黄碟的张氏夫妇，而是张氏夫妇与其邻居，是社区内不大在意邻里关切，并因此不大容易被人待见的少数个体与那些相对传统、守规矩但也不一定更值得赞赏的社区内其他人——绝大多数人——之间的冲突。警方干预，就其目的和功能而言，其实只是来界定冲突双方各自的权利。抽象看这一典型事件，介入此事件的警方或其代表的国家并没有主张什么警方的或国家的利益，只是试图维系社区平安这种社会公共价值。一众学术或职业法律人还没看清问题，也没理解争点，就急忙表态了。

开设诊所的张氏夫妇至少在两个方面更多受到城市工商文化浸染。一是受教育程度较高（毕业于宝鸡卫校），二是开设诊所这种商业活动。两者都令他们也促使他们在当地显得更为"现代"，更自由主义，更多且更坦然接触那些可能被邻居认为"下流"的色情物品，因此也就更容易被周边人视为乖张和异端。[33]甚至，不无可能，他们的商业活动也容易引发他人的嫉妒。学术和实务法律人如只看到直接冲突的双方，警察和张氏夫妇，为坚持自己操练习惯了的自由主义意识形态，就很容易一开始就忽视冲突发生的社会背景，急于用一系列自由主义的对立概念，如政府与公民、法治与滥权、文明与野蛮乃至善与恶等来概括这一冲突，却无法真正理解这一冲突，自然也就不可能提出解决冲突的

---

〔33〕尽管社会规范在变，但几乎所有犯规观看色情录像的人，非但内心煎熬，而且从来——我认为很有道理地——忌惮社会规范。即便在大都市，在1990年代初，在校大学生，看色情录像或影碟（"毛片"），"当时，绝对是一种比地下党都要隐秘的行为，一旦被局外人发觉，即使人家不说，你自己就有身败名裂的感觉。而如果被组织上抓住，那就比说你是阳痿都丢人。"请看，见招拆招（张立宪）：《关于毛片的记忆碎片》，载《记忆碎片》，南海出版公司2004年版，第77页。

恰当措施。想一想，我们周边也有人看黄碟，有人常说"苍老师"（日本女优苍井空）什么的，可有谁报警了？这绝不是因为我们懂得自由主义，懂得宽容。这种思想解决一切的套路读书人最拿手，却非常荒谬。其实，最重要的原因之一或许是，这些观看者基本都是在隔离比较严密的家中或室内观看的，周边的其他人与他在许多方面基本相似。但如果有哪位在公司、机关或学校办公室观看，即便没人报警，那就会，甚至应当，有人向单位或部门领导报告，特别是如果还让未成年男女中学生参与观看的话！

从这一事件的始末，我们也可以看到（1）市场经济发展已经促使即便如中国西北城郊甚或农村也正发生变化；（2）这个变化已带来社群主义与自由主义的文化和规范的冲突；而这个冲突的结尾意味着（3）社群主义发不出声，自由主义得到了城市工商社会的法律和道德的全面支持，特别是媒体、法律人和读书人（中产阶级？）的声援。[34]我很难笼统反对这一结局。也许中国社会发展的未来，现代化就是工商城市社会以及与之相应的文化占主导。无论个人偏好如何，我也只能如"天地不仁，视万物为刍狗"，接受这种现实。但作为一位关切中国社会问题的学术法律人，如果不是固执于某种看似真理其实只是与自己的生活环境和文化规训契合的意识形态，多少还愿意关注一下自己圈子以外，在具体社会情境中，人们的公共选择，听一下他们正逐渐暗哑的声音，尽可能适度尊重他们的偏好，我不觉得有什么不对。如果我们不愿看到文化急剧断裂带来社会矛盾激化，不希望后发展的社区与现代工商都市文化和价值太强对立[35]，法律人是否该适度尊重，甚或在某些情况下迁就一下，农村社群的利益？即便法律人觉得自己坚守的价值、追求和做法可以给农村社区和那里的人们带来幸福或改善，其实也没有真正靠谱的根据确信这一点。确信不等于确实。更重要的是，如果真的坚

---

[34] 其实，这三点，在数年前我讨论的以陕北为背景的电影《秋菊打官司》中就已经显露了，只是结果不同而已。在那一次戏剧化冲突中，社群主义至少是同自由主义打了个平手；标志是影片最后秋菊充满困惑的双眼。参看，苏力：《现代法治的合理性和局限性：秋菊的迷惑和山杠爷的悲剧》，同前注〔17〕。

[35] 这种情况在一些发展中国家曾经出现过，最典型的，是伊朗巴列维国王强行推行的现代化世俗化，后来引发了霍梅尼的伊斯兰革命，后者带来了全面复辟。

持自由主义，我们甚至没有理由把自己的信念强加给他人。他们自我选择的偏好在我们这个政治社会文化共同体中是有足够分量的。他们就是法律应当予以保护和回应的人民的一部分！

最低限的女性主义法理分析

不完整的自由主义强势话语也剥夺了本应进入这一事件分析的女性视角和声音。"本应进入"有三个理由。第一，女性主义——尽管它常常希望自己与其他截然不同——就其哲学基础而言，因强调群体利益和社会连带，可以说就是一种社群主义。第二，当我们认为"看黄碟"是个人权利和隐私之际，往往会忘记了"我们"是谁。在这场所谓自由主义法理大讨论中，也许因我阅读有限，还没看到女性法律人发言，在我搜集的普通人发言中，或是没有女性，或即便是女性也被通行的自由主义话语中性化了。然而，女性在我们社会人口中至少占了一半。难道她们没有自己的声音吗，属于另一个"沉默的大多数"？我们应当努力从她们的视角看一看此事件。第三，如果不是把自由主义视为一种意识形态，当作一种确定不变、天经地义且已终结历史的价值或真理，而是一种努力包容不同声音的实践，那也必须倾听一下女性视角对此的可能分析。这一节就属这种努力。

先得过几道槛。首先，什么是女性主义？女性主义多种多样[36]，我又该用哪种女性主义视角？我选择最低限度的女性主义，大致是这样一种观点：由于女性与男性在许多方面有差异，在与女性有关的一些问题上，女性与男性的视角、理解和判断都会有所差异，不能简单用男性眼光来替代女性的判断。女性主义因此可以说就是力求体谅和承认女性视角、理解和判断的正当性，并努力为女性的解放和自由而斗争。这种最低限的女性视角在许多法律问题上与激进女性主义有别。但我认为在

---

〔36〕 苏力：《女性主义法学》（未刊稿）；又请看，鲍晓兰主编：《西方女性主义研究评介》，生活·读书·新知三联书店1995年版；李银河主编：《妇女：最漫长的革命——当代西方女权主义理论精选》，生活·读书·新知三联书店1997年版。

"黄碟案"上，诸多女性主义的视角会分享一些共同点。再后退一步，即便我这里表述的女性主义观点代表性不足，也不意味我不该力求兼容这一视角的分析了。

第二道槛是，作为男性，我有无可能理解女性视角，有没有资格作出在某些激进女性主义者看来只能由她们"独此一家别无分店"的分析呢？我认为有可能也有资格。首先，许多公认的最早系统考察过女性问题的学者和思想家并非女性，而是男性。例如，近代最早提出女性公民权的是密尔[37]；马克思恩格斯也被视为重要的女性主义者[38]。甚至有人将这一传统追溯到柏拉图（相对于亚里士多德轻视妇女而言）。[39]其次，如果真如激进女性主义法律人认为的那样，男性由于生理、心理的特点而不可能真正把握女性视角，不可能真正理解和运用女性主义[40]，那么其隐含的结论就是女性解放不可能。而且，什么是真正的理解？难道男女之间丝毫没有相互理解的可能（inter-subjectivity）？最后，再后退一步，即使我这里的女性主义分析是赝品，那也可能激发真货和珍品登台出场。真刀真枪要拿出来用，不能只是敝帚自珍。

我说了，许多法律人分析评论"黄碟案"时其实没意识到他说的其实只是本人的偏好或观点，有可能却不真能代表其他许多人的观点，即便媒体表达的几乎只有一种声音。这些法律人的基本假定是，看黄碟是一种民间娱乐，不高尚，但也没那么令人反感，没必要小题大做。我不反对这种观点，但我不认为这种观点代表了社会所有人甚或绝大多数人的判断。我很怀疑这能否代表众多即便不是全部女性。

太多的日常经验和系统研究一再表明，女性有一种"不同的声音"。[41]由于生理和心理与男性有系统差别，女性对涉及色、性以及婚姻家庭的

〔37〕 John Stuart Mill, "The Subjection of Women", in *On Liberty and Other Writings*, ed by Stefan Collini, Cambridge University Press, 1989, p. 117. 〔英〕沃斯通克拉夫特、穆勒：《女权辩护/妇女的屈从地位》，王蓁、汪溪译，商务印书馆1995年版。

〔38〕〔德〕恩格斯：《家庭、私有制和国家的起源》，人民出版社1999年版。

〔39〕〔美〕波斯纳：《超越法律》，第15章，特别是与注〔4〕和注〔5〕相伴的正文。

〔40〕 Catharine A. MacKinnon, *Toward a Feminist Theory of the State*, Harvard University Press, 1989, 特别是第6、7章；*Feminism Unmodified, Discourses on Life and Law*, Harvard University Press, 1987.

〔41〕〔美〕卡罗尔·吉利根：《不同的声音：心理学理论与妇女发展》，肖巍译，中央编译出版社1999年版。又请看，后注〔42〕和〔46〕。

感受，也还可能在一些相关问题上，与男性有很多差别。不想枚举什么社会科学的研究成果，我只想从日常生活中撷取一些例证。青春期男性可能会描画女性器官，但没见过女性画男性性器官。男大学生上街买"黄碟"，各寝室通宵传看，却没听说过女生有过类似行为，甚至真心抗拒。[42]"文化大革命"期间，王朔称自己把《苦菜花》《迎春花》这些革命战争题材小说中少数几段性爱描写的书页翻得最旧[43]，但没听说过女孩子关注那样的情节——女孩子似乎一直都更喜欢看言情小说，而不是色情小说。到处都听说过，也抓到，男性偷窥女性，无论是宿舍、厕所还是洗澡间，可什么时候听说过女性干这类事？饭桌上女性厌恶男性"黄段子"更是普遍现象。

　　是不是我的经验太狭隘了？因为中国女性受所谓的封建传统约束太多？其实，这是一种人类普遍的现象。美国的经验研究表明色情作品消费者中男性明显比女性多，消费的类型也不一样。男性喜欢各种硬黄色作品，女性则更喜欢类似于中国言情小说的"情色"作品。[44]至于偷窥异性，我看过的电影中，如美国的《美国往事》《沉睡者》、泰国的《晚娘》，那都是男孩干的事，却从未见过相反的例子。我知道的，仅姜文《阳光灿烂的日子》中有一个涉嫌偷窥的镜头，其实只是女孩恶作剧——"好像谁爱看你们（男孩）似的"。[45]

　　所有这都表明，喜欢看裸体女性、喜欢看与此相关的黄色甚至色情作品确实是天下男性的特点之一。当中国男性法律人讨论"黄碟案"，认为看黄碟无关紧要时，一不小心就"为天下立心"了，把男性偏好当成了"普世价值"。但也正是这时，才暴露了他们根深蒂固的男权中心主义。注意，我没说男性不应看，或不能看黄碟，以世界上50%以上女性人口的名义。我说的只是，即便"食色，性也"，天下也未必同

[42]"另一个疑问是，为什么女同胞对毛片全都表现得那么抗拒？见几个女性说看毛片的观感，都是忍不住要呕吐的感觉。女性小说中也多有这样的字句。偏偏跟我说这些话的女孩并不是那种假惺惺的人……"请看见招拆招（张立宪）：《关于毛片的记忆碎片》，同前注[33]，第81—82页。

[43] 王朔：《无知者无畏》，春风文艺出版社2000年版，第64页。

[44] 参看，Richard A. Posner, *Sex and Reason*, Harvard University Press, 1995, pp. 354, 92。

[45] 姜文："阳光灿烂的日子（电影剧本，完成台本）"，载姜文等：《诞生》，华艺出版社1997年版，第223，343—344页。

心。这一经验上的男女有别,《诗经》中就有记载:对于爱情,"士之耽兮,犹可说(解脱)也。女之耽兮,不可说也"。[46]就我阅读的相关社科文献,绝大多数现代女性至今厌恶那些赤裸裸的黄碟,尽管她们也喜欢一些有情调的情色镜头。一般说来,女性不坚决反对丈夫、男友看比较极端的黄碟;出于好奇或其他,她们甚至可能陪着看看,但一个"陪"字,就已说明这类物品对她们没有激发性欲的功能,不像对于男性。[47]

当然,我承认,直到此刻,我并不清楚张氏夫妇看的黄碟,究竟是"色情"还是"情色",是"硬黄"还是"软黄"。但这一点只对如何具体处理此案有意义,与我这里讨论的观点——看黄碟问题上,男女偏好不同——关系不大。只要认定男女在这方面确有不同,那么,如果男性的偏好有可能损害女性(令女性反感、厌恶、反对),就有理由适度限制男性的偏好。因为,在此,男性的收益是以女性的损失为前提的。即使男性收益再大,女性仅有些微损失,从经济学上来看,出于公正,也不许可。这其中的道理是,不能因为我急需,就可以抢盖茨1万块钱,尽管这1万块钱对于我比对盖茨边际效用可大多了。

问题因此也就转到了,看黄碟对女性是否有直接或间接的利益损害。就总体而言,潜在的利益损害可以大致分为两个方面。一是对女性的直接犯罪行为。在这方面,女性主义一般都更反对色情作品。她们大都认为色情、淫秽物品的流传引发了,或至少是容易引发对女性的性犯罪。二是间接地侵犯女性的利益:在女性主义看来,女性比男性更关心他人,特别是自己的孩子。而色情淫秽物品的广泛流传,女性主义者坚持,一般更可能造成孩子性违法、犯罪,或成为这类犯罪的受害者。这两类利益诉求在理论上看显然正当。问题是,观看色情淫秽物品与性犯罪违法之间是否真有因果关系。

这是个经验问题。极端女性主义者认为这之间有强烈的因果关

---

[46] 程俊英:《氓》,载《诗经译注》,上海古籍出版社1985年版,第108页。
[47] 关于色情物品之社会功能的考察和辨析,请看,Richard A. Posner, *Sex and Reason*, *supra* note [44], pp. 352-355。

系。[48]但到目前为止,这方面的经验研究不具结论性,但目前中国人通常认为两者有因果联系。从国际经验看,一些很少限制色情作品的国家,性犯罪率并不高。[49]但另一方面,也确有不少非个案的经验研究表明[50],色情消费与对妇女的暴力正相关[51],但还是很难确定两者之间有无经验上的因果关系。理论分析上,也同样无法确定。色情淫秽作品无疑有强烈激发性欲的作用,因此有可能诱发性犯罪发泄。但从理论上看,激发的性欲也许更多会以其他方式排遣,例如同妻子或女友的自愿性关系,或通过性幻想或自慰来排遣,并因此——在假定性冲动总量相对恒定的前提下——可能降低了性犯罪违法的可能。事实上,在世界各国,包括中国,都有这样的色情淫秽物品的消费者。此事件中的张氏夫妇就是这类消费者。

但这种分析仍不全面。因为,色情淫秽品的消费增加确实有可能增加性冲动的总量和强度,引发性犯罪或更多性犯罪。色情淫秽品传播增加势必增加孩子接受这类信息的机会和数量。但我不认为,这会导致孩子"性早熟",一种生理现象。我却承认信息一定程度上确实会影响人们的行为。消费色情淫秽品有可能诱使孩子更早有或有更多性行为,特别是有些孩子可能成为违法、犯罪的主体或对象。这些情况,尤其是后一种情况,恰恰是绝大多数中国父母不希望看到的。中国法律必须有效回应中国父母的这种希望和期待。

此外,确实如同女性主义者认为的那样,许多色情淫秽,甚至一些非色情淫秽的情色,作品确有贬低女性人格的倾向。[52]在这些作品中,女性成了男性的性欲对象,不仅缺乏对女性的人格尊重,且把女性描写成非但愿意甚至急于委身于某男子(例如,并不"黄"的小说《废都》

---

〔48〕 Catharine A. MacKinnon, *Feminism Unmodified*, *Discourses on Life and Law*, *supra* note 〔40〕, 特别是第 3 编。

〔49〕 Richard A. Posner, *Sex and Reason*, *supra* note 〔44〕, pp. 496-498.

〔50〕 非个案的研究很重要,因为就个案而言,我们很难判断一个性犯罪者是因为看了色情淫秽作品(原因)才导致了他的性犯罪(结果),还是他特别强烈的性冲动(原因)同时导致他看了色情淫秽作品和性犯罪(两者均为结果)。

〔51〕 Richard A. Posner, *Sex and Reason*, *supra* note 〔44〕, pp. 496-497 及注 42—43。

〔52〕 Catharine A. MacKinnon, *Feminism Unmodified*, *Discourses on Life and Law*, *supra* note 〔40〕, 第 3 编。

中就有这类的描写）。女性主义者认为这会强化现有社会的男权倾向。我不全盘接受这种观点。这有可能导致一种"政治正确"，从而限制艺术和文学的表达。但鉴于资源有限，适当规制也许会防止"劣币驱逐良币"，反而会促进表达自由，促进这类消费市场中产品的丰富和多样。[53]这种说法有一定道理，尽管实践起来会有诸多麻烦。

这只是一些最低限度的女性主义关注，无法轻易否认。我相信，一旦把这些问题摆上桌面，很多男性也会重新反思自己先前的观点，可能赞同或是认真对待女性主义者的一些主张和请求。在某些方面，女性主义的这类主张与社群主义的主张也会融合。事实上，我个人相信，这大致就是当下中国绝大多数人的基本态度，包括绝大多数知识分子。尽管许多人口头上不一定愿意承认自己坚持或主张这种略显保守的态度，但扪心自问，有谁或有几个人会当着自己未成年的孩子看黄碟？我的判断是，恐怕一个也没有。如这一点为真，就足以让许多知识人法律人发现自己许多时候其实只是"口头自由派"。

大多数人的看法不是真理；真理独立于看法。但在任何一个社会，如果该社会的绝大多数人均持某种观点，政府就必须认真对待，予以恰当回应。认真对待不是必须完全采纳，成为政府行动的指南。这里有其他利益也必须保护。例如，绝大多人的观点有时可能过于严苛，会过度压制一些从长远来看也有价值的东西。随着经济社会科技的发展，人们对一些问题的观点也会逐渐改变。以及，如果有人没有也不会因看色情淫秽品而犯罪，社会为什么不能宽容这种对他人无害的低下偏好呢？但即便这种分析仍重申了自由主义的分析结果：政府可以且应当适度干预那些有负外在性的色情淫秽品的阅读和观看。

教条主义

上面三种进路分析得出的结论都颠覆了许多中国法律人以所谓的自

---

[53] Cass Sunstein, *Democracy and The Problem of Free Speech*, The Free Press, 1993.

由主义原则得出的"黄碟案"结论！这表明中国当代的法理一定有重大缺陷。它不仅表明中国学术和职业法律人，理论准备不足、学术视野狭窄，由此带来理论分析片面，同时也表明号称自由主义法律人对自由主义的理解、把握和运用也很成问题。在许多法律人那里，自由主义被当成一种抽象的正确原则，这种迷信不仅令许多法律学术人对法学理论发展缺少足够敏感、关怀和好奇，更重要的是，对如何在实践中具体分析运用理论毫不关心。所谓的"分析""讨论"，只是令这两个词蒙羞，只是重复自由主义的教条，成了意识形态。

还真不是夸大其词。为证明这一点，也记录这段历史，尽管知道这很得罪人，我隐去姓名，却还是必须引证一些法律人有关这一事件的言辞：

1. 这是一个典型的公民个人权利和国家的公共权力之间的冲突的案例：一方面，警察根据国家宪法和法律有责任来维持社会的秩序；另一方面，公民也有宪法规定的基本权利和自由，包括公民的人格尊严不受侵犯；公民的住宅不受侵犯，禁止非法搜查或者是非法侵入公民的住宅；公民还有进行其他各种活动的权利和自由。

2. 这里有两个问题，一个是按照现有规定，看警察的行为是否合法，还有更高层面上的问题，就是这个"法"是良法还是恶法。

3. 在这个案件中，警察是象征着国家权力的，是国家权力的另外一种表述。公共权力要在宪法规定的范围内行使的话，就应该尊重人的自由，尤其是纯粹的私人空间。从宪法的原理上理解，我们每一个人都有一个个人的活动空间和生活空间，所以我不认为这个《规定》具有宪法的正当性。甚至如果是全国人大或人大常委会制定法律规定"夫妻观看黄碟"是违法行为，我都认为是违反宪法的。

4. 公共权力在实行过程中，应该尽量抛弃个人的好恶，完全依照法律的规范要求来执行公务，不能掺杂个人感情，这是任何法制社会所推崇的模式。

5. "法不禁止即为自由"。在现代法治社会中，对于公民来说，自由是超越于法律之上的一种人权价值，但是，自由又服从法律。因此，只要是法律禁止的事项，公民就不得行为，但是，只要是法律没有禁止的，公民就可以做。这体现了两个原则，一是权利至上原则，即当出现了法律空白的领域时，应当以保障公民权利为优先；二是法定职权原则，政府的权力是宪法和法律赋予的，具有从属性，不能自己制造权力，所以，法律没有规定政府可以行使权力的地方，政府应当保持沉默。既然"夫妻家中看黄碟"没有超出"隐私"的范围，不具有"社会危害性"，没有影响他人，就不属于政府管辖的范围，而属个人自治的领域。

6. 夫妻在家中看黄碟，这完全属于私生活的范围，根本就不是法律保障的问题，而是常识性的认识问题！如果公民的私生活内容都不能保障，那我们的私人生活领域如何能保证呢？无论是看黄碟，或是做任何事情，只要是在自己的家中，而又丝毫不损害他人，对社会没有危害性，那公共权力就不应该介入，因为私人生活不属于公共权力的范围！因为法律调整个人与社会与国家的关系，就是要保障合法的权益不受侵犯，既然没有任何侵害发生，法律就不应介入到人家的夫妻生活这一最隐秘的私人空间。如果公共权力这样随意地介入私人生活的范围，甚至夫妻的性生活，那简直令人难以想象。[54]

所有这些评论都很正确，全都重复了放之四海而皆准的"真理"，但与此案事实有关吗？对着自己想象竖起来的稻草人，喋喋不休一些正确的法治理念，同仇敌忾，变成了一种舆论的声讨和审判。

由于没有具体的分析，提出的解决办法也全是大而化之。笼统地说说所谓的"削弱公权力""保持公私权力的对峙""严格程序""严格执法""对一般行政行为的司法审查"等概念。[55]

所有这些评论和所谓的解决办法没什么不对的。太对了，因此毫无

---

〔54〕 引文1—5均引自，相关的讨论，请看，贾桂茹、马国颖：《夫妻家中看黄碟，警方闻讯入室，扫黄能否进家？》，同前注〔10〕；引文6出自《中国刑法学会理事贾宇博士：完全属私生活》，载《华商报》2002年10月25日。

〔55〕 同上注。

用处。我们不知道该如何具体改进？制定什么具体规则？在什么地方、什么场合、什么时候应属于公或私的范围？权利的边界究竟应当如何划分？这种分析留给我们的不是具体的规则，我们仍然只有一些直感，一些情绪。

由于喜欢正确原则和宏大话语，更由于我下一节才进一步展示的对事实和细节不敏感、不关注，尽管许多法律人自称反对"立德为法"（legalizing morality），主张法律与道德适度分离，骨子里却习惯于诉诸道德话语，酷爱这类道德或意识形态话语。只不过他们常常把自己偏好的那种"德"（非道德）称为"法"，而别人的"德"（如厌恶色情淫秽品）才是"德"。然而，一旦把某种价值、某种规范当作不可置疑、不可讨论或不予讨论或不予置疑的前提，拒绝将其同具体生活世界联系起来，拒绝经验地考察后果，还要他人盲从，那就是把这种价值或规范意识形态化了，就是道德化了。意识形态的基本功能就是简单排除一系列丰富可能性，直接从一个被认为天然且永远正确的前提，通过演绎，获得一个似乎必然的结论，不论有多少反证，也拒绝重新反思。[56]道德话语的特点就是只能有善恶对错之分，没有讨论斟酌的余地。

我不否认意识形态有其功能，它能节省人们分析问题的时间和资源，简化事实，在许多时候也确实需要，简单有用。我也不排斥宣传。甚至我想说，不论我们是否愿意，是否自觉，是否参与，诸如此类的法治意识形态宣传一直都是法治进程中一个不可缺少的成分。但它的最大问题是，它无助于解决真实生活中的实际问题。我们可能因此不再在意生活世界了，思想对经验不敏感了，持续重复教义，成了法律复读机。陷进自我循环的概念体系，我们看不到问题，提不出切实可行的应对，更难创新、建立和累积制度。

---

〔56〕 关于意识形态的功能，可参看，〔美〕诺斯：《经济史上的结构和变迁》，厉以平译，商务印书馆 1992 年版，第 50 页。

疏于事实

教条主义的另一面必然是对事实不敏感，甚至是不关心。在我看到的相关讨论中，没有任何一位法律人关注和讨论了"黄碟案"中的举报电话，以及其他重要细节。我先前的分析已表明，举报电话不仅是警察干预的正当性基础，而且也会重新界定相关冲突的性质。只要注意到了这一事实，接下来的所有分析就会相当不同。

前文中，我还屡屡给张氏夫妇的"家"或"自家"加了引号，或是以"屋内"代之，并非偶然。因为所有法律人都理所当然地把这个商业诊所当成了"家"，就因为张氏夫妇晚上会住在此。媒体起初也提到了诊所，但标题用的却是"夫妻在家中看黄碟"。也许就为简单，也许记者不清楚其法律意义有别，或者说记者有其表达的自由——说"家"不算大错。我都同意。但对讨论此案的法律/法学人来说，绝不应忽略这个细节的意义。这地方最起码也不是严格意义上的"家"。如果不是"家"，那么法律人种种关于夫妻在"家"看黄碟的议论和感慨，乃至愤怒，岂非"无名之火"？那些尊重个人隐私的言辞岂不是无的放矢了？

当然会有法律人辩称，由于张氏夫妇晚间一直住在这里，因此可以视其为"家"。但这忽略了一些重要细节：紧靠公路，商业门面，诊所。这个地点、位置以及这房屋的职业功能定位，都已赋予这一场合更多公共性、开放性。不一定真有，肯定不常有，但你必须准备好有外人来问诊、买药或打针。一定条件下，我甚至也愿意接受这个"家"的法律拟制，但法律人仍不应也不能自动假定并宣称这就是"家"。你还是必须给出一个大致能让我和他人接受的分析论证，为什么这可以或应当视同"家"。而这些加着重号的词都表明，它就不是家！

不敏感还表现在对此案发生的周边环境，城乡接合部甚或农村，不敏感。习惯用都市人或法律职业人或知识分子在其工作生活环境养成的感觉来判断、推断当事人的感受，完全忽略当地人的可能感受。对女性的可能感受也不敏感，以为在所有问题上，只要自己真心善良，从不有意歧视女性，就天然能代表女性说话，就了解了女性和她们的关切。此外，还表现为对青春期孩子的感受不敏感；对色情、淫秽作品传播的可能后果（无论有没有）的不敏感；对警察职业特点和职业麻烦的不敏感；甚至，我还要说，对警察是否会虚报有人电话举报不敏感。一句话，对于法律运作的真实世界不敏感，或者说不关心。

教条主义加上疏于事实，法律人就不只是一般的不敏感，许多言词干脆变成了直截了当的"虚构"或"编造"。省略了"举报电话"这个事实，这两个私权间的冲突就变成了公权力与私权利之争。省略了对具体位置的理解，诊所就变成"家"了。一旦为自己虚构的这些事实和话语激动起来后，学者甚至会忘记自己在讨论什么问题。一位法律人激动万分地质问警方："你行使这样的权力过问别人的床笫（当为床笫）之间、闺房之间的事情，你自己感到你的正当性何在？合理性何在？"[57]（着重号为引者所加）在这里，观看黄碟中的床笫行为变成了床笫行为本身，诊所也堂而皇之变成了卧房。这种修辞性设问有巨大的伦理感染力，但设问者扭曲了问题，即便真诚，那也只是真诚的谎言。

对事实不敏感与法律人的社会地位和生活环境相关。所有这些学人或法律人都生活在至少是较大的都市，生活在一个显然更陌生化的社会环境。在那里，个人主义、自由主义事实上已经成为他们日常生活的主导逻辑。在这种环境中，人们接触的情色、色情乃至淫秽内容的材料要多得多，经验也更多。任何刺激都会呈边际效用递减。知识人、都市人或法律人很容易看轻色情、淫秽的社会影响，不觉得太刺激，甚至不构成问题——因为，波斯纳所言："性的直白表达不是个绝对值，那相对于当时社会规范创造的预期而言。"[58]但每个人的直接经验都是地方的，有时甚至是非常个人的。如果真坚持自由主义，就不能仅仅参照自己的经验。我

---

〔57〕 相关的讨论，请看，贾桂茹、马国颖：《夫妻家中看黄碟，警方闻讯入室，扫黄能否进家？》，同前注〔10〕。

〔58〕 "在一个裸体行走的社会中，由于裸者无休止提醒，裸体对我们就不再是情色信号。在这样的社会中，裸女画就不是情色再现，即人们不会感知这与性有关。但在文艺复兴时的社会中，对女性的期待是衣冠整齐，仅在最亲密时例外，那么，即便画中女性半裸，只要有点提示（甚或这都不用），人们也会感到情色……" Richard A. Posner, *Sex and Reason*, *supra* note〔44〕, p. 359。

们必须突破自己的经验感受，想一想，或者是努力去理解他/她人的感受。

我有意用了"她"，一个相关因素就是，说话的法律人几乎全是男性，还都是成年男子，他们很容易无意间遗忘或干脆不理解黄碟对女性和青春期孩子的意味。是的，我说的就是这些法律人，毫无例外，多少都接触过这类色情作品。他们绝大多数结了婚、结过婚，有些可能还不止一次；都有过性经验，可能还有婚外的。作为知识分子，学术和实务法律人，见过的"世面"多了，对文字的感受力和想象力也丰富，所有这一切都会大大弱化色情淫秽影像资料对他们的冲击力。同样重要的或许还有，他们还都不曾因接触这类物品而性犯罪或违法（或是没被抓到，或是被抓到后，也用钱或其他方式悄悄处理了）。但一定要理解这对头一次接触色情材料的年轻人有多大的冲击。张立宪曾生动刻画了一些大学生所受的性煎熬：

> ……记得那是一盘缩录的录像带，三个小时长的带子录了七八个小时的节目，全是真刀真枪的干。我们这些老江湖看这些东西已经很稀松平常了，并且为了在老二面前显示自己的优势，故意说说笑笑打打闹闹，中间一度还有人嚷嚷没意思要换成魂斗罗，但老二端坐在离电视机最近的小马扎上，七个小时内一动不动，一声不吭。直到最后一段，大概是一截法国毛片，就像如今的年轻人格外推崇法国的艺术片一样，法国人的毛片也显得那么卓尔不群。老二终于吐出一句："这个……挺好。"
>
> 他根本没有意识到，自己的嗓子已经完全哑了。
>
> ……
>
> 一个小兄弟跟我说，他最思春的时候，只要看到带女字旁的汉字，都要产生性冲动。他是中文系的，难怪对文字敏感。[59]

确实，无论怎样努力设身处地，借助同理心，每个人都只能从自己的感受去想象这个国家其他大多数人的感受。哪怕一再自我告诫不要立德为法，我们还是很容易把我们这些知识人、都市人或男人的道德观念立为全社会的规范或法律。但中国仍然是一个政治经济文化发展不平衡的大国，我们

---

[59] 请看，见招拆招（张立宪）：《关于毛片的记忆碎片》，同前注〔33〕，第70，74页。

必须注意生活的空间位置和社会位置造成我们的知觉和理性"盲点"。

对事实的不敏感或疏忽也还可能由于法律人是在公共媒体上发言。这一语境甚至会使法律人来不及关注细节，很难察觉并精细分析他们本来可能也有能力发现的一些问题。[60]当媒体请学者就一些公共问题或热点问题发表评论之际，事件还在进行中，学者不仅无法像当事人的律师那样直接了解事件细节，也无法像法官那样仔细阅读相关的第二手资料，更无法了解细节、甄别真假。急于抓热点的媒体已把问题简单化了，预先界定了法律人讨论的问题，就此还排斥了另外一些问题，即便不着力也会适度引导法律人以某种方式回答问题。所谓"带节奏"。受众也是个限制。因为一般读者或听众有时没时间，有时则没能力，清楚理解你过于细致或专业化的法律分析。学人常常也只能短促突击，以尽可能简单的语言表明态度和判断。出于公关考量，有时也还想与受众同仇敌忾。媒体因包括技术性在内的种种原因也会剪裁你的发言，突出他们认定你谈论的"要点"。公共媒体上的发言还给法律人带来其他压力：必须简单区分好人和坏人，同好人站在一起，对坏人严加斥责。与其他法律人"同台竞技"，学术界的熟人圈和社区感也使得学人一般不愿意——在中国尤甚——当场质疑自己的学界或职业"同仁"（注意，这是学界的社群表现）。这里的"自由讨论"事实上相当"不自由"，很容易变成"道德话语竞赛"，迫使你的言论走点极端，需要点戏剧性，在公共媒体中才能被人看见和听见。也还因为——如同王朔所言——"激进的总是比务实的在话语上更具道义优势"[61]，谁会在意那一点无人念及也无人问责的学术诚实（或不诚实），而放弃可信手拈来的道义优势？发言场域的隐含规则往往制约我们的言行[62]，甚至说一些自己事后后悔甚或厌恶的言辞。[63]

---

〔60〕 苏力：《遭遇哈姆雷特》，载《读书》2002 年 5 期。

〔61〕 王朔：《无知者无畏》，同前注〔43〕，第 22 页。

〔62〕 请参看，〔法〕布迪厄、〔美〕华康德：《实践与反思：反思社会学导引》，李猛、李康译，中央编译出版社 1998 年版。

〔63〕 波斯纳对此曾有过细致分析，请看，〔美〕波斯纳：《公共知识分子》，徐昕译，中国政法大学出版社 2002 年版。

陌生于执法和司法

法律人疏于事实，还有部分源自中国目前的法学教育训练方式和体制。在其他地方，我曾分析过[64]，如今中国的法律人几乎都是法学院毕业的，接受的基本都是欧洲大陆法系传统的法学教育，相对说来，更擅长处理法律（法条）问题，教义问题，语词和文字，而不善于处理事实问题，不善于将事实同法条联系起来，不善于把法条同我们这个大国的以及我们要具体处理的那些人的实在生活环境联系起来。换言之，更习惯比着（法）理来说事，不善于贴着事来说理。大多数学术法律人还很少真正介入法律实务，介入时也常常是或更多是提供一些以学者、教授身份或人际关系，而不是以学识和洞见，为基础的法律咨询或建议；也很少认真细致分析事实，把玩诸多细节。尤其是学术法律人，自觉不自觉地更习惯扬长避短，从原则或规则或教义出发，把现实生活中的事实尽量简化。只有简化或"剪裁"了的事实才便于我们规范化、格式化的处理。[65]

但生活不可能齐整地填入或装进我们的概念体系。真实世界的法律运作不是、而且——在我看来——永远不可能像教科书那样一板一眼。尽管我并不主张法律人一定要把自己变成警察、公务员、律师或法官来思考，为了学术自身的目的，法学人必须保持自主，但为了促成法律的有效运作，法学人一定要了解真实世界的运作及其对法律的约束。只有基于知情，法学人的建议和批评才可能通情达理，才可能是建设性的。

可以设想一下，在接到有人看黄碟的电话举报后，接电话的警察该如何行为。若真的如某些法律人建议的那样，认为警方应尊重的他人隐私，不理睬举报电话，结果会如何？那显然有违警察职责。且不说国家

[64] 苏力：《基层法院法官的专业化问题——现状·成因拙路》，载《比较法研究》2000年第3期，特别是第6节。
[65] 苏力：《纠缠于事实与法律之中》，载《法律科学》（西北政法学院学报）2000年3期。

一直强调"扫黄打非",警察有法定职责迅速出警,回应这类举报。"有问题,找警察"的政治意识形态也要求警察积极回应。否则,一旦出了事,可以想见,媒体和法律人又会如何谴责警方"不作为",会如何以另一副嘴脸来表现自己对法治的忠诚和社会批判精神。相关警察会受处分,也确实有警方接警后不作为受到了制裁。[66] 警方会不会问,毫不矫情地,用一句流行歌曲:"为什么受伤的总是我?"

法律人陌生于执法的另一表现为,丝毫不关心信息问题,事前和事后。法律人评论此案时掌握的信息,与警方接到举报电话决定行动掌握的信息很不相同。法律人发表评论时尘埃已经基本落定,信息已足够充分,评论按理说不会差错太大,即便伤了谁,只要不很极端和故意,言论自由也会豁免他们的责任。但"黄碟案"中的警察,是在信息不完全,也没时间等待信息完全甚至就是不可能完全的条件下,必须决定如何行动。试想,这个举报电话会给警方提供哪些信息?不大可能是"这里有一对夫妻在自家屋内看黄碟",更可能就是"XX地有人看黄碟"。几乎可以确定,到现场之前,警方就不可能知道看黄碟的是一对夫妻,也不知道他们因何看黄碟。警方无法甚至就不应预先排除其他可能。职业甚至要求他们做最坏打算,首先考虑违法犯罪的可能,才可能有备无患,才更可能还活着回来。如果报告说"有人",警方就不能排除多人。即便是一男一女,警方也不应先假定或推断是夫妻。警方也不应首先假定这间屋子是民居私宅,即便是,也不能预先排除有人利用民居私宅卖淫嫖娼或倒卖淫秽光盘等。由于位于郊区农村或城乡接合部,在交通便利的公路边,商业门面房,警方甚至有理由首先想到这可能是色情场所,或是贩黄制黄或转运倒卖非法音像制品的窝点。也别给我扯什么"无罪推定"的法治原则。那只是刑辩律师、刑事法官或刑法教授在法庭上就刑事案件认定时应遵循的原则,不能将之普适化,成为指导警方日常工作的原则。事实上,为有效履行自己的工作职责,各国警察或检察官的工作原则,从来都是也只能是"绝不放过一个可疑点""不放过任何可疑者或线索",一切要做最坏打算。别说这是搞"有罪推定",

---

〔66〕《河南省卢氏县公安局接警不出警被判赔款1万多元》,http://news.sohu.com/02/18/news206391802.shtml,2022年7月12日最后访问。

职业分工和工作性质要求他们必须如此！

即便是安分守己的百姓，是小夫妻俩，真的是在自家看黄碟，也要考虑他们看黄碟的方式。这是当年末伏最后一天，我没查到这一天延安当地的气温，没法更细脑补。但 2002 年，陕北城郊农村诊所内还不可能安有空调，主人更可能开着窗户，敞着门，看黄碟。至少相关新闻报道印证了这一点：民警们来到后，从后窗看到屋内电视机中正播放淫秽录像。警方是晚上 11 点左右到的诊所，但张氏夫妇开始看黄碟会更早——否则邻居不至于举报；在延安郊区，警方出警也没那么便利和迅疾。这一天当地日落是在下午 7：30 之后，从日落到天完全黑，大约要一个半小时甚至更长。[67]这意味着张氏夫妇很可能天一黑，甚或没黑透，反正也没什么人上门，就开始看了。但周围会有人走动。甚至，张氏夫妇过夜的诊所，因为其社会功能，商业门面房，有邀请消费者的意味。所有这一切都使张氏夫妇，即便在屋内看黄碟，也有显著的外在性。在此情况下，若有人举报，警方应拒绝出警吗？能拒绝出警吗？

当我们指责警方侵犯"隐私"时，是以事后诸葛亮来评判一个很容易出错的事先判断。这样评判公道吗？这种批评就是"站着说话不腰疼"。这样不懂事理，不讲情理，会不会令不仅是这几位警察，而是其他警察，都感到太寒心？今后再遇到这类的问题，他们会不会——只要是无人追查，不搞运动——根本不理睬民众的某些电话举报了？这会不会造成警方的另一种不负责任？或者干脆，会不会促使一些稍微明智些且有能力选择其他职业的警察告别警察队伍，不是因为这一职业的生命风险太高，还因为或更因为这个职业的人格风险更高，没有尊严，不被理解？法律人对警察，以及推展开来，对于司法和执法中的许多这类两难都太缺乏关心和移情理解了。

我的这些分析很容易受到指责，被认为是替警察辩护。其实不是。我只是试图显示许多法律人根本没努力理解真实的司法和执法，因此为

---

　　〔67〕　日落，天并不马上黑。晴日里，必须太阳低于地平线以下 18 度，天空不再受阳光映射，肉眼能看见可肉眼辨认的天体了，才算黑天。在赤道地区从日落到天黑需要 1 小时 12 分钟。若观测地的纬度高，观测时间在春分至秋分之间，从日落到天黑的实际时间会更长。延安的纬度是 36 度 40 分，事发时，据秋分日还有一个多月。因此，这一天延安日落时间是 7：30；但天完全黑下来，要到 9 点左右。

人不仅不厚道，还太傻。为进一步说明这一点，也为校正上述分析可能留下的我不遗余力为警方辩护的印象，下面摘录一段新闻，旨在从另一侧面揭示许多法律人不理解司法和执法的实际。

> 本报讯（记者台建林）……一个时期以来，由于种种原因，延安司法保障薄弱，个别地方和单位工资靠预算，办案靠罚款，有的甚至无心办案，而热衷于抓赌抓嫖。去年8月以来闹得沸沸扬扬的"夫妻观看黄碟"事件，就是一个极其深刻的教训。延安市委、市政府痛下决心，着力解决司法保障薄弱的问题。在人员经费上，按照"从优待警"的原则，建立工资发放责任制，确保干警工资足额按时发放；在行政经费上，按照当地一般行政机关一倍以上的标准统一安排；在业务（办案）经费上，根据工作需要予以安排，并对大案要案所需经费实行专项报批。他们还在公安系统内部倡导和推行了"交警只纠违，不罚款、不扣车；治安警只查处，不罚款"的规定，由此造成的经费缺额，全部由市、县两级财政足额保障。[68]

由此看来，即便张氏夫妇在诊所内看黄碟违法或不妥，有邻居举报，警方可以也应当干预，但扣押电视机和光盘播放机、罚款，这些做法也不是程序错了，或应对不当，而是当地警方或某些警务人员的"创收"手段之一。多疑的我，甚至觉得还应考虑，上面分析的作为警方干预正当性之基础的那个"电话举报"究竟有没有。但即便没有，此案因此不再是两种私权的冲突，却也不是一众法律人定义的公权力与公民隐私权的冲突，而是，某些人滥用了警权。

仅仅是法律人想象力缺乏？也许是。但在我看来，想象力需要一定的社会经验作为基础。一个天天用扁担挑水吃并一直生活在这种环境中的人，会想象皇帝用金扁担挑水吃。想象力的缺乏，在我看来，就是对法律实际运作的世界不了解，推展开来，则是对真实世界的陌生和疏离。这个硬币的另一面则是，对法学语词、原则或教义的过度痴迷。

---

〔68〕《总结'黄碟事件'教训办案经费不靠罚款，延安加大司法保障投入》，载《法制日报》2003年2月15日版1。

几点说明

从一个个案来分析当代中国法理主流话语的知识谱系和缺陷，这是否过于单薄或牵强？也许如此。但我不这样认为。选择"黄碟案"确实偶然。只是近年来，类似的偏颇且教义化的自由主义法律分析屡屡出现在其他案件或事件中。在所有这些案件事件中，那种教条主义的自由主义声音格外强烈，言辞更激烈，许多常识、天理、人情在这种意识形态化的自由主义教义面前显得相当软弱，乃至失语。越来越多的普通人发现自己成了"法盲"，发现常识"错"了。因此，必须认真对待、务实理解自由主义的法理。

本文批评当代中国被阉割的自由主义法理，但我不拒绝自由主义。明眼人应当看出本文用作批评武器的恰恰是自由主义，但主要是古典的自由主义，而不是教义化的自由主义。不错，本文分析中也用了社群主义和最低限的女性主义，但这既不是为了修正自由主义，也不是为了嘲笑自由主义。事实上，这只是为在学术讨论中贯彻罗尔斯主张的那种政治自由主义，关心"那些深刻对立但各自合乎情理的综合学说何以共生"[69]，努力寻求复杂社会的"重叠共识"，试图以此作为制度的基础。正是从自由主义、社群主义和女性主义这三种理论进路分析黄碟案获得的"重叠共识"，令我确信了此案的自由主义教义分析不仅错了，还错得离谱。我是运用了自由主义法理，但我更关心案件的事实，借此整合了更多普通中国人的天理、人情和常识。

但我并没想用罗尔斯基于"重叠共识"的政治自由主义来同自由主义教义派争夺自由主义的衣钵。我真不看重衣钵。真能令我感兴趣的只是恰当和贴切地回答、应对和解决中国社会的现实问题。我是实用主义

---

[69] John Rawls, *Political Liberalism*, Columbia University Press, 1993, p. xx；参看，〔美〕罗尔斯：《政治自由主义》，万俊人译，译林出版社 2000 年版，第 5 页。

者。[70] 另一个同样实际的目的则是，通过三种进路的分析，我试图显示任何法理学派，不仅是自由主义，包括社群主义或女性主义，都不应只是教义或止步于书本，只是学者手中来回把玩的"好箭"[71]，它们都可以、应当并且能够用来分析具体案件或事件，从理论层面回到经验层面。凡是不能以某种方式回到经验层面的，在我看来，都证明了其学术品质的可疑——至少在法学中如此。

我只是运用了社群主义和女性主义的些许观点和思想，既粗略，也不完整，一定会有争议。此外，对诸如看黄碟这类问题还有其他分析进路，甚至包括一些反自由主义的进路，例如施特劳斯的理论进路。[72] 但这不重要。最重要的其实是别把任何一种理论教义化，将之奉为真理，甚至作为真理的标准。真正重要的是学会用各种进路来分析我们身边出现的问题，使我们深刻理解中国社会的现实，提出可行且能解决问题的好办法。在这个意义上，当代中国法学理论研究既需要思想的开放和理论的竞争，但更需要关注事实，切实研究真实世界中的法律，而不是意识形态化地固守这种或那种法理教义。

---

〔70〕 关于法律中实用主义的系统阐述，可参看，Richard A. Posner, *Law, Pragmatism, and Democracy*, Harvard University Press, 2003, 特别是第 3 章。

〔71〕 这是毛泽东对教条主义的形象描述，请看，《毛泽东选集》（第三卷），人民出版社 1991 年版，第 820 页。

〔72〕 〔德〕施特劳斯：《自然权利与历史》，同前注〔27〕。

附录：关于警方干预的方式和程序问题的几点说明

由于（1）有关"黄碟案"警方干预过程部分细节的报道和说法不一，我没有理由确信谁的话更真，且（2）这不是法律界关注此案的焦点，正文只讨论了"黄碟案"中警方干预的正当性，没有讨论干预的方式和分寸。我的分析很容易成为一个求箭的稻草人（但也会成"借箭"的草船）。我重申，干预的正当性并不自动吸纳或消除干预的分寸和程序问题；原则上说，如果在此事件中警方干预违反了合乎情理，这一正当的干预则仍可能是法律不能允许的。

但就此案的程序问题，我仍想简单提出几点值得关注的问题。

第一，如同我前面已经强调的，评论此案的法律人和媒体都应关注的一点是，此事件中警方声称的电话举报究竟有没有？有没有举报记录？如果没有，那么这一干预就没有正当性，这起事件也就不再是一个公权力与隐私权冲突的问题，而是警察滥权敲诈百姓的事件。这一可能无法事先排除，但目前无人关注。即使有举报，但如果未保留某种形式的记录，那么也违反了相关规定，仍然可能导致这一干预之正当性的丧失。

第二，整个干预过程中，警方的做法是否大致符合程序规定，具体做法上是否大致合情合理？我用"大致"，也会引起一些法律人的指责。在他们看来，或喜欢的说法，警察的所作所为都必须严格依照相关的法律规定。我不这么认为。因为，警察权的行使必须有一定裁量，不可能一切都用法条规定下来，否则警察就更可能无法有效行使权力了。还必须考虑到警察的工作往往有生命危险（事实上，警察是中国目前和平时期生命风险最大的职业）。这一点要求赋权警察在一定范围内，自行采取紧急应对措施。当超出范围时，唯一的约束就是大致合情合理。而且，警察应对的事件往往是突发的，必须凭着其经过训练的本能来应付，不可能要求他在规则指导下总是理性地行动或应对，只要事先看大致合乎情理就可以了。此外，中国目前与警方行动的相关——尽管我没有调查——规定可能还不够完善，甚至也不可能完善，因为急剧发展的中国社会总会不断出现一些新情况，急需处理，不能指望短期内一一制定文字规定。但不能等相关法规出来了，警方再采取行动。那就等于把警方废了。千万记住，虽然最后都得交由法官和法律人来判断，但那是程序上只能如此。这丝毫不意味着法官或法律人习惯的眼光更高大上，对法律理解更深，或更贴近真理或上帝，永远不要用法官、法律人的眼光来要求警方或警官，而要求法官、法律人尽可能用行动中的警方的眼光来要求警方和警察。大致合乎情理因此是底线。

第三，在警察行为符合上述限制条件的前提下，如果其公务活动带来了不当的甚至重大不当的后果，应给予行政免责，除了应由政府承担相应赔偿责任外，无论是政府或是警察个人都不应为此承担任何道义责任（即不认为其有任何法律上的过错）。

这样的举措是否会鼓励警察违法？恰恰相反，这一原则更可能激励警察守法，因为他努力守法会有回报。相反，如果不恰当地要求警察对任何因其合法合理的行为导致的、无法事先预料的损害承担责任，那就不止是严格责任，而是绝对责任。由于警察再多努力也无法消除这类意外事件发生，至少在某些情况下，警察就不会努力避免违法，因为努力对他来说没有任何收益，只会增加其付出。在这种情况下，过高的责任要求产生了负效用。这就是为什么法治的重要原则之一就是"不得规定人们做不到的事"的经济学理由。

这只是"黄碟案"中可能涉及的一些细节，却仍隐含了一个良善法治社会必须关心的某些原则问题。

|第三章| 罪责自负和殃及效果

——从药家鑫案切入

殚竭心力终为子，可怜天下父母心！

——慈禧

罪责自负早已被确定为中国刑事司法的基本原则。它是如此简单、明确和确定，乃至今天许多刑法教科书和专著都不大讨论这一原则了。[1]这一原则被理解为，罪犯承担刑事责任，刑罚只及于罪犯本人，不连累无辜者。如今对这一原则的证成（justification），基于现代自由主义、个人主义政治法律哲学关于个人的一个理想假定：每个成年个体都是理性的，独立于任何其他个体，并对其选择的行为之后果负责。[2]这是对人的设想，与现代市场经济要求的个人本位的权利责任体制相辅相成。现代社会和市场经济的实践，也如马克思等学者指出的[3]，趋于塑造和推动着包括罪责自负在内的这种个人自由。

尽管如此，再好的假定也只是个假定。现代社会尤其是市场具有强大的塑造力，却无法将真实生活中的个体完

[1] 例如，陈兴良几本教科书（《陈兴良刑法学教科书之规范刑法学》，中国政法大学出版社2003年版；《口授刑法学》，中国人民大学出版社2007年）均没讨论罪责自负原则。赵秉志的《刑法基本理论专题研究》（法律出版社2005年版，第158—160页），只是在相关篇章中以"刑法的其他基本原则"为题，简单讨论罪责自负原则。

[2] 其实，我个人认为社会催生并接受罪责自负原则与自由主义无关。习惯于"贪天功为己有"，自由主义法学人努力把一切社会正当合理和必要都视为思想或理论的产物。人类坚持罪责自负的最大动因可能是后果主义和实用主义：只有"以牙还牙，以眼还眼""好汉做事好汉当"，不殃及无辜，人们才可能避免持续的报复、复仇和世仇，才有指望过个安稳日子。"除非必要，勿增实体"，这完全无须假定每个个体是理性的，对自己的行为负责。

[3] 参看，〔德〕马克思、恩格斯：《共产党宣言》，载《马克思恩格斯选集》（第一卷），人民出版社1995年版，第274页。

全塑造成原子化的个体。即使恪守罪责自负，罪名和刑罚均由罪犯承担，人的社会性，也即一个人与他人很难斩断、有时也不应切割的千丝万缕的联系，刑罚的后果仍可能，甚至任何努力都无法避免，在社会生活的经验层面，波及、连累、冲击直至殃及无辜的他人。我称这种影响为"殃及效果"。对无辜他人的这种影响可谓刑罚的社会代价之一。无法消除，没有更好的替代，未来也不可能有。这种代价甚至客观上有遏制犯罪违法的社会功能和效果，因为有些罪犯或违法者就因不想连累家人而停止或减少犯罪或作恶，也会有许多家人不想受连累而主动千方百计阻止其犯罪或配合侦破。因此，目前的刑事司法对殃及效果视而不见，除理论上有意识形态的盲点外，也忽视了其积极的社会功能。

而且法律人也确实不能把一个理论假定当成现实，忘记了现实生活中完全彻底的罪责自负不可能，不顾其社会后果。本文试图论证，在某些特殊刑案的量刑中，作为刑事政策追求和制度考量之一，在制定法的制度框架内，在获得社会公众大致认可——一致认可不可能——这个可推定其"公正"的前提下，明智的刑事司法应包括，努力降低法定刑罚对罪犯无辜家人可能有的重大甚至灾难性影响。

这是一篇法理论文，引发思考的是一直引发社会热议的药家鑫驾车撞人杀人案。

"故意杀人的，处死刑……"[4]

我不轻信媒体，但 2011 年 3 月 23 日西安中院开庭审理时，辩护律师以"属于激情杀人"为由，为药家鑫驾车撞倒骑着电动车的张妙后，捅刺数刀致其死亡的行为辩护时，我就断定，除了主动投案外，律师真就是为药家鑫的罪行找不出其他什么像样的法定辩解了。[5]这个"激

---

〔4〕《刑法》第 232 条。

〔5〕 文中所引与此案相关的信息出自下列报道，此后不再一一引证（最后访问日期皆为 2018 年 12 月 12 日）。冽玮：《药家鑫撞人杀人案开庭，律师辩称是激情杀人》，http：//www. chinanews. com/fz/ 2011/03-23/2925228. shtml；《撞人捅死伤者大学生被逮捕，自述杀人理由》，https：//anli. lawtime. cn/xsx- fal/20111025210576. html；冽玮：《药家鑫撞人杀人案开庭 公诉方认可其自首情节》，http：//www. chinanews. com/fz/2011/03-23/2926262. shtml。所有分析及其有效性均仅基于这些信息。

情"引发了民众强烈反感,但律师说"属于",也透出心虚:他也未必认为药家鑫真的是激情杀人。律师只是无力地,也无望地,把药家鑫杀人划归法官可能酌情从轻惩罚的杀人类型。若真能找到其他更有力的辩护理由,律师该不至于如此牵强,捉襟见肘。

尽管公众反感,附录甚至会论证这是律师的重大辩护错误,我却还是能理解和尊重律师的这一牵强。都生活在这个社会,通常也分享普通人的道德情感和判断,但律师的法定职责不是参与社会的道德合唱,当因种种原因无能为力时,他也只能在法定范围内,包括打擦边球,来为刑事被告辩护,尽力维护可能被群情激愤所忽视或湮灭的被告的合法权益。尽管这种必须逆流而上的职责,常常令律师颇为尴尬,即便他看似从容和坦然。

是的,药家鑫开车注意力不集中,干其他事,已经违规;撞了人,不救人,怕负责,无法原谅;但世界上还真就有这种人。受害人张妙记车牌号码,维护自己正当权利,因为全国各地确有撞人后驾车逃逸的事件。你药家鑫担心引发麻烦,就用车后备箱内约 30 公分的尖刀,扎了六刀,致其死亡。这种残忍令人发指,天理难容。这种伤害任何刑事惩罚或民事救济都无法弥补。因此受伤害的,其实还有死者的家人(丈夫和孩子、和父母)。

药当时确实可能是冲动,不计后果,不理性。但"一念之差"不构成有效辩解。法律惩罚的是导致或可能导致恶劣社会后果的行为,不惩罚思想本身,哪怕思想有时与行为确实有关。尽管有时,各国的司法,也会把,事实上是经常把,罪犯行为时的思想状态,以不同方式纳入定罪和量刑的考量,但那也不是因为法官真的看到了行为人当时所思所想,只不过是基于证据,法官对罪犯行为的社会危害后果作出了相应的判断。[6]

但就理解此案而言,这个"一念之差"还是有点意义。主要在于,即使暂时搁置道德评价,仅就别惹更大的麻烦而言,药家鑫开车撞了

---

〔6〕〔美〕波斯纳:《法理学问题》,苏力译,中国政法大学出版社 2001 年版,第 219—224 页;〔美〕波斯纳:《超越法律》,苏力译,中国政法大学出版社 2001 年版,第 455—456 页。

人，接着就杀人，在一般人看来，这也太没道理，简直不可思议。就算你药家鑫一时逃脱了伤者的"纠缠"，你怎么可能逃脱法律的乃至良知的"纠缠"？也没法跑到遥远偏僻的地方或国外躲起来，你还待在西安，最多也就躲过几天罢了。但说药家鑫的行为没道理不是说他不理性，精神不正常。"害怕纠缠"；从后备厢中拿刀，刺了六刀；这都表明药家鑫确实是故意，想着杀死张妙。媒体可以说药家鑫行为"疯狂"或"丧心病狂"，那都是修辞，其实这就是药家鑫的理性选择：想杀人逃脱当即的纠缠，即便知道不可能逃脱惩罚。这个选择不道德，也不合正常人正常情况下的情理。但社会上这类能躲一时就躲一时（人称"拖延症"）的人也不少。个体的理性选择从来不等于社会认可的道德上和理智上的正确选择。生意人谁不是算了又算，照样有人亏本甚至破产。谁都想婚姻幸福，但家庭不和闹离婚的大有人在。精心算计的美国人，也没想到在阿富汗反恐会陷这么久，花这许多钱。

民众对药家鑫的愤怒因此完全正当。即便因为相关信息不完整，甚至被有意扭曲[7]，许多表达过于情绪化了。[8]但民众的情绪化反应也符合理性，并非不理性。因为人的理性都基于其获得的信息，而且情感有时也是理性的一部分。[9]事实上，如果药家鑫仅仅是劫财杀人，人们的愤怒程度甚或还不会如此强烈。药家鑫在此案中的行为，确实怪异得令人很难理解。至少有观察和研究表明，一种行为越是无法理解，越可能激发人们更强烈的道德情感。[10]药家鑫的行为很自然也很容易被归结

---

[7] 此事件中的扭曲信息的重要来源之一是受害者张妙家的律师。他曾通过各种媒体频频发布一系列半真半假很容易误导他人的信息。例如，称药家在房价高企的西安市区内有4处房产，药家鑫平时生活奢侈，开私家"豪车"（其实该类型车市场价为14万元）等，令许多网民误以为药家鑫是"富二代""官二代"。他还质问西安市中院庭审发放的问卷，表示想知道，谁策划了这次大学生民调？策划人和药家鑫家是什么关系？以及幕后的黑手到底有多强大，等等。心中有疑这也正常，但其用语对公众显然有暗示和影响。

[8] 最典型的是孔庆东的评论，请看，https://tv.sohu.com/v/dXMvMTg1Mzl0My81OTA2MzE1LnNodG1s.html，2022年7月12日最后访问。

[9] Richard A. Posner, *Frontiers of Legal Theory*, Harvard University Press, 2001, pp. 225-251。

[10] "道德意识随因果联系意识的增加而减少：人们一旦认识到事物的必然结果，知道如何从所有偶然的和不重要的结果中把它分离出来，那么，迄今为止被当作习俗基础和被人们信以为真的无数想象中的因果联系也就不再能够存在了……"〔德〕尼采：《曙光》，田立年译，漓江出版社2000年版，第8页。类似的基于史料的研究结果也支持了这一点，请看，〔美〕福柯：《法律精神病学中"危险个人"概念的演变》，苏力译，《北大法律评论》（第2卷第2辑），法律出版社2000年版，第470—495页。

为毫无人性，草菅人命。有人甚至根据事后了解死者是农民工，就将之归结为，并大肆宣传，药家鑫杀张妙是因为他怕农民工难缠。死者丈夫也因此愤怒地，在庭上质问药家鑫：农民的额头上也没写着字！但这种上纲上线，以及愤怒，无论在经验上和逻辑上都站不住脚。事发于西安市长安区（大学园区），晚10点左右，26岁的死者张妙骑着电动车，她在西安打工三年，双方没有对话，药家鑫何以可能知道对方是位农民工？而且，这个说法似乎还暗示了，若药家鑫知道自己撞的是城里人，就不会动刀杀人了？这逻辑也太神了吧！热点事件有时真的会令人难以理喻。

律师为药家鑫提出的另一辩解是依法可以从轻处罚的情节[11]，自首，据报道也获得了检方认可。这在法律教义学上也许有争议。[12]但从后果主义角度看，这个争论没太大意义。刚通过的《刑法修正案》相关条文已表明，即便不被认为是自首，只要药家鑫如实供述，也可以从轻处罚。[13]但这也只是法院可以从轻处罚的情节。

律师向法庭提交的其他信息和材料没有丝毫法律意义。药家鑫成长过程中没有其他污点，学习成绩优秀，先后获得各种奖励等。所有这些都只证明药家鑫过去清白，某些方面有才华，一定程度上或甚至确实可以预测——如果他能获生——他未来不大可能再犯罪。但药家鑫杀人时的残忍令这些材料黯然失色。在法庭上也可以提一提这些，但不真值得一提。因为这对法官裁决没有法律意义。所有贪官当年多少也都干过些事，通常有些能力和业绩，否则他就不可能走上令他可能贪污受贿的那个位置——这个世界上不会有靠贪污受贿起家的贪官。

被告人的校友、同学、邻居提交法官的请愿书，请求对被告从宽处理，也毫无法律意义。这最多证明了药家鑫在熟人圈内的行为格局，但

---

〔11〕《刑法》第67条。

〔12〕 依据《最高人民法院关于处理自首和立功具体应用法律若干问题的解释》（1998年）第1条，刑事诉讼法上的自首要求，犯罪嫌疑人或犯罪事实尚未被司法机关发觉，或虽被发觉，犯罪嫌疑人尚未受到讯问、未被采取强制措施时，犯罪嫌疑人主动、直接向公安机关、人民检察院或者人民法院投案。此案中，在其母亲反复询问、开导并由父母陪同投案之前，警方已认定药家鑫有重大嫌疑。报道中称其已被警方"抓获"并接受警方讯问。因此，从教义学上看，药家鑫是否属于自首取决于这个讯问究竟是法定强制措施的"拘传"还是仅作为侦查手段的、无法定强制力的"传唤"？

〔13〕"犯罪嫌疑人虽不具有前两款规定的自首情节，但是如实供述自己罪行的，可以从轻处罚"。《刑法修正案》（八）第8条。

本案处理的是药家鑫对陌生人的这一具体行为。法律从来更关注陌生人之间的关系。这类请愿书通常无效，还因为其真实性一直令我怀疑。任何社会很少有人真的是千夫所指。尽管不恰当，容易误解，却还是可以用老百姓的说法，那就是"秦桧也有仨朋友"。尤其在中国社会，熟人之间很难拉下面子拒绝，即便"忒个性"的大学生也不例外。集体行动，没人要对这种请愿签名的结果负责，对绝大多数签名人来说，这只是个顺水人情的事。同样的道理，药家鑫案开庭时，法院向 400 名旁听大学生发放问卷，不仅不合适用作量刑参考，反而可能有操控审判结果的嫌疑。不仅引发了记者和民众的质疑，也被被害人一家的律师借题发挥了。[14]

药家鑫关于自己经历的叙述：从小父母管束极严，每天学习、练琴，甚至被父亲关在地下室，只有吃饭才能上楼，乃至一度有自杀的念头等，也许有助于人们理解药的行为和个性，有助于反思家庭教育，但不具任何法律意义。这种经历与药家鑫杀人之间有联系吗？有多少联系？谁小时候或年轻时没有某种"精神创伤"：成绩不好，家长责骂甚至挨打；成绩太好，骄纵；没朋友，孤独；朋友多了，受不良影响；生活顺，说没受过挫折；挫折太多，则说生活太不公平。中国人对此类现象都能给出种种解说，不需要严格的验证，都能说得通。这类说辞，因此只能听听。事实上，法官也只是听听——尽管我个人认为，今后法官应当以适当方式拒绝这种耗时又无用的说辞。

综上所述，我认为，除了一个"可以从轻"的"主动交代"外，药家鑫没有任何单独的像样的法律辩解；综合考量也很难构成强有力的辩解。判药家鑫死刑，不为过，尽管判死缓也是死刑。

以上是基于案件事实和相关法律的分析。但换个视角，就算法院免药家鑫不死，判个死缓，他这一生也基本完了。他必定在监狱中长期服刑，即使有立功表现，他起码也要在牢中呆 20 年以上[15]；出狱时，40

---

〔14〕 杨小刚等：《庭审前发放 500 份问卷》，载《华商报》2011 年 3 月 24 日版 A8。付小为：《说说药家鑫案背后的问题》，载《长江日报》2011 年 4 月 23 日。

〔15〕《刑法》第 78 条第 2 款，以及《刑法修正案（八）》。依据后者第 4 条和第 15 条，如果法院认定药为限制减刑的死缓犯，那么即使死缓期间有重大立功表现，死缓期满后减为 25 年，再次减刑也不能少于 20 年，加上死缓 2 年，药至少必须在狱中服刑 22 年；如果法院决定不限制减刑，即使死缓期间有重大立功表现，死缓期满后减为 25 年，再次减刑也不能少于 1/2 即 12 年半，加上死缓 2 年，药至少得在狱中服刑 14 年半。

多岁了，他还能有什么像样的未来呢？服刑会磨蚀他的钢琴及相关音乐技能，很难想象，出狱后他还能从事什么像样的商业或专业演出。音乐学院学生身份，他自述的家庭教育状况，以及在这一事件中的举动，都令我推断，他严重缺乏其他方面的知识和技能。除非在狱中获得一技之长，出狱后，他甚至很难找到一个各方面还不错的工作。

不止这些。如果药家鑫良知足够，或在服刑中深刻反省，痛苦也会啃噬他的一生。他曾有过的生活和生活理想与他狱中以及出狱后的现实间的强烈反差，也会强化他的另一种痛苦。这种生活几乎是生不如死。

"……怀孕的妇女，不适用死刑"[16]

几乎而已！"蝼蚁尚且贪生，为人何不惜命！"俗话说，"好死不如赖活着"。如果出庭律师必须"一根筋"，法律人尤其是法官则必须"两头堵"。面对的是死刑，考虑应尽可能周全，也必须周全。想来想去，有一个事实，我认为，对量刑或许应当有点分量，尽管没有制定法的根据。

药家鑫是否独生子？没有明确信息。但从药家鑫的年龄（1989 年出生），其父母曾长期是军人，根据中国这代人的一般家庭状况，我推断他极可能是独生子。如果是，法院在考虑此案判决且决定是否极刑时[17]，这应当是个值得纳入法官量刑的考量，尽管，由于没有法律规定，因此不应写入判决书。

先别急着反驳。我没说，也不会说，独生子女本身能减轻药家鑫的罪。不能。但我关注的是判极刑对其父母有什么重大影响？药家鑫父亲曾是解放军原总后勤部派驻西安某军工企业负责监督、验收工作的军代表，2003 年转业自谋职业，给别人打工，母亲已退休，估计两人均在 50 岁以上。这个年龄意味着他们不可能再生育，除非收养，不可能生

---

[16]《刑法》第 49 条。
[17] 中国刑法规定的死刑有两种执行方式，立即执行和缓期两年执行。本文此下为叙述简洁和方便读者，分别以极刑和死缓代替。

育子女。因此，药家鑫被判极刑，即便是罪有应得，对其父母也是毁灭性打击。无论因为什么，"老来丧子"自古以来是普通中国人的三大人生悲剧之一。未婚独生子被处极刑，这还意味着父母"断子绝孙"。尽管不是法律意义上的，但在中国社会，在中国人，至少那一代人，心中就是一种老天的惩罚。自古以来，无论孩子犯了什么罪，父母哪怕受苦受累，倾家荡产，甚至尽受社会谴责和歧视，都希望孩子活着，尤其是独生子。

今天城市许多年轻人已很难感受这一点了，但在传统中国，断子绝孙是正式刑罚之外，自然和社会对生者最大的现世惩罚或称报应。对于如今许多中国人，儿女也几乎就是他们生命的全部意义。父母当年对药家鑫的严苛管束就是这种厚望的证据之一。只要药家鑫能活下来，在未来的至少二十年间，每月或传统节日的探监，对于这对父母都会是个真实的节日。儿子，即便是社会罪犯，却很可能是他们，尤其是母亲，还希望好好活着的最重要的理由。

不管是否承认，是否认可，这就是人性。即使不是全部人性，即使卑微，即使与被害者亲属同样人性的请求——"以牙还牙，以眼还眼"——冲突，即使与以制定法规定和支持的我们社会的公平正义很难兼容，但这仍是人性。

司法因此面对的不再简单是，药家鑫不死是否天理不容，这是一个天理。现在又多出了一个：能否给药家鑫父母留一个令他们还能好好活着的理由——饶药家鑫不死？这也是个天理，也是人情。这同样考验我们的良知，考验我们的人性。

"这是药家鑫父母的报应，谁让他们不好好教育孩子！"这是气话。这个判断是从药家鑫杀人这个结果倒推出来的。有证据表明，药家鑫父母对儿子其实一向管教很严。

"管教不得法；扭曲了药家鑫的性格和心理，没有人性关照，害人又害己！"这同样是从药家鑫杀人这个结果倒推出来的。其实，教育不得法与冲动杀人之间究竟有没有因果关系，也不确定。不能因为有这两个现象，就认定其有因果关系。在中国，甚至在国外华人家庭，很多男孩甚或女孩都受过类似甚至更严苛的家庭管教，孩子的心理并非真就扭曲了。[18]在中国，社会对父母管教严苛——即使后果不佳——的评价，历来高过父母对孩子不管不问或任其自由发展。

更重要的是，在今天，尤其是在城市，或是在药家鑫父亲曾经长期服役的军队系统，由于父母离家外出工作，教育孩子的责任客观上已大多转移给了社会（包括但不限于大中小学，甚至从托儿所开始）。至少从时间上看，父母对孩子的管教远远少于学校。难道各类学校都该为药家鑫的行为负责？

给上大学的儿子买车，这并非法律上的过错，甚至不是有社会意义的过错。就算有点"溺爱"，那也只是舐犊之情。今日中国中等收入的独生子女家庭，只要儿女真的需要，父母省吃俭用都会满足孩子。定罪量刑也不应考虑家庭贫富，考虑了反倒有违法律面前人人平等原则。因为，这等于开了个口子，长期来看，更容易为金钱权势者利用。

更重要的是这样一个事实，药家鑫根本不是什么"富二代"。我没车，不开车，不懂行情，上网查了查，药家鑫开的雪佛兰科鲁兹，价格在 10—15 万元之间，大致只能算低档车。药家鑫也不是什么"官二代"，其父一直是驻厂军代表，只是 2003 年转业之际"争取到了副师级待遇"[19]，此后自由择业，也就是给别人打工，没固定职业，工资在其转业之际是 2100 元，2010 年时 5000 多元[20]；母亲 2008 年下岗，下岗工资只有六七百块[21]。总体来看，药家最多只是个中国西部城市的中产家庭。由于药家鑫父母的年龄和工作，以及药家鑫学习的专业，还难说这个家庭整体上处于上升期。轿车是用转业费买的，主要为便利药家鑫学习和打工（钢琴家教），即便药家鑫也许有点虚荣。

上面的分析表明，药家鑫杀人，其父母没有法律上的过错，也没有

---

〔18〕 例如，傅雷对儿子傅聪（后来成为国际著名的钢琴演奏家）的教育；请看，傅敏编：《傅雷家书》（增补本），生活·读书·新知三联书店 1984 年版，第 1—2 页。又想想如今在美国很火，女儿刚被哈佛和耶鲁同时录取的"虎妈"；请看，〔美〕蔡美儿：《我在美国做妈妈：耶鲁法学院教授的育儿经》，张新华译，中信出版社 2011 年版。事实上，我甚至猜想，药家鑫父母对孩子的教育，或许就受《傅雷家书》的影响。

〔19〕 注意，副师级待遇不等于副师级或副师职，只是转业时能多拿点转业费。而就这样，转业费在今天看来也很低。

〔20〕 《药家鑫走后》，载《中国青年报》2011 年 8 月 27 日版 3。

〔21〕 杨小刚：《药家鑫：我想自己罪已至死；其父母将不出庭旁听》，载《华商报》2011年 3 月 23 日。

应受我们社会伦理指责的过错。孩子犯罪，归咎家庭，在中国传统的农耕社会，很有道理。但今天，在都市社会，需要与时俱进的冷静和经验的分析。不能简单全盘照搬"子不教，父之过"。

事实上，药家鑫父母也是被卷入此案的间接受害者。他们已被列为此案附带民事诉讼的共同被告，若判定支付，只可能是他们实际支付。药家鑫还令其父母愧对死者家属和整个社会；之后的审判和量刑会让他们度日如年，备受煎熬。药家鑫一旦获极刑，对他们将极为残酷：他们如何度过未来20—30年的惨淡余生？

不是请求宽恕药家鑫。他无法宽恕。也不是请求对药家鑫仁慈。我懂，仁不治国，慈不掌兵。我只是说，刑事司法的视野中应当看到药家鑫父母，这两位无辜者，即使他们也是罪犯的家人，却也是犯罪的受害者。

一个得体的法律和司法中可以，甚或应当，有这一丝怜悯。在依法执行的必要公正惩罚之际，社会应尽可能避免过度殃及无辜者。如果因这丝怜悯，药家鑫免死，受到了次严厉的惩罚（死缓），那也并非宽容罪犯，而只因为共和国法律承诺给予公民同等法律保护，包括对刑事被告的父母，只要他们守法和无辜，只是这个连带的好处不幸或幸运地落在了药家鑫头上。

这混淆了天理和国法？非也，这只是纳入了本应纳入司法裁决的多种考量，包括罪责自负。这种混合不丢人，更不天然错了。更何况，我在此并非作判决，我只在分析和讲道理。这种混淆/混合只是不符合某些——远非全部——法律人的信念而已。你当然可以用信念来评判对错，但信念却不是判断对错的标准。标准一定来自信念之外。一定要说它错了，你得证明，或是有逻辑错误（形式主义），或是后果糟糕（实用主义）。证明责任在批评者。

然而，我还想提醒：此案中，无论是认为药家鑫不死天理不容的民众，或是基于废除死刑或人权而主张药家鑫免死的法律人，诉诸的主要的还真不全是，也不首先是制定法，而是隐藏在背后的天理/自然法。制定法的理由是追随这个先期判断而来的，是个外包装，是"先定后审"。兵来将挡，水来土掩，如果不首先反思一下各自依据的"天理"，仅仅诉诸必需且重要的制定法教义分析，那就是避重就轻，是"顾左右而言他"。

在此诉诸天理，我还有一个理由。有时，就同一个案件，大家公认的事实，适用同一法条，双方也会分歧严重。这就表明，仅仅诉诸实证法，就不够用了，需要一些支援。药家鑫案也许就是这样的一个个案。没有什么特别坚实的理由，完全拒绝考量这个小小的天理。

而且，我也不是一点制定法的历史或实践根据都没有。中国历史上对非"十恶"犯罪的"存留养亲"[22]，就是这一思路的实证法实践，曾持续上千年。那是古代！这不是拒绝的理由。既然古代中国都能有这份细腻的人性或"人权"的考量，为什么今天不能有？因为外国没有！但这并未证明，也没法证明古代中国就错了！甚或，这反倒证明了外国，至少在这一方面，比起中国古人，一直少了点更精细敏感的人性或人权考量。

也不只是古代中国。当代中国刑法规定，审判时怀孕（甚至包括人工或自然流产）的女性不判死刑。据我所知，这在实践中扩展到所有正在哺乳的女性——当然了，得是亲生的，哺乳的也得是婴儿。看起来毫不相关，实际却分享了相同考量的实践；还有，对怀孕或哺婴的女性，只要可能，就不收监。[23]其中的共同考量都是，尽可能避免惩罚（或是有惩罚意味的强制性措施）殃及无辜者，或在不可避免之际弱化殃及效果。刑事司法中还有其他性质类似的法律规定和司法解释。[24]这表明，

---

[22] 依据这一制度，当犯人的直系尊亲属年老且家无成丁，死罪非十恶，允许罪犯上请，流刑可免发遣，徒刑可缓期，将人犯留下以照料老人，老人去世后再实际执行。这一制度始于《北魏律·名例》；后代也承袭了这一制度。

[23] 例如，《刑法》第49条规定："审判的时候怀孕的妇女，不适用死刑"；《刑事诉讼法》第211条规定，人民法院在执行死刑时，发现罪犯怀孕的，应停止执行，并立即报请最高人民法院依法改判。又请看，《刑事诉讼法》（1996）第60条第2款："对应当逮捕的犯罪嫌疑人、被告人，是正在怀孕、哺乳自己婴儿的妇女，可以采用取保候审或监视居住的办法"。

[24] 例如，《刑法》第53条关于罚金缴纳的规定，"由于遭遇不能抗拒的灾祸等原因缴纳确实有困难的，经人民法院裁定，可以延期缴纳、酌情减少或者免除"；在2000年《关于适用财产刑若干问题的规定》中解释"所谓遭遇不能抗拒的灾祸"，包括"需要罪犯抚养的近亲属患有重病，需支付巨额医药费"的情形。2006年《关于审理未成年人刑事案件具体应用法律若干问题的解释》第15条规定，对于未成年罪犯实施刑法规定的"可以并处"没收财产或者罚金的犯罪"一般不判处财产刑"。显然，如果判处，那么这个责任最终的承担者往往会落在其监护人身上。再如，《刑法》第59条规定，"没收全部财产的，应当对犯罪分子个人及其扶养的家属保留必需的生活费用。"感谢车浩老师提供的这些相关资料。

中国刑事司法实践中一直潜藏着一个尚未明确表达和着意贯彻的原则：若法定刑罚严重殃及无辜，可适度降等或减少罪犯所受的惩罚，以防止无辜者的重大权益被毁。或许，这是一个天理，或一个公理？

换个角度，可以视此类实践为对现代刑法基本原则之一，罪责自负，在经验或实践层面的一种重述。是的，在制定法层面，判药家鑫极刑，并不是惩罚药家鑫的父母，不违背罪责自负。但为什么要有我加了着重号的这个条件限定呢？仅此，就值得，甚至要求我们对此案适用极刑格外审慎。

"你这是借其父母为药家鑫开脱！"绝非如此。撰写本文的动力其实是我认为西安中院审理此案的一些不当举措。比如，让药家鑫当庭流泪、下跪和忏悔，这太容易打动法院安排的庭审听众，即庭审民意问卷的答卷者，以药家鑫校友和西北政法大学年轻学生为主体。从理论上看，这批听众更容易偏向药家鑫。因为他们太年轻，法学生尤其比社会常人更容易轻信废除死刑的说法。而且，人是视觉动物[25]，由于梯维斯基和卡尼曼揭示的有效启示（availability heuristic）[26]，人们通常更关注眼前的人和事，并导致判断偏差，忘记死者及其家人的伤痛。而且，只要死伤者不是自己的亲人，宽恕罪犯也很容易，宽恕者不用支付任何代价，相反会有心理收益——为自己的慈悲和善良而感动。但这显然对此案受害者及其家人不利，也会冲淡广大民众对这些人的关切。就此案而言，可能因这种庭审安排被冲淡的法律权益有：（1）因死亡无法出庭自我表达的受害人，（2）因公诉而难得自我表达的死者家人。正是沿着这一思路，我才发现了也应纳入司法考量的另外两位无辜者，即（3）因儿子犯罪无颜面对公众的被告父母。

仅就刑法和刑事诉讼法的规定而言，本案的受害人只是死者。但从社会层面看，死者的丈夫、孩子和父母也都是此案的间接受害人。但也不能忘了，药家鑫的父母也是这一犯罪的另一类间接受害人。假定药家

---

〔25〕〔古希腊〕亚里士多德：《形而上学》，吴寿彭译，商务印书馆 1959 年版，第 1 页。

〔26〕Daniel Kahneman, et al., ed., *Judgment Under Uncertainty: Heuristics and Biases*, Cambridge University Press, 1982, pp. 163-189；又请看，前注〔8〕，Posner, pp. 243-245；and Cass R. Sunstein, ed., *Behavioral Law and Economics*, Cambridge University Press, 2000。

鑫被判极刑，案件受害人的亲人毕竟还获得了法律、国家和社会的支持；受害人的丈夫和孩子都年轻，而年轻就有希望；受害人的父母也有其他后代；甚至受害人张妙本人也有了后代。药家鑫父母却一样都没有。更重要的是，药家鑫父母的前景，如果还能说前景的话，是无尽黑暗的巷洞，不是终现光明的隧道。

这是他们的在劫难逃，谁也救不了。但法律人，甚至不仅是法律人，需要更开阔一点的人性关怀，也需要一点勇气来表达这种人性关切。让药家鑫的父母也能进入我们刑事法律思考的视野，不能仅仅因为他们与罪犯的亲子关系就否认此案涉及他们某些值得考虑和保护的权益。

我没说这就是药家鑫免死的决定性理由。我只是说，这是个理由，是个有实在后果的理由。会同法律上可以从轻的"交代"情节，以及与本案直接相关的有意义的其他社会考量，例如，死者不能复生，药家鑫父母愿意尽可能支付、哪怕不可能完全弥补受害人及其家人的赔偿，药家鑫仍将受除极刑外的严厉惩罚，这种惩罚对社会具有足够的一般预防效果、不至于引发一些人臆测的更多撞人后杀人的现象（有几个人会仅因终身监禁就会撞人后再杀人的？）。我不认为判药家鑫死缓甚或无期就一定有违正义，有损良知。[27]

"说得轻巧！你不是受害人，不是受害人的家人，你能感受受害者的痛苦和愤怒吗！"在这类问题上，毫无疑问，判断确实常常与判断者的立场和情境有关。但不必定如此，否则，我们就否认了这个世界有公正裁判的可能。

我们面临一个重大且尴尬的难题：是允许一个公正的死刑严重殃及罪犯的父母，还是，为了防止惩罚的重大殃及效果，允许药家鑫这样的罪人免死，以其他大致同等公正、也足够严厉的惩罚作为替代？

我把我的考量都说了，不再强求。我知道，这不全是个说理就能说通的问题。这更需要一个选择，一个公共选择。

---

[27] 许多法律人可能还会提其他一些社会考量，诸如少杀、慎杀的刑事政策等。但我认为一审法院不应过多关注这类考量，特别是以此作为判决理由并非明智之举。司法制度对一审的基本要求是依据本案事实和法律作出判决，刑事公共政策考量过早介入，容易令法官弱化对案件事实和相关法律的细致考察。对受害人和/或其亲人而言，这类与本案不直接相关的公共政策论证和表达也常常没有任何说服力。

"你害了自己，也害了全家"

始于个案，但不止于个案；针对分析中展示的殃及效果，我更关注其中隐含的更具一般意义的法理，试图展现，在当代中国大背景下，这一点可能的司法实践意义。那才算是论文，而不止步于一则时评。

刑罚会不同程度影响无辜的他人，这并非偶然或个案，在刑事司法中一直且普遍存在。最恶劣的是各种形式的刑罚株连。近代社会以罪责自负的原则和司法实践废除了株连，但其他形式的程度不同的殃及无法彻底避免。大量犯罪学研究都曾指出：一个有家庭的男子犯罪坐牢，在社会层面上受"惩罚"的往往还有其妻子和孩子，家庭收入降低，陷于贫困，得不到父亲和丈夫可能提供的保护、支持甚至教育等。"害了自己，也害了全家"，中国民众极为凝练和准确地概括了这种现象。

但我并不简单认为这类影响对社会都是负面的。殃及效果客观上有遏制犯罪的效果：顾家的人因此会自我遏制某些犯罪冲动；父母亲怕孩子"闯祸"牵连自己也会加强管教（事先预防）。[28]各国民间的"报应"（polution）概念及其社会功能，在原理上，与殃及效果是一致的。我并不笼统拒绝刑罚的"殃及效果"。完全拒绝，意味着社会就得彻底放弃刑罚这种社会自卫的武器。

尽管如此，研究者和立法者有必要考虑在刑事审判量刑上调整和限制"殃及效果"；无论在政策层面还是实践层面，都应力求避免给社会、给刑罚自身追求带来不可欲的重大后果。"杀人偿命""以牙还牙"是天理，但"一人做事一人当"也是天理。换言之，作为刑罚的政策方针之一，殃及效果有额外收益，却也要考虑殃及效果的"成本"，将两者放在一起考量，予以平衡。各国刑法采纳罪责自负可以说就体现了这一追求；作为原则和规则，大致平衡了刑法涉及的相关各方的权益。

但罪责自负原则的社会实践效果，今天看来，可以有所调整。这一

---

〔28〕 张维迎、邓峰：《信息、激励与连带责任——对中国古代连坐、保甲制度的法和经济学解释》，载《中国社会科学》2003 年 3 期。

原则的基础是当年的自由主义政治哲学，相信原子化个人主义，认为理想社会中所有个体都应当是，也会是，相互独立、互无干扰的原子化个体。即使当时社会实现不了，坚信这一理想的学者也认为，社会进步和发展最终会把每个人塑造成这样的个体。这种自由主义的理想充分体现在当时的一些法律原则上，例如绝对的私有产权、意思自治等。

历史发展和学术研究都已推翻了这个原子化个人主义的假定。社会生物学揭示的社会利益基本单位并非生物个体，而是基因群体。[29]这意味着，即使现代市场经济趋于缩小基于基因的利益共同体，却永远无法把人变成完全独立的原子化的个体。作为社会经验现象的"一损俱损"不可避免，永久存在。

在法律操作和技术层面，罪责自负的理论基础是话语图像理论。这一理论认为，语词可以精确对应现实，只要在概念层面界定清楚了，就可以确保对现实的法律干预和界定都准确和精细，就不会影响他人。当年的严格罪刑法定主义和罪责自负原则都衍生自也体现了这一理论。

这一理论被后来的司法实践和理论研究推翻了。刑事司法上，严格的罪刑法定不仅无法面对纷繁复杂、层出不穷的犯罪现象，而且会剥夺正当良好司法必要的法官裁量权——法官独立的前提之一其实是法官在司法中有一定的裁量权。[30]在理论界，后期维特根斯坦推翻了语言图像论[31]，证明概念主义根本无法直面真实世界的纠结。科斯则从另一角度指出，真实世界中对每个权利的保护（自然，也就包括对权利的剥夺，即惩罚）都涉及多种相互冲突的权利的取舍，他称其为权利的相互性。[32]实践和理论上的麻烦因此，除了"法官独立"和"自由心证"等途径外，迫使刑事司法从绝对罪刑法定走向了相对罪刑法定。[33]从哲

---

〔29〕 Edward O. Wilson, *On Human Nature*, Harvard University Press, 1988, pp. 149-168；以及，Richard Dawkins, *The Selfish Gene*, Oxford University Press, 2006.

〔30〕 因此，2005年美国最高法院判定，若是法官必须服从《美国联邦刑罚量刑指南》，那就侵犯了法官独立行使的司法裁量权。据此，该判决将该《指南》降格，只向法官"建议服从"。请看，*United States v. Booker*, 543 U. S. 220 (2005)。

〔31〕 〔德〕维特根斯坦：《哲学研究》，陈嘉映译，上海人民出版社2001年版。

〔32〕 "问题具有相互性，即避免对乙的损害将会使甲遭受损害，必须决定的真正问题是：是允许甲损害乙，还是允许乙损害甲？"〔美〕科斯：《社会成本问题》，载《论生产的制度结构》，盛洪、陈郁译校，上海三联书店1994年版，第142页。

〔33〕 可参看，陈兴良：《罪刑法定的当代命运》，载《法学研究》1996年2期，第19—24页。

学上看，这事实上是把刑事司法的哲学基础从语言图像论转到了约定主义（强调约定俗成）和实用主义（关心司法的系统后果）。着重号强调的是，在当今中国，法学界没有经历这种自觉和系统的哲学理论清理。

罪责自负就面临这样一个难题。按照目前的理解，在概念层面，刑事惩罚确实不连累他人，但在社会经验层面，"殃及效果"则无法避免。刑事司法可以固守传统，不理会可能殃及的无辜者的权益，只求罪责自负在概念上圆融自洽。但这是鸵鸟战术。更重要的是，这样一来，罪责自负一定会失去其对刑事司法实践的指导意义，失去了原则本应有的那种生动活力。这或许是近年来罪责自负原则被刑法学人忽视，已退出刑法学研究视野的最重要原因。

另一条路，虽有风险，但从理论和实践方面看都值得进入。这就是，把罪责自负原则从概念层面渐进稳妥地推进到经验层面，具体考察并研究，公正的刑罚，客观上，如何影响那些应予以且可能保护的权益，在司法政策和实践层面权衡利弊，尽可能降低对无辜者利益和福利的严苛影响。这并非否定罪责自负，而是与时俱进，追求罪责自负的当代重述和经验表达。这才可能激活罪责自负，重获其生动的法律实践意义。

即使为保险，为尊重法律的稳定，司法实践上暂不推进，也理应展开理论探讨。这势必要在开阔视野中重新思考刑事司法如何有效保护一切重要相关权益，以及如何综合平衡各种纠结的权益。

其实这就是现当代中国刑事法学和刑事司法正在走的路。由于激烈的社会革命，中国刑事法律实践曾侧重保护人民，打击犯罪（和罪犯），理论阐述或司法实践都不太重视保护刑事被告和罪犯的权利——尽管在司法政策实践上给予了适度保护，如前面提及的对孕妇和哺婴妇女的某些法定保护。改革开放以来，特别是强调依法治国后，中国的刑事司法注意吸收借鉴了特别是英美法国家相关法律理论和实践，强调保护刑事被告的权利。这一趋势颇为显著。与此乍看起来对立，细想却一致的是，近年来，受害者学（不限于刑法的法定受害人）研究也开始发展。[34]没有理由拒绝把刑事被告或罪犯的近亲属——作为间接受害

---

〔34〕 韩流：《被害人当事人地位的根据与限度：公诉程序中被害人诉权问题研究》，北京大学出版社 2010 年版。

人——的权益纳入刑事司法研究的视野。

还有两个当代中国的重大社会事实强化了我的这一关注。

首先是药家鑫案凸显的独生子/女犯死罪问题。在先前的中国家庭中，父母通常有多个子女，这个考量因此就不太必要；即便也有独生子/女犯死罪，在理论上也可忽略不计，只需司法实践酌情裁量即可。今天的情况变了，只有一个孩子的家庭日益增多，也不限于城市户籍人口。可以预料，国外经验也表明，城市化和市场经济会导致人们生育行为改变，少生优育。即使此后中国政府调整生育政策，这一趋势也很难改变。孩子少了，孩子对父母的相对重要性（权益）就可能增加。其中有些，诸如养儿防老，会因社会养老和保险等公共福利增加而弱化；但基于亲子关系的生物意义，以及与此关联的社会意义（精神慰藉）则难以弱化。这类利益迟早会在社会层面凸显，要求立法关注，应当尽早进入法学人/法律人的视野。在这一基本格局下，针对死刑判决，及早研究制定稳妥、渐进、可行的刑事政策和司法规则，保护这类期待利益和福利有一定意义。

这并非主张，无论何等死罪，独生子女都可免死。那肯定不成。我现在能想到的起码有三个规则限定。第一，受传统中国"存留养亲"的限制条件"十恶"启发，对诸如叛国罪、既遂恐怖犯罪（这几乎不属于常规的"犯罪"）和既遂直接故意危害公共安全等恶性犯罪，不适用；第二，对双亲已故的独生子女犯其他死罪，不再适用；以及第三，对已生育子女的独生子女犯其他死罪，也不适用。当然还可以细致分析和展开。

或者，我更倾向另一做法：法院一审量刑时完全不考虑是否独生子女；判决极刑后，可由罪犯父母向二审法院（高院）提出特别申请；若无例外，由高院甚或由最高法院依据规则和程序批准。这种做法的最大好处是可以防止腐败、人情乃至波动的民意干扰和施压于一审判决，减轻一审法官的压力，同时却更能充分彰显法律的人性、凸显高院和最高法院的司法权威。把这份国法定下的"人情"全摊开，民众才会感恩立法者和司法者而不是刑辩律师，客观上还会降低罪犯家庭的诉讼支出。由于二级审理的时长也会弱化可能与舆论相伴的情绪化因素和失真传闻，这类判决因此更可能为受害人及其家人接受。甚至可以直接将之纳入现有的死刑复核机制中。

我预判中国广大民众大致可以接受这一规则。就如同《刑法修正案》（八）中规定 75 岁以上的老人一般不适用死刑一样，这是普遍规则，不存在偏袒谁的问题，因此对受害人有一定说服力。此外，值得法学家注意的是，在一些法律实践中，中国政府也已以独生子女作为理由要求外国政府给予受害者特别关照。[35] 涉及死亡风险的，中国政府历史上也一直坚持这类实践，例如"独子不当兵"。绝不能仅仅因为美国法或德国法没有，中国学者就拒绝这类设想。不能因为其只出现于此前的其他法律中，就不能进入当代中国刑法的学术和实践。

当然，这不是一条没有风险的路。首先必须考虑的是，中国城乡地区生育格局不同。这一规则是否会引发城乡对立？

这个问题理论上会有，但可能主要是在概念层面。因为中国社会正在快速城市化，人们的生育行为普遍在改变。相关人口统计数据和研究表明，农村女性的生育意愿和实际生育率也一直在快速下降，仅比城市居民更偏好男女双全和男孩一些。[36] 多子女家庭更多是想生男孩的结果，真生了男孩，也就不生了，生不起了。法律人不下乡或只去乡下旅

---

〔35〕 新西兰地震后"中国驻新西兰大使馆希望新西兰，因中国实行'独生子女'政策的特殊国情，向在基督城地震中失去子女的中国家庭，发放特别抚恤金"。新西兰政府在同情这一请求的基础上，基于现行法律拒绝了这一请求。请看，《大使馆试图为遇难中国留学生家属争取额外赔偿》，http：//chinese. net. nz/portal. php? mod = view&aid = 18499，2018 年 12 月 12 日最后访问。

〔36〕 根据中华人民共和国国家统计局发布的《2010 年第六次全国人口普查主要数据公报》（第 1 号），中国大陆地区，平均每个家庭户的人口为 3.10 人，比 2000 年第五次全国人口普查的 3.44 人减少 0.34 人。略显陈旧但说服力依然的研究，请看，风笑天、张青松：《20 年城乡居民生育意愿变迁研究》，载《市场与人口分析》2002 年 5 期；以及，郑真真：《中国育龄妇女的生育意愿研究》，载《中国人口科学》2004 年 5 期（"在……东部地区，农村居民的生育意愿与城市居民接近，即使在生育意愿最高的西部农村地区，也仅有少数妇女有多子女偏好。生育意愿的差距已经缩小到仅仅是一孩和二孩的差别。强烈的性别偏好已成为影响生育行为的主要因素"）。郑真真 2006—2007 年在江苏省对农村和城镇育龄妇女的抽样调查发现：符合生育二孩政策的女性 4284 人中，实际生育两个孩子的不到十分之一；即使不考虑生育政策，也只有 56.6%的调查对象认为一个孩子最理想，42.4% 的调查对象认为两个最理想，而平均理想子女数仅为 1.45 个，高于该调查人群的实际生育水平。请看，《江苏生育意愿和生育行为研究》课题组：《低生育水平下的生育意愿研究》，载《江苏社会科学》2008 年 2 期，第 172 页以下。郑真真 2010 年的跟踪调查发现，在满足二孩生育政策的妇女当中，她们的理想子女数低于 2，希望生育的子女数又比理想子女数低 0.20，现有子女数比生育意愿更低 0.42；即使假设所有妇女都落实了她们各自的生育规划，生育的子女也只有 1.2，远远不到意愿生育的子女数（1.49）。郑真真：《从江苏调查看生育意愿与生育行为》，载《人口研究》2011 年 2 期。

游，他们心目中的农民一直都还是十几年前甚至是三十年前的农民。许多法律人文化教育程度高了，但缺乏社会科学的训练，对理解影响生育意愿和行为的经济社会条件变化不那么敏感，往往相信所谓传统文化对生育行为有更大影响。

对农村多子女家庭其实也不是问题。依据上述思路，仍然可以得出"独子"免死的政策（理由是，女儿出嫁，父母只能更多依赖儿子）。这也不是歧视女性，因为女性因恶性"自然犯罪"被判极刑的历来罕见，也不仅是在中国。

如果真有麻烦，也更可能在城市。现今的城市地区，也有些年了，的确有些所谓上层社会人士以各种方式多生了几个孩子，甚至是几个儿子。但如果这种家庭有儿子犯了死罪，执行了，那也不是歧视农民。这当然有点政治不正确。但，等等，在时下，这也没什么政治不正确的。

另一值得考虑的问题是，这样做会不会降低了刑罚的威慑力，引发更多撞人杀人案，或其他恶性暴力犯罪。这真的是一个拍脑袋想出来的问题。绝大多数人守法其实不是因为害怕刑罚惩罚。对怀孕妇女不判死刑（包括死缓），对哺乳妇女事实上不执行死刑，女性并没有因此就更多恶性犯罪了。男性会有不同。但要清楚，刑罚的威慑力主要不来自惩罚的严厉，威慑主要来自破案率以及与之直接相关的实际惩罚率。不说多，只要保证有50%的贪污受贿行为能被发现，即便不是当即，而是比方说三年内发现，受法定制裁，甚至不必严惩，贪污受贿也会急剧下降，直接逼近零。如果贪污受贿三年内有50%概率被抓，贪污受贿的钱物如数归还，像样的工作（可以贪污受贿的工作肯定不会太差）也没了，还要坐几年牢，还丢人，还影响家人，想想，还会有几个人干这种事。只要绝大部分撞人杀人案能破，又会有哪位独生子撞人后，仅因法定刑为死缓，还一不做二不休，杀人？

但诸如此类的小疑问值得认真对待，可能也不少，也需要梳理现行制定法和相关司法解释。但这不是本文的关注。这里首先关心的是基本思路。

在经验层面需要关注罪责自负的社会现象之一，是眼下已全面推开的刑事和解。尽管民间的一些简单概括，"花钱减刑"，不准确；但即便予以种种限定后，还是得承认，确实有这种效果。这不必然都是坏事：在中国经济社会发展条件下，坚持必要的刑事惩罚，同时给某些非恶性刑案增加一些半/准契约性解决方案作为补充，被害人或其家人获得更多法律救济的选项，获得相对而言更及时有效的货币或非货币补偿，应当说是好事。

值得关注的是：至少有某些刑事和解，会导致依据罪责自负原则本应由罪犯本人承担的部分罪责变成经济赔偿，并经此转移给其家人，给其家人带来难以承受的巨大债务，严重影响其家人的福利。我不质疑，事实上我支持，罪犯亲人为法院轻判罪犯自愿作出的这类努力。但立法者、法院和法学人也必须关注这类司法实践可能引发的社会后果。如果为获得被害人家属一定程度的宽恕，某罪犯的父母，并不富裕，还是拼拼凑凑，支付被害人 30 万元赔偿，罪犯得以减刑。那么，在一定意义上，该罪犯就是把自己应承担的刑事责任，经济学语言则是把他自己的犯罪成本，转移给了自己的父母。当然，经济负担不是刑事惩罚，但这是连带责任，有刑事责任的影子。我以此为例不是反对刑事和解，只想表明刑事司法必须注意保护任何相关方的重要权益，不能让本该由罪犯支付的转由其父母家人支付了，那既可能引发民众对刑事司法的不满，也有损司法的权威。

从这一层面来看，就可以理解近年来有争议的犯罪的社会危害性概念[37]，并不形而上、空泛。它有明确的经验内容：犯罪不仅危害了直接被害人和被害人亲属，甚至可能经由刑罚、刑事和解殃及或掠夺了罪犯家人的经济和社会权益。研究和关注刑法适用和刑事政策如何保护包括罪犯的无辜亲人的权益，因此，对完善刑事和解也有重要意义。

至少应给目前的刑事和解实践设定一条"监管"底线：刑事和解无论如何不能过度侵犯罪犯家人的基本权益。司法必须对此类争议的解决承担起这份监管责任。从长远来看，这有助于培养法官和法律人的社会公平意识和政治意识，综合平衡相关社会利益，弱化法条主义，避免抽

---

〔37〕 樊文：《罪刑法定与社会危害性的冲突：兼析新刑法第 13 条关于犯罪的概念》，载《法律科学》（西北政法学院学报）1998 年 1 期；陈兴良：《社会危害性理论：一个反思性检讨》，载《法学研究》2000 年 1 期。

象强调程序性保护犯罪嫌疑人/罪犯。

"说话态度要和好，尊重群众不要要骄傲"[38]

前面说了，这个问题需要公共选择。公共选择中当然包括法律人直面问题，以及公众的理性讨论。但在药家鑫案的社会热议中，我看到一个奇怪现象：一方面，网络上绝大多数民众要求判药家鑫死刑；另一方面，法律人和法学人，与之前他们在诸多涉及死刑案件中的表现相比，近乎失语。公安大学的李玫瑾教授在中央电视台，从犯罪心理学的角度，对药家鑫的个性和行为做了些分析[39]，只是没参与对药家鑫的集群道德轰炸，便引来了太多网民的集群道德轰炸。[40]

死刑案件很难让人心平气和。激烈的话语更受人关注，网络也趋于筛选和凸显激烈的情绪表达。更何况激进的观点还更容易占据道德制高点，影响中间派。但这个现象也反映了民众与法律人/法学人之间既说不通，也缺乏信任。无论这种情况是好是坏，法学界都必须正视，力求以建设性说理方式，避免以意识形态的表态或伪装为技术话语的意识形态，通情达理地讨论与死刑案件相关的问题。

但首先要正视死刑，而不是简单贬斥死刑。这么说是因为，法学界有不少学者，包括许多学法律的学生，都大大低估了死刑的生物基础。出于天真的善良愿望，他们即使没把死刑本身视为恶，也常常把死刑存废看成是一个纯伦理的或文化的选择问题。不仅如此，他们坚信人类社会一定是奔着善良去的，废除死刑因此是历史发展的必然，是法治的、法律/学人的、也是人类社会的目标。似乎只要法学界集体努力，说服了民众，或强有力的政治领袖一决断，就可以废除死刑。

不少法律人因此存在着一种基于其法治理想的道德优越感，也有一

---

[38]　《三大纪律八项注意歌》。

[39]　中央电视台新闻台 2011 年 3 月 23 日《新闻 1＋1》。

[40]　参看，http：//bbs1. people. com. cn/postDetail. do? id＝108453656；http：//club. china. com/data/thread/1011/2724/05/71/6_1. html，2018 年 12 月 10 日最后访问。

种基于其法律知识的骄傲，他们听不出，更谈不上尊重，民众以激烈语言和情绪表达的他们认定的天理。更糟糕的是，许多法律人也没有能力或根本不愿努力直接面对深深扎根于人们内心的复仇本能。他们对死刑好像也给出了一些所谓的理论分析，其实和民众一样，只是站在不同立场上表态。也有人不急于废除死刑，但不是基于对死刑问题包括民众情绪的切实理解，不是基于对死刑存废的利弊分析，只是出于策略考量，暂时"迁就"民众。由此带来的是，在死刑问题上，法理的贫困。一旦遇上引发社会热议的案件，除了表态，引证一下贝卡利亚什么的，或某些外国的做法，法律人从未给出过令人信服或至少会令人深思的理由。

法律人给出的反对死刑的一般理由大致有：（1）断言废除死刑是历史的潮流；作为支撑，（2）枚举多少国家已经废除死刑；（3）引证诸如贝卡利亚等法学家的言辞；（4）选择性引证某些严重可疑的研究成果，说死刑没有震慑暴力犯罪的效果；（5）甚或言之凿凿地断言终身监禁比死刑惩罚更严厉，因此更合理，也更有效；以及（6）死刑可能错杀人，为避免错杀，就应废除死刑；等等。[41]这些理由，无论单独，还是结合起来，都没有足够说服力。

其实，无论是法学教授或是普通民众，没有谁真的能看到什么历史潮流。事实上，有没有这个潮流都是个问题。所谓历史潮流其实是现代人类的一个形而上支撑，其中既有犹太—基督教世界人类救赎信仰的影子，也受与近现代进化论相伴的人类社会不断进步完善的信念影响。但人类一直都有其他各种关于社会变化或不变的想象。如中国的"五百年必有王者兴""分久必合，合久必分"，佛教的"轮回说"，以及尼采的"永恒的轮回"。我智力有限，没法，因此也就不，对这类关于人或人类社会演变的整体想象做判断。但起码我们得察知并清楚，这种人类不断进步的说法与法学家的另一个形而上支撑，永恒不变的自然法/普世价值/人权，就自相矛盾。它们不可能同时为真。为什么法律人从来不管自己的主张的逻辑或前提假定是否统一呢？由此可见，他们手中的牌

---

[41] 对这些理由的一个综合性学术概括，可参看：梁根林：《刑事制裁：方式与选择》，法律出版社 2006 年版，第 110—116 页。

并不是什么历史潮流，而是一种主观信念。但由于他们来回倒牌，一会
"永恒不变"，一会"历史潮流"，这太机会主义了，这就太令人可疑。
人真有信念不是问题，装作有信念则是个问题。尤其是那种自以为搭上
了时代专列，那种油然升起的居高临下的道德优越，会令普通人反感。
一个人来这个世界通常活不到百年，但有多少人是准备按照这一告诫生
活的？想想吧，到目前为止，我们最能确定的"历史潮流"或"自然
法"或"真理"之一其实是每个人都会死，甚至整个人类。但我们还
是力图反抗死亡——我们拒绝这个真理！至少当我们活着的时候，也没
什么理由不拒绝这个人类历史的潮流！

　　枚举外国的做法同样没有必然的说服力。我不说各国法律一定受制
于各国的经济社会文化条件这类道理了。我只想说，榜样的力量其实是
有限的。人到了一定年龄后，更多是按自己的内心感受生活，不是看着
或模仿别人生活。我们无法让张国荣的狂热崇拜者成为同性恋，也不可
能用世界上绝大多数人都是异性恋就能说服张国荣变成异性恋。选择不
同也是一种选择，一种自由。

　　至于引证贝卡利亚等著名法学家的言辞，说当年社会订立契约时没
人会同意自己杀了人就应当被处死。这种言辞论证有说服力吗？且不说
人类社会发生并非因社会契约而来。而且，有哪个社会或法律惩罚罪犯
是因为罪犯当年同意接受惩罚？罪犯不同意就不能惩罚？像接受求婚那
样？贝卡利亚 26 岁前看了两本书，涉世不深，矫情，我们不能苛求。
但我们活这么大了，把这类话非但作为证据，还当成根据，过脑了吗？
走心了吗？要论名气大，那我还引坚持死刑的孔子和《圣经》（旧约）
呢！还有康德，黑格尔！[42]但这些引证能说服反对死刑者吗？在这些需
要，并能够独自获得，自我和社会经验支撑的问题上，一个成人接受或
不接受某前人的论断，常常与论断者的名气或声望无关，真正相关的更

----

〔42〕 旧约《申命记》19 章 21 节，"要以命偿命，以眼还眼，以牙还牙，以手还手，以脚
还脚"；《出埃及记》21 章 23—25 节，"若有别害，就要以命偿命，以眼还眼，以牙还牙，以手
还手，以脚还脚，以烙还烙，以伤还伤，以打还打。"孔子则主张"以直报怨"（《论语·宪问》
14：34）。关于以直报怨的理解，可参看，苏力：《早期儒家的人性观》，载《法制与社会发展》
2010 年 5 期，第 5 节。康德：《法的形而上学原理：权利的科学》，沈叔平译，商务印书馆 1991
年版，第 167—170 页。黑格尔：《法哲学原理》，范扬、张启泰译，商务印书馆 1961 年版，第
103—104 页。

多是这个论断是否符合接受者的感觉和判断。接受一定是选择性的。引证亚里士多德或杰弗逊再多，也不可能让我接受奴隶制，即便我会接受、通常还钦佩他们的其他一些论述。

所谓死刑不能震慑暴力犯罪，若不精细定义"震慑"，这种说法就是"大忽悠"。首先，西方学界这类有明确意识形态指向的研究往往有意隐藏了，也常常受制于，非常严格的统计分析的限定条件，很容易令一些只懂文字、概念、命题，不懂基本的统计分析技巧的文科生因其似是而非，而信以为真。如果只搬出文章的结论，不检查或是看不出其设定的条件，说白了，那你就是等着"上当"。当然，我承认，死刑确实不可能震慑许多具体的冲动型暴力犯罪，也不可能震慑那些精明的罪犯令警方无迹可寻的暴力犯罪。但有何种法律足以震慑所有的暴力犯罪？事实上，我们甚至知道，死刑也不能杜绝许多非暴力犯罪，这就可以解释为什么一直有贪官，一直有间谍。但无法杜绝犯罪，不等于无法"震慑"罪犯，因此就应该甚至必须放弃死刑。就不可能有哪种刑罚能达到杜绝意义上的"震慑"。只要罪犯知道警方破案率不可能百分之百，知道还有对他们更有利的"疑罪从无"，就一定会有人铤而走险。

如果因死刑不能震慑暴力犯罪就应废除，那么逻辑上看，监禁以及其他刑罚同样不能震慑，是不是就该连监禁也废除？法律人都改唱"让世界充满爱"？刑罚制裁甚或任何其他法律应对措施都会追求一定的效果，但是否保留死刑的因素并非死刑能否杜绝或震慑此类犯罪，而是在现实世界中是否有更有效和更有效率的替代惩罚手段。人类之所以长期使用和保留死刑不可能是前人一直错了。如果是错误，那也如尼采所言，它们都已在历史焙烤中变得坚硬，因无法否证，也无法拒绝，而成为此刻的真理了。[43]

是的，有这样的说法"不自由，毋宁死"。但这主要是修辞。有真信也坚持实践的人，但一定是少数，也属于极端情境。但法律关注的是和平时期的普遍情况。真实世界中，更多人、普通人相信和实践的其实是"好死不如赖活着"。你怎么能让人相信，那些一审被判死刑的人上

---

[43] Friedrich Nietzsche, *Gay Science*, ed. by Bernard Williams, Cambridge University Press, 2001, pp. 110-112, 151, 第 110, 265 段。

诉，是希望加重对自己的惩罚——改判死缓或无期徒刑？律师为死刑当事人提起上诉，难道是律师铁心违反自己的职业伦理，努力让上诉法院加重其当事人的惩罚，改判死缓或无期？或是你会认为，被告被判无期徒刑后上诉，二审法院应当或可以改判死刑立即执行，这不违反上诉不加刑的原则？如果不是脑子有问题，这就是法律人的自欺和欺世之言。

第六点值得司法慎重考量。但以此作为废除死刑的理由，仍然不成立。以点概面，不合逻辑，是诡辩。吃饭会噎死人，是否人类应废除吃饭？同判死刑相比，判监禁其实更易出错，那么是否就应当废除监禁？也别说监禁错了可以事后补救。失去自由其实与失去生命一样，在绝对意义上，都无法补偿。死刑有可能出错这一点的真正告诫，其实是，也只能是，死刑适用必须极为慎重，一定要事实清楚，铁证如山，裁判者一定要不存在合乎情理的怀疑；以及需要大力发展科学技术来解决或排除可能的疑点；等等。前一点在许多具体案件中可以做到，后一点则依赖人类的科学技术能力的不断提升。两者从逻辑上都得不出在具体案件中应当废除死刑，乃至于一概废除死刑的结论。相反，废除死刑后，不再需要相关的努力，反而可能导致人们早早就放弃相关的智识努力和科技努力。

废除死刑，就如同保留死刑一样，真正的基础其实都是人类的自然感情。前者是复仇，后者是怜悯，两者都是情感的。前面已经提到过，人的情感总体上是合乎理性的，却不是或主要不是理性分析说服的结果。怜悯也不是遗世独立的情感，它主要也不是教育培养出来的，而是高度依赖特定的物质化环境。怜悯的最重要物质前提其实是怜悯者自身绝对安全，且居高临下。被怜悯的对象也一定得是具体个体，还得相对无害。我们会怜悯一只怯生生的兔子，但很难怜悯一只张开血盆大口的鳄鱼或鲨鱼；我们会怜悯一只弱小的狗，不会怜悯一只凶猛的成年藏獒。在人类想象中，基督教的上帝会怜悯，其实就因为没人能伤害已被定义为无所不在无所不能的上帝。我们这些普通人不是，也从没打算成为上帝。大量这类经验现象应当告诉我们一些实在的道理，而不应只是自我惭愧，甚至痛恨，自己的同情心不足。

因此，也就可以看出，许多法律人之所以对废除死刑如此矫情或较真，就因为他们手中并没啥能一锤定音的超级炸弹，或精确打击的巡航导弹。有的只是（某些）外国如何如何，（某些）外国学者如何如何，主要是鹦鹉的功夫，最多也只是信念，尽管包装成了学术。我可以尊重，但我无法尊敬，这些信念。光有信念，哪怕再坚定，再重申，也不管用。面对汹汹"民意"，面对个案事实，你就得有能力展开得体（decent）且有效果的沟通，即使最终无法达成一致。

法学话语的无力还有一种表现，在近年来引发社会热议的一些死刑案件中，没法直接面对普通民众的诉诸。一些法律人便把自己的信念隐藏于法律人的技巧，一方面指责民众"实质正义"，另一方面用技术性和程序性法律包装自己的"实质正义"，试图先在一些个案中免除罪犯死刑，然后逐步废除死刑。在涉黑的刘涌案中，说"不能从根本上排除公安机关在侦查过程中存在刑讯逼供的情况"[44]；在马加爵杀害同学案中，归咎于罪犯的家庭贫困以及据说由此产生的自卑（尽管被马杀死的四位同学家境同样贫寒，且与马日常并无过节）[45]；在邱兴华案中，试图以精神病学上的精神病概念来置换司法的精神病概念[46]；在夏俊峰案中，指责抽象的城管制度，强调对执法者的所谓"正当防卫"[47]；以及在李昌奎案件中，甚至以维护司法既判力和公信力、不迁就民意为名，坚持明显不公的二审判决[48]。

这类战术偶尔有效，结果是否也可能有益，在此暂不讨论。只是，就构建和塑造当代中国社会有关死刑的法律道德共识而言，很不成功。事实是进一步撕裂了社会。结果是，一方面，法学界和法律人的言说常

---

〔44〕 请看，苏力：《面对中国的法学》，载《法制与社会发展》2004年3期。

〔45〕 黄广明：《还原马加爵》，载《南方周末》2004年3月25日。

〔46〕《他不知道自己做了什么？》《计划周详的"变态恶魔"？无法自控的精神病人？哪一个才是真实的邱兴华？精神病专家、律师紧急吁请：为一审已获死刑的邱兴华做司法鉴定》《我不是为邱兴华一个人奔走：对话精神病专家刘锡伟》，载《南方周末》2006年11月30日，版A1—A3。又请看，桑本谦的分析：《理论法学的迷雾：以轰动案例为素材》，法律出版社2008年版，第8—25页。

〔47〕《"夏俊峰案"拷问城管制度》，2011年5月10日，https://news.sina.com.cn/o/2011-05-10/083822436288.shtml，2018年12月12日最后访问；《夏俊峰案，需要有公正的司法给民众信心》，《南方都市报》2011年5月14日。

〔48〕 王和岩、刘长：《死刑改判忧思》，载《新世纪周刊》2011年32期，第88—91；贺卫方：《司法如何纠错》，http://china.caixin.com/2011-08-16/100291506.html，2018年12月10日最后访问。

常得不到民众的足够信任。李玫瑾教授受到猜忌和在我看来不太公道的抨击就是恶果之一。许多有理想有追求的法律人也都很郁闷、很委屈。另一方面，由于不敢得罪民众，一些法律人就拿在个案中必须面对社会、没接受这些法律人观点的法院出气。法院和法官陷入双重压力，必须同时应对来自学界和民间的前后夹击。民众怀疑法院太容易为法律人操控，法律人法学人则一再指责法院不独立，为民众甚或暴民所胁迫。

而在这些死刑案的社会热议之后，有关死刑问题的学理讨论没有任何推进。攻守双方各自固守自己的道德直觉和信念。在药家鑫案上，既没法从法律技术层面挑剔，某些网民又太激烈，法律人只能沉默。在一些法律网站或法学院网站上，我看到法律人的表态中，不时夹杂了对暴戾网民的谴责，对司法不独立的悲叹。

指责和悲叹都改变不了现实，法学界必须面对这个现实，在这样的现实中推进。什么叫做转型时期？这就是！你不可能指望立法机关或某个领导人下个决心，就能废除或大大减少了死刑适用。法学家可以在许多其他方面指责政府不民主，但在死刑问题上，还真的实践着民主。中国政府，立法和司法机关不可能不考虑中国社会普通人的信念和感受。而另一方面，如果法律人将废除死刑就寄托于立法机关独断专行，或领导人一言九鼎，这是否又与自己主张的民主理念相矛盾呢？

许多反对死刑的法律人坚信自己恪守了良知和天理（尽管，也必须看到，有更多法律人是出于法律、法学甚或刑辩的职业利益），我认为，因此也必须理解，民众恪守的同样是天理和良知。法律人一定要能够在这个层面上同普通民众对话。在这种对话中，诸如人权和普世价值这些词都是虎皮，可以用来唬人，却无法让人买账。法律人也不可能把所有死刑案都成功包装为法条主义问题，仅仅诉诸教义学分析或法律解释。近年来，有不少争议案件都表明，法律教义的论证和包装最多在法律业内有点效果；一旦进入缺乏社会基本共识的领域，涉及普通人也能评说几句的常规刑民事案件，就一定会各说各话，很难交流。[49]

---

〔49〕许霆案是一个例证。请看，苏力：《法条主义、民意与难办案件：从许霆案切入》，载《中外法学》2009年1期。

结语

鉴于这种格局，对于药家鑫案的审理而言，本文的撰写和发表，或以其他方式发声，就很是尴尬。尽早发声，非但未必能救药家鑫一命，甚或，不无可能，事与愿违，激发社会中更深的怀疑：这位被舆论认定的"官二代""富二代"居然收买了北大教授！那结果会是加速药家鑫的死亡。[50]

这非但表明了理性的脆弱，更表明了法律和司法的脆弱。但我仍想借此争议案件尽可能展示，当独生子面对并非不公正的极刑时，其父母必须面对的残酷和痛苦。不是为消费这种悲剧，我只想借这个案件，甚至只能借这种案件，才能把一个如此贴近我们却因此太容易也长期被今人忽略的事实，有效带进公共讨论的视野，借此来寻找或发现其实我们一直分享的某个极强悍又敏感的法律伦理社会基础。我针对的是这个具体案件，但我看到的还有，因为中国的独生子女政策，这是个太值得关注和讨论的特别中国的现实问题。我不在意这是否具有普世价值，但我确定这对于至少几代中国人可能有些意义。

选择这个滴血的案件，还因为我不想抽象讨论。人更多是视觉动物。人们很难就无法分享感觉经验的概念或价值辩论而改变观点。人们更可能因察知某个事实，获得某个由自身经验验证的信息，修改自己的判断，甚至作出截然相反的判断。这是心理学上的格式塔转换。抽象辩论太容易让争论者势不两立，对着概念较真。一旦附着于具体事实，就会发现，即便一般主张截然不同，具体判断未必分歧巨大。生活总是具体的。我一贯坚决反对废除死刑。[51]但面对药家鑫案的具体案情，也基于独生子以及亲子关系等有重大经验意义的事实，我认为法院可以，甚或应当，判药家鑫死缓。

我不认为，甚至如结语一开始就说明了，也没期望，我的分析能说

---

〔50〕 本文虽然定稿于药家鑫案一审判决后，却投稿于药家鑫死刑执行之后。
〔51〕 苏力：《法律与文学》，生活·读书·新知三联书店 2006 年版，第 76—80 页。

服坚决主张判处药家鑫极刑的人。坚持自己的判断，我尊重他人基于其自身情感和理智的判断，即便与我分歧，我也不认为是他人不通情达理或不真诚。即使都通情达理，经过了认真细致诚恳的交流和争论，对世界上许多事情，人们仍常常看法不一致，甚至始终不一致。[52]合乎情理不规定某个唯一正确的结论。一个人判五年对，判五年半就绝对错了？许多司法判决书上着意表达出来的那种精确（例如，把赔偿数额落实到几元几角几分钱）往往不是因为它精确，恰恰相反，就因为它不精确。没法精确，却试图伪装精确。也因此，此案最终若是死刑，我也不认为是法律意义上的错判。我知道人命关天，我也知道执法必严（严格和严谨），但确实有这样的节点判死刑和判死缓都不为错。我们只能容忍法律实践的这一真相、这一宿命，才可能勇敢且坦然面对我们人类的宿命。在这一点上，法律人往往不够诚实，或不够坦诚。

本文关注和诉诸了"天理"，这很容易被人误解：苏力主张回到天理或自然法基础上来讨论难办的案件，甚至是回到中国本土的天理。恰恰相反，这个分析表明，当面对某些难办的案件时，要有效回应我们内心看似基于天理的冲动，仅仅如同古人那样诉诸天理是完全不够的。本文至少提及了三个天理：杀人偿命，亲子关系，以及一人做事一人当。你说，三者中哪个更天理呢？这不仅是对诉诸天理的一个反拨，也是对诉诸自然法（无论是人权还是什么普世价值）的其他努力的一个警告。真正能触动我们令我们反思的其实是一些具体事实，有关后果的信息，而不是把这些事实贴上天理或自然法或人权的标签。

我当然也不支持简单笼统地回到教义分析。天理和实证法规定中都有重要的社会伦理、公共政策和后果考量。在常规案件中，一般无须分析和展示这些考量，教义学或许就足够了；但当遇到非常规的难办案件时，或社会陷入激情争论时，法律人就必须敏锐察觉，努力展示、充分且明智地阐述这些考量，但首先不是说服别人，而是说服自己，并真的能说服自己。这其实会要求吸纳更多基于经验的社会科学的研究和分析。

---

[52]〔美〕拉莫尔：《现代性的教训》，刘擎、应奇译，东方出版社2010年版，第166—189页。

但说到底，司法既不是学术论证，也不是民主投票。司法决定权在审理此案的两审法官手中，是司法权力机关的决断。看似很司法技术，也努力遵循法条或相关法定文件的指引，但只要引发了社会热议且公众意见分歧，司法决定无论如何努力，在社会层面，都是政治性的，即便法官努力避免，甚至从没想过政治。许多法律人对此会认为，也愿意这样认为，论证很重要，雄辩很重要。但这只是由于法律人擅长论证决定的，是"老王卖瓜"。当决定如药家鑫这种案件时，法律论证或雄辩的说服意义真的不大——我们什么时候看到谁真的被驳倒了，心服口服的？有时，雄辩论证的作用甚至相反。波斯纳因此说，法官应当"比律师更少为语词迷惑，因为……他们不是在裁判一场辩论；他们是在寻找理智的解决方案，这会推动法官超出法律人之间的斗嘴，去看看具体的利益得失"[53]。

因此，上述分析只希望有助于我们对此案的判断不仅道德上正当，而且在社会后果上合理和合乎情理。中国的司法和法学应当在一个个具体案件的争论辨析中变得更为理性和审慎，不仅勾连司法实践和社会法律道德共识，更在这一过程中有效凝聚并塑造转型中国在相关问题上的法律道德共识。

> 2011 年 3 月 29 日初稿，4 月 11 日二稿，
> 4 月 25 日定稿于北大法学院科研楼

---

〔53〕〔美〕波斯纳：《法官如何思考》，苏力译，北京大学出版社 2009 年版，第 225 页。

附录：药家鑫案审理与辩护的几个问题

药家鑫案终审结束已一年了，但围绕着药家鑫案的纷争却不时继续。令许多曾自以为正义在手真理在握的人，包括法律人，也不得不有所反思。即便我早有预感，药家鑫案最后的结果，却仍令我遗憾，甚至痛心。

对此案的分析令我觉得，药家鑫属于所谓"可杀可不杀的"范畴。他冲动杀人，是故意，因此是死罪，"可杀"；但又因为并非蓄谋杀人，恶性低，不大可能再犯罪，加之自首，按最高法发布的相关文件，以及历来的刑事司法政策，又属于"可不杀"的范畴。有迹象表明，一审法院法官也大致分享了我的这一直觉。他们也真诚尽力了。但由于种种法院无法掌控的因素，也包括法院自身的应对无效甚或失当，迫使法院在两者之间不得不选择了前者。出于总结司法的经验教训，还是有必要分析一下有哪些因素可能导致了此案审判预期的失控。

公正审理此案的最大麻烦是从一开始，就有人有意无意传播一些严重失实、似是而非甚至有意误导的信息[54]，塑造了公众对此案一个完全错误的前理解：一个"官二代""富二代"开车撞人后，不仅为逃避法律责任，还因歧视农民工，杀死了被害人；有权有势的药家还试图操纵司法，让药家鑫逃脱死刑。

从一开始，这就给此案公正审理设立了一个必须克服却很难克服的社会认知的障碍。在这个障碍移除之前，任何个人或机关，包括法院，试图沟通公众，澄清事实，重新凝聚社会共识的努力，都可能，事实上从一开始就趋于，被公众理解为，是药家父母的权势操纵。由于这个舆论塑造的社会前见，许多"志愿者"助攻，即便用意良好，也产生了令

---

[54] 主要是此案原告的代理人，兼职律师，在审前和审理中，通过微博发布了药家鑫是"官二代"和"富二代"等严重不实之词，激发了社会仇恨，公众对药家鑫及其家庭因此有重大误解。可参看，《玩火者张显》，http://www.infzm.com/content/71049，2018 年 12 月 12 日最后访问；《药庆卫诉张显侵权获赔 1 元，被告微博道歉 1 月不得删除》，http://news.cntv.cn/2012/07/31/ARTI1343722109775237.shtml，2018 年 12 月 12 日最后访问。

药家鑫致命的效果。[55]面对巨大压力，当然法院需要严格依法审理，也需要精细应对失衡的舆论，必须明智，也要有担当。但司法或纠纷解决并非如部分学者咬定的，只要法官独立就可以圆满完成的。司法其实是个必须有多方协作配合的工作或事业。就本案而言，至少同样重要的还有被告和被害人双方律师的理性、职业、务实并专注地解决此案的问题。但不同程度上，这些因素都在此案中缺失了。

其中重要的失当至少有：

1. 在社会舆论的风口上，有诸多重要不实信息到处流传，相关各方却急于推进司法审理。法治、法律的普遍性或法律同等保护的核心意味之一就是尽可能依据和平安定时期确立的原则或判例来决定案件，避免司法判决受特定时刻多数人的义愤影响。司法要尽可能隔阻很容易波动的民意，坚持同案同判，避免类似案件判决畸轻或畸重。[56]为确保司法公正平和，当社会情绪高涨、舆论混乱之际，即便案情已经查实，侦查、检控和审判机关通常也应采取法律许可的理由和手段，尽可能推迟庭审，尽可能为庭审创造一个舆论平和的社会环境。

2. 这个错误在更大程度上应归咎于药家鑫的辩护律师。公安、检察院和法院当然有责任寻找、创造和保证一个有利于公正司法的社会氛围，但作为广义的人民政府组成机构，公检法机关还都有法定责任回应公众舆论及其关注，这两种责任有一定的冲突。与公检法机关不同，在法律上，辩护律师的职责就是对当事人负责，他有法律义务和职业道德义务为药家鑫的法定利益着想。但此案中药家的律师似乎过于稚嫩，过

---

〔55〕 比较突出的是中国公安大学犯罪心理学教授李玫瑾对药家鑫心理和行为的理性分析，并在媒体上称药家鑫为"孩子"。许多公众却认为李教授的言辞是为药家鑫脱罪。可参看，韩洪刚：《药家鑫的"手"与李玫瑾的"嘴"》，http：//www.aisixiang.com/data/40188.html，2018年12月12日最后访问。另一点是，中央电视台居然播放了一段录像：药家鑫羁押期间，参加西安市看守所组织的元宵节联欢会，上台卡拉OK，唱了歌曲《传奇》。播放这一录像的本意很可能是，想让受众了解杀了人的药家鑫，并非一个穷凶极恶的人。但实际效果却是，药家鑫杀了人，居然还在看守所里从容快乐地唱卡拉OK。太多人因此相信了药家鑫是"官二代""富二代"的谎言和流言！药家鑫的父亲曾对中国青年报记者说，他不知道为什么作为父亲自己见不到儿子，媒体却得到了并播放了药家鑫在看守所里唱歌的视频。王梦婕：《药家鑫走后》，载《中国青年报》2011年8月27日，版3。

〔56〕 请看，〔美〕波斯纳：《法理学问题》，苏力译，中国政法大学出版社2001年版，第399页。

于法条，面对"国人皆曰可杀"的炙热激情，他本应，事实是必须，也完全可能，以各种法律和技术的理由要求并促成庭审推迟一段时间，不但为了让社会热点转移，更重要的是让流言或其他错误信息可能逐渐尘埃落定，为药家鑫案的审理创造一个比较公道的社会舆论环境。

3. 药家律师的辩护在法条上看好像是尽责了，但总体而言，非常失败，完全失败，不仅总体上，而且在具体细节上。

第一，所谓"激情杀人"的辩解就是个辩护策略上的错误。有许多民众谴责辩护律师的"激情杀人"的说法。确实，药家鑫不可能预谋杀人，只可能是临时起意，也确实是情绪冲动。但问题是，在中国语文中，激情这个词并非中性的描述，也隐含了评价，是个褒义词。因此有诸如激情洋溢、激情澎湃这类说法。在中国人日常生活中，通常只有受欺负的弱者出于自卫杀死了没有死罪的坏人，才能用"激情杀人"。即便真的是激情行为，只要这种情感不正当，无论是打人、凶杀还是诸如强奸，在中文中都只配用"兽性发作"这类贬义词。也许是读外文原版或翻译的刑法书多了，太习惯套用外国人的所谓更学理的分类了，药家律师忘了中文有个"冲动杀人"这个中性词。"激情杀人"这一辩解，在中国语境中，非但无法构成实在有效的辩解[57]，相反激起了公众本能的强烈反感。[58]但公众对辩护律师这一愚蠢很无奈，这就很容易变成对药家鑫的更大反感。在一定程度上，药家鑫为这位律师的这一愚蠢操作背了锅。

第二，律师本应努力借庭审向公众和媒体澄清一些对本案判决非常重要的关键事实，消除舆论中的以讹传讹。如，律师完全可以技术性地借助庭审来证明，药家鑫不可能知道受害者张妙是农民工。因此，即便故意杀人，药家鑫也并非如舆论所传，是出于歧视农民。又如，可以通过庭审澄清药家鑫父母的情况，药家的经济状况和赔偿能力。这些努力会戳破流言，有助于受众平和理解此案的性质。

---

〔57〕 "'激情杀人'是……一个蹩脚的翻译……由于'激情'一词已经有了特定的外延，而容易引起思维的混淆"。韩洪刚：《药家鑫的"手"与李玫瑾的"嘴"》，同前注〔55〕。

〔58〕 不仅许多普通民众都质疑"激情杀人"的说法，一审法院判决书也明确反驳了这一辩解，指出，药的杀人不是激情杀人，因为受害者没有过错。《对药家鑫辩护律师路钢的看法》，http://club.kdnet.net/dispbbs.asp? id=7500884&boardid=1，2018年12月10日最后访问。

第三，律师辩护的失败还表现在他对律师出庭辩护的理解太表面化，也太字面化了，太教条了。他完全没理解律师辩护的目的是"有效辩护"，即令其当事人因其辩护而获益，至少也不能其当事人利益受损。因此不是以"出庭辩护"来展示自己的在场和自己的口才。被告律师在法庭上根本不应强调法官已知的、不会忘记的、一定会纳入考量的激情（冲动）杀人和自首行为。律师可以事先准备，却不必甚至不应展示药家鑫的13份奖状、药的同学等人的四份请愿书，因为这些材料没有法定意义，与此案判决几乎无关。想想，法官有可能因贪官先前也曾努力工作并获奖而宽恕其贪腐行为吗？

在我看来，此案的最恰当辩护其实就是真诚认罪和认罚。最合适的当庭辩护人则是时年已50多岁、因儿子杀人自己也陷入舆论旋涡的药家鑫的父亲。他就应以自己日常朴素形象出庭——穿整洁的旧衣服，不染发，甚至可以两三天不刮脸，就为让公众看清他只是个普通人，一夜白头，满脸花白胡茬。他不必多说，其实也就说几句话。鉴于"子不教，父子过"是所有普通中国人分享的价值，也是此案的中国社会语境，他就应首先代表药家鑫认罪伏法，真诚认罪，公开明确表明愿意接受即便是死刑判决，代表儿子和他自己向被害人全家赔罪，他还应坦然承担起作为父亲的教育责任。他根本不必主张任何可以在法庭上拿出来的辩护理由，因为这些理由已众所周知，法官也不可能忽略。最后，他自然地以父亲的形象，并代表也应出庭在座的妻子，真诚恳求被害人及其家庭、法官，并通过媒体向所有在场和不在场的公众，在国法许可的范围内，在所有受众的情感伦理上，能饶他的独子一命。所有这些话都要用老百姓听得懂的语言，要避免一切诸如主观、客观、冲动或恶意或后果之类的法言法语，避免流行诸如"少杀慎杀"这类的政策术语。

药父出庭，他刻意不作修饰的普通人形象，以及他的真诚道歉、认罪和认罚，可以想象，会当即颠覆由一系列误导信息塑造出来的药家的权势形象，自然也就戳破了药家鑫是"官二代""富二代"的谎言。药父的形象和言辞还会让所有在场、不在场的受众真切具体清醒地意识到被告只是个21岁的大学生，一对50多岁父母的独生子，这会让许多人当即直观理解或体会中国人一直强调的"老来丧子"那种悲剧，感同身受。这不仅会唤起对"可怜天下父母心"的感知，也可能经此逐步凝聚公众对独生子女犯死罪时该如何惩罚的社会共识。事实上，这会是一个全国性的有效法治教育。中国人也一直有"杀降不武""杀降不祥"的说法。"天下惟至柔者至刚"[59]，对于可杀可不杀的人，以主动彻底认罪认罚来激发这种社会心理，有特别重要的法律司法实践意义。法律是理性的，但人不仅是理性的，也是情感的！法律的理性因此必须包括对人的情感的理解和把握！

这意味着，明智的法律人一定要明白何为真正强有力的辩护！何为真正有效的辩护！评判标准只能从其当事人是否获得了实际利益来评判，而不是辩护人觉得自己很雄辩、由衷、畅快或自己的知名度增加了，自己法律服务的市场价格提升了。那都是把律师的自我利益放在了当事人的利益之上，是严重违反律师职业伦理的，依据法律是应吊销律师执业执照的。

4. 西安中院设计的"陪审团"和问卷调查也预案不够，因此成了败笔。乍一看，在这种社会高度关注的案件中，法院努力了解民意是一个积极尝试。但首先这没有法律依据；因此，只要有人质疑任何结果，法院都很难为其正当性辩解。据报道，问卷上的两个问题分别是：您认为对药家鑫应处以何种刑罚？以及，您对旁听案件庭审情况的具体做法和建议？明眼人一看就清楚，前一个问题更重要。这个问题看起来中性，但鉴于有些人从一开始就已被利益或舆论裹挟，甚至就一直在操纵舆论，早就认定药家鑫该死，他们一定会认定这个问题是诱导性的。因为"何种刑罚"表明死刑只是选项之一，这已违背了一些人的愿望。

更大的问题是这个"陪审团"的构成：80% 是西安音乐学院学生和西北政法大学低年级同学。不论西安中院是否承认，我对这一构成的判断是，从一开始，西安中院就觉得舆论对公正审理药家鑫太不利，希望有一种制度力量来平衡一下，为此设立了这个"陪审团"。因为，只要不像马加爵那样杀害同学，本校同学谁会下狠心要求判药死刑？西安音乐学院的同学也了解药家鑫不是个恶人，哪怕这次做了恶事；他们多少

---

[59] "天下之至柔，驰骋天下之至坚。"朱谦之：《老子校释》，中华书局 1984 年版，第177—178 页。

也了解药的家庭。旁听并回答问卷的西北政法大学的低年级学生也会趋于偏心药家鑫，因为他们刚在课堂上被灌输了诸如"废除死刑"的政治正确和法治意识形态，谁都不想错过了这个时代潮流和历史大趋势。一般说来，在涉及死刑的案件中，他们不仅比普通中国人，甚至比一般中国法律人都更趋于反对适用死刑。

这样偏颇的"陪审团"，暗示如此明显的问卷，从一开始，就注定会受到强烈质疑。不仅公众有反映。被害人的代理律师则公开质疑，主要由这两个大学的学生构成的这个"陪审团"会偏向药家鑫，一审法院想用预期的问卷答案来正当化自己不判死刑的判决。[60]由于不少人一开始就认定法院设"陪审团"有偏心，那么无论问卷结果如何，西安中院都很难决定，也非常尴尬。也许正因此，西安中院最后也没公布问卷结果。更糟糕的是，由于有人猜疑，甚至迫使西安中院必须撇清自己。严判药家鑫几乎成了西安中院的唯一选择，只有如此才能向公众证明自己不曾偏心。[61]西安中院就这样糊里糊涂地把自己逼上了一条不归路！

5. 但我并不认为西安中院的陪审团设想本身错了。意识到自己面临巨大的舆论压力，需要民意来支持其认为就该案案情来说更为合理公正的判决，这一举措可以说是西安中院有担当的表现。但仅有愿望不够，好心不一定就会有好的结果。我们做事其实不是为证明我有好心，而是，从来都是，永远都是，追求一个好的结果！

如果西安中院举措得当，结果有可能好，起码不会这么糟糕。虽然判决有待正式审理，但在初步阅读和了解此案案情后，西安中院法官有预判，药家鑫不该死，这既非徇私枉法，也不是先定后审，而属于"凡事预则立，不预则废"，实属合情合理（reasonable）。

最简单的举措是让"陪审团"的构成更简单，本市 50—70 岁的正派公道的中老年人，无论是街道大娘，还是下岗工人，只要不是文盲即

---

〔60〕"药家鑫案在西安中院开审期间，500 名旁听人员都收到调查问卷，被征求量刑意见。受害者代理律师表示，旁听者大都是大学生，而能代表受害者身份的农民群体参加旁听很少，不排除会偏护药家鑫。"《扬子晚报》，2011 年 4 月 14 日。

〔61〕药庆卫曾表示，他不知道一审法院为什么会发问卷调查；这隐含了对西安中院这一做法的指责。王梦婕：《药家鑫走后》，同前注〔55〕。

可。这样一个陪审团的合法性和正当性会大大增强，不管西安中院最后是否用问卷结果来支持自己的判决。同音乐学院或政法大学的 20 岁左右的大学生相比，这些壮年人或老年人更可能代表中国社会中下层民众的判断，更能体现中国社会深厚的道德法律共识。在杀人偿命借债还钱这类传统案件上，他们经历也更多，见的世面也更多，自然更少可能被人忽悠。但最重要的，他们也更能理解药家鑫父母失去独子的艰难处境和悲凉心境。我猜测，这些人对此案的司法建议，大致会是"死缓"。被害人家人和社会公众可以不接受这个"陪审团"的建议，却很难质疑他们的公正和合法。

6. 一审法院应对此案的另一重大差池是有关刑事和解协议。[62]此前最高法发的《关于为构建社会主义和谐社会提供司法保障的若干意见》（2007）就曾强调：案发后真诚悔罪并积极赔偿被害人损失的案件，应慎用死刑立即执行；当年发的《关于贯彻宽严相济刑事政策的若干意见》（2010）第 23 条则规定："被告人案发后对被害人积极进行赔偿，并认罪、悔罪的，依法可以作为酌定量刑情节予以考虑。"因此，这类案件达成和解，不判被告死刑，有法可依。从先前经验来看，只要被告人主动认罪、悔罪，积极并尽力赔偿，就有可能求得被害者家人的谅解，即便赔偿数额无法满足被害人家人的要求。但药家鑫案的相关双方居然没达成和解。除了舆论和社会压力外，从事后透露的种种信息来看，必须归咎于双方律师。

首先是药家律师的判断和决策都完全错了。张妙遇害后，被害者家人及其律师曾主动与药的父亲联系，说是"希望就民事方面有关事宜进行协商"。这显然也是个让药家父母当面真诚道歉的好机会；再向前迈一步，就是刑事和解的起点。但这居然遭药庆卫冷遇。[63]据说药家只是托律师给受害人一家带去了作为丧葬费的少量现金，未当面道歉，然后在媒体上发表了估计是经律师审定的致歉信。此后，据说药家鑫父亲也

〔62〕《张妙之父：药家鑫有罪，他的父母没犯罪，同情他们》，2011 年 8 月 15 日，http：//society. people. com. cn/GB/15413864. html，2018 年 12 月 10 日最后访问。

〔63〕《关于接受药庆卫赠与二十万元的声明》，http：//bbs. tianya. cn/post-free-2379639-1. shtml，2018 年 12 月 10 日最后访问。

一再谢绝同张妙家人直接交流。药家之所以如此，说是接受了药家律师的建议，"先等等，把双方的情绪消退点儿，然后由律师出面慢慢谈赔偿"。[64]药家律师给出的理由是，怕药家父母"不懂法"，道歉时说了过头话，承担了太多法律责任；一旦被张家用作法庭证据，药家律师认为那将不利于其辩护，会有损药家鑫的权利。这个顾忌不是没有道理，确实是英美国家律师从业的禁忌。但问题这是在中国！药家这样做何止是削足适履，这是明摆着是把儿子的脑袋往刀口上送呀！在中国人看来，儿子杀了人，做父母的不上门道歉，只带点钱给被害人家庭，这是道歉吗？不论带钱的主观动机如何，你也不能只管自己动机，要注意的其实是对方的真实感觉——这是侮辱。因此，我们才能理解死者家人的民事代理律师在法庭上说，民事协商药家人没有诚意；才能理解死者丈夫在法庭上激动宣称"只要能判药家鑫死刑，民事赔偿部分可以分文不取"。听从律师的误判和误导，药家错过了关键时机，犯了致命错误。

我也得承认，即便药家当时登门道歉，主动积极赔偿，也不一定就能达成和解。因为在错误信息鼓动下，当时已形成了极端仇视药家鑫及其家庭的舆论环境，张家代理律师，以及社会上一些正义感很强而且不怕事大的人，都认定药家鑫邪恶该死，决意要以一切手段来杜绝两家可能的刑事和解。[65]被这一舆论裹挟的张家人因此很难自控。一审判决后，张家律师重申了张家人的"一贯立场：不愿接受带有血的钱，不愿要药家鑫家的钱"。即便对一审判决药家鑫应向张家支付的 45000 余元的赔偿，张家也表示放弃，只"要求药家鑫用生命为他的行为来赎罪"。[66]再一次堵了药家的路。

但路还是没彻底堵死。二审维持死刑判决后。药家鑫的父亲，以满

---

〔64〕 蔡崇达：《"药家鑫案"审判了谁?》，https：//tieba. baidu. com/p/1435405770? red_tag=1438955585，2018 年 12 月 10 日最后访问。

〔65〕 一个典型事件是所谓的"激情捐款"，即以判药家鑫死刑为目的的捐款。药家鑫案一审判决的当天，上海的傅蔚冈用手机写下一条微博："凡转一次本微博，我将为张妙女士的女儿捐助 1 元人民币"，为药家鑫案的受害家庭捐款。近三个月后，药家鑫死刑执行后，张妙的丈夫王辉和代理人张显来到上海，接受捐赠总计 54.5 万元，其中发微博者本人和他的朋友捐出 28.5 万元。《激情捐款》，https：//baike. baidu. com/item/激情捐款/12603180，2018 年 12 月 12 日最后访问。

〔66〕 《对药家鑫案判决的立场和意见》，http：//news. 163. com/11/0426/11/72II2QQG00011229. html，2018 年 12 月 10 日最后访问。

足儿子死前的心愿为由，在律师陪同下，去看望了受害人张妙的父母和孩子，在同张妙父亲交谈后，药家鑫父母亲手交给张父 20 万元，说"作为他们养老之用"。[67]张妙父亲后来说，"这 20 万元是有条件的，那就是意图求得对药家鑫的从轻判处"。[68]这是药家的最后努力了。张家当时也收下了。只是 10 天后，张妙的父母邮寄退回了这 20 万元钱。

10 天，这意味着张家人一定有过不少想法，他们并不是无动于衷。但种种道德压力、更大数额捐款的利益诱惑以及自家之前公开说过的狠话，混为一体，逼着他们最终拒绝了饶药家鑫一命。药家鑫执行死刑两个月后，张妙的父亲在一次媒体访谈中就流露了他的善良，他对此案结果纠结复杂的情感。他觉得"对〔药家鑫〕他妈他爸也是觉得有点同情。……〔因为张本人〕还有两个孩子……必然还有依靠，药家现在没有一点依靠了，就那一个孩子，我不知道药家鑫他妈他爸这人究竟是个啥心情，咋想"。[69]

如果不是被错误信息引发的社会舆论绑架，如果双方律师都务实、客观、通情达理，坚守职业精神，不是关注律师自身的种种非货币收益，而是依法全心全意对其当事人负责，关心当事人的实在获益，对当事人晓以利害，我认为双方是完全可能达成刑事和解的。

之所以强调律师在其中的作用，是因为，清醒地看，在这个事件中，张家有难言之隐，尤其是死者的丈夫。因为刑事和解对死者的亲人来说是有道德风险的，因为这太容易被不怕事大的公众指责为拿死者的命换钱。这就令张家亲人，在这场舆论旋涡中，选择确实有点艰难。张妙父母的压力还可能小一点，即便同药家刑事和解了，也不会有多少人会怀疑并指责他们拿女儿的生命换钱。张妙的丈夫王辉的境地最为尴尬，他几乎没有选择。他也因此确实一再重申不要赔偿，只要药家鑫偿命。只要他流露出任何妥协和解的想法，都会被其他人——他岳父母、妻子的哥哥或弟弟，以及社会公众——视为丈夫的薄情寡义。张家的亲

---

〔67〕 同上注。又请看，《受害者张妙家属赴药家索赠款引冲突》，http://news.ifeng.com/gundong/detail_2012_02/09/12395705_0.shtml，2018 年 12 月 10 日最后访问。

〔68〕 前注〔10〕，《声明》。

〔69〕 《药家鑫临刑前拟捐眼角膜，张妙父亲称同情其父母》，http://news.sohu.com/20110815/n316333734.shtml，2018 年 12 月 12 日最后访问。

人对外也会把一切推到他身上。他今后在社会上还怎么做人呢？他还有未来或未来的婚姻吗？他唯一的选项就是不妥协。因为，正如王朔指出的，"激进的总是比务实的在话语上更具道义优势"。[70] 而且，在张妙被杀之前，据说两人正在闹离婚。这种情况如果属实，就会令王辉更必须坚持强硬姿态。

但更多是姿态。也正是在这里，我们才可以看出，律师对于张家亲人的制度意义，他们的职责就是要"晓以利害"。也是在这里，我们也可以理解，能洞察世道人心的法官的意义，他/她的司法裁决的制度意义，他们本来就可以是破解张妙亲人的道德困境的制度利器。制度角色不仅可以让法官以适当方式敦促双方达成刑事和解，甚至，当有人很有道理地试图规避道德风险之际，法官则可以用司法判决来卸去压在他们身上的巨大道德风险。但这世界上没有免费午餐。这意味着法院和法官必须承担一定职业风险。这需要明智的法官，也需要有担当的法官。这里的担当就是要承担起当事人有时有合理理由想推卸的责任，这里的明智则不仅包括判决，也包括为这个判决营造一个舆论氛围平和的环境。这就回到了附录的第一点了。

也因此，尽管有点苛刻，也很得罪人，我还是说了吧，药家鑫案最后这个结果，一审和二审法官尽责了，也都算尽力了。只是在包括主审法官在内的许多人看来，甚至被害者的父亲，都认为结局令人遗憾。

这个附录无意追究责任，只是希望通过分析表明，刑事司法需要的远不只是对法条的理解，还需要，甚至更需要，对人心世故的务实理解。更需要法律人，不仅是法官，而且是律师，明智的应对。

2011 年 8 月 20 日初稿，2018 年 12 月修改定稿于北大法学院陈明楼

---

〔70〕 王朔：《我看大众文化港台文化及其他》，载《无知者无畏》，春风文艺出版社 2000 年版，第 22 页。

第四章

当睫毛掉入眼中

——从"南京虐童案"看法律干预家事纠纷

打是亲，骂是爱，不打不骂成祸害。

——民谚

仁者见之谓之仁，智者见之谓之智，百姓日用而不知……

——《周易》[1]

案情和问题

疑心自己收养两年的 8 岁男孩施某某报告的考试成绩（全班第一）不实，在认真仔细追问后，李某发现孩子再次考试抄袭，还说谎。一气之下，李拿起手边的竹制"痒痒挠"打男孩，又把孩子书包中掉出的塑料跳绳两次双折后，抽打男孩数十次，造成男孩臀部、大腿和后背大量体表伤。男孩在校时，班主任发现男孩身体的伤痕，拍了照，上传网络，引发了社会强烈关注。舆论压力下，警方随后介入。经公安鉴定，男孩有 150 余处表皮挫伤，占体表面积 10%，构成轻伤一级。

受害人生母（李某表妹）先后主动向公安和检察机关提交了调解请求、刑事谅解书和刑事和解书，请求，甚至哀求，别追究李某的刑事责任；被拒。半年后，检察机关

---

〔1〕 周振甫：《周易译注》，中华书局 1991 年版，第 235 页。

以涉嫌故意伤害罪提起公诉。庭审中，李某承认自己打了孩子，认错道歉，却不肯认故意伤害的罪名——依据法律教科书，这要求除了有伤害结果外，行为人还必须明知自身行为会造成损害他人身体健康的结果，且希望或放任结果的发生。一审认定李某犯故意伤害罪，判有期徒刑6个月。[2]二审，南京中院维持了原判。[3]

此案名列江苏省高院发布的 2015 年度典型案件，称此案"在中国未成年人保护案件中具 [有] 里程碑式意义"。[4]2016 年 6 月，此案二审判决书获得了"第三届全国青年法官优秀案例评选"特等奖！[5]

但在我看来，并以本文来论证，此案从各方面看都是失败的。当然，也真是个里程碑，告诫后人"此路不通"的里程碑，也是界碑。这一失败的最直观表现是，尽管用心良好，旨在加强国家对家暴的干预，加大刑法制裁家暴，保护未成年人，好像社会效果也还不错，至少回应了网络上一度的强烈呼声，实际效果并不好。不仅被定罪的"罪犯"始终不认罪，二审后仍坚持申诉[6]；而且，半年牢狱后，李某走出监狱之际，早在监狱门口等候的法定受害人施某某哭喊"妈妈"，孩子生母则跪倒在地，一再哭称"对不起"，三人相拥痛哭。[7]

失败的另一证据是，尽管有这一司法先例，但即便孩子无恶意，也未造成恶果，只是孩子确实过错严重，为教育孩子，不仅父母仍会严惩

---

〔2〕我未能查到一审判决书。但请看，《南京虐童案判决书公布：养母犯故意伤害罪，其构成自首》，http://news.eastday.com/eastday/13news/auto/news/world/u7ai4684301_K4.html，2018 年 12 月 10 日最后访问。

〔3〕尽管种种努力，我未能从相关的法律文书网查到此案二审判决意见书原稿，这也许是法院系统的"判决书上网"改革实际成果的最好验证。尽管如此，2016 年 6 月 2 日，最高人民法院召开第三届全国青年法官优秀案例评选活动总结会，南京中院助理审判员徐聪萍撰写的案例《李征琴故意伤害案——轻微家庭暴力犯罪案件中被害人程序选择权的适用应体现未成年人利益最大化原则》获特等奖。有理由相信，这就是李征琴案的《二审判决书》，http://www.360doc.com/content/16/0614/16/34178357_567738869.shtml，2016 年 6 月 10 日最后访问。我根据这一获奖判决书的判决理由以及作者评析展开分析。

〔4〕同上注。

〔5〕同上注。

〔6〕《"南京虐童案"后续报道：二审维持原判，李征琴再次准备申诉》（这里的"再次"是记者的误解），http://finance.ifeng.com/a/20151121/14082859_0.shtml，2016 年 6 月 10 日最后访问。

〔7〕《南京虐童案养母出狱，生母孩子下跪道歉，剧情因何反转?》，http://www.china.com.cn/shehui/2016-03/13/content_38013755.htm，2016 年 6 月 10 日最后访问。

孩子，公众也完全接受这种做法。一个典型例证是，就在本文完成后尚未刊发的 2016 年 9 月 3 日，合肥某小区一男孩趁父母不在家，将 34 层楼道里的啤酒瓶拖至 28 楼，向楼下过道扔了 15 个空酒瓶。尽管未伤及人，气不过的家长还是把孩子屁股打开了花，并在业主微信群中主动发了"一张孩子屁股被打开花的照片，可以清楚地看到孩子的屁股到大腿上都布满伤痕"，真诚道歉，"邻居们也接受了该家长的道歉"。[8]这件事上了本地新闻，当地公安机关却未在意。换言之，无论父母还是社会其他人，乃至公检法机关，在社会和政法实践中，都完全无视了这一所谓的里程碑，并以实际行动拒绝了其所谓的指导性意义。

还可以回顾一下。在网络上，即便当初不少读者看到男孩体表伤照片后，确实对李某义愤填膺，骂她"蛇蝎心肠""最狠莫过妇人心"，要求严惩李某。但只要真的留心一点，却真没谁称李某是"罪犯"的。尽管李最终被判有期徒刑，就我看或浏览过的相关新闻中，包括庭审新闻，也没看到任何文字称李某"罪犯"或"犯罪嫌疑人"的！[9]这似乎是一个没有罪犯的罪案。这暗示了社会的道德评价与法律评价其实非常不一致。

相反，网上也有不多评论认为，大致是，孩子不好好学习且屡屡说谎，打孩子，不好，但可以理解，有时甚至必要，这是父母关爱孩子的一种特定方式，在社会中颇为普遍；此案本该难得糊涂地过去，法院如此高调"以树典型"方式处理此案会毁了这个孩子，令其一生为此蒙上阴影，也毁了大人。李某一审的最后陈述甚至认定："公安、检察机关、学校和社会、网络给孩子带来的伤害比我打还要大！"[10]

----

〔8〕 请看，《合肥一"熊孩子"高楼扔下 15 个空酒瓶，屁股被家长打开花》，http://news.wehefei.com/system/2016/09/07/010812681.shtml，2016 年 6 月 10 日最后访问。

〔9〕 依据法律理论以及罪刑法定原则，刑罚应当，且在社会实践上通常确实，与犯罪关联；但众多历史事件，以及法社会学理论分析，都表明这种关联关系并非确定。刑罚的施加和严厉程度常常与冒犯特定社会集体良知的强度有关。最典型的历史事件是苏格拉底审判和被处死：由于陪审团中认定他有罪的人数比判他死刑的人数更少，因此，有些陪审团成员是在认为苏格拉底无罪的情况下判定其死刑的，仅仅因为苏格拉底的言行冒犯了雅典城邦成员的集体良知。对刑法实践的法律社会学理论分析，请看，〔法〕涂尔干：《社会分工论》，渠东译，生活·读书·新知三联书店 2000 年版。

〔10〕《南京虐童案养母被判刑 6 个月》，http://news.sina.com.cn/s/wh/2015-09-30/doc-ifxieymv7755842.shtml，2016 年 6 月 10 日最后访问。

我知道"法不容情"，也知道"大义灭亲"！但搬弄这些词本身没意义，除非此案的具体事实和是非曲直要求如此。这些词本身并非出自此案，也不针对此案。我承认，此判决确实事出有因，但我的问题是，这个"因"是否足以支持这个判决？不足以。相反，下文会分析，获奖的二审判决书自身清楚表明，此案判决显然违背了法律的明确规定，给出的判决理由和论证全然不能成立，与本案事实和争点完全脱节，近乎强词夺理。

我会细致分析论证这一点。但批评此案判决只为了告诫：由于相关各方之间关系复杂、微妙和特殊，家事纠纷争议通常不适合法律，尤其是刑事法律，强硬介入。这不是拒绝法律的规制，只想提醒全面依法治国时代的公众和法律人/法学人，法律规制应当明智、有效和可持续。

下一节具体分析此案以及更一般的家教暴力，努力展示这类看似"暴力"互动中复杂的利害包容关系，这种利害包容关系一般足以保证家庭成员间的"家暴"互动虽不好看，却大致会有节制，通常对双方乃至对社会都有利。司法鲁莽介入，即便出于好心，通常会事与愿违。第三节进一步分析二审法院的判决书，展示其法律分析论证在经验上完全不成立，逻辑上自相矛盾，判决理由不仅羸弱，甚至虚假，主导此案判决的真正根据其实是意识形态优先的欲加之罪。

但我不认为这个不靠谱判决的发生原因是法官的智识和能力不足。第四节因此具体分析，此案司法处置中，哪些社会因素，作为社会背景，介入此案从调查、起诉到判决的全过程，扭曲地促成了这一判决，以及此案判决理由的牵强附会和强词夺理。

促使此案发生的另一重大社会背景则是中国法学界长期以来缺乏制度、理论和文化自信，他们似乎有个基本判断：历史上中国一直不注意保护未成年人的权益。这错得离谱。除了在相关段落中我会引证一些英美国家有关打孩子的社会法律实践范例外，第五节特别借历史中国"父慈子孝"这一根本问题的法律实践，努力展示历史中国法律在规制家事上曾经的深刻洞察、开阔视野以及明智运作，希望当代中国人特别是法律人能从更广阔的政法视角来理解家事法律的实践。最后是一个简单的结语。

"打是疼，骂是爱"

尽管未加限定，但这还是传统中国有关家庭关系的一个重要命题。但在流行"人受造平等"的现代，它已很不受人待见——至少在公开场合，包括学术场合。是的，人们天性厌恶以强凌弱。但另一方面，在中国社会实践中，即便今日，作为社会常规，仍有绝大多数人认为、接受并亲身实践，为教育自己的孩子，尤其是男孩，特别为纠正孩子如说谎、小偷小摸（包括偷家里的钱和物）、学习偷懒不认真、打架（欺负其他孩子，即所谓"霸凌"）之类的毛病，或为惩戒一些并无道德意味但后果极为严重的高危或冒失行为（如结帮"野泳"，打群架），父母亲或监护人不但可以，甚至有道德义务和社会责任，打骂孩子，只要不过分——那只能情境化地具体界定。

这种打，传统说法是要让自家孩子"长记性"。按今天学术上"高大上"的说法，就是一种行为矫正或规训，目的是培养孩子一种好（可欲）的社会行为习惯。但孩子，尤其男孩，常常"记吃不记打"，别指望一次规训或稍加惩戒就能解决问题。"三天不打，上房揭瓦"，中国老话总是切实提醒父母要有持久战准备：打骂孩子不会是一两次。打孩子不好，几乎所有打过孩子的父母也都承认，私下里也常常很后悔；但遇到问题，他们还会动手。不是口是心非，也不全是情绪难以自控，关键变量其实是理性——从功能上看，许多情绪都是理性的。[11] 中国人长期以来一直认为，孩子身上这类小毛病可不小，有关人格品行，必须从小及早纠正，否则，孩子走向社会后，会贻误孩子终生；是对孩子不负责，也是对社会不负责。

但这种打骂或规训，也并非要把孩子收拾得老老实实，服服帖帖，没有个性。这其实是一些现代中国知识分子，有意无心误解或混淆了孔

---

[11] 当面对复杂问题时，情感性选择起到了节约信息的理性作用。请看，Arthur J. Robson，"The Biological Basis of Economic Behavior"，*Journal of Economic Literature*，vol. 39（1），2001，pp. 11-33。

子的"非礼勿视，非礼勿听，非礼勿言，非礼勿动"，甚或也还能从历史文献中找几个窝囊废的例子。但那从来不是中国人尤其男子汉的理想人格——想想"士不能不弘毅""威武不能屈，富贵不能淫，贫贱不能移"，以及"至今思项羽，不肯过江东"之类的。稍注意一下普通中国人的日常社会实践，会发现，他们严格规训的行为通常不包括一般的"顽皮"或"调皮捣蛋"。普通中国人有"乖孩子（往往）没出息，淘气孩子（可能）干大事"的说法，甚至略显刻薄地认为"忠厚是无用的别名"[12]，主张男孩子就应当"皮"一点。所谓"皮"，包括"顽皮"，即积极进取、有想象力和富有创意，也包括"皮实"，即身体、情感和心理上经得起社会生活的挫折和摔打。

正是基于对中国社会中孩子必需之人格的想象，长期以来，中国人一直真诚相信并在家庭教育中普遍实践"打是疼，骂是爱，不打不骂不成材/是祸害"，"玉不琢，不成器"或"不打不成器"，相信"严家无悍虏，而慈母有败子""棒头出孝子，箸头出忤逆"等。[13]这并非愚昧，基于历史上的经验有太多学者都支持了这一点，典型如司马光的分析。[14]此类社会实践也不限于中国甚或东亚，英语中也有孩子"不打不成器"的俚语。[15]后面我还会谈到英美国家的一些制度实践。这都表明管教打孩子真不大可能是一个认知或道德上的错误，很可能是普世的，即便不能称为价值，却是人们从长期社会实践中蒸馏出来的一个不得已

---

〔12〕　鲁迅：《论"费厄泼赖"应该缓行》，载《鲁迅全集》（1），人民文学出版社 2005 年版，第 290 页；类似表达，人太忠厚（善）被人欺，又请看，沈从文：《王谢子弟》，载《沈从文集》（8），北岳文艺出版社 2002 年版，第 423 页；以及（明）冯梦龙编著：《古今谭概》，栾保群点校，中华书局 2007 年版，第 370 页。

〔13〕　（清）王先慎：《韩非子集解》，钟哲点校，中华书局 1998 年版，第 461 页；（汉）韩婴：《韩诗外传集释》，许维遹校释，中华书局 1980 年版，第 72 页；（明）凌蒙初：《初刻拍案惊奇》，中华书局 2009 年版，第 127 页；又请看，隋树森编：《剪发待宾》，载《元曲选外编》，中华书局 1959 年版，第 573 页；（清）西周生：《醒世姻缘传》，黄肃秋校点，上海古籍出版社 1981 年版，第 40 页；张恨水：《金粉世家》，人民文学出版社 2009 年版，第 68 页。

〔14〕　"为人母者，不患不慈，患于知爱而不知教也，古人有言曰：'慈母败子'。爱而不教，使陷于不肖，陷于大恶，入于刑辟，归于乱亡。非他人败之也，母败之也。自古及今，若是者多矣，不可悉数。"（宋）司马光：《温公家范》（卷1），王宗志注，天津古籍出版社 1995 年版，第 43 页。

〔15〕　韩国电影《我的野蛮女友》中曾正面表现了这一点。英文则有"Spare the rod and spoil the child"（字面翻译是"省下棍棒，害了孩子"）的说法。请看，陆谷孙主编：《英汉大词典》，上海译文出版社 1993 年版，第 1062（rod）。

或 "必需"。李某是这一历史传统的实践者之一，卷进了这条人类伟大河流的漩涡。在法庭上，她对打孩子的最重要辩解就是："宝宝当时不听话，撒谎，我［用］了3年都没改掉他撒谎的毛病，我担心他以后会学坏，他平时会抄别人的作业，我很着急，我想把他教好。"（着重号为引者所加）[16]

中国人有可能夸大了孩子说谎的潜在社会危害性。至少有一些儿童心理学研究表明，儿童说谎的原因并非道德人格不健全，反倒可能是人格发展的一个必要阶段。[17]从物竞天择的进化论视角来看，我也得承认，如今还真没法提出一个本质主义和普世主义的道德人格了，你一提倡 "男子汉"，一堆 "小鲜肉" 的粉丝就会跟你较上劲了。任何所谓的健全人格，包括今天社会流行的独立、平等、富有创造力和想象力等，说到底，也都打上了这个时代的功利印记——想想先前中国农民强调的"男儿不怕千般苦，女儿能绣万种花"。但也因此，我才敢断定，普通中国人对自家孩子道德人格的担心，以及与之相伴的也许过于严苛的规训和惩戒，都有现实的考量，并非什么家长制、专制主义或威权主义的产物，或 "把孩子当成了私有财产"。关于这一点我后面会有更多分析。

这些现实的考量包括，首先，尽管种种颇有道理的关于说谎的儿童心理学研究，但我们并不确知为什么，即便在同一家庭，也只是有些孩子屡屡说谎。这容易令父母更多向坏处想，避免心存侥幸。他们选择了相信，也确有一定社会证据支持：说谎、不诚实以及其他行为问题与受社会制裁的违法犯罪有稳定且更高的概率关联。中国民间说法是 "从小一看，到老一半"，"三岁看大，七岁知老"。从生活经验中父母也还知道，一个习惯说谎或不诚实的人偶尔也能得手，但最终会被社会抛弃或放逐，社会发展前景很差，在社会上 "吃不开"，甚至会进监狱，不可能有什么真正的社会的（有别于法律人爱说的所谓 "法律的"）尊严。尽管我手边就有，但在此我还是放弃引证文献来表明这种社会信念的真假。因为真假在此不重要。重要的是，即便为假，但只要普通民众如此

---

〔16〕《南京虐童案养母承认打人，自称不想伤害人》，http：//www.baizhan.net/news/20150929/39168.html，2016年6月10日最后访问。

〔17〕例如，〔瑞士〕皮亚杰：《儿童的道德判断》，傅统先、陆有铨译，山东教育出版社1984年版，第160页以下。

坚信，关心自家孩子长远和根本利益的父母就不敢对孩子的这类行为掉以轻心，必定会予以教育和规训。司马光早就指出"为人母者，不患不慈，患于知爱而不知教也"[18]——慈爱是父母的天性，但管教孩子却是理性的社会行为。

如何教育和规训？只要不过分天真，如同部分死读书、读死书、读书死的人那样，迷信所谓理性的力量，以为只要讲道理就足以且总能改变孩子的行为，那么就必须承认，哪怕父母再苦口婆心，循循善诱，仍可能部分甚或全部失败。即便对未成年人，也必须伴随有惩罚[19]，有时还不得不严惩。[20]我不否认说理教育很重要，是首选。只是，若真的

[18] （宋）司马光：《温公家范》（卷1），第43页。

[19] 事实上，在美国，联邦政府，还有23个州政府，都认可体罚是促使学生服从管教的必要和合法手段，只是需严格限制使用。联邦政府1981年《教师保护法》、2002年《联邦中小学教育法》都承认教师、校长、教育机构为维持秩序有权采取合理的体罚；只要不是鲁莽行使或涉及刑事不法，体罚行为就合法、免责。其他禁止体罚的州，也允许学校以管教学生、维持校园秩序的需要使用身体强制措施。请看，吴亮：《论美国教师的体罚权及其法律监督》，载《比较教育研究》2011年3期，第65—66页。传统英国国内法，认为家庭中体罚儿童只要是"合理惩戒"，就不构成故意伤害儿童的刑事犯罪。一名14岁英国男孩曾起诉继父在他9岁时连续一周使用一米长的藤条对他体罚。以构成故意伤害他人身体罪，继父被起诉，但英国法官最后判其无罪释放，认为其行为属于"合理惩戒"。1998年，男孩和其亲生父亲将此案起诉到欧洲人权法院，该法院认为，仅就此案而言，英国违反了《欧洲人权公约》关于保护儿童的义务，判决英国赔偿男孩1万英镑；但该判决并不要求英国禁止或限制体罚，也没界定何为"合理惩戒"。请看，〔美〕斯丹德利：《家庭法》，屈广清译，中国政法大学出版社2004年版，第233页。2004年7月和11月，英国上院和下院均否决了因欧洲人权法院判决引发的关于禁止父母打孩子的提案，认为只要不造成伤痕，父母打孩子屁股，只要适度，就是合理惩戒。2005年1月生效的新法允许父母温和地惩戒子女。英国法官普遍认为，完全禁止体罚是不当干涉了家庭生活隐私，诉讼费时费力不讨好。《加拿大刑法》第43章规定，教师、父母或其他监护人有权体罚学生或儿童，只要这种暴力适度合理。2002年在一个有关体罚儿童的案件中，法院也没禁止体罚，只是认定不能出于发泄目的的体罚学生，不能过度；合理的体罚应考量的因素有：具体事件、儿童年龄、儿童对惩罚的认知和接受程度、体罚力度和严重性、是否用了工具，等等。很多国家虽然批准了《儿童权利公约》，也不一概禁止体罚儿童，会尽量不干涉属于私法领域的家庭内的体罚。请看，肖君拥：《禁止体罚儿童的国际法律规定与国内法律实施——以家庭内体罚儿童为视角》，载《北方法学》2010年4期，第84—85页；蒋尉：《儿童体罚问题的国际法研究》，中国政法大学硕士论文，2005年，第28页。

有证据表明，在美国民间，即便为教育孩子言语礼貌（"非礼勿言，非礼勿动"？），母亲严厉体罚孩子也被视为理所当然。美国前总统克林顿在一次电视访谈中说，如果我像特朗普说话这般伤人，"我妈会用鞭子连抽我五天！"参见http：//mini.eastday.com/bdmip/180604234312160.html，2016年6月10日最后访问。

[20] 请看，《14岁少年捅杀同学后从容离开：进去后我有吃有喝》，http：//news.sina.com.cn/s/wh/2016-09-24/doc-ifxwevmf2146832.shtml，2016年6月10日最后访问；以及《毛骨悚然！奸杀番禺女童凶手起底：身涉多起恐怖血案》，http：//gz.ifeng.com/a/20160121/4219145_0.shtml，2016年6月10日最后访问。

坚持从理性视角看，说教只可能改变人们对约束条件及其对自身行为的长期成本收益的理解和想象，却不大可能真的改变人们当下行为的实在约束条件，因此很少能真正有效改变人们的行为。民间为什么说，小孩子都"记吃不记打""说嘴没用，只能打"。对"只能"我有保留，但承认许多普通人对理性的这一务实理解，要比一些读过和更多没读过纯粹/实践理性批判的学人对理性在真实世界的效用边际的理解，更深刻。更有日益增多的正反两方面直接间接经验支持普通人对理性的这一理解。[21]

在此应考虑的因素还有教育的风险，以及谁承担这一风险。儿童心理发展和行为塑造具有不可回溯性，不可能真的"只不过从头再来"。是有"浪子回头"的故事，我承认，但这句话真正重要的其实是后半句——"金不换"。这给轻信浪子回头的人打击太大了。如果这一风险承担者是被神化了的国家，或是其他古道热肠者或公益法律人（"好事者"的另一说法），许多父母可能也就认了。但孩子教育无论成败，影响最直接和最大的人都是父母。其他人，包括国家，其实无所谓，他们一般不会有太多直接损失，更重要的是，他们从不会承担教育失败的恶名。对如今通常只有一个或两个孩子，竞争激烈，有一切正当理由望子成龙或望女成凤的父母来说，如果孩子行为不端，那就可能是他们一生最大的失败。倒也不是指望"养儿防老"，最可能的是为此操心受累受罪挨骂，孩子成为一项负资产，中国人之前常说的"讨债鬼"，或是今天的"啃老"。

假定每个人各自独立，自有独立人格和尊严，责任包括罪责自负，国家有最后责任保护每个公民的权利义务，这种自由主义和个人主义的

---

[21] 如，即便没有提及"打"，耶鲁法学院教授、华人蔡美儿承认自己"采用咒骂、威胁、贿赂、利诱等种种高压手段"，要求两个女儿沿着父母为其选择的道路努力。她的 7 岁女儿，因一首钢琴曲弹不好，被强迫从晚饭后一直练到夜里，中间不许喝水或上厕所。请看，Amy Chua, *Battle Hymn of The Tiger Mother*, Penguin Press, 2011, ch. 11. 相反的一些国家宽松教育的社会实验结果是，2016 年 7 月 12 日英国教育部宣布，拨款 5400 万美元，在全国约 8000 所小学将采用亚洲国家、特别是中国学生学习数学的方法（《英国小学将用"中式方法"教数学》，载《新民晚报》2016 年 7 月 14 日，版 A16）；2016 年 8 月日本文部省发布了 2020 年起将在小中高学校实施的新"学习指导要领"，大量增加了学校课程的课时和内容（尤一唯：《日本宣告"宽松教育"失败》，http://www.guancha.cn/youyiwei/2016_08_06_370219.shtml，2016 年 6 月 10 日最后访问）。

理论和制度实践，便利了工商社会的运作，也塑造了工商社会法律制度的方方面面。我不质疑，也赞同。但也必须清醒地看到，它不总是可能和可行，也不总是可欲，有时甚至有点虚伪。不仅在父母以包括打骂方式教育孩子等问题上，这种假定不现实，在父母与孩子甚或夫妻之间，通常也不希望，也不可能，完全像原子化个体那样相互独立。至少有长期的历史证据证明是相反的。[22]乃至于我认为这类连带很可能，与个人追求自由独立的本能一样，也是我们人性的一部分，既属"天理"，也是"人情"。换言之，无论后天教育或制裁即"国法"都很难改变。

从日常持久有效的社会教育和家庭监管教育来看，即便可以改变，也未必值得追求。从政治学理论上看，即便国家真的是每个公民的最终监护人，从现实普遍实践的可能性来看，父母或监护人通常也比任何他人，比国家或代表国家行使公权力的任何个人，有更大利益和动力自觉尽一切可能和最大努力来教育孩子，避免教育和规训的失败。一旦孩子教育失败，无论是父母的自我感知，还是社会的常规判断，都不仅仅是孩子的失败，或多或少地，会认为这也是甚至首先是孩子父母的失败。不论理论如何，作为一个事实，自古以来，无论是普通人，还是抽象的社会或国家，都赋予或强加给父母教育孩子的全权责任。这就是"子不教，父/母之过"的来源，或如民间骂人的说法"有人生，没人养；有人养，没人教"。有谁真的会指责国家，或为此指责过国家?!

当代中国法律人，受西学影响，也不时主张"人受造平等/自由"，但太多中国父母或监护人在父母子女关系上根本没法接受这种自由主义或个人主义的高大上说辞。他们就是无法从这种所谓的应然层面来看待和理解自己与孩子的政治法律关系，总是非常务实地看待自己与孩子的现实的社会规范关系。在国家或公众眼里，如果某个孩子成了违法者、罪犯，那他就是违法者或罪犯，就应受到惩罚；国家和社会，通过国家

---

〔22〕 想想《诗经》中"执子之手，与子偕老""一日不见，如三秋兮"的诗句，以及中国民间广为流传的元曲《我侬词》中表达的特定时期男女恋人的人际关系想象："把一块泥，捻一个你，塑一个我。将咱两个一齐打破，用水调和；再捻一个你，再塑一个我。我泥中有你，你泥中有我。"（明）蒋一葵：《尧山堂外纪》卷70，无日期。又请看，李季：《王贵与李香香》，人民文学出版社2000年版，第32页。

的警察、检察官和法官，会毫不犹豫地经必要法律程序将犯罪的孩子送进少管所、监狱，甚至刑场；广大公众也会立刻换副嘴脸，义正词严地指责父母从小未尽到教育责任。但在绝大多数父母心目中，也只有在他们心目中，即便犯了罪，那仍是自己的孩子。父母会打骂孩子，甚至会恶毒地骂"挨千刀的鬼"，却仍会自觉那是自己身上"掉下来的一块肉"。为法治意识形态话语神化的人，或国家，永远不会有这样的切身感觉。"智慧出，有大伪"——庄子实在太犀利了。读了许多书，想得太多了，许多人就变成只有灵魂没有肉体的自觉且自我崇高的伪君子了。

我们一定要理解这种深刻复杂甚至纠结的生活和情感上的利害关系，正是这一关系催生了家庭内父母对孩子这种旨在教育的打骂，塑造了"打是疼骂是爱"的逻辑，无论它是如何政治不正确！

但本案的重要事实之一是，李某并非生母，只是养母。这一点是否颠覆了以上的分析？没有。这只表明她对养子的关爱程度会弱于孩子的生母。但她与这个孩子仍然有某种亲缘血缘关系。这仍是其他人不能与之相比的。事实上，李某所以主动收养这个孩子，并不因为她比别人更多爱心，主要因为这是她表妹的孩子。这是基因的包容性利他在起作用。"生恩不如养恩"，收养和养育两年多的经历，从理论上看，也会强化她与孩子的互惠性利他。

因此，此案发生的真正根源就根本不是李某对养子关爱不够，而是关爱得过于强烈。她之所以愤怒，之所以打孩子，之所以下手重了，证明的不是她有心虐待孩子，相反，证明的是她真心且强烈关爱孩子，关心孩子的未来发展。如果是个普通人，此案中的热心公众或公益律师（"好事者"），也包括国家和公检法工作人员，他们会像李某一样或更关心这个孩子报告的考试成绩真假吗？李某不相信孩子自称考试第一，她先是回想了孩子以往的成绩，发现可疑，随后认真追问，甚至威胁（！）要给孩子的同学一一打电话，才迫使孩子说出了真相。她的全部愤怒、包括我们谴责的粗暴和野蛮，至少绝大部分源自她对孩子的这一真实关爱。"恨铁不成钢""爱之深，责之切"在那一刻令他们成了"冤家对头"！或许应当说"不是冤家不对头"？！

上述分析，仅想说明，父母（包括养母、后妈以及其他监护人）出于家庭教育的关切打自家的孩子，与无血缘亲缘关系的普通人打小孩，断然不同。前一种情况下，父母的利益在很大程度上通常与孩子一致。后一种情况下，大人与孩子的利益通常不一致，甚至完全对立。对前一种情况，法律不应简单套用对后一种情况的处理模式，莽撞粗暴地介入。也不是完全拒绝法律介入。如果情况极端，如造成了死亡或伤害足够重大，有足够的法律根据和理由介入，法律可以甚至应当介入。因此，此案的下一问题是，此案情况极端吗？法律介入有足够法律根据和理由吗？这就必须转向考察此案的具体情况，考察相关法律根据和法官判决理由。

"智慧出，有大伪"[23]——意识形态的"裸奔"

此案被害人体表挫伤被公安机关鉴定为轻伤，如果被害人与加害人之间是陌生人，确实可以指控故意伤害。但鉴于此案养母与养子的关系，就此案二审判决书介绍的情况来看，此案判决缺乏法律根据，也没给出有说服力的判决理由。此案判决的根据其实是一个与此案是非对错高度脱节，甚至无关，的司法追求和先期公共政策判断，即希望加大保护未成年人的权益，创立一个所谓里程碑式的典型案例。这种先期欲求是如此强烈，乃至于此案已不是法律学人批评的"先定后审"了，而是法治意识形态的"裸奔"，甚至可以说是"欲加之罪"，只是我用的是这个词的字面含义，摒弃了通常与之相伴的那种邪恶用心。

我会对这一断言负责。这一节就细致分析此案判决的法律根据和判决理由，展示其中的虚张声势、言不由衷、语无伦次，甚至是——理屈词穷。

首先，媒体一致将此案概括为"虐童案"，但无论检察院起诉指控李某的罪名，还是法院判决认定的，都不是虐待罪，而是故意伤害罪。

---

〔23〕 陈鼓应：《老子今注今译》，商务印书馆 2006 年版，第 145 页。

鉴于李某与受害人的养母养子关系，这一罪名选择就很值得反思。我不了解此案检察官的具体追求，但仅就常规虐待罪的构成理论而言，若想指控李某，检察官会遇到两个很难克服的法律障碍：一是，除非被害人因受虐重伤或死亡，虐待罪属于告诉才处理的自诉案件[24]，检察机关因此很难借这一法律栈道来暗度陈仓。其次，虐待罪是指"经常[……]从肉体和精神上摧残迫害家庭成员，[且]情节恶劣"（着重号为引者添加）。[25]此案很难证明"经常"，情节还必须"恶劣"，这都给检察机关的指控增加了难度。但，检察官觉得必须指控，因此只能舍近求远，指控故意伤害。这就表明检方有强烈的"欲加之罪"之欲求。

我不反对检察官的这种努力。抽象来看，在一定限度内，我理解甚至支持。我支持是因为，任何法律都是基于以往经验作出的规定，法律人要回应的却永远是无法确知的正在或将要发生的千奇百怪的事件。如果罪刑法定过分苛刻，检察官以及法官缺乏适度的裁量权，如尼采所言，只做历史的奴隶，他们就不可能有效履行"依法治国"的政治职能。适度的裁量权与法治、与罪刑法定原则不必然相悖[26]，除非这种裁量性选择已明确为法律排除，或推演论证的理由过于牵强，太缺乏说服力。[27]也因此，我们需要转而考察检方指控的，但更重要的是法庭认定的，这一故意伤害罪是否过于牵强。

根据损害他人身体的后果不同，故意伤害分轻伤、重伤与致人死亡三种情况。其中轻伤"指物理、化学及生物等各种外界因素作用于人体，造成组织、器官结构的一定程度的损害或者部分功能障碍[……]的损伤"。公安机关鉴定此案受害人施某某体表挫伤构成了轻伤，我不质疑。但此案至少有两点值得特别关注。第一，尽管未如此限定，但一个未明言的假定是，典型的故意伤害通常发生在两个分离的自由个体之间，但本案李某与施某某是养母与养子。即便行为与结果完全相同，这

---

〔24〕　陈兴良：《陈兴良刑法学教科书之规范刑法学》，中国政法大学出版社 2003 年版，第497 页。

〔25〕　同上注，第 496 页。

〔26〕　关于法治与裁量权的兼容。可参看，John Finnis, *Natural Law and Natural Rights*, Clarendon Press, 1980, pp. 270-271。

〔27〕　〔美〕波斯纳：《法理学问题》，中国政法大学出版社 2001 年版，第 165—171 页。

两种情况的社会危害性显然有别。若容忍非普通人之间的故意伤害，社会上这类行为有可能长期存在甚至增多；而适度容忍家庭成员之间的这种所谓的（我下面会解说这个"所谓"）故意造成的轻伤害，鉴于母子间构成特殊利益共同性，不大可能导致这类行为长期存在或在全社会激增。

由于李某与受害人的这一特殊关系，第二，说这里的伤害是故意也很离谱，只是"所谓"罢了。二审判决书无法掩饰地暴露了这一点。在相关段落中，二审判决书有句话的第一分句未加说明地断言"本案系故意伤害刑事案件"；紧接着，第二分句称李某犯罪是"出于对施某某的关心、教育"；但受众还没转过神来（也转不过来！），第三分句宣称李某"以暴力手段摧残施某某的身心健康"。若将这三个分句散开，鱼目混珠，人们有可能不注意这三个分句之间的自相矛盾，但作者就敢硬生生地将这三个分句拼成一句话。这何止是令人震惊？简直就是令人震惊！张三出于关心和教育故意伤害李四？这话通吗？出于关心和教育的行为一定是直接故意的行为，即便造成了伤害，从逻辑的矛盾律上看，这一伤害也不可能同时是故意伤害，甚至不能解释为间接故意，即放任某种罪犯希望并知道会发生的犯罪后果发生；最多也只能是过失，而过失伤害是侵权行为，不构成犯罪。但这样一来，就必须宣判李某无罪。法院和法官不能接受这个逻辑结果，法官于是接着用了"摧残"一词。依据我们的日常用法，摧残只能是直接故意。这就出现了"张三出于对李四的关爱而［故意］摧残李四的身心健康"。这还像话吗？但这才暴露了法官"欲加之罪"的强烈心结，只能如此裸奔了。

真不是我刻薄。让我继续引证这随后的判决理由：

> 未成年人的父母或其他监护人依法对其有抚养教育的权利和义务，但该项权利的行使不得超越法律边界，应受到国家法律的监督。未成年人并非父母或其他监护人的私有财产，其生命健康权不应以任何理由受到侵害，物质生活的优越性不应亦无法替代对未成年人生命健康及人格尊严的权利保障。国家作为未成年人的最终监护人，有权力亦有责任对侵害未成年人合法权利的行为进行监督、干预，此系国家公权力的合法行使，符合未成年人利益最大化原则

的要求。[28]

这段文字无论怎么看，也不像在陈述此案的判决理由，不是论证，而是在唱高调，一片政治正确的法治和权利话语的泥淖，难以穿越，不知从哪里落脚，还很容易深陷其中。这些文字无助于我们评价判断此案当事人的行为的合法性，无法了解法院为什么、依据什么一定要将针对普通人的故意伤害拓展到此案中的养母，有什么令人信服的必要性、合理性。

就让我一句句分析。难道只有"未成年人的父母……抚养教育［孩子］的权利……行使不得超越法律边界，应受国家法律的监督"吗？其实每一权利的行使莫不如是！这个套套逻辑没告知读者有关此案的任何新信息。当然，法官在此似乎暗示了，李某出于关爱打骂孩子是在行使其抚养教育孩子的权利，只是超出了法律边界。但光暗示有边界或应当有边界是不行的。你还应当指出，却没有指出，就此案而言，这个边界究竟在哪？判决书又宣称抚养教育孩子是父母的权利也是义务，但随后只说权利行使不得超过法律边界，为何不从义务角度也说说李某打骂孩子是否超过了法律的边界？为什么回避，就因这里有个麻烦：是否应当用刑法来惩罚一个过分积极履行义务的人，或是过度履行了义务的人？

我不责怪，也不能责怪，法官没告诉我们父母教育孩子的权利边界何在，因为制定法对此确实没有明确规定。各国皆然。就因为这是家事，古今中外都一样。这个边界一直是由人们在长期社会生活中形成的共识来确定，以社会舆论来维护，受社会变迁影响边界也许还会略有迁移。也许法官应当看一看社会生活。但她也没有看，或是根本不敢。她没能指出哪怕是当下中国社会的一个粗略边界，因为缺乏这种训练和关注，因为法学教授从来只教语词定义，不教观察社会，律师也没有能力

---

〔28〕 尽管种种努力，我未能从相关的法律文书网查到此案二审判决意见书原稿，这也许是法院系统的"判决书上网"改革实际成果的最好验证。尽管如此，2016 年 6 月 2 日，最高人民法院召开第三届全国青年法官优秀案例评选活动总结会，南京中院助理审判员徐聪萍撰写的案例《李征琴故意伤害案——轻微家庭暴力犯罪案件中被害人程序选择权的适用应体现未成年人利益最大化原则》获特等奖。有理由相信，这就是李征琴的《二审判决书》，http：// www.360doc.com/content/16/0614/16/34178357_567738869.shtml，2016 年 6 月 10 日最后访问。我根据这一获奖判决书的判决理由以及作者评析展开分析。

提供相关参考材料或资料。因此，她只能习惯性地从身体受伤来划界。然而，在中国社会，长期以来，同样是父母打孩子，却严格区分了社会认可的合理"管教"（discipline），相对中性的"惩罚"（punish），和社会不认可乃至谴责的"虐待"（abuse）。用作区分标准的一直是一些不成文但可经验操作的民间规则（也可称习惯法/民间法/软法甚或禁忌，名称不同，但意思和功能大致相同）。我就尝试着概括如下：

1. 打孩子不好。但有时"不打不成器"，"打是疼，骂是爱"，家教非但可以甚至必须包括某些体罚；

2. 打，必须事出有因；

3. 打的目的是行为矫正（"记吃不记打""三天不打上房揭瓦"）；

4. 一般不打女孩，除非青春期女孩主动招惹男孩，还不听话；

5. 打孩子通常是母亲的责任；[29]

6. 当有亲生和非亲生的孩子时，继母通常不能打非亲生的孩子，但如果继母没有亲生孩子时可以打；[30]

7. 不打头，不打脸，最好打屁股和掌心，不能伤筋动骨；以及

8. 通常，关起门来打。

这只是我的粗略概括，没追求完整，也不一定准确，甚或有遗漏；他人既可以补充，也可以争论。我这么做只想表明，别以为正式法律没规定，民间没有形成文字，中国社会中就没有打骂孩子的边界或规矩了。当然，对不对，合适不合适，今天能否以及应否继续，或如何修

---

〔29〕 不仅有前注〔13〕〔14〕所引韩非子和司马光的论断，许多民间故事或传说也表明，在传统农耕中国，母亲一直是教育孩子的主要责任人。中国民间广泛流传的一个故事是，巨盗陈阿尖临刑前要求吃母亲一口奶，趁机将母亲的奶头咬掉——他觉得自己少年时刚开始偷窃时，母亲非但不予管教，反而"大喜"，害了他。请看，（清）佚名：《巨盗陈阿尖》，载《栟杞近志》卷1，亿部文化有限公司 2012 年版。

〔30〕 典型的文学例证之一是中国传统戏剧《三娘教子》。这出戏改编自明代李渔的小说（《妻妾抱琵琶梅香守节》，载《李渔全集》（8），浙江古籍出版社 1991 年），关注的是丈夫死后女性守节。后代戏剧世俗化了，把重点改为"生恩不如养恩"：丈夫死后，妻妾各自改嫁，未有生育的三娘含辛茹苦抚养尤其是管教被遗弃的孩子。可看看秦腔折子戏剧本，王学秀整理：《三娘教子》，载《当代戏剧》1994 年 1 期，第 9—11 页。

改，得另说。

因此，这些概括也不意味着今天我一定或必须接受或认同这些规矩。我相信习惯性社会规范应当，并会，与"时"俱进。但这个"时"是社会经济政治制度约束条件的变化，而不是喧嚣的观念/话语/意识形态流变，除非它们构成了一种实在的社会约束。

尽管我不一定接受，但我还是得回过头来说，这些规矩并不专断任性，都有一定甚至很好的道理。所谓事出有因，必须是孩子犯了可能影响其一生并有道德意味的过错，如偷、骗、说谎（俗称"干坏事"），以及虽无强烈道德意味但后果极其严重的高风险行为，如游野泳，打群架（俗称"闯祸"）。这两类行为对孩子的未来发展、对家庭和对社会都可能引发无法补救的重大风险。这种体罚因此着眼于未来的，是因为但不只因为孩子的行为过错。为矫正孩子的行为，甚至强调管教体罚的持续性。不打女孩是社会的共识，因为中国历来都有"娇养女孩，粗养男孩"的习俗。其中道理很多，不可能在此一一展开。只讲一点，那就是，女孩通常比男孩听话；除非到了青春期，开始"招惹"男孩，不大听爸妈的话了——其实也只是她无法抵抗她喜欢的异性之诱惑。在现代看来，这不算是大问题。但在传统社会，却是大问题，因为没有避孕措施等种种原因，一旦出格，相应的风险完全落在女孩及其父母身上。女孩父母不得不以严厉的管教和惩罚来防范，这更多是为了女孩的未来。继父母但尤其是继母要避免打孩子，不仅因为，从生物学和历史经验看继父母确实趋于偏爱亲生子女，而忽略甚至虐待继子女[31]，更重要的是，基于经验主义的视角，古人早就指出，即便生母和继母同样出于善意的行为，他人也会有完全不同的猜疑、误解和判断[32]；继父母打孩子也更容易令孩子误解产生抗拒心理，导致继父母与继子/女本来就不容易相处的关系更加紧张，一旦双方心存芥蒂，就更不利于今后的家庭

[31] 生物学理论的分析，请看，〔美〕巴斯：《进化心理学：心理的新科学》，熊哲宏、张勇、晏倩译，华东师范大学出版社2007年版，第七章。经验证据则是大量的，且自古如此，如舜（《史记》，中华书局1959年版，第21页）或闵损（（宋）李昉等：《太平御览》，河北教育出版社1994年版，第29页）。

[32] "亲母为其子治疚秃，而血流至耳，见者以为其爱之至也；使在于继母，则过者以为嫉也。事之情一也，所从观者异也"；因此必须或应当避嫌。请看，何宁：《淮南子集释》，中华书局1998年版，第806—807页。

管教。但如果继母自己没有孩子，就不存在这种社会误解的可能，为了教育而管教和打孩子，事实上会得到村落社区中的好评，因为这不仅体现了继母的家庭责任感，而且对社区和社会也有利。不打头，因为怕损伤孩子的智力；不打脸，怕脸上留下伤痕，伤了孩子的自尊（没有"人格尊严"的说法，不等于没有"人格尊严"的概念[33]，"打人不打脸"就是要保护这种人格利益）；也还因为，万一脸上留下伤痕，可能影响孩子未来的其他福利，如婚姻，伤筋动骨则可能损害孩子的身体；最后父母也因此受害。关起门来打，也是为保护孩子的尊严。但还有其他功能：少影响别人，保护自我形象，从而有效界定了家事的边界。但这一点也有例外。如果孩子给村落、大院社区的很多人惹了麻烦，或是在学校欺负女/小同学，同学爸妈找上门来了，爸妈则必须当众先给孩子两巴掌，再赔不是。典型例证就是前注〔8〕提及的，爸爸在同楼住户微信群中发照片，把自家孩子屁股打开了花，以此深表歉意。

得专门谈谈上述第 5 点：为什么打孩子主要是母亲的职责。此前我就从日常生活和文献记载中感知了这一条。但一直没想透其中道理，未能将之纳入分析。这次修订，我才有机会解说其中缘由和智慧。这主要是中国农耕家庭内夫妻分工的基本格局的产物，即男主外，女主内。女主内，意味着母亲会更多时间同孩子在一起，容易发现孩子的错误。孩子在外干了坏事，别人找上门，母亲也总在家。这就使母亲几乎可以即刻纠正孩子的不良行为。但还有其他道理。首先，根据亲代投资理论[34]，中国人也早就察觉到，母亲通常比父亲更疼孩子，打孩子更少可能过分。其次，母亲力气小，即便气急了，用力打，也不会下手过重——事

---

〔33〕 一些民法学者认为中国古代社会，至少普通人，不存在人格尊严或人格权的概念（如，王利明：《人格权法中的人格尊严价值及其实现》，载《清华法学》2013 年 5 期，第 9 页），甚至不可能发生，只能从西方引进或移植。他们混淆了这个翻译引进的法律术语与传统中国人的社会理解、表达和实践，也混淆了人格尊严的古代和现代实践形式。斯诺曾记录在红军内可以叫小红军"小鬼"或同志，但不能叫他"喂"；有位小红军还曾郑重要求斯诺保证不写错他的名字，免得给外国人留下坏印象。〔美〕斯诺：《西行漫记》，董乐山译，生活·读书·新知三联书店 1979 年版，第 40—41、300—303 页。关于夫妻之间"隐私权"的一个最早记录见于西汉文献，有关孟子。请看，（汉）韩婴：《韩诗外传集释》，同前注〔13〕，第 322 页。又可参看本书第 5 章第 8 节。

〔34〕 Robert Trivers, "Parental Investment and Reproductive Success", *Natural Selection and Social Theory*, Oxford University Press, 2002, pp. 57-109.

实上，许多中国母亲打孩子往往还不得不借助些什么，如柴火棍、棒槌什么的。再者，父亲力气大，下手往往没轻重。尤其是气急之下，容易失手。以及最后，这种管教责任分配还使得母亲多了一枚精确制导的"大杀器"："看你爸回来怎么收拾你"！[35]其好处还不只是"刑不可知，则威不可测"[36]，孩子会立刻规矩起来，将功补过，讨好母亲。母亲也以不向父亲报告作为回报。管教的目的达到了，却没用"暴力"。软硬兼施，在管教孩子上，中国人的实践智慧实在令人赞叹！

以上的概括没求完整，分析也太粗略，但我只想以此表明，诸如此类的打孩子的民间规范/规矩可谓兼顾了父母和孩子的多重长远利益，是在社会实践中比较了相关利益后，才逐渐"定"下来，成为习惯或社会规范。总体来说是趋于社会（相关各方而不是仅仅关注某一方当事人）利益最大化。换言之，打孩子不全都是且仅仅为了孩子的利益。绕个弯就能看清，所有这些民间规范的限定也与父母（甚至无亲生子女的继父母）的各种利益兼容。但也恰恰因为这种利益兼容，这些有关打孩子的民间规范才有望父母能自我执行（self-enforcement）。无须国家强制，最多只需借助社区的舆论压力，就可以实现一种"无须［制定］法律的秩序"。[37]即便今天这些规范显然已不够用了，因为孩子至少从小学起就更多交由社会和学校管教，因此必须有其他机制的介入和补足。但这些民间打孩子规则中的道理，以及那种务实、平衡和对各种可能教育资源的充分有效运用，仍足以启发今天的学人，仍足以补足法治实践的欠缺。

就此案而言，如果以上列数的规则大致成立且有道理，我就有充足根据判断，李某打孩子的行为未超出这些边界。

---

〔35〕 相关的做法，可参看，费孝通：《江村经济》，上海世纪出版集团2007年版，第40页。

〔36〕《春秋左传正义》（下），于振波等整理，北京大学出版社1999年版，第1227页。这一观点当然有悖于近代以来的成文规则偏好。但有效管教孩子并非只是个法律问题。即便是法律问题，也早有学者指出，规则明晰有时不可能，甚至弊大于利。如反恐中的刑讯逼供问题。请看，〔美〕波斯纳：《并非自杀契约》，苏力译，北京大学出版社2010年版，第88页。

〔37〕 关于为什么秩序不一定需要正式法律的介入，一个基于实证经验的理论分析和阐述，可参看，〔美〕埃里克森：《无需法律的秩序：邻人如何解决纠纷》，苏力译，中国政法大学出版社2016年版。

这份判决书还有些论证，全然基于一些错误假定，针对的全然是法官自己树起来的"稻草人"，因为我都没法称其为无的放矢了。例如，判决书暗示，李某以打骂这种不可欲的方式教育孩子，是因为她把"未成年人［当成了］父母或其他监护人的私有财产"。[38]这非常荒唐，因为没有任何证据表明李某试图长期扣押孩子，她打孩子显然是为了孩子未来能更独立有效甚或成功的社会生活。打骂孩子也不因为她为孩子提供了"物质生活的优越性"，以此来"替代对未成年人生命健康及人格尊严的权利保障"。李某不可能有那么复杂的计算和权利理念。李某之所以火冒三丈，很简单，就因为她觉得孩子骗了自己。否则怎么解释许多亲妈打孩子呢？因此，这类论证完全是法官虚张声势的大义凛然，是社会公关，就为把判决此案的根据或理由说得高大上。但恰恰因此，才让我感到此案的判决根据和理由非常牵强。事实上，此案判决没有给出任何真正靠谱的理由。至于判决书莫名其妙地断言"未成年人的生命健康权不应以任何理由受到侵害"（引者加的着重号)，则更令我疑惑，难道法院是想暗示，成年人的生命健康权就可以以某些或某个理由受到侵害？

"国家作为未成年人的最终监护人，有权力亦有责任对侵害未成年人合法权利的行为进行监督、干预，此系国家公权力的合法行使，符合未成年人利益最大化原则的要求。"这话不全对，至少不准确。国家当然有权力、有责任监督和干预何止是未成年人而是一切公民的合法权利保护，没有谁质疑这一点。但从这一点推断不出，由警察、检察官和法官代表的，国家对此案的干预就一定是公权力的合法行使。公权力行使

---

〔38〕尽管有通过儿女婚姻牟取各种利益的，但还真没有什么证据表明历史中国会把人视为财产（property）或物（thing）。在中国古代所谓的奴隶制时代，"买卖［奴隶］的例子［……］找不到……屠杀［奴隶］的例子多到不可胜数"（郭沫若：《奴隶制时代》，载《郭沫若全集》（历史编3），人民出版社1984年版，第25页。没有买卖，这表明被史学家通常定义为"奴隶"的人未必是财产，而杀戮虽很野蛮，却也证明被杀者对于杀戮者缺乏足够价值因此不构成财产。相比之下，把各种人都看成财产一直是西方的法律传统，至少英语中的财产概念一直比汉语的"财产/产"概念宽泛多了。在古希腊城邦，公民（成年男子）的妻子、孩子和奴隶都是他的财产。美国黑奴制的法理基础也是这种一般化财产概念。引发南北内战的美国联邦最高法院斯科特案，其判决争点之一，就是解放黑奴是否不当剥夺了白人奴隶主的财产权。此外，还值得中国法律人注意的是，在法律上，私有财产并不必定意味着业主可任意处置，即便对奴隶。处置私产若有任何实质性不当社会后果，社会就有理由限制其财产权行使。

合法与否不仅仅取决于权力来源，还取决于，甚至更多取决于，权力行使是否必要，是否适度，或者说是否符合如今行政法总爱说的所谓"比例原则"，其实是法经济学的利弊分析。有时，哪怕权力行使者的追求符合未成年人利益最大化原则，这一公权力行使也未必真就符合未成年人利益最大化原则的要求。是否符合利益最大化原则，从来不取决于法官是否想到了并在判决书中写进了这几个字，而必须对各种可能的判决后果予以经验上的比较评估。最大化这个概念隐含的就是具体的利益比较。但整个判决书中，除了这一断言外，我没看到任何对具体利益的分析和比较。

未做比较，这突出表现为公安机关、检察院以及法院对被害人及其生母的程序选择的拒绝。根据《关于依法办理家庭暴力犯罪案件的意见》（以下称《意见》）[39]第8条的规定，对于被害人有证据证明的轻微家庭暴力犯罪案件，在立案审查时，应尊重被害人选择公诉或者自诉的权利。本案被害人施某某及其生母张某依法向公安机关递交了书面材料，要求调解处理本案，被害人亲生父母亦已出具谅解书，表示谅解李某，也经审查确系被害人自愿提出，若严格依法，公安机关本应撤销案件。但公安机关、检察机关选择了无视和拒绝被害人及其父母的程序选择。

二审判决书中，南京中院解说了为何拒绝被害人的这一程序选择。其理由是：（1）被害人是未成年人，不具备独立的判断能力及权利处分能力，不能认识到该项程序选择权的法律后果；（2）被害人的亲生父母，与此案被告李某是表姐妹，其请求因此不能当然代表被害人施某某的独立意思表示和根本利益诉求。这个论证其实很成问题。被害人确实年幼，也许确实不具备独立的判断能力和权利处分能力；但从法理上看，替代者应当是甚至只能是其亲生父母。公检法机关拒绝了。理由是被害人的生母与被告李某是表姐妹，李某对被害人生母有恩。这个理由太牵强。生母在此面对的是自己亲生儿子身心健康这个重大利益，她与李某仅是旁系血亲关系，生母有多大可能因表姐妹关系而牺牲对她显然

---

[39] 最高人民法院、最高人民检察院、公安部、司法部《关于依法办理家庭暴力犯罪案件的意见》（法发〔2015〕4号）2015年3月2日。

更重要更亲密的母子关系？而且，为什么省略了被害人的生父呢？难道他无权关心或是不关心孩子的权益？为什么法院完全不讨论他的法定请求权，难道这位利害关系人从来就不存在？！这种请求权从来不存在？！

即便被害人或其生母和生父真的都不能或不配选择程序，这也不意味着他/她们的法定选择权自动可以或应当由公安机关、检察官来行使，并由法院来决定处置。法律没有这样的强制规定[40]，也没有给出这样的惯例或先例。法院没提出任何理由，也没给任何论证，在这时，或在此案中，公检法机关是年幼被害人无力行使权利时的缺省设置或天然代理。既然法院也只是认定了生母不能当然代表被害人的独立意思表示和根本利益诉求，但为什么，公安机关或检察机关乃至法院在此案就能当然代表被害人的独立意思表示和根本利益诉求？这道沟是怎么迈过去的？法院没有给出任何论证。

如果真正严格依据《意见》的文字，公安机关、检察院和法院则应当甚或必须对此案进行调解或和解。《意见》明确规定了尊重被害人意愿这一基本原则，还特别强调"在立案、采取刑事强制措施、提起公诉、判处刑罚……时，应当充分听取被害人意见，在法律规定的范围内做出合情、合理的处理。对法律规定可以调解、和解的案件，应当在当事人双方自愿的基础上进行调解、和解。"[41]

因此，我们就得问为什么，不顾《刑法》和《意见》的明确规定以及刑事司法实践长期形成的惯例，有悖天理人情，公安机关、检察院以及一审二审法官一再拒绝听取被害人的意见，从立案到提起诉讼，再到判决？这样做对公检法机关其实没有什么好处。一般说来，这只会增加他们的工作量，还有种种法律上的风险，尤其是不得不面对利益相关者的种种诉求，还很难自圆其说；还有我这里的挑剔和各色。二审判决书的语无伦次或强词夺理就透出了法院的麻烦。只有一个解释，公检法都想突破现有的刑法制度框架，创造一个保护未成年人的里程碑式的刑事判例。

---

〔40〕《关于依法办理家庭暴力犯罪案件的意见》规定了"被害人是无行为能力人、限制行为能力人，其法定代理人、近亲属没有告诉或者代为告诉的，人民检察院可以告诉"，但只是"可以"，并非应当或必须。

〔41〕同上注，第3条。

纠结的社会现实

这是一种任性的追求。尽管此案中，相关公安机关、检察机关以及两级法院可以说都着力追求某种公共利益，有一定民意支持且相当高大上，相关人员也完全没有其他不当私利（尽管可能有一点有一定正当性的"部门利益"：政绩，以及为迎合或消解部分不了解此案详情的民意），但这一追求客观上以损害此案被告人李某和养子及养子生父母的正当权益为代价，因此往大里讲，背离了中共中央对司法的要求，忘记了法院系统曾经的承诺："努力让人民群众在每一个司法案件中都感受到公平正义。"[42]

说遗忘只是我的修辞。严格说来，这一决定是身处纠结困境的公检法机关，特别是法院和法官的不得已。但有时不得已，其实也仍是一个机构或法官个人的一个理性（自我利益）选择。在一定意义上，可以说这是这个社会在一个特定时刻的要求，公检法机关特别是法院很难抗拒。但我认为，却有责任至少予以适度缓解。

影响此案的最重大社会因素是，当受害人施某某体表"遍体鳞伤"的图片上网后，引发的汹汹民意。这并非孤立事件，其实是继续了、同时也强化了自 2011 年"佛山小悦悦"、2012 年"毕节男童垃圾箱取暖死亡"、2013 年"贵州 5 男孩烤烟棚窒息死亡"以及特别是同年"南京吸毒母亲饿死两女儿"等一系列事件催生的，公众对儿童权益保护的高度关注。[43]关注无疑正当。也正是针对这一情况，2015 年 3 月，最高法、最高检、公安部和司法部共同发布了《关于依法办理家庭暴力犯罪案件的意见》。3 个月后，发生了这起所谓"虐童案"。李某这次算是撞

---

〔42〕 周强：《努力让人民群众在每一个司法案件中都感受到公平正义》，载《人民法院报》2013 年 7 月 23 日。

〔43〕《小悦悦》，https：//baike. baidu. com/item/小悦悦/7998861；《毕节男童垃圾箱取暖死亡事件》，https：//baike. baidu. com/item/毕节男童垃圾箱取暖死亡事件/7491519；《贵州 5 男孩烤烟棚窒息死亡事件》，https：//baike. baidu. com/item/贵州 5 男孩烤烟棚窒息死亡事件/6133755；以及《南京幼女饿死事件》，https：//baike. baidu. com/item/南京幼女饿死事件。以上网址皆 2016 年 6 月 10 日最后访问。

到"枪口"上了。客观地说，她是被抓了个典型。

看上去都像是涉及抽象的儿童权益保护问题，但李某案其实与上述四个事件有根本区别。上述四个事件中反映的最核心问题之一（甚至唯一）都是，无论可否原谅，父母失职。深秋下午5：30，两岁的小悦悦独自在佛山某五金城有车辆行驶的街巷行走，因此被车辆碾压。毕节5男童相约外出玩三周，在垃圾箱内取暖死亡，同样是脱离家长的监管。贵州5男孩烤烟棚内窒息死亡的根本原因是，他们的家长当天在本村某村民嫁女婚宴上帮忙，疏于管护。南京两女童饿死则因为其母亲吸毒外出不归。这四个案件都有理由要求国家和社会积极介入，来督促，有时则是补足，家庭的监管责任。与上述四例中缺失父母关切完全相反，此案中李某是过于关爱孩子，乃至在有些人看来有点苛求自己孩子了。但我们一定要知道，她有理由如此关爱——甚至苛求，这是她的孩子！公众，代表法律的公检法机关和法官，似乎都未察觉此案的这一不容易察知、更容易被忽略但至关重要的特点。这里真正的问题是，我们真的想用法律来弱化这种过于强烈的母爱？弱化这种母爱对社会有好处吗？以及在多大程度上可能弱化？这一点我会在这一节最后再讨论。

由于不自觉，面对因不完全知情、可以理解但本该以更多信息引导的沸腾民意，公安机关、检察院和法院从一开始就面临一种颇为艰难的境况。受害人施某某的照片上传网络后，公安机关当即介入调查，这不仅是对未成年人权益的关注，也是对舆情的正当和必要回应。但从刑事拘留李某开始，在我看来，就已"过头"了。李某的行为是引发了义愤，但这种义愤是人们面对图片本能的第一反应，容易过激，因为人是"触目惊心""触景生情""闻名不如见面"的动物。这种图片也很容易，一叶障目，遮蔽了李某与养子之间其他方面的关系，那种复杂纠结的爱深恨切。严格说来，李某行为的社会危害性并不大，但被公众如此理解的她已被视为严重冒犯了社会的"集体良知"〔44〕，即便这两者并不等同。但她既不大可能继续这种行为，也不大可能畏罪潜逃。从一种更开阔的视野看，她其实已经开始受到一种特定的惩罚——铺天盖地的网

---

〔44〕 关于冒犯集体良知但未必有社会危害性的行为仍可能受刑罚严惩的社会学道理，请看，〔法〕涂尔干：《劳动分工论》，渠东译，生活·读书·新知三联书店2013年版。

络和媒体舆论压力已经开始了对她强有力且真实有效的制裁。

但这个社会舆论给此案后续处理蒙上了很大阴影，甚至是套上了紧箍咒。南京浦口检察院曾力图避免喧嚣的舆论过分影响此案司法处理，依法对李某作出不批准逮捕的决定，既雄辩阐述了根据和理由，也明智地吸收了社会公众人士参与来分担压力。但这不大可能令公众普遍理解和赞同，争议不可避免。[45]这对检察机关构成了压力。但压力也来自内部；不仅在检察院系统内部，还在政法系统内部。一个重要证据是，公安部打拐办主任陈士渠以专家身份在微博上公开表示反对浦口检察院不批捕的决定。[46]我认为陈的表态不当。陈的公共关切我理解，但他的这一具有强烈官方意味的举措完全超越了公安机关的管辖，超越了其职责，构成了对检察权的不当干扰和干预。这就为下一步冷静、公道、有效、适度应对此案增加了难度。

也有些法律人，甚至普通人，曾以各种方式和途径指出李某案的特点，力求公众冷静下来，试图为此案的公正合理的解决创造一个理性、宽松的社会舆论环境[47]，但不太可能。不仅因为在道德问题上，激进的总是比务实的在话语上更具道义优势[48]；而且必须看透人心。看上去似乎是全民沸腾了，但"事不关己高高挂起"，沉默者其实是大多数。这种沉默是一种慎重，因为此案的人际关系不像看上去那么简单，潜在的法律和政策寓意更是复杂。但眼前就是民意的喧嚣，浦口检察院只能放弃了当初的努力，决定指控法定刑更重的故意伤害罪，而不是量刑较轻的虐待罪——当然后者有"不告不理"的程序障碍。检察院决定把这个烫手山芋留给"正义的最后一道防线"。

但法院的一审和二审判决都一再印证了，我之前曾——基于我曾经的军旅生涯——一再警告中国学人别误读了对司法的修辞性表述："最后一道防线"从来也不是、也不可能是"最坚强的防线"，最不可能是"牢不

---

[45] "不少网友表示失望，认为不批捕李某，是对虐童犯罪的纵容，对今后家长、学校虐待孩子，起到不好的示范作用。"请看，《南京虐童案养母不批捕，公安部陈士渠公开反对》，http://js.qq.com/a/20150421/011079.htm，2016年6月10日最后访问。

[46] 同上注。

[47] 如南京大学的孙国祥教授的分析论证。同上注。

[48] 王朔：《我看大众文化港台文化及其他》，载《无知者无畏》，春风文艺出版社2000年版，第22页。

可破的防线"，甚至可能就是"最弱的一道防线"。当重兵防守的前几道防线均一一失守，怎么还能指望最后一道防线上，此案一审和二审的两位女法官，独立坚守？这里的法治意识形态或信条——司法独立和法官独立——甚至在理论上不允许她们像独自坚守阵地的英雄那样，呼唤"向我开炮"！她们并不只是自己，她们背后是法院，甚至是整个法院系统。

一个不起眼的常规案件，就这样被折腾、倒腾成了一个难办的案件。骑虎难下，它已承载了太多社会利益集团的利益期待。事实上，许多起初出于公心、心地善良的民众变得无情起来，会同媒体，他们开始残忍消费此案的被告、受害人以及受害人的亲生父母，任由法院通过此案来追求一个与本案仅仅看似有关，看来很高大上的公共政策追求，一种所谓的里程碑意义。有网民评论"这是一起典型的舆论绑架法律的案例"。是的，就是舆论绑架了法律，但并不典型，因为此类案件一直都有，实在不少，想想当年来回折腾的唐慧案[49]，想想几年前的药家鑫案！[50]吃了不少堑了，我们的社会真的就不能长点记性吗？

骑虎难下。审理此案的法院和法官知道，被告李某打孩子是，"出于对［孩子］的关心、教育"，是"体表伤"（并不伤筋动骨），但毕竟是伤痕累累，难看，你怎敢冒犯舆论，拒绝公安机关和检察院的一再坚持的决定——即便不敢苟同？！为政治上保险起见，她们自然趋于，甚至也有了理由，断然拒绝受害人的程序选择，即便她们无法，事实上——如上一节分析的——也未能，令人信服地论证为什么李某真的有罪。这就催生了"张三出于对李四的关爱而摧残了李四的身心健康"这种不合逻辑和语无伦次的陈述。

此案判决被誉为有里程碑意义，但催生这一有罪判决的重要因素之一恰恰是一种被误用因此也是被滥用的传统观念，针对的是受害人并非李某亲生。这令许多人，网上浏览或口耳相传的，不了解此案的复杂人际关系的，简单并因此错误地把养母李某当成了传统文化中有自己亲生孩子的后妈。自古以来，几乎任何社会，后妈形象都是糟糕甚至邪恶

---

〔49〕 所谓"唐慧案"，一般指"湖南永州少女被迫卖淫案"。可参看，陈柏峰：《从唐慧案看中国法治生态》，载《中国法律评论》2014 年 3 期。

〔50〕 苏力：《从药家鑫案看刑罚的波及效果和罪责自负》，载《法学》2011 年 6 期。

的。[51]这其中有，却不全是，僵化的偏见。从社会生物学上看，确实有理由，社会公众长期以来也一直，疑心后妈更偏爱自己的孩子，警惕她虐待非亲生孩子。[52]从社会功能上看，这其实是传统社会的一种自发的保护儿童的机制，有准法律意义，许多儿童也曾因此获益。

但只要有人获益，那就可能甚至一定有人会因之受损。这就是"后妈难当"这个普遍且不争的社会事实、通例或常规。无论是后妈管孩子严了，甚或不管孩子，社会都可以也常常用同一句话来指责后妈——"不是她自己［生］的孩子"。中国民间因此一直有"儿要亲生，钱要自挣"的老话，告诫女性养别人的儿比养自己的儿更难。

不仅如此，由此带来的另一负面效果则是，那些其实并不歧视继子女的后妈，出于自我保护，很容易趋于尽量少管或不管孩子[53]，自己少麻烦，也减少了社会的猜疑。而且不是亲生，无论孩子长大后成为什么样的人，也不大会心生内疚或不会有太大内疚。只是，从全社会的格局来看，这就是后妈减少了自己在家庭教育中的投资，进而也就减少了家庭这种社会组织的福利产出。这也就印证了"半路夫妻难经营"的传统告诫，因为双方都很难彻底摆脱婚史留下的利益格局。

这些细节和道理本来都该支持李某，却先被媒体，然后被众多网民和法官忽视或无视了。甚或也被李某及其律师忽视了？李某不是孩子的生母，但她是特定意义上的后妈，却非典型的后妈。她自己的以及自己丈夫的孩子都已分别长大成人，已不存在同李某养子争夺各种生活资源的冲突。孩子是李某主动收养的，这意味着李某没有偏心自己亲生儿女

---

〔51〕　是的，任何社会！想想白雪公主和灰姑娘的故事，请看，《格林童话》，冯化平编译，天津人民美术出版社 2004 年版，（上）第 27—38 页，（中）第 1 页。又请看百度百科对"后母"的释义。

〔52〕　请看何宁：《淮南子集释》，同前注〔32〕。又请参看，〔美〕波斯纳：《性与理性》，苏力译，中国政法大学出版社 2003 年版，第 548 页以及注 5 所引文献。

〔53〕　一个新近的例子，容易被视为八卦却很有说服力的，是著名影星章子怡同流行歌手汪峰结婚后，章子怡把自己与汪峰前妻的孩子的关系塑造成了"前妻女儿最信任的朋友"，http://tj.sina.com.cn/video/zonghe/2016-06-01/detail_v-ifxsqxxs8155126.shtml，2016 年 6 月 10 日最后访问；又请看，《陈数谈与丈夫前妻儿子相处：不要他叫妈》，http://fun.hsw.cn/system/2012/09/08/051454806_01.shtml，2016 年 6 月 10 日最后访问。与本文有关的是，就因为不是妈，她们都很明智，以朋友关系不但缓和了可能紧张的关系，但也因此——更重要地——解脱了自己管教孩子这一很棘手的责任。

虐待非亲生儿女的动机和可能。更重要的是，她不只是孩子的养母，也是养子的表姨，同养子之间有基因分享，与养子有生物学上的包容利他性。[54]用传统的后妈形象来套李某就是一个基于易得性偏见的认知和判断错误。[55]太多普通人，很可能还有本案法官，只看到养母与后妈的相似，对此案中这些精细社会事实的差异不关心，也不清楚，无法或拒绝从社会生活的经验层面和/或生物学层面理解这些精细差异的社会意义，自然也就不可能细心理解和精细拿捏此案被告与受害人之间复杂纠结的共同利害关系，也无从向社会公众解说这其中的复杂性。李某因此成了这个缺乏扎实社会根基的概念化法治的受害者。

也因此，公众以及此案一审和二审法官也不可能看到此案判决对于整个社会还有另一潜在的负效用：通过实实在在的制裁，该判决大大削弱、震慑甚至摧毁了某些养母或后妈对非亲生孩子本来还可能有的那么一点责任感。李某认真用心管教养子的做法，是有点粗暴，但只要不太过分，总体上会增加家庭的社会正产出，是一种自发的社会教育投资，这就可以有效减少他人（孩子的亲生父母或老师）的教育投入，孩子学习进步也有助于社会福利的产出，令整个社会获益。如果后妈/养母，出于自我保护，不管孩子或不用心管教孩子，整个社会则会受损，客观上减少了私人和家庭对教育的投资。

这类问题在先前的中国问题不大，在当今中国则正在或可能成为一个比较大的问题。传统中国离婚的人极少，除非妻子离世，男人再娶，相对于今天而言，后妈极少。除叔伯兄弟之间因谁家没儿子而过继，其他形式的孩子收养相对于今天而言也很少，因此养母也不多。由于无他人竞争资源以及"养儿防老"，因过继出现的养母也不会放弃对养子的管教。因此，从理论上看，传统社会中的后妈或养母对全社会教育投资或家庭福利产出的影响不会太大。

---

〔54〕 关于包容利他性及其对人以及其他生物的行为的影响，可参看，Edwards O. Wilson, *On Human Nature*, Harvard University Press, 2004, ch. 7；以及，〔美〕巴斯：《进化心理学：心理的新科学》，同前注〔31〕，第8章。

〔55〕 Amos Tversky and Daniel Kahnman, "Judgement under Uncertainty: Heuristics and Biases", in *Judgment Under Uncertainty*, Daniel Kahneman, Paul Slovic, and Amos Tversky, eds., Cambridge University Press, 1982.

随着当今中国社会城市化和社会流动性增长，中国的离婚和再婚数量连年增长。[56]在中国都市地区，有更多孩子在成年之前不得不同后妈或养母（继父或养父）一起生活。社会养老的发展完善也会令继母缺乏足够自我利益的激励努力管教非亲生孩子。这意味着家庭的自发教育投资以及其他相关福利产出可能会逐步降低。从社会和法律公共政策来看，其实应当以稳定且适度的制度激励鼓励父母和继父母管教孩子。因为谁投资谁受益，这种弥散于社会和家庭日常生活的管教，总体而言，会比政府部门或社会公益组织的同类管教更见效果，也更有效率。

在此背景下，就可以看出，即便本案法官从未追求，甚至从没想到，此案判决客观上还是有了一种实在的法律公共政策意味：它向全社会的后妈或养母发出了一个信号：不要严厉管教孩子，这可能引来社会的舆论压力，弄不好还会惹上官司。这一判决因此为后妈/养母提供了一个法律借口，少履行甚至不履行其有能力履行甚或本来也愿意履行的家庭教育责任。这意味着，中国的家庭教育会随之弱化，而社会对国家干预家庭事务的需求则会增加；国家若无法满足，事实上国家注定不可能满足，这一无底洞的需求，那就意味着随着此种样式的、也即司法的未成年人保护增强，与许多法律人的追求相反，中国社会更可能出现更高的青少年违法犯罪率！我不希望这一逻辑推论被坐实，尽管很有可能坐实。

考虑到正变化着的中国社会语境，亲妈打孩子，与养母打孩子，即便其他情节相同或近似，从起诉、定罪和监禁的实际制度激励（包括反激励）效用来看，若仅从社会公共政策上看，甚至对亲妈应从严，对养母应从轻。这个看似荒唐的逻辑结论并不真的荒唐：因为制裁了亲妈，亲妈仍然舍不得孩子，还会管；但制裁养母，会给她充足理由从此对孩子不管不问。

曾经的审慎与明智

尽管看似，且容易被这样误解，本文的要点并非反对法律介入家

事，而是希望法律人更关注法律如何介入家事。如果真如某些学者主张的，法律是一种艺术，或法学还能算是门学问，那么，法律就一定要关注分寸和节制，不仅要有丝丝入扣的合情合理，更重要的是国家和社会的强制力行使，对社会各领域的介入都必须明智、有效且可持续。否则，法学就或者是鹦鹉学舌的意识形态高大上，法律也不过是有意识形态高大上包装的鲁莽暴力。

在这一方面，尽管不被今天的法学人和法律人待见，历史中国其实为我们提供了一些出色的制度先例。深藏其中的大视野、大格局和大智慧至今仍可能令我们大开眼界，深受启发。

首先是传统中国对儿童的保护。并非如同一些学人蔑视的那样，传统中国从来不注意对儿童的制度性保护，只把孩子当做私人财产。确实，那时没有未成年人保护的法律。但未成年人这个概念并非一个普世的概念，也不是一个天然的范畴，它其实是现代工商社会这个特定时代的产物。即便在今天，也不普世。在现代工商社会，人必须接受现代社会生活必需的文化科学教育、技术训练和社会规训，大致到18、19岁，才算成人。并非真的因为他/她们的身体这时才发育成熟，只是到这时他/她们才能作为受过足够社会和知识规训且有足够技能的劳动者进入现代社会生产和生活。在传统农耕社会，由于种种原因，没必要也不可能催生未成年人的概念。农业生产活动需要的就是丛林社会自然演化出来的普通人的体力和智力。更重要的是，当时人的预期寿命也不允许人们有一个可在校园内奢侈挥霍15年的少年和青年的时代。因此，只有那时才有12岁出使赵国因功赐任上卿的甘罗，才有17岁率八百骁骑斩敌数千勇冠全军受封冠军侯的霍去病。也不只属于天才或世家子弟，其实这几乎是当时的普世"价值/事实"。想想汉乐府《陌上桑》的"十五府小吏"（办事人员），想想李白《长干行》中的"十四为君妇"![57]农耕时代，任何农人，从儿童早期，也即六七岁起，就必须以某种甚至是游戏的方式学习和参加家庭生产劳动，无论是放牛、放羊、喂鸡、抓鱼（有别于今天的"摸鱼"）还是绣花。因此，你才可能真切理解辛弃

---

〔57〕（清）沈德潜编：《陌上桑》，载（清）沈德潜编：《古诗源》，中华书局1963年版，第62页；李白：《长干行》，载《李太白全集》（上），中华书局1977年版，第256页。

疾笔下的"大儿锄豆溪东，中儿正织鸡笼，最喜小儿无赖，溪头卧剥莲蓬"。[58]这些孩子并非令现代法律人痛心不已的童工，这只是农耕时代儿童必要的教育训练，因为必要，因此也是对儿童的一种保护。

传统中国不知道有"未成年人"及其保护，不是因为中国人道德卑下，文化落后，缺乏启蒙，而是因为当时中国社会从功能上就不需要"未成年人"这个分类。但保护儿童却从来是、也一直是传统中国的社会共识，是一种普遍且非常强大的社会规范。在现代法律分类上，这可能属于"软法"，却远比硬法神圣和坚强；其地位相当于"天理"，也即略高于"国法"，是历史中国的"三纲"之一，相当于今天的宪法基本原则，其具体内容则是"父父子子"，或"父慈子孝"。[59]

之所以强调"父慈"，针对的是人类天性或生物学的一个显著特点，因男性女性分别拥有的生育资源不同而在社会生活中表现出来的男性的一个"缺点"（特点）：父亲天生不如母亲对孩子慈爱。因此才将父慈规定为一种由社区舆论强制实施的父亲的义务，也是中国农耕社区最核心的构成性制度之一。不仅如此，为更有效保护孩子的重大权益和健康，农耕中国一直以各种方式，包括舆论赞美，来鼓励"执子之手，与子偕老"；还通过包括对"七出"的不断限制性解释，除双方协议离婚的"和离"外，一步步限制离婚，其中最核心的就是不允许丈夫以各种借口抛弃妻子——"休妻"。即便那种今天乍看起来全然是压迫女性的规范，如"嫁鸡随鸡，嫁狗随狗"，在实践层面的社会功能却是为女性主张"不离不弃"提供了强大意识形态根据和正当性！这一直获得国家政治法律的确认。这种制度安排或社会规范大致能保证孩子有一个完整的家庭，大大减少了"少年丧父"这种人生悲剧。

---

〔58〕邓广铭笺注：《稼轩词编年笺注》（增订本），上海古籍出版社1993年版，第193页。类似的描写，又请看，"田夫抛秧田妇接，小儿拔秧大儿插"，于北山选：《杨万里诗文选注》，上海古籍出版社1988年版，第45页。又请看，屡屡出现于齐白石、徐悲鸿、李可染画笔下——甚至光屁股——的牧童（徐悲鸿笔下还有渔童），参见《齐白石画集》（下），人民美术出版社2003年版，第395页；《中国现代十大名画家画集·徐悲鸿》，北京工艺美术出版社2003年版，第4，8，22，64，84页；《中国现代十大名画家画集·李可染》，北京工艺美术出版社2003年版，第43，47，54，58，66，83，100，103页。

〔59〕"何为人义？父慈，子孝……"，参见《十三经注疏·礼记正义》（下），北京大学出版社1999年版，第689页。

但鉴于历史中国国家治理能力薄弱，秦汉或许除外[60]，"专制"中国的治理格局其实一直是"皇权不下乡"。这意味着，在传统中国的农耕社区中，国家除了话语表达并通过社区舆论迫使每个父亲关爱自己的孩子外，很难以其他方式介入，迫使或有效替代父亲关爱自己的孩子。历史上因此有不少"父不慈"的现象。最典型的如出卖儿女。还不一定是因为闹饥荒，那还是想给孩子找条活路。有的就是父亲贪财或有赌博、吸毒等恶习。也不全是普通农民，也有号称知书达礼的知识分子。众所周知，但今天的读书人一直视而不见的，如窦娥的父亲，他把七岁的女儿窦娥卖给他人做童养媳，换取盘缠，自己进京考学当官[61]，才有了此后窦娥的悲剧。

奇怪的是，历代中国王朝一直不曾公开以法律制度制裁"父不慈"，相反却惩罚"子不孝"。自《北齐律》之后，"不孝"成为后世王朝宣布要予以严惩的十项重罪——即"十恶"——之一。但是，若真的回顾历史，因"子不孝"而受惩罚的判例，我孤陋寡闻，不仅极为罕见，也非常乖张。可以不夸张地说，至少依据现有的历史记录来看，那些被以"不孝"之名处理的案件的核心问题都不是典型的"不孝"。[62]真正的大不孝，如李世民，后世也很少有人指责他不孝。据此，我的概括是，对"不孝"的实际法律制裁，其实是"雷声大，雨点小"，甚至无。

但不能由此就得出结论认为古代法治不健全，或是国家虚伪，或是"执法不严"。我们不能，因自己不明事理，就认为是别人脑残或是道

---

〔60〕 历史中国仅在秦汉时期，中国的县以下是有某种准官方的管理体制的，典型的是乡、里、亭长制度。可参看，赵秀玲：《中国的乡里制度》，社会科学文献出版社 1998 年版。

〔61〕 （元）关汉卿：《窦娥冤》，载《元曲选》，臧晋叔编，中华书局 1958 年版，第 1499 页。

〔62〕 许多法律史著作中有关"不孝罪"都只是对抽象概括的法律概述，给不出一个生动且令人信服的判例。有数几个看似有关"不孝"的判例，都很奇怪。一案是寡母与道士通奸，诬告儿子"不孝"，孝子宁肯伏法被杀，也拒绝透露母亲丑闻。多亏河南尹李杰，基于情理判断分析，又以巧妙设计，发现了此案真相（（宋）欧阳修、宋祁：《新唐书》，中华书局 1975 年版，第 4461 页）。二是，有富家子以怀疑酒中有毒为名，与妻子一同诬告父母下毒（（宋）桂万荣编撰、（明）吴讷增补：《棠阴比事选》，陈顺烈校注，群众出版社 1980 年版，第 40 页）。三是，媳妇因小事在公婆面前斥责狗，惊动了其丈夫/孝子。儿子认为此乃不孝敬父母之举，提出休妻。审理此案的白居易认为，媳妇虽有不敬，但儿子小题大做，未许休妻（顾学颉点校：《白居易集》，中华书局 1979 年版，第 1394—1395 页）。这三个案子说是惩罚不孝，都实在太牵强了。案一其实是一个因奸情试图以不孝之名杀子案；案二是儿子媳妇诬告父母案，也算不孝，但"也算"这本身就打了折扣；案三似乎更可能是丈夫要以"不孝"之名义休妻。

德卑下。在其他地方，我曾分析过，历史中国各朝各代之所以如此行事，在"父慈子孝"问题上，无论是介入或是不介入，甚或只是"高高举起，轻轻放下"，都有基于社会整体和长远格局的综合考虑，反映的是古人的明智。[63]

若仅从生物特点来看，父亲确实通常不如母亲关爱自家孩子，但古代中国的立法者和执法者看得更深，一般而言，在亲子关系确定的情况下，父亲还是比任何其他外人（甚至通常超过那些一直标榜"爱民如子"的各级官员或书生）更关爱自己的孩子。换言之，"父慈"有一定生物根据，有可能成为，或大致是，尽管不必定总是，农耕社会的生活常态。因此，尽管古代中国有所谓"父教子亡，子不得不亡"之类的激烈说法，把生杀予夺的大权看似完全界定给了父亲，但有几个父亲真的逼死自己孩子的？即便可能真有。中国古人对人性其实看得很透。

但古人更从大量生活经验中察觉，所有生物都趋于关心后代却不大关心上一代，因此"子孝"这一规范反倒缺乏生物根据。生物的这一普遍特点因此决定了，除非国家以某种方式干预并以制度激励，否则，"子不孝"会是农耕或传统社会的常态。

依据中国传统的"损有余而补不足"的自然哲学智慧和自然公正（natural right）[64]，这种不平衡的自然状态也许要求国家法律干预。但鉴于古代中国国家的财力和人力，实际治理能力很弱，因此法律制度的介入必须明智，如孟子所言"有不为也，而后可以有为"[65]，才能令法律的干预有效和可持续。面对父慈子孝的实践难题，国家选择的是更多防止和惩罚"子不孝"。

中国古人的目光甚或更犀利，洞察力更深邃。他们非但抗得住自然

---

〔63〕 苏力：《齐家：父慈子孝与长幼有序》，载《法制与社会发展》2016 年 2 期，第 110—112 页。因此，以下几段文字挪用该文的一些观点，也难免重复了该文的一些文字，但也有调整和修改。

〔64〕 朱谦之：《老子校释》，中华书局 1984 年版，第 299 页。

〔65〕 杨伯峻：《孟子译注》，中华书局 1960 年版，第 188 页。类似的思想，又请看，"无为也，则用天下而有余，有为也，则为天下用而不足……上必无为则用天下，下必有为为天下用"（王先谦、刘武：《庄子集解·庄子集解内篇补正》，中华书局 1987 年版，第 113 页）；以及歌德的名言，"大师的首要标志是懂得有所为有所不为"（转引自，Henry J. Abraham, *The Judicial Process*, 4ᵗʰ ed., Oxford University Press, 1980, p. 373）。

正义情感的冲动，更仔细考察和分析了基于人性的父子关系互动的长期社会后果。尽管没有这样的术语，事实上，"父慈子孝"这种对应表述表明，古人把父慈子孝关系视为一个特殊的双务合约，其最大的特点是履行非同时，先期履行与后期履行相隔有 20 年上下。一旦从这一角度切入，就可以推定，会有些父亲很自私，也很机会主义，因此不想关心自己的孩子；但恰恰因为他的自私，为避免自己"老无所养"，他才有了养育关心自己孩子福利的动力。如果他卖了孩子，或是以其他方式逃避养育孩子的义务，他就别指望年老后孩子赡养自己。若孩子在母亲独自照料下长大成人后，孩子也有一个类似"父亲先期不履行"的抗辩理由[66]，至少在社会规范层面会大大弱化了其"子孝"的义务。剩下的，最多也只会是，"你可以不仁，我不能不义"这层极淡薄的责任或义务了。剩下的只是——民间非常有分寸的说法——"他好歹也是你父亲"！没有养育之恩，就只有一层微薄的生物关系。换言之，民间认同"子不孝"是对"父不慈"的报应。

这一关系的真正风险在于，由于父慈子孝是个非同时履行的双务合同，这就给后履行一方留下了太多机会主义的空间。应当防止，也必须防止。但其他社会制裁力作用不够，必须有国家强制力的介入。因为，如果父亲先期履行了"父慈"义务后，儿子拒绝"子孝"，先期履行的父/母没有任何反制手段，迫使儿子履行其应尽的义务。国家若不干预，任其自由放任，父/母的处境会绝对不利。不仅如此，这还会向全社会发出一个对整个社会都不可欲的信号，"养儿不能防老""好人没好报"。这会进一步弱化父亲（相对于母亲）本来就偏弱的抚养后代的生物本能，还会为一些父亲拒绝履行"父慈"义务或与妻子分担养育责任提供了借口。

综合上述考量，基于社会公正，基于在这一点上国家干预绝对必要和无可替代，历史中国才动用国家力量以国法方式介入在儒家理想中这

---

[66] 2016 年的一例是，时年 87 岁的某四川男子，因无力养活自己，要求半个世纪前，已有家室的自己同另一女子同居生下，但并未抚养，的一双儿女承担赡养义务，告上法庭并赢得诉讼。但这一双非婚生儿女仍然敌视这个"不负责任"的父亲。请看，《情债：婚外情生下的两子女，该不该赡养年迈的他?》，载《华西都市报》2016 年 11 月 24 日，版 A4。

个一直温情脉脉的领域。也正因为对人性及其现实行为格局的理解深刻，对涉及各方和各种利害的精细打点盘算，这一非常有限的国家干预一直获得了传统中国民众的支持和认同。即便如此，在法律实践上，对"子不孝"的实际司法干预也极少，仍然尽可能且更多借助了农耕社区的舆论压力。这实在是一种非常明智的制度设计和选择。

"父慈子孝"这个非同时履行的双务合同的实际履行通常相隔 20 年甚或更久。要确保这样的合同义务在日常生活中切实履行，尽可能减少国家法律实践的干预，一个至为关键的制度前提是有一个长期稳定有序且高度同质的农耕村落社区，确保人们的关系稳定且长期博弈，社区才可能对相关各方保持足够强大的压力。有这样的社区作为制度环境，国家就只需在法律上宣布制裁不孝，宣布"以孝治天下"，无需或只需很少正式法律实践的干预，就可以保证父慈子孝这一纲常（宪法基本原则）普遍实现，这大大节省了执法成本。可以说，这是当时中国经济、社会、制度和信息条件下极为明智和有效率的制度。[67]

如前提及，作为社会规范，古代中国社会一般都以社会舆论来防范继母或后妈虐待孩子。但有规范也就有例外。这就是，如果继母或后妈没有自己亲生的孩子，社会则会宽容出于教育目的打非亲生的孩子。前面提及的中国著名的传统戏剧《三娘教子》就是典型例证之一。这出戏一直广受人民群众赞扬和喜爱。除了剧情或演员的表演艺术外，更重要的潜在社会功能或许是，在强调非亲生母亲要避免打孩子（"要打打你亲生的，打旁人家孩子你不知心疼，羞羞羞！"）的同时，该剧客观上鼓励了无亲生子女的继母或后妈以包括惩罚在内的各种方式来教育非亲生子女。这也算是当时社会的一种"普法"。

---

〔67〕 不仅如此，在更开阔的社会视野中来看，历史中国仅仅打"父慈"的雷，却不下雨，不干预一般的"父不慈"，还使得传统中国发展并尽可能利用其他的一些社会机制，来制裁和防止"父不慈"。国家对"父不慈"的法律制裁并未增加，但社会对"父不慈"的制裁却并未因此弱化。首先是，由于直接的利害关系，这会令待婚女性及其父母会以各种方式强化筛选待婚男性，主要是深入了解和考察男方的家风或门风，并以传统的"六礼"等各种方式直接间接仔细考察待婚男子乃至其父母的人品。这种考察不一定完整和可靠，却绝非可有可无的，通常也有一定相关性。因为一般说来，若父母关爱后代是天性，就可能生物遗传；或是家风、门风，作为文化传统也更可能为下一辈承传。在这一视角下，甚至女方对男方家庭财产的高度关注，强调"男才女貌"，也可以理解为避免或减轻考察错误风险的一种"保险"制度。

上面只是分析道理，并非赞扬。时过境迁，旧制度格局已不可能重复。但中国古代法律介入家事纠纷的谦抑、审慎，基于全面深刻理解的明智审慎的法律调度和介入，毫无疑问，仍值得今天的法律人汲取。

结语

从一个轰动但不起眼的案件切入，本文力求展示法律介入家事的复杂性。这种复杂在于，相关人和事以及生物和社会利益的纠结，往往剪不断，理还乱，简单用城市工商社会普遍的人际关系格局来套家事关系，也许一时干脆利落，但不可能有效和可持续。基于自由主义的或个人主义的法律推论和干预，在许多法律领域，会颇为有效，也能成立，但在家事领域注定容易搁浅。因此，此案的意义并不限于此案，这涉及一个当代司法一直关注不够、进路一直过于单一的重要领域。[68]

不仅如此。此案本身也有许多复杂性，涉及了众多冲突的利益。如，此案中李某是养母，却并非简单的无血缘收养，她是有一定亲属关系的养母；此案涉及家庭教育和儿童学习，与儿童说谎这一行为矫正有关；打了孩子，打得还颇重；伤痕有很强的视觉冲击力，尤其在网络上。所有这些细节，都使此案更复杂，必须精心拿捏。这并非一个只要占领了道德高地，一个短促突击，就可鸣金收兵凯旋回营的案件。这是一件难办的案件。不可能靠原则解决问题，必须具体分析案件事实，以及相应的整个社会背景。换言之，必须废了政治正确的"大道"，才可能有真正且具体的"仁义"。[69]

不避嫌疑，我坚定走在一些政治不正确的刀刃上，不仅为"打是疼骂是爱"做了某种辩解，还试图概括提炼中国人打孩子的隐形规矩和个中道理。在一些坚信法治的正人君子看来，这是不信仰法治，讲"歪

---

[68] 可参看，赵晓力：《中国家庭资本主义化的号角》，载《文化纵横》2011 年 1 期，第 32 页。又请看该期杂志在《保卫家庭》的封面选题下其他作者的文章，集中批评了《最高人民法院关于适用〈中华人民共和国婚姻法〉若干问题的解释（三）》（法释〔2011〕18 号）的一些规定。

[69] 周振甫：《周易译注》，同前注〔1〕，第 235 页。

理"。我重申，我不一定支持，但我从不认为民间长期广泛流传的许多格言俗语毫无道理。即便过时了，那也是曾经的道理；而道理永远抵制信条。我不怕批评和痛斥，但更期待分析和争论，甚至丰富或补充。最重要的是，我希望"以身试法"，以这种也许危险的"反法治"努力来激发中国法律人/法学人从我们的看似平庸平淡平凡的生活中，将我们的一些感觉、确信和实践中的道理讲出来，将母语中那些曾令我们感动但就是发不出声来或不敢读出声来的字，读出声来。[70]不是同别人矫情，我只是同自己矫情，同中国法律学术矫情。我们的生活中，我们的生活感受中，应当有法学发展的源泉或是酵母。

尽管对此案有自己的判断，对法院判决有很多批评，但我并非借机过把二审法官的瘾。我追求把那些被现有法治话语有意无意遮蔽的问题重新摆上台面，在理性的光浴中，转着圈打量。有些东西没有，也不大可能，因依法治国，因法治与社会发展，就会从我们的生活中消失，它们仍顽固恪守自己——它们比我们更顽固，其实是更忠贞，要求我们认真对待，另眼相看。

从此案二审判决书来看，我们的法官太教条了，他们已经被所谓的"真理"锁定了，满篇大词，坚持政治正确的法治意识形态话语，完全不理睬生活，无论是社会生活，还是此案细节，无法从那丝丝缕缕的事实中，发现并概括与案件切实相关的要素或情节，用老百姓听得懂也听得下来的话来表达。他们不懂得如何说理，不知要说给或该说给谁听，不知如何让人听懂，听下去。在强调司法判决书写作改革17年后，在要求除法律规定例外的所有判决书一应上网3年后[71]，这份获得特等奖的判决书，如果真有代表性的话，会让我从另一角度评估近二十年来这方面努力的实际成效——没多大成效。

我太苛刻了？其实这与我苛刻不苛刻无关。中国司法的威信，中国

---

〔70〕 "母语中……有些字令我感动/但我读不出声。"梁小斌：《母语》，载《在一条伟大河流的漩涡里》，上海文艺出版社 2009 年版，第 143 页。

〔71〕 加强判决书说理，作为法院改革的重要措施之一，正式启动于 1999 年。请看，《人民法院五年改革纲要》，载《中华人民共和国最高人民法院公报》1999 年 6 期，第 186—187 页。又请看，《最高人民法院裁判文书上网公布暂行办法》(2013 年 7 月 3 日)；《最高人民法院关于人民法院在互联网公布裁判文书的规定》(2013 年 11 月 13 日)。

法院的威信在很大程度寄托在法官的判决上，有时则附着于判决书，更多附着于这类简单但难办的刑民案件判决书，不大会是什么复杂的知识产权或企业兼并案的判决书。现实远比我苛刻。

最后，我想回到本文的主旨：法律的边界，以及法律对任何领域的明智介入。中国确实已日益现代化、城市化了。随着国家财政汲取能力增加，治理能力的增强，通过法律控制、规制、管理社会的能力也全面增强了。"皇权不下乡"的格局自新中国建立以来已彻底改变，当代中国农村新型城镇化也已铺开。建设法治国家、法治政府和法治社会的说法成为流行的口号。国人，几乎所有的法学家，都趋于强调扩大法律的规制范围，强化法律的规制力量，法律也以各种方式潜入到家庭，似乎国家该改变对家事纠纷不告不理的司法传统，似乎整个社会都要求或期待国家这个现代利维坦以全面能动方式介入家庭事务，承担起比方说更多的保护儿童和未成年人的使命。一些法律人看到了这其中的职业利益，纷纷在保护人权、保障未成年人的权益的旗号下聚集起来，提出并推销着种种真诚或不真诚的法治规划和方案，有务实的，但也有不切实际的，有些甚至是可能贻误社会的。他们不断创造和提升着整个社会的法律期待，通过创立诸如此案这样所谓的里程碑！

我无法抗拒这种种努力。我只想通过分析此案指出，重要的问题不是这种期待或某种努力是否高大上，而是所有这些努力都涉及关于人类、社会和国家的一些更基本的假定。社会和法律变革在多大程度上可能改变人性，彻底改变一些领域的基本特点，并因此能在这种意义上推动某种可称为社会进步的变化？理论上的无所不能、无所不在的世俗上帝，国家或人民，总体而言，能否总是比公民各自更能有效保护自己，保护各自的家庭和孩子？我会迟疑做一个全称判断，至少目前。

普通人的日常生活经验以及大量的社会事实令我不敢忘记英国法学家斯蒂芬在将近一个半世纪前的告诫：

> 确实有这样一个真实却无法界定的领域，法律和舆论的侵入会造成更大伤害，却没啥好处。试图用法律或舆论的压力来规制家庭事务，规制爱情或友谊或其他许多类似事情，这就好比想用钳子夹

出眼中的睫毛；也许眼珠子都出来了，却还没夹到那根睫毛。[72]

这段话的要旨看似，却并非，拒绝法律介入这个领域。斯蒂芬强调的是，本文则力求例证，法律并非无所不能，尤其在某些家庭事务中；在那里，有另外一些机制、规则或互动在起作用，会起作用，即便并非总是非常有效，但长期来说，往往比法律更有效，因此不宜匆忙鲁莽地使用法律。我们必须充分理解这一领域的复杂性，要精细权衡法律介入（或不介入）的利弊，更应避免法律介入引发更糟的后果，因此自我限制法律的介入。

因为，法律就像莎士比亚所言："像巨人那样强有力，当然很好；但若像巨人那样使用这力量，则是暴虐。"[73]

2016 年 7 月 1 日初稿 8 日 3 稿于北大法学院陈明楼

---

[72] James Fitzjames Stephen, *Liberty*, *Equality*, *Fraternity*, ed. by R. J. White, University of Chicago Press, 1991, p. 162（该书首版于 1873 年）。

[73] 莎士比亚戏剧《一报还一报》，引者的翻译。可参看，《莎士比亚全集》，朱生豪译，人民文学出版社 1994 年版，第 314 页。

第五章

隐私侵权的法理思考
——从李辉质疑文怀沙的事件切入

为尊者讳，为亲者讳，为贤者讳。

——《春秋公羊传》[1]

事亲有隐而无犯……事君有犯而无隐……事师无犯
无隐。

——《礼记》[2]

名誉侵权还是隐私侵权？

2009 年 2 月 18 日《北京晚报》整版刊发了李辉的文章，质疑文怀沙自报的年龄、当年入狱缘由以及国学大师的说法，引发了社会关注。[3]李辉的文章以及随后的解说有根有据。[4]尽管有人，包括文怀沙本人，出面回应、反驳，却只是质疑李辉用心不良，最重要的是，全都刻意回避了李辉的三点质疑。文的回复称"岂能尽如人意，但求

---

〔1〕《春秋公羊传注疏》，北京大学出版社 1999 年版，第 192 页。

〔2〕《礼记正义》，北京大学出版社 1999 年版，第 169 页。

〔3〕李辉：《三疑点诘问真实年龄及其他：李辉质疑文怀沙》，载《北京晚报》2009 年 2 月 18 日。

〔4〕李辉：《我为何质疑文怀沙》，http：//news. sina. com. cn/c/2009-02-25/155115218817s. shtml，2018 年 12 月 10 日最后访问。李辉的质疑得到了相关书证支持，包括文怀沙自己在出国访问表格中填写的内容。请看，刘子骥：《新得旧档案，再扒文怀沙》，载《废纸帮》（2016-05-08），https：//mp. weixin. qq. com/s/aBM7oNfM6JD7OZ4CgOM0kA，2018 年 12 月 10 日最后访问。

无愧我心"，前一句等于默认，后一句也算自我安慰。[5]

但文的一位辩护者却透露：文怀沙的儿子打算状告李辉和刊载质疑文章的《北京晚报》，索赔金额为 1 个亿，因为"李辉的质疑严重破坏了文老的国际声誉，严重影响到文老的经济利益"（引者添加的着重号）。[6]

相关的诉讼不可能发生。从法理上看，大致有两种个人信息的传播可能导致一个人名誉受损，并可据此提出名誉侵权。一种是传播诽谤性的或严重不实的信息。但就目前双方辩驳透露的信息而言，法院不大可能受理文提出的名誉侵权诉讼。因为基于即便不完整的实证材料质疑某人年龄或学术贡献不可能构成诽谤，这是社会生活中的正常现象。李辉称文当年因诈骗流氓罪入狱，这一指控，若严重不实，有可能构成诽谤。但也只是可能，仅证明李辉缺乏"善意"还不够，文需要证明李辉有"恶意"，或是李是"张口就来"，完全没有任何根据。文及其辩护者至今未提反证，一再回避，其中必有难言之隐。

另一种名誉受损则是因曝光"隐私"，某人的一些不愿泄露的私密信息被公之于众。这些信息不必定完全真实，但常常基本真实；但恰恰因其真实更会令被曝光者名誉受损。[7]我国司法实践因此将这种侵犯隐私的行为纳入名誉侵权。[8]李辉的头两点质疑，文的年龄和入狱原因，

---

〔5〕请看，《文怀沙父子回应李辉质疑："但求无愧我心"》，http：//www.chinanews.com/cul/news/2009/02-23/1574726.shtml，2018 年 12 月 10 日最后访问。三篇回应分别是《文怀沙启示》，文怀沙之子文斯的《也谈我父亲的年龄》，以及《驳李辉先生〈李辉质疑文怀沙〉》；又请看，《章太炎"关门弟子"露面，承认文怀沙是章门学生》，http：//news.163.com/09/0227/06/534VJ6IJ00011229.html，2018 年 12 月 10 日最后访问。

〔6〕《"辩护人"曝文怀沙儿子将索赔 1 亿，可能起诉李辉》，http：//www.chinanews.com/cul/news/2009/02-24/1575405.shtml，2018 年 12 月 10 日最后访问。这很奇怪，文的国内声誉受损更严重，是彻底崩溃！为什么不状告和索赔？

〔7〕参看，〔美〕波斯纳：《对私隐的一种更宽泛的考量》，载《正义/司法的经济学》，苏力译，中国政法大学出版社 2002 年版，第 299 页。

〔8〕最高人民法院《关于贯彻执行〈中华人民共和国民法通则〉若干问题的意见（试行）》（1988）第 140 条第 1 款规定："以书面、口头等形式宣扬他人的隐私，或者捏造事实公然丑化他人人格，以及用侮辱、诽谤等方式损害他人名誉，造成一定影响的，应当认定为侵害公民名誉权的行为。"最高人民法院《关于审理名誉权案件若干问题的解答》（1993）第 7 答强调："对未经他人同意，擅自公布他人的隐私材料或以书面、口头形式宣扬他人隐私，致他人名誉受到损害的，按照侵害他人名誉权处理。"注意，若依据《意见》，宣扬私隐，只要造成一定影响即构成侵害公民名誉权；而依据《解答》，则须"致他人名誉受到损害"。

无论真假，也无论李辉的动机，都触动了这块奶酪——个人信息的私密性。即便文国内外声誉毫发无损，仅因隐私被李辉曝光，文就有权诉诸法律，而且文无须证明自己声誉受损。但即便诉诸隐私侵权，哪怕能赢得官司，文仍面临这样一个他未必想看到的结果：诉讼会进一步向公众广泛传播他本想避免曝光的私密信息。权衡之下，大事化小，小事化了，也许是更好的应对。

即使诉诸隐私诉讼，文也未必能赢；很难赢。因为世界各国法律都不曾允诺保护个体的一切私密个人信息。法律承认某些个人信息属于隐私，如张三离婚了、35 岁、未婚生育、曾患过某种病，并不等于认定这些信息受法律严格保护，可诉诸隐私权不让别人知道或不允许传播。立法以及司法常常会基于社会共识或习俗，规定或裁定某些社会层面上私密个人信息不享有某些法律保护。就此事件而言，争点则是，李辉曝光的文的私密个人信息是否享有或应享有隐私权的法律保护？这关系一个更一般的有关隐私的法理问题：应依据什么标准，来区分受法律保护的和不受法律保护的私密个人信息？理由是什么？

从目前的社会法律实践来看，大致有两种进路。一是新闻职业追求体现的进路，即追求发现有新闻（市场）价值的事件和/或人的事实真相，尽管常常被简化为或被误解为追求事实真相。不能简化。因为媒体并非科学界；若无足够市场价值，真相对媒体来说几乎没有意义。新闻的市场价值不是或至少不全是媒体创造的，而是消费者的需求创造的。媒体和消费者的利益有某种一致性，学人和媒体因此常用公众知情权来正当化媒体的这一追求和这一进路。但从逻辑上和经验上看，这一进路会有争议，我甚至认为不妥。哪怕是公众确实关注某一真相，也不足以表明某一关注正当、必要甚或应当。例如，曾有媒体关心王菲女儿是否豁唇，想用照片向公众传达这个真相/真理；但公众并不支持媒体。因为真相有时过于残酷，特别对相关个体。此外，如今公众也日益察觉媒体的商业利益，与公众关切会有重合，但并不完全重合。"狗仔队"的说法很流行，就体现了公众的觉悟。此外，这一进路的错误还在于，第四节会分析，即使在隐私问题上，公众其实也不总是关心真相。

意识到了公众与新闻媒体有利益分歧，同时受美国有关诽谤侵权法和宪法第一修正案言论自由条款的相关司法判例影响[9]，在隐私问题上，当今中国法学界和至少部分司法界的思路则是选择另一进路，即围绕"公众人物"展开[10]。尽管最后未被采纳，但当年《侵权责任法》的建议稿采纳的就是这一思路。[11]其核心命题是法律要从维护社会公共利益角度对公众人物的个人隐私作必要限制，区分公众人物与非公众人物受法律保护的隐私范围。具体理由或根据大致是，公众人物的社会地位和影响力（包括知名度）令其工作、生活、言行举止与公众利益更多相关，甚至就是公共利益的一部分；公众对这些人的一切情况自然会更多关注和更有兴趣；公众人物有更多渠道和能力保护自己的名誉；为保护言论出版自由，必须给传媒更大的自由空间。[12]

关注"公众利益"的思路对，"公众人物"概念却容易出错。公众人物的个人信息一般说来确实更可能关涉公众利益，公众也更感兴趣，但如果用人物的公众重要性作为识别其个人信息是否具有公众重要性的代理（proxy），用来筛选信息，这就错了。不仅逻辑上不成立，实践上也必定很不精确。这一进路是以与信息有关的那个人的意义替代了信息本身的意义。

---

〔9〕 *New York Times Co. v. Sullivan*, 376 U. S. 254（1964）；以及 *Curtis Publishing Co. v. Butts*, 388 U. S. 130（1967）。前一案提出了对"公共官员"起诉媒体诽谤的限制，后一案则将这些限制扩展到了"公众人物"，公众人物"获有相当数量的独立的公众兴趣"，"公民很关心他们在公共争议和公共事件上的观点和行动，就像在同样这些争议和事件上，公众对'公共官员'的态度和行为的关注一样。"

〔10〕 2002 年 12 月 18 日，法院在一审判决书（上海市静安区人民法院（2002）静民一（民）初字第 1776 号）中以中国法律上并无明文规定的"公众人物"为主要理论根据之一，判范志毅败诉。例如，王春晨、姚秀盈：《隐私权与知情权、新闻自由：一则案例引发的思考》，载《当代法学》2003 年 11 期；丁晓燕：《论新闻名誉侵权案件中对公众人物的反向倾斜保护：由范志毅名誉权案引发的法律思考》，载《人民司法》2004 年 4 期；查庆九：《舆论监督与"公众人物的忍受义务"》，载《江淮法治》2003 年 1 期；邢颖：《论隐私权的民法保护：试论公众人物隐私权的法律规制》，载《法制与经济》2009 年 1 期，第 40—44 页。

〔11〕 "为社会公共利益进行宣传或者舆论监督，公开披露公众人物与公共利益相关的以及涉及相关人格利益的隐私，不构成侵权。超过必要范围的，应当承担侵权责任。"杨立新：《中华人民共和国侵权责任法草案建议稿及说明》，法律出版社 2007 年版，第 18 页。又请看：《新闻侵害名誉权、隐私权新的司法解释建议稿（依据部分，续三）》，载《新闻记者》2008 年 5 期。

〔12〕 同上注。

借助信息经济学的思路和洞见[13]，通过分析文怀沙事件以及近年中国的其他一些隐私事件，本文试图提出一种涵盖面足够广的有关隐私的思路和理论框架。这一思路将分析的关注点从人转向相关信息的社会利害。

复杂的利益格局

法律的难题从来不是确定某种利益是否需要保护，而是有与之冲突的利益也需保护，该如何平衡相互冲突、纠结的利益保护。因此，有必要首先从宏观上简单勾勒在隐私问题上冲突的利益图景。

尽管人们普遍赞扬襟怀坦白、光明正大，似乎社会一向鼓励和表彰这种做法，但我们每个人都会有某些个人信息不希望别人知道（或只希望极少数人知道）。不希望别人知道可能因为这些信息在社会层面上看是不光彩的，惹人厌恶和反感的，会受法律或社会习俗制裁。但有些信息并不令人厌恶和反感，也不希望别人知道，因为这些信息有损个人形象，如打瞌睡时流口水的照片之类的。还有些信息只有别人都不知道或只有极少数人知道，对自己才更有意义，信息的私密会带来亲密和幸福感。没几个人会把初恋或初吻的信息到处传播，尽管这不丢人，也不令人尴尬；还有自拍保存的裸照。信息公开"一视同仁"不可能，差别对待更符合人性。

符合人性的应予以足够理解，却未必就值得尊重甚至追捧。人性的、自然或本能的并不必然"仁善"。如果这种欲求不损害他人，可以尊重，或敬而远之。麻烦是，这种欲求有可能损害他人，有时甚至会严重损害很多人。

人作为社会动物，都会同他人交流。无论是在工作中，还是在生活中，人的交流会无意甚或有意传递一些不准确、不完整甚至是错误的个

---

[13] 特别是，〔美〕波斯纳：《正义/司法的经济学》，苏力译，中国政法大学出版社 2002 年版，第 3 编《私隐与相关利益》；〔美〕波斯纳：《我们外在形象的法律保护》，载《超越法律》，苏力译，中国政法大学出版社 2001 年版；以及两书中所引相关文献。

人私密信息。即便没有蒙人的动机，也可能误导人。人们一般也都希望自己给别人留下好印象，也会尽可能纠正给别人留下的坏印象，却没人去纠正他人基于误解对自己的好印象。最诚实的，也只会纠正那种可能令对方受伤的重大误解。

但社会中一定有人，事实上不少，会有选择地透露与自己相关的私密信息，甚至故意编造一些有关自我的虚假私密信息，制造假象，以误导他人的方式来最大化自己的利益。平日装成守法公民，其实正在犯罪；或是以正人君子的面貌来追求某种公职；或以虚假身份招摇撞骗；等等。

就因此，社会生存竞争筛选并培育出了人的另一天性：总希望尽可能多地了解他人的隐秘信息。甚至有相应的社会规范和机制来鼓励人们光明正大，襟怀坦白，直来直去。哪怕获得的信息暂时无用，也可以储备起来，有备无患；或可以作为商品同需要者交换，换取自己需要的其他收益。这种天性不一定都是动机不良或后果不好，不仅因为了解别人常常只是为了保护自己不受伤；而且，如果我告诫甲，乙一向花心，这就是保护了甲，尽管在特定意义上，我也伤害了乙。

因此，在所谓隐私问题上，我们看到的是由多种人性需求相互交织抵抗构成的非常复杂的社会格局。隐私是人的天然欲求，了解隐私也是人的天然欲求；隐私涉及个人利益，了解隐私同样涉及个人利益；保护隐私有社会收益，曝光隐私同样有社会收益。在理解和处理这个问题时，要考虑的就不是人是否渴望隐私，而是如何在冲突纠结的人性追求中，在多种均有社会意义的人性欲求中保持一个相对合理的平衡，因恰当保护了冲突的利益而为社会普遍接受的平衡。

不仅有利益的冲突，还有社会变迁这个变量的介入。事实上，在英语世界中，隐私作为法律概念进入法律话语也只有 100 多年的历史。[14]当中国学者批评传统中国缺乏隐私概念时，他们忘记了这个概念其实是现代构建的。作为社会事实，隐私其实在人类社会，在中国历史上，一直存在，也有社会规范给予适度尊重或保护，只是当年未必需要一个隐

---

〔14〕 Samuel D. Warren & Louis D. Brandeis, "The Right to Privacy", *Harvard Law Review*, vol. 4, 1890, pp. 193, 196.

私概念。在传统中国，普通人都生活在农耕社区，某些私密信息因此很难私密（"隔墙有耳"），但由于人员流动有限，信息交流的技术条件受限，许多事就是"天知地知你知我知"。甚至就算村里人都知道，那也只是百把人之间的秘密，不至于满城风雨，更不会名满天下。在社区内，许多隐私也没啥重大社会价值。但家长里短、流言蜚语还是一直存在，以及人们对此现象态度暧昧或首鼠两端，也表明人们确实希望了解一些他人的隐私。甚至，为了维系公共秩序，社区或更大的社会还会制度化地公布某些今天看来完全应属私密的个人信息。最典型的是已婚女性必须改变发型，或以其他方式向公众表明：如欧美社会的戒指，等等。同样因社会秩序的需求，传统中国农耕村落也会把一些今天认为可以甚至必须曝光的私密信息视为隐私予以适度保护，如后面讨论的"为尊/长/贤者讳"或"揭人不揭短"等；家居生活也有某些礼仪来防止侵犯隐私。[15]一方面流言蜚语不断，另一方面又鄙薄"老婆舌头"，这表明传统社会一直试图平衡，却很难以明确的规则或制度来有效处理隐私问题。

这也是现代社会的麻烦之一。由于市场经济的发展，现代社会的隐私问题变得更突出了。一方面，现代社会的各种条件和机制都促使了社会学和法学意义上的个人和个人自由的发生发展，要求并创造了更多隐私，这不仅是个人福利，也令社会大为获益——最典型的，也许是你能少受打扰，专注于科研或学术。但另一方面，隐私也会带来社会危害，有时甚至危害巨大。最典型的例子就是恐怖活动。反恐正当化了政府对各种个体私密信息广泛深入的搜集和利用，但边界在哪？[16]不仅要担心，政府或政府机构或公务人员过度侵入个人隐私，也必须担心相关信息被挪作他用和私用。

在社会层面也存在隐私与知情的冲突。无数陌生人在各种市场交往，各自需要信息，需要自我保护，也各自可能或势必利用信息稀缺有

---

〔15〕"将上堂，声必扬。户外有二屦，言闻则入，言不闻则不入。将入户，视必下。"《礼记正义》，同前注〔2〕，第36页。孟母也曾以此教训过孟子。（汉）韩婴撰：《韩诗外传集释》，许维遹校释，中华书局1980年版，第322页。。

〔16〕相反分析可参看，Richard A. Posner, *Not a Suicide Pact: The Constitution in a Time of National Emergency*, Oxford University Press, 2006。

意无意侵害他人的各种利益。回应社会的需求，现代媒体发展起来了，相应的技术发展起来了，作为传统社会"老婆舌头"的替代。不仅如此，现代社会还把无数分散的窥探隐私的个体欲望集中起来，凭着各种现代的窥探和传播技术，把众多隐私转化为各类商品，规模化消费，想想各种大尺度的网红直播，并以这种生产不断创造和激励着新的消费。隐私概念以及法律上隐私权概念的出现，在一定意义上，不证明隐私得到了保护，反而证明隐私被剥夺的严重。究其根本，正是人类在隐私问题上两种天性的自我分裂。

鉴于法律是实践的，因此必须考虑，诸如隐私或私密信息这类概念的模糊性以及相关的一般原则带来的操作问题。私密信息是具体的，你可以以各种方式分类或界定，但一旦进入实践，问题会更多。例如，谁的私密信息，什么样的私密信息，在什么地方，在什么时候，谁（媒体、个人、单位、政府？）通过或没通过谁传播给了或告诉了谁（公众、个人、单位、政府？），影响了谁以及影响的程度，等等。

这注定是个剪不断理还乱的领域！不是修辞。"剪不断"是因为我们冲突的人性需求以及由此衍化发生的这个高度复杂的生活世界；"理还乱"则因为我们很难甚至就是无法以明晰的概念、规则来处理这个问题。

真相并非至要

在文怀沙事件中，争论似乎围绕着李辉三点质疑的真相：文的年龄，因何入狱，以及是否章太炎的弟子或国学大师等。在其他许多隐私事件中，也常提到真相。但真相话语是种错觉。真相只是某些利益关涉者的说辞，用来掩饰其真正关切——如媒体的商业利益；但这种说法更可能遮蔽公众的利益关切。这一节就以李辉的三点质疑来展示这一点。

首先是文的真实年龄。不论文究竟出生于哪一年，其实不是大问题，至少不是一个很有社会意义的真问题。在文出生的时代，无论是文自称的1910年，还是李辉查证认定的（有文本人亲自填写的表格为证）1920年代，中国都还没建立统一的出生登记制度，在长期战乱和社会动荡的旧中国，也不可能。当年文参加工作时，没有户口本、身份证，也无法以其他简明方式验证核实。只要不是太离谱，估计当时记录的都是个人自报的年龄。年龄有水分，甚至水分不小，无论多了还是少了，在当时都不是大问题，甚至不是问题——那个年代，精确年龄还外在于现代中国治理。

只是过去约半个世纪以来，首先更多在城市地区，年龄精确才逐渐重要了。年龄如今已成为现代民族国家规则治理也即法治的一个重要因素；政治（晋升或连任的"七上八下"）、选举、上学、就业、当兵、结婚、福利、退休甚至死亡和刑罚等，都开始涉及年龄了。由于涉及利益，才出现修改自己出生年月的人。如今虚报和修改这些信息变得越来越难了，有的还可能受广义的法律制裁。这意味着中国的现代化进程和制度建设。然而，在中国农村地区，人们至今还是不像城里人那么死抠年龄，说的还是"孩子大了""该上学了""该成家了""上岁数了"等，透出了"前现代的"时间感。

即便在城市，文这个年龄段的人，真实年龄的意义也衰落了。人们基本不在意退休者的精确年龄。文1981年退休（后转为离休），不涉及就业或晋升或婚姻；乍看也看不出有什么具体利益相关。一个明显例证是，尽管辩护者试图证明文的年龄，但文发表"善言"和"哀言"后，几乎无人关心文的确切年龄了。人们关心的其实并非文究竟出生在哪年，而是他是否改过年龄，如李辉质疑的改过一次（1922改为1910），还是如文默认的改过两次（先是将1910改为1922，然后将1922改回1910）。文默认改过年龄，这就足够了；重要的其实是为何改？

入狱事由问题大一点，因为这有对文极不利的强烈道德意味。文及其辩护者都有意回避了李辉的具体质疑[17]，还不时"顾左右而言他"。但即使李辉所言为真，单独看来，问题也不那么大。从法理上讲，一个人有罪过，入狱受惩罚后，也已还了债。出狱后没理由要求他继续偿还

---

〔17〕 据李辉，文怀沙1950年代冒充文化部顾问，谎称与周恩来、陈毅很熟，与毛主席谈过话，先后猥亵、奸污妇女十余人，被定为诈骗、流氓罪，判处劳教一年。1964年5月正式拘留，后留在农场就业。1980年4月文被解除劳教；但这并非如文所言，是1978年在胡耀邦亲自过问下，被释放和平反。又请看，刘子骥：《新得旧档案，再扒文怀沙》，同前注〔4〕。

了。而且都四十多年了。如果是用普通人而不是圣人或大师的标准来看，"文过饰非"的人很多，把自己一生的平凡或不够辉煌归咎于社会或"文革"很容易，也容易得到同情。因此，李辉的质疑之所以引发社会关注，在我看来，并不在于文提供的自身信息是否真实，而是这些信息真假难辨，人们怀疑甚或认定文不只是选择性陈述了事实，避重就轻或夸大其词，更可能有意造假。这对于曾经相信文的言说的公众就足够了，至少大部分人并不特别关心文某当年究竟因何入狱，因何出狱等真相。

至于文是不是"国学大师"则绝不可能有"真相"。这是语词给我们造成的错觉，把我们认为"配不配"误解为或表述为"是不是"，把意见之争当成了事实之争。与出生日期和入狱事由不同（这有确定的参照和判断标准），"国学大师"没有可验证的统一标准，有的只是各人心中的标准，或模糊的社会想象，与被称为"国学大师"的人之间没有可由不同检验者重复验证核实的对应关系。"国学大师"往往是，受社会影响，个人对某人的主观强加或认同，是前者对后者的看法或判断，由前者施加但也可撤销，更像是名誉或名声。当然这也要有些证据，但人们对证据的评判差别很大。在一些辩护者看来，文就是国学大师，依据是他提交的33字"真经"，主编的《四部文明》以及媒体列出来的他的著作。但在李辉那里，在我这里，文就不是。证据呢？也就是这33字所谓"真经"以及这1亿4000万字的《四部文明》。但我没法说我的判断一定比文的支持者的更真。孔子告诫过："道不同，不相为谋。"

如果是他人对文怀沙的尊称，那么即使我认为文"不配"国学大师，也不是文的过错。他应拒绝该称号？但为什么？如果不用大师特别是道德大师的标准要求他，只是视文为一个多少渴望点虚荣的普通人，那么他的问题最多也只是在称号问题上采取了"三不"政策——不主动、不拒绝、不负责。社会上这种人其实很多。问题至少部分在于恭维他的那些个人或媒体。但在这个种种荣誉称号和头衔普遍贬值的时代，这也不算太大的问题。没太多理由追究文本人的责任。

如果更深入一点反思，我们还会发现，问题甚至不是文说了假话，或没说真相。总说真话，有时很残忍。不仅人有时需要说假话来维持自己的尊严甚至活下去的勇气，而且想想能对病危者说"医生说你活不过这一周"吗？所有社会不同程度都许可甚至鼓励说些许假话，甚至成为一种社会规范/制度：恭维女性，安慰病人（特别是病危者），鼓励怯懦者或不自信者。一个只有真话和真相的世界其实很糟，只有极少数人才可能承担。

真不是为文开脱。我只试图辨析指出，有关文怀沙重要的并非事实真相。人们谴责文不是因为假象。回想之前一些媒体曝光隐私的事件，2006 年 8 月《东方早报》爆料王菲女儿"豁唇"[18]，2002 年 10 月《东周刊》封面曝光香港某著名女影星被虐裸照[19]，都不是假象，不少民众还曾以抢购表达了他们欢迎这些真实信息，却仍有很多人，包括某些抢购这些信息的人，对媒体曝光这些真相表示了反感。抽象看，追求真相是种美德；当涉及隐私时，人们并非真相至上。

核心是信息对于他人的利害

如果在意的不是真相，那么关注李辉质疑文怀沙时，社会公众在意的是什么？在我看来，社会公众在意的是自己与文的各种可能的广义的交易。在这些交易中，文操作利用这些不实信息获利了，而社会公众，主要是一些媒体的受众，受损了。

这里交易的不是什么实在的产品，只是文通过媒体向公众透露（其实是推销和出售）有关自身诸多误导人甚至虚假的信息，构建了他"国学大师"的声誉和形象，获取了主要是一些非货币的收益，如社会的尊敬，在"国学"的市场竞争中——相对于质量相当的其他国学产品而言——这个"国学大师"品牌使他处于更有利的竞争位置，在与国学不相关的社会交往中他也从公众那里获得了其他潜在好处。但不仅如此，文也有些货币收益。由于"国学大师"的品牌，至少有些人更愿意

---

〔18〕《传王菲生女"唇豁"赴美实为整形》，http：//news. 163. com/06/0809/03/2O274BKK 00011229. html，2018 年 12 月 10 日最后访问。

〔19〕 2002 年 10 月底香港《东周刊》刊登了香港某女明星被虐裸照作为杂志封面，3 天后该周刊发表道歉声明，随后停刊。《香港女星被虐裸照上了封面》，http：//ent. sina. com. cn/s/h/ 2002-11-01/0959110149. html，2018 年 12 月 10 日最后访问。

购买以文的声誉背书的广义"国学"产品，包括他本人的字画以及他主编的《四部文明》等。[20]主要不是实物交易，却仍是交易，尤其在日益注重商标、品牌的所谓"知识经济"的当今。在这个时代，因种种因素，消费者日益从购买"检验品"（购买前可以检验确定货物品质）或"经验品"（用后才能确认其品质），转向购买"信用品"（产品品质很难检验，消费者通常更多或只能依赖卖家诚信）。[21]

国学是一种特别典型的信用品。这是一个几乎无法界定的领域，范围极广，可以说涉及一切非明显西学的仅与传统中国相关的思想、知识、制度（例如传统社会的道德伦理规范、风俗习惯）甚至技能（如往往被列入文化范畴的金石、篆刻、书法、版本、文字学的知识等）。其涵盖范围如此广泛，但也由于社会变迁以及与之相应的知识文化传统变迁，现代人对国学大多非常陌生。不仅普通民众，包括受过高等教育甚至毕业于受国学影响更大的文史哲学科的人，对国学知识也缺乏足够的鉴赏和甄别能力。

三十多年前，在对本土文化缺乏信心、社会财富也比较匮乏的年代，国学知识的缺乏不是问题。当时许多人趋于无视甚至鄙视传统，更关心吃饱肚子和"先富起来"。国学在当时市场上是"滞销"的。随着近年来中国社会经济文化发展，人们心态开始变化，对传统中国的各类文化知识和产品有了一种相对平和、宽容和中立的态度，对自己民族的文化也多了一分基于信念——而非基于知识——的自信。社会中有部分人对国学感兴趣了，希望了解一点或了解多一点。其中也许也包含了对现代城市工商社会激烈竞争和功利主义的反感，以及由此引发的些许怀旧。但文化的断裂又成了理解、欣赏、评价和甄别国学及其品质的障碍。当人们无法以自己已有的知识来理解、评价国学，甚至无法直接以

---

[20] 很多经济学和博弈论文献都分析了名声的经济功能。Arnoud W. A. Boot, Stuart I. Greenbaum, and Anjan V. Thakor, "Reputation and Discretion in Financial Contracting", 83 *American Economic Review* 1165 (1993)。

[21] 这是经济学家在研究市场行为中，对产品的分类。参看，Asher Wolinsky, "Competition in Markets for Credence Goods", 151 *Journal of Institutional and Theoretical Economics* 117 (1995)；一般介绍，请看，Dnnis Carlton and Jeffrey M. Perloff, *Modern Industrial Organization*, 3d ed. Addison-Wesley, 2000, p. 4. 又请看，William M. Landes and Richard A. Posner, *The Economic Structure of Intellectual Property Law*, Harvard University Press, 2005, p. 65。

消费来验证其成效之际，国学就变成了一种彻底的信用品，它极端依赖国学的形象代言人。国学产品的选择、消费完全依赖于专家、学者的身份、知名度，形象和语言修辞，而不是这种知识的实用价值。在一定程度上，如今国学还有某种精神安慰或娱乐作用。

因此，时下中国知识界有了一个颇为吊诡的现象：尽管精通甚或熟悉中国传统文化的人明显减少，不仅没有王国维、陈寅恪这样信守传统中国文化的学者，甚至连鲁迅、郭沫若这样熟悉传统但更多反传统的现代学者也很少了，但"国学大师"称号却多了起来。即便只能解说一下《论语》，甚至《三字经》，也都算对国学有研究了。

但也正是在这种情况下，"国学大师"的信用一旦出问题，受众反应就会很强烈，因为受众对国学的信任，尽管不完全，但在很大程度上是，同对讲解国学的学者、专家和大师的信任联系在一起的。这就好比，如果我自己懂如何炒股，参考股票分析师的分析炒股赔了，我没法埋怨分析师；但如果我炒股全都依赖股票分析师的分析，赔了，对分析师，我一定愤怒。

文的言行甚或有意利用了受众的诸多社会想象。社会想象之一是，既然国学来自中国传统，是一种属于历史属于过去时代的知识，那么，在受众心目中，有意无意地，作为国学之象征，代言人的年龄就有了特殊意义。似乎在时间上更接近那逝去之传统，就能保证一种更本真、更地道因此可能更优质的知识产品，就像空间的接近——典型说法是"零距离接触"——更能得到真传一般。这是人类基于生物本能难免发生的一种普遍错觉（因此，才会有"朝圣"，才会有为尼采批评的那种对起源的关注[22]）。但这个错觉，使文的年龄，这个与学术本来毫无关系的私密信息（公众并不关心文是否是章太炎的学生，因为公众并不熟悉也很难理解评价章），在这个文化想象和错觉中，促成了文的"国学大师"形象塑造，起到了保证产品质量的作用。文号称100岁或接近100岁，这些数字对那些有意无意迷信整数的人，对那些潜意识相信国学能让人延年益寿的受众也有影响，同样会强化受众对文的国学大师形象及

〔22〕 Michel Foucault, "Nietzsche, Genealogy, History", in *The Foucault Reader*, ed. by Paul Rabinow, Pantheon Books, 1984, pp. 76ff.

其推销的文化产品的信任。这也才能解说，在当代中国人更多追求自己年轻之际，文会反其道而行之，在可以选择其他年龄之际，断然选择了一个更年长的年龄。

在当代中国社会想象中，国学的另一特点是，不论其在历史上实际如何，也不论今天学界如何界定，至少在普通受众中，国学以儒家思想和教训为主，讲求道德/文章，讲求仁义礼智信。真正的国学大师，不但应学富五车，著作等身，而且懂得并践行了仁义礼智信，做到了"威武不能屈，贫贱不能移，富贵不能淫"。正是在这种社会期待中，文虚构的所谓"反江青、'文革'中坐牢、关在秦城监狱、1978 年平反以及胡耀邦曾亲自过问"这些意象，在当代中国社会公众文化中就有了与公众理解的国学相兼容、又很容易调动想象和情感的道德意味。

不只是道德意味，还隐藏了政治社会地位。试想一下如果不是被关在秦城监狱，而是天津某个劳改农场；如果不是胡耀邦且亲自过问，而是其秘书甚或天津的某位领导，或只是依据政策"一风吹"，受众会是什么感觉。文精心选用的这些看似不经意的名词都有远远超出专有名词之外的重要信息意味。它们不仅暗示和保证了文的道德地位，更暗示文在"文革"之前就已具有的学术、政治和社会地位。一个品格高尚、学富五车的国学大师就这样塑造起来了。这成了受众筛选理解文的其他信息的基本框架。乃至面对电视观众，文说"我就喜欢 18 岁的姑娘"，也被受众自觉转换成"大师"的"率真"和"坦诚"甚至"童真"。

甚至他长长的白胡子，甚或"文怀沙"这个名字——试想若是"王富贵""苟栓柱"或是"牛跃进"——也都有助于其国学大师形象的社会塑造，令受众更买文的账，认同他的形象，进一步强化他的声誉和形象代表和支持的那种社会想象中的"国学"。[23]人类是太容易产生错觉了，因为其丰富的想象力，也因为其还不够丰富的想象力。

一旦李辉曝光了文这两方面的私密信息，这个声誉和形象立刻崩塌

---

〔23〕 尽管这些因素都是在受众心目中造就国学大师的因素，但本文主题并非媒体创造大师的社会学分析。一个重要因素是电视，特别是访谈节目，它造就了一种同"大家""面对面"的虚幻感，让相信闻名不如见面的普通人很容易觉得自己亲眼见过了检验过了，自己能够准确判断。可参看，Robert D. Putnam, *Bowling Alone: The Collapse and Revival of American Community*, Simon & Schuster, 2000, pp. 35-36。

了。问题不是文的真实年龄，而是他为什么改年龄。特别是当文信誓旦旦地说自己出生于 1910 年时，他等于承认自己曾两次改年龄。如果当年第一次改，还可以原谅的话，人们会问：你为什么在不同时代对自己年龄做出了不同选择？如果文第一次选择虚假是机会主义的，那这一次选择回归"真实"就同样可能是机会主义的。文躲不过受众心中基于对事实怀疑而产生的那个深厚伦理质疑。文因诈骗流氓罪入狱与文自己透露的入狱事由反差巨大，令文与人们想象的那个正直、道德、忠贞、智慧的国学大师形象全然无法兼容。期待高，一旦失望，情感失落的强度也更大。观众想象与虚假信息互动构建的文的道德形象彻底崩塌了。

进而，以文的道德和智慧形象代表、支撑和保证的那个信用品——国学权威——也倒了。李辉质疑的第三点，文的国学成就，对广大受众已完全不重要了。他们其实从来就没真关心过，他们也不曾有能力理解和评价文的国学成就。他们感兴趣的其实只是被用来保证其国学产品品质的文的道德和知识形象。

在此，说破真相只给文造成了损失，社会并无损失；相反有社会收益。

不同的信用品——兼论"艳照门"事件

这两个虚假信息，对文的声誉及其背书的信用品的打击真的如此巨大和彻底吗？如果是，又为什么？因为曾有许多当时看来不可收拾的丑闻，一旦风头过去或尘埃落定，丑闻当事人就重出江湖？一位女明星曾在媒体向受众努力表现自身人格清纯的信息[24]；"艳照门"发生后，她的性隐私曝光表明她言行不一。虽然受众反应和反感强烈，不少人还是对涉事女明星隐私的无情曝光怀有一定的怜悯和同情[25]，全然不像对文这

---

[24] 其中一位女艺人，2006 年 8 月一次演唱会，在后台换衣服解文胸过程被娱记偷拍，照片成为香港《壹本便利》杂志的封面。她为此曾在公众面前落泪，表示担心杂志将自己的其他照片上网。《香港周刊偷拍阿娇换衣服，疑镜头藏入墙柜》，http://ent.sina.com.cn/s/h/p/2006-08-23/07291211889.html，2018 年 12 月 10 日最后访问。

[25] 请看：《每个人心中都有一扇艳照门》，载《中国新闻周刊》2008 年 3 月 3 日，第 24 页。

般鄙视。乃至一年后，涉事女明星就试图重出江湖；至少舆论并不拒绝。[26]特别相关的是，这些演艺明星销售的产品，就广义分类来说，与文销售的"国学"产品一样，同属信用品。现在的问题就是，不光彩的个人私密信息曝光为什么导致文，却未导致这些演艺明星，以各自形象背书的信用品崩溃？

文通过媒体同受众交易的产品是一种纯粹、彻底的信用品——以文的虚假信息构建的国学大师声誉和权威，以及以此背书的他的其他国学产品，完全没法经验验证。有谁能把文主编的据说 1 亿 4000 万字的《四部文明》读完，并给出令人信服的评价？即使《四部文明》价值很高，该归功于文这位挂名主编的又能有多少呢？文本人的字画也有同样的价值评估问题。相比之下，女明星固然以其清纯形象吸引了观众，支持并保证其影视音像产品有良好销路；但无论如何，首先，这些女明星的个人形象在公众看来仍然漂亮——因此是经验品，这些影视产品也不只有甚至主要不是她们的个人形象。好的影视作品得有故事，有好导演，也得有众多好演员，女明星只是其中一员。女明星还得有一定演技，其扮演的艺术形象必须与全剧故事和人物贴切和吻合，必须合情合理，不可能只是"花瓶"。艳照门涉及的女星曾有大量粉丝，绝不只因为她们的美颜。影片中受众喜爱的形象并非只是她们的自然形象，其中有她们的表演。甚至，我还可以退一步，影视作品的受众消费的并非女星的道德形象，让影视作品消费者赏心悦目的是帅哥美女的外在形象，即便她们个人私生活在影视观众看来不够检点，但在影视中她们的形象或经历仍可能让人感到楚楚可怜——这就是经验，也是某种检验。她们的作品并非纯粹的信用品。

当然如果她们的个人行为与影视作品中的清纯美丽形象完全一致，有可能增加其影视产品的销量，赢得更多粉丝。如果不一致，可能会减少一些边际的"粉丝"和消费者，但演员的这类声誉或流言并非其作品畅销的基础，也并非保证，否则就不是影视"市场"了。没有人仅因

---

〔26〕《阿娇正式宣布复出，赞张柏芝勇敢》，http：//ent.163.com/09/0310/17/542E96QP00032KMI.html，2018 年 12 月 10 日最后访问；《张柏芝站出来批陈冠希首谈不雅照》，http：//a8.ent.tom.com/player/vplay.php？vid=235673，2018 年 12 月 10 日最后访问。

某演员人品好就成为其作品的粉丝。在影视作品中，演员的所谓"人品"或"人设"与其作品质量之间没有什么相关性。畅销影视作品一定要有、也会有独立于影视明星"人品"或"人设"的价值。

还可以以一种方式来论证这一点。只要曝光的个人隐私表明影视明星在其日常生活中不像其在影视作品中那样清纯、道德，这就意味着她们并非严格意义上的"本色演员"，也就表明她们在影视作品中展示了独到的演技，使她们创造的艺术形象比社会生活中的自我更美丽、清纯和动人。这意味着她们的表演有独立于其自身的价值。她们的作品也就成了一种检验品或经验品，不再只是由其自然形象保证的信用品。

这也表明，"检验品"（"经验品"）和"信用品"的经济学分类其实是相对的。卷入"艳照门"事件的女演员，只要其作品赢得了一定数量的观众，那么无论演艺界界定其为实力派还是偶像派，在社会消费层面，她们都必须通过其艺术形象或演技争取消费者。我们也许可以将她们的市场价值归结为她们的清纯漂亮，但并非所有的清纯漂亮的人，都可能获得她们获得的那个市场；这就如同并非所有长相如葛优或赵本山的人都可能有葛优或赵本山的成功。换言之，她们不像人们夸张的那样，仅仅是"花瓶"；她们必定具备一些独立于其外部言行、形象的影视市场的消费价值。

由于信用品程度不同，或说相比之下，一是信用品，一是检验品/经验品，我们就可以看出文怀沙与"艳照门"女星之间的重要差别。同样留下了"假象"，说了假话，消息曝光后，第一，女影星只是伤了部分影迷的心，其影视剧仍然值得观看，其艺术形象仍然可爱，其作品的艺术价值不必定消减。文却没留下什么可以直接感受和评价的有质量的产品，留下的真的只是一个丑闻。第二，女影星本人为隐私曝光支付了全部成本；除自身形象崩塌外，隐私曝光令文代言的"国学"也受到某种损害，至少那《四部文明》受损严重。第三，普通受众对演艺界人士和国学大师的道德期望值本来就很不相同。以及第四，也许最重要的是，尽管都"欺世"了，但"盗名"不同，艺人盗的是边际上的艺名，欺世再大也不会造成巨大和普遍的社会伤害；文盗的是道德、政治和文化之名，至少在广大受众看来，社会危害更广泛。

如果上述分析成立，我们就可以理解，尽管许多人都喜欢打探别人隐私，不光是名人的，而且有周边普通人的，一旦公众发现隐私被曝光者本人并无过错或没太大过错，且与自己没有直接利害冲突（似乎某种每个人都厌恶但抽象看来却未必恶劣的癖好），人们一般还能宽容，只要风声一过，他或她就可能复出。换言之，人们对他或她不太苛求。如果被曝光者无过错但受伤严重，人们甚至会对他或她表示同情，例如对某歌星女儿豁唇，或对被拍裸照的某香港女艺人；国外的典型范例，则是英国当年的戴安娜王妃。[27]

在此或许还可以做个预测，吴秀波的"人设"崩塌减少了他的粉丝，但他的相关作品基本与此无关。一段时间后，若无相关的强制性规定，不无可能回到其本行，仍然是并仅仅作为出色的演员。

反思"公众人物"的进路

如果上面的分析成立，这就对目前中国学界采纳的以"公众人物"为核心展开的隐私进路提出了挑战。

首先是"公众人物"的界定。这个看似言之凿凿的概念在经验世界中其实没有确定的指涉，它只是美国最高法院为保护言论自由、限制名誉权和隐私权而创设的一个能指。按照美国司法实践[28]，公众人物大致可以包括三类人：一是在政府机关担任重要公职的人，法官将其称为"完全目的的公众人物"，其拥有的权力和影响，及其言行关涉的利害规定了公众的知情权；二是自愿的公众人物，也称为"有限目的的公众人物"，例如影星、歌星、体育明星等，公众对他/她们的兴趣不是公共

---

〔27〕 苏力：《我和你都深深嵌在这个世界之中》，载《天涯》1997 年 6 期。

〔28〕 *Gertz v. Robert Welch, Inc.*, 418 U. S. 323, 345 (1974)。这一判例确定构成公众人物的核心要素有三，(1) 自主投身，(2) 公众争议，(3) 想影响其结果；因此出色律师代理有重大争议案件，并不构成自愿公众人物。*Time, Inc. v. Firestone*, 424 U. S. 448 (1976)，认定媒体报道名人婚姻并不令其成为公众人物，涉讼也不构成自动投身公众争议，解说性新闻发布会也并非想影响结果，公众争议与公众感兴趣不等同，新闻价值因此不等于公众争议。又请看，《美国侵权法重述》（第二版）有关自愿和非自愿公众人物的界定以及对各自私隐权的阐述。*Restatement of Torts* (2nd), § 652D, Comments e, f.

利益，但涉及公众利益，因此在法律上也有必要从维护公众的利益考虑限制其名誉、隐私等人格利益；三是"非自愿的公众人物"，指因某些事件的发生而被迫卷入其中从而成为"公众人物"，这类公众人物后来在司法和法学研究中都几乎消失了。[29]

这个分类隐含的是，不同人的个人私密信息的社会意义是不同的。确实如此。但这个分类在中国很难适用，太不实用。何谓在政府机关担任重要公职？按职务，还是按其实际权力，或仅相对于其影响的范围，来确定？若按职级，处长是，那么县里的局长（科级）就不属公众人物了？但真实情况是，在中央机关一个处长可能只管几个人，正处级调研员则只能管他自己，并无什么决定权；而一个县的教育局局长在当地那权力可大了。但若按照实权或是按影响范围来分，所有政府雇员在特定条件下都可被视为"公众人物"；甚或相应的中小学校长；但副校长呢？官员还可能因职位升迁、调动或调整，这几年有实权，因此是公众人物；过几年却不是了，就因担任了一个闲职。

从实践上看，美国司法认定的公众人物几乎全是事后追认或强加的，预先不一定有确定的指涉。例如，到目前为止，也许仅因未卷入诉讼，因此还不曾有哪位联邦法官被认定为公众人物，尽管有人可能因为是公共知识分子，因此算是公众人物。所谓自愿的公众人物同样有定义问题，尤其在中国这样的大国。全国性的影视明星、歌星、体育明星可视为自愿的公众人物，但各地方的这类人物呢？而且，什么人算歌星？有些影视明星出名之前如吴秀波曾是酒吧歌手。与影视明星体育明星的地位相似但很不同的是其他行当因其出色而引人关注的人物，例如全国劳动模范，或央视《百家讲坛》主讲人等，算不算。如果一旦因为在行业内出色就会失去相当多的隐私，这种分类的实际效果就是不鼓励人们追求杰出。这就应了中国的一句老话："人怕出名猪怕壮"，太容易"枪打出头鸟"。至于非自愿公众人物即一个人偶然被卷进公共事件，引发了公众关注，这就更成问题了，他因此就要失去个人名誉和隐私保护。如果坚持这一逻辑，其中的寓意之一就是，不论因为什么，只要把

---

〔29〕 Nat Stern, "Unresolved Antitheses of the Limited Public Figure Doctrine", 33 *Houston Law Review* (1996), 1027, 1092-1093.

事闹大，他的隐私或与之相关的人的隐私就不受或少受保护了。这种"看热闹不怕事大"的逻辑不仅荒唐，后果更是可怕。而且，这也给了法院太大的裁量权来认定公众人物。

有学者建议，根据我国的实际情况，把公众人物分为政治性公众人物和社会性公众人物，前者主要指政府公职人员等国家官员；后者则主要包括公益组织领导人、文体明星和各行业的杰出和知名人士。如此分类的意义在于前者更多涉及国家利益、公共利益和舆论监督，后者则因其知名度而在社会生活中引人注目，更多涉及公众的兴趣。[30] 看似很有道理，但真实生活中的公众人物并不都能齐整划分。一旦涉及具体人和事就很难划分，就可能面对司法的专断。国家机关一个处长或巡视员或调研员是官员，按此分类算是政治性公众人物，其实人们一般不关心他们，除非他们惹出什么大事。但国家乒乓球队总教练呢？或某部的总工程师呢？是社会性公众人物？还是政治性的？甚或北大清华的教授呢？葡语系或法学院的？

更重要的是限制公众人物隐私权的理由有很多也不能成立。第一，从民众对社会性公众人物广泛关注和感兴趣这一现象，根本推不出应当较少保护这类公众人物的隐私权。这不合逻辑。就如同许多人喜欢赌博无法正当化赌博一样。强权（人多）并不导致正当（应当）。有些个人隐私，如大明星的裸照，哪怕想了解的人数量再多，也不应得到法律的认可，就因法律赋予了这些明星对自己的至少某些隐私拥有绝对的权利。当然，对民众关注公众人物这一现象，立法和司法时法律人应当有清醒认识和必要理解。

第二，无论何种公众人物，他们的言行举止和其他相关私密信息确实可能关涉公共利益，有时也确实构成了公共利益，因此公众有权了解或知情。但并非总是如此。一位公众人物或影星的婚姻、恋爱、约会本身，或如王菲女儿是否豁唇，等等，公众有何根据主张知情权？

第三，尽管在诽谤性名誉侵权问题上，是可以辩论说，公众人物有

---

[30] 王利明：《公众人物人格权的限制和保护》，载《中州学刊》2005 年 2 期，第 94 页。

更多更好的渠道来澄清相关问题的是非。[31]但这一点在隐私侵权上很难成立。私密个人信息一旦曝光，公众人物的损失常常无法补救。更何况，世界上确实有些事，还不一定很少，一定要私密才可能成功。"见光死"的说法就证明了这一点。

第四，为防止媒体自由表达受损应给予媒体更宽松的自由表达权。但这个命题恰恰表明这种宽松是相对的，不是绝对的。表达自由不必然是善品[32]——当年阮玲玉自杀就是典型例证。言论自由越宽松会带来好处，但也越可能牺牲更多正当的隐私权益。这就是权利的相互性。这种分析仍然太抽象，现实则非常具体和丰富。在考虑公众人物隐私权保护时，不只是抽象比较隐私权和知情权谁更重要；或隐私权和表达自由哪个更重要。这是教条主义的分析，是语词的比较，是把各种权利按抽象位阶分类，这不是法律人实践中必须把握的那种利益权衡。比较应当是边际的比较，即这一具体的公众人物的这一隐私与公众的知情权，或媒体的表达权，谁更重要。完全禁止一切有关官员家庭成员的报道的规定显然错了，但如果媒体曝光某官员女儿被强奸的照片，曝光极可能导致这位无辜女孩的自杀身亡或身心严重受伤，在这种条件下限制媒体的这一表达自由，我不认为错。你可以报道王菲或李亚鹏的新闻，但不允许报道他们女儿豁唇，我不认为这侵犯了娱记的新闻自由或表达权。

这个关于公众人物的分析框架也非常不完整，它无法涵盖关于普通人的隐私权保护问题。按上述原则，普通人的隐私权应得到更多保护；这我原则上同意。但有时某位普通人的某些私密信息甚至比公众人物的某些隐私关涉更多、更实在的众多他人利益。例如某人10年前有性侵幼女的记录或曾有重大嫌疑，当他迁居某陌生社区，某私人甚或警方能否向其新住所的邻居透露他的这些私人信息？对该社区而言，这个普通人的私密信息远比某位明星的绯闻关涉更多他人的重大利益。又如，某

---

[31] 这只是一个理论推断。当某种社会共识强烈之际，公众人物其实并没有什么渠道来有效澄清相关问题的是非，有渠道常常也不足以抵抗。"唾沫星子能淹死人"，就说明了这个道理。这一点在互联网时代更强烈也更显著。

[32] Cass R. Sunstein, *Democracy and The Problem of Free Speech*, The Free Press, 1993. 桑斯坦指出，对言论自由予以某些限制也许实际增加了言论的数量。例如，要求报纸为批评提供版面，而有些限制如，限制淫秽色情出版物，带来的社会其他收益也会大于对言论自由的损害。

毕业生的精神状态长期不佳，用人单位某核电站向学院了解情况，学院是否该，甚至主动，透露这一私密信息？

因此，这个源自美国的公众人物分析框架隐含地违反了法律面前人人平等原则。其司法适用的结果必然是，法官首先确认相关人是否是公众人物，然后按照不同规则来适用不同的法律。这种司法结果可能符合制定法，由于法官慎重把握，也许结果仍然公平，社会可以接受；但在思维方式和处理方式上，这一原则把相关当事人做了公众人物和非公众人物的划分，这种区别对待隐含了歧视性司法。

隐私权的法理重构

鉴于对上述两种隐私思路的分析，从文怀沙事件和上述诸多事件的分析来看，我认为，适当的隐私权（而不是一般的名誉权）保护的分析框架应做出调整，既不能仅仅关注信息的真假，也不应侧重于界定和区分公众人物与普通人；应从隐私信息是否涉及他人实在重大利益来划分和确认隐私权保护。中国人长期以来的一个表达很精辟，那就是，"这里有你什么事？"

依据这一原则，我们首先承认每个人对自身的（包括某些家人的）私密信息都有法定权利，尽管他可以以言辞、行动等各种方式放弃。但在他未以明示的言行放弃时，法律一般均应予以保护。但当这些私密个人信息可能对他人的合法利益产生重大影响之际，或影响虽不重大，但影响了相当数量的他人的合法利益之际，这些信息就不再受法定权利保护，可以推定公众有权了解，无论曝光者对此人是否出于善意；或仅享有较弱的法律保护，即事后保护，并要求证明曝光者有实在恶意或完全不管事情真假。在考虑这些因素之际，还应或可以考虑侵犯隐私行为对受侵犯人造成的后果。

让我依据这一原则来分析一些涉及隐私的事件。据此看来，李辉质疑文，曝光文的隐私，尽管令文及其崇拜者不快甚至痛苦，但这保护了不特定的更多受众的利益。因为文，一段时间内，用虚假信息，操纵了一定数量的受众，试图向公众出售一个饱经沧桑、学识广博、人格高尚的学者形象，获得了或试图获得名誉及相关利益。尽管对受众未有实质性损害，但它可能促使某些受众同文进行一些对文更有利的交易，无论是在他们可能的直接交往中，或是间接地，如给予他更多尊重、购买他主编的《四部文明》。

文发布的这类虚假信息，在特定意义上，还可以视为学术思想市场上的一种不正当竞争，一种虚假广告，造成了市场信息混乱，这有损其他学者向潜在受众销售国学产品。若以隐私权为由阻止李辉曝光，这就妨碍了信息自由流动，限制了受众或消费者的选择。

注意，这里曝光文隐私的正当性来自保护公众利益，即避免公众因文操作自身私密信息而受伤。寓意之一似乎是，如果文不是向公众操作本人的虚假信息，只是在私人场合对别人说假话自我吹嘘，即便知情者也无权通过大众传媒向公众曝光文的隐私真相？是的，正是如此。如果文只是在私人场合向某些人操作有关自身的虚假信息，如他自己的年龄，他因何入狱，只要不曾有社会后果，媒体没有理由去曝光。理由首先是这里不存在需要保护的公众利益。人们一般不会关心一个普通人——即便是百岁老人——的年龄或经历。[33]

其次，当某人只是在私人场合对个别人或少数人直接操作虚假个人隐私信息时，也不应要求别人来帮助这些个人不上当受骗。社会不强求人们在人际交往中始终诚实，完整准确地和盘托出自己的私人信息，除非其言行造成了较为重大的社会后果。我们事实上允许每个人选择性地表达自己的私人信息，以言辞，也以其他方式，我们称其为、或将之归为"自由"，而自由就包括做和说一些并不完全诚实的事或话。这当然有弊端，但总体而言，我们还是认可，这种自由是好的，值得珍视。因为我们知道包括自己在内的几乎所有人，即便内心诚实，甚或仅仅为避免受伤，都多少可能会言过其实或言不由衷，尽管各自拿捏把握的分寸不同。也因此，在同任何他人的私人交往中，我们更强调自我保护，而不是把保护自己的主要责任一律交给国家、社会或其他个体。这种权利

〔33〕〔美〕波斯纳：《正义/司法的经济学》，苏力译，中国政法大学出版社2002年版。

义务的配置不仅鼓励了每个人自我保护，而且这些普通个体也比任何其他人更可能在这类私人交往中发现交往者是否操作了个人信息。这也就是我们社会目前的基本规范。一个女性如果在恋爱中被骗了，无论骗的是钱还是性，社会一般只会略表同情，但通常也会责备她，不懂得自我保护。如果她每次都被骗，这通常不会增加社会对她的同情，反而可能被人鄙视。这表明这个社会的相应规范是，在私人交往中，每个人必须承担自我保护的基本或主要责任。

尽管知情者没义务帮助他人不被人忽悠，知情者却还是可以在私下场合传播有关他人的真实的私密信息。自古以来，无论是农耕村落，还是城市社会的工作单位里，尤其是在社交场合，尽管也知道有弊端，会伤人，也会有不实之词，却并不完全和严格禁止"背后议论人"，就因为通过流言蜚语在小圈子内曝光的信息有法律不可替代的积极正面的社会功能。流言蜚语不仅至今是社会制裁行为不轨者的重要制度之一[34]，英美普通法的侵权法还明确规定："对个别人甚或少数人讲述［某人］私生活的事实，不构成本款意义上的侵犯私隐。"[35]

也根据这个原则，还可以看出，广大受众对"艳照门"的反应其实隐含了足够理性。对那些卷入其中的男女艺人，以及他们日常表演的"虚伪"，社会尽管表现出失望甚至批评，但并没强烈谴责，尤其是对事件中的女艺人。因为，她/他们的隐私曝光甚至她/他们的虚假都不损害或降低其演艺产品的质量。

她/他们的隐私曝光令各自名誉严重受损，大大损害了她/他们的广告价值，可以说这对她/他们是一种社会制裁。她/他们出演公益广告或作为形象大使的价值也大大降低了，但很难说公益广告因此受损了。因为她/他们之前通常并未从公益广告中获取经济利益，先前的公益广告更多是从她/他们的形象中获益；广大受众也不会因她/他们的隐私曝光而怀疑公益广告，降低了对公益广告的信任。此外，她/他们之前隐匿自身隐私对公益广告市场也不构成不正当竞争。如今，她/他们不可能

---

〔34〕〔美〕埃里克森：《无需法律的秩序：邻人如何解决纠纷》，苏力译，中国政法大学出版社 2003 年版，第 69—70，262—263 页。

〔35〕美国普通法实践就是如此。*Restatement of Torts*（2nd）§ 652D，Comment.

继续出演公益广告或作为形象大使了，她/他们对于公益事业的价值降低了。这对公益事业未必有损，因为她/他们只是腾出了这些位置，变相提升了其他男女艺人对于公益事业的价值。也许值得提一句的是，因为"艳照门"的隐私曝光，确有不少异性粉丝感情上受到了强烈且实在的伤害。但这种伤害最多与恋人分手时的情感伤害类似，法律出于保护人身自由选择了对此不予保护，不构成法益。

也因此，我们或许可以理解法律或社会对卷入"艳照门"的男女艺人为什么会如此反应，就因为，尽管都是公众人物，但她/他们的隐私不涉及公共利益。甚至，还必须看到，在"艳照门"事件中，无论有意无意，当地甚至通过"反淫秽法"防止了或避免了公众出于好奇进一步侵犯与公共利益无关的男女明星的这类隐私。社会也不拒绝这些明星重出江湖，回到演艺界。这种看似平淡无奇的社会反应，其实隐含了社会的理性。这些实践都支持了我论证的进路，却无法用"公众人物"进路有效解说。

还是根据这个原则，我们可以判定，娱记追拍王菲怀孕、生育或曝光王菲女儿豁唇，尽管有很大社会关注，却不涉及他人或公众的重大利益。法律拒绝这种曝光即使限制了娱记的言论自由和好奇者的知情，却丝毫没影响他们的法定利益。相反，法律拒绝媒体曝光，不仅保护了王菲等人私人生活的安定，而且还保护了王菲女儿——一位完全无辜者——的利益。也正因此，尽管娱记们一再以受众关切主张自己有言论自由权采访追拍，然而社会舆论在这件事上更多支持了王菲。[36]

根据公众利益原则，我们因此可以看出，对普通人的隐私保护在原则上与对所谓公众人物的隐私保护就不应有什么不同，尽管依据同样的原则得出的结果会有所不同。例如，即使是普通人，如必要，仍然可以曝光他的不良商业信用记录，以防止未来的相关人的商业利益和消费者

---

〔36〕 请看，《李亚鹏打人："狗仔盛世"的牺牲品》，http：//news. ifeng. com/opinion/200807/0725_23_674419. shtml，2018 年 12 月 10 日最后访问；《娱记们，离王菲和孩子远些吧》，http：//blog. sina. com. cn/s/blog_46c4e345010003ze. html，2018 年 12 月 10 日最后访问。类似的事件还有，有人在日本直播时偶遇香港艺人陈冠希带着女儿闲逛，要求合影，被婉拒后，仍举着设备尾随。陈冠希痛斥该主播。https：//www. guancha. cn/politics/2019_04_02_496095. shtml，2018 年 12 月 10 日最后访问。

的利益受损；曝光某些犯罪记录，如涉及诸如惯窃、诈骗、某些性犯罪或性违法、猥亵女童和男童等可能有特定行为格局的犯罪，即便违法者已受过法律惩处，在法律意义上他/她已回归社会，只要确实必要，没有理由禁止向他所处社区透露相关的信息，以防止不特定的其他人受伤害，同时这也会防止这位法律上已受过惩罚回归社会的公民再次因同类违法犯罪行为受到法律惩罚。基于社会公共利益考量，对已有信息的这类有限利用，不能视为侵犯公民的隐私。事实上，即使以保护公民隐私权的名义立法禁止传播这类信息，也不可能真的消灭人们日常对这些信息的利用，就像不可能消灭"嚼舌头""流言蜚语"一样。

但依据同样的逻辑，基于公共利益考量，某些相关信息的透露，即使完全真实，如果社会公众不可能从中获益，相关的个人却因此过度受伤，则应被视为侵犯隐私权。例如，向社会公众透露某位已成家并安分守己的女性多年前曾在某地当过"三陪小姐"，即使属实，也可视为侵犯了这位女性的隐私。因为在上述条件下，公众不大会因这一真实信息有所获益，却可能使该女性及其家庭成员至少一段时间内蒙受巨大社会压力，后果无法预料。

同样的逻辑一定要求考虑和顾及个人私密信息的披露方式或程度。"艳照门"就是一个例子。曝光"艳照门"当事人私生活信息，可以，似乎也应当。以某种方式曝光一张或数张照片，不是问题。但曝光者将大量照片和视频上网传播，这就侵犯了隐私。因为受众并未因更多照片和视频上传获得更多这些艺人的可能影响社会的行为的信息，只是获得了更多有关他们私人性爱方式的信息。这是隐私，是与他人基本无关的私人信息，对社会并无额外的信息价值。更多照片上传不大可能产生更多的社会可欲效果，却会给男女艺人本人及其家人带来巨大压力。事实上，大量艳照曝光也湮灭了这些照片的信息功能，这些图片在社会视野中完全变成了淫秽图片，满足了某些人的生物情色欲求或窥视欲求，而不是对相关信息的欲求。而且，这种情色欲求，受众可以通过其他合法方式和适度价格从相关市场中获得。甚至，更多艳照上传还可能引发部分市民对相关报道或传媒的厌恶、反感或担心。

事实上，尽管借用了美国法律的"公众人物"的概念，一些中国学者基于直觉，而不是基于细致的理论分析，得出的结论与我的以上分析结论相似。[37]

我的分析仅仅涉及所谓的社会性公众人物，这一原则是否应自动延伸到所谓的政治性公众人物？尚需研究，不敢断言。尽管从保证公众知情权的角度来看，似乎对政治性公众人物的隐私的界定应该更为苛刻，但同样有道理的是，政治性公众人物更可能因一些并无社会意义的隐私曝光而受伤，特别是在有政治竞争的条件下。因此，美国的"公众人物"原则在西方并非通行。至少在有些西方国家，政治性公众人物有关个人婚恋的私密信息，就受到严格保护。[38]

不能套用"为尊/长者讳"与"揭人不揭短"

文的隐私曝光事件还提出了一个非常中国的隐私规范/套路，但恰恰因为太中国了，乃至一直被人省略，甚至是被忽视了。首先是文的一位辩护者说，即便文的年龄和学术成就真有"出入"，"这样对待一位老人，也是非常没礼貌的"，理由是"中国传统道德里就有这么一句话——'七十不打，八十不骂'。"[39]文的回应也是这一套路。以"人之将死，其言也善，鸟之将死，其鸣也哀"开始自我辩解，目的和实际效果都是希望公众放他一马。辩护者和文在此诉诸了中国人有关个人隐

---

〔37〕 张新宝教授认为，公众人物的"与社会政治和公共利益完全无关的私人事务受法律保护"。《隐私权的法律保护》，群众出版社 2004 年版，第 93 页。"法律……应该为主体保留最低限度的私生活空间，无论主体是何种身份。即便是政府官员、影视明星，其隐私权也不得被新闻自由权随意侵犯。"郭明瑞：《权利冲突的研究现状、基本类型与处理原则》，载《法学论坛》2006 年 1 期，第 9 页。

〔38〕 2009 年 3 月 20 日法国楠泰尔地方法院紧急审理法庭作出裁决认定，《巴黎竞赛画报》刊登法国社会党前总统候选人罗雅尔与一名看似约 50 多岁的男子手挽手走在西班牙城市街头的私生活照片，侵犯了总统候选人的个人私隐，判处该画报向罗雅尔支付赔偿金精神损失费 1.4 万欧元并承担相关诉讼费 2000 欧元。之前，2009 年 3 月 12 日，该法院还曾判决 Voici 网站和《周日法国》杂志因刊登照片暗示罗雅尔与法国某喜剧新闻制作人关系暧昧而支付赔偿金。请看，《法杂志输官司支付赔偿金》，载《参考消息》2009 年 3 月 22 日，版 6。

〔39〕 "这些人犯了一个起码的道德错误。中国文化讲求'为长者讳'，记者和报纸这么做，目的就很值得怀疑，很不纯。"崔自默：《关于"质疑文怀沙"的质疑：替文怀沙回应〈北京晚报〉》，http://blog.sina.com.cn/s/blog_5d5632fa0100cf5c.html，2018 年 12 月 10 日最后访问。

私的两个基本规范，"揭人不揭短"，以及"为长者讳"和"为尊者隐"。似乎也有点道理。对一位接近90岁或100岁的老人，把他年轻时做过的荒唐事、说的荒唐话全都翻出来，这似乎有点过了。更重要的是，李辉其实也接受并长期遵循了这个传统！[40]

既然立场和利益完全不同甚至对立的三方不同程度地都接受这个说法，以及这个说法在中国长期为公众广泛接受，这说法的背后就不大可能毫无理由。抽象来看，这两个命题确实可以是处理隐私的进路之一。在文怀沙事件中提出来，不是完全没有说服力。但这种说服力究竟是什么？其边界何在？今天或在此案中是否还能用？值得考察。这一节会展示其中的理由；同时，也展示，即便依据这个道理，仍必须支持李辉的做法。

首先要理解和解说传统中国为什么会产生"为长者讳""为尊者隐""揭人不揭短"和"君子成人之美"这种隐私观。我认为，这更可能是当时农耕中国普通人生活环境中发生的与其小社区生活兼容甚至必须采纳的一种隐私观。尽管这一表述强调了区别/歧视，但就当时人们的生活环境而言，这种区别与本文阐述的隐私保护原则是一致的，即以冲突各方的利益平衡作为隐讳或曝光的判断标准。

这种隐私观发生在传统中国的农耕村落。在这样的小型社区中，如前所述，其实很难有什么很深很隐秘的隐私。特别是男子，自打出生一辈子待在村里，在别人眼皮子底下长大，相互间知根知底，几乎没什么隐私，也没有需要曝光某人隐私来捍卫的重大公众利益或他人利益。任何个人私密信息，或多或少地，都可能因隔墙有耳，并通过家长里短的流言蜚语这些隐秘但畅通的渠道在熟人社区中传播开来，人们用各自了解的他人私密信息就足以自我保护，不至于在这个社区中上当受骗受伤害。张三从来很穷，也没富裕的亲戚朋友，或一向说话不靠谱，那么我就不会借钱给他，即便他信誓旦旦说下个月就还。如果李四一向花心嘴甜会讨女孩欢心，那么各家非但会叮嘱并看紧自家女儿或媳妇，甚至会

---

[40] 李辉说自己了解文长达25年，本能上一直反感和排斥文，却从"没有公开写到［文怀沙］，只是在［李辉］自己所能影响的范围里……尽量不让媒体朋友报道［文］。"李辉：《我为何质疑文怀沙》，同前注［4］。

以暴力威胁李四别吃"窝边草"。

在这样人际关系非常紧密却非亲密的熟人社会，麻烦之一反倒可能是太缺乏隐私了。如果每个人或多或少都有些不光彩或令人尴尬的信息，每个人的这类私人信息不同程度地都为他人知道，在社区中相互揭露隐私就起不到其在现代社会中可能起到的警示陌生人的作用，反而会引发人们相互揭露对方的不光彩或丢人的信息。这只会激发矛盾，且难以缓和。后果会是两败俱伤，却没有维护社会公众利益或他人利益的功能。

正是在这种环境中，"打人不打脸，揭人不揭短"以及"成人之美"，对外人为熟人"美言几句"会变得重要。当透露一个不利的私密信息可能毁掉本村某人的一桩好事（如婚姻），或保守一个不光彩的私密信息可能促成本村某人一桩美事之际，社区规范鼓励社区成员成人之美就有意义，这就是帮助本社区成员。强调社区成员对其他成员的责任大于对社区外陌生人的责任，总体而言，不仅会增进本社区的利益或福利，并且可以指望从社区内获得回报。因此，尽管这个命题是普遍性的表述，却不是一个普遍主义的命题，而是一个社群主义的命题。这个规范及其实践是以牺牲"外人"利益为代价来增加社区的利益和福利。

其次，很可能更重要的因素是农耕社区治理的需要。尽管是村落的/家族的治理，但任何治理都必须在治理者与被治理者之间建立某种尊严或"道貌岸然"，才方便公事公办，因为普遍的社会心理就如孔子指出的，是"近之则不逊，远之则怨"。[41]所有如今的长者/大人都曾是小孩，村里和家中的尊/长者也都如此。他们在社区中长大，有过尿炕的日子，谁也没让人省过心，甚至曾像《红楼梦》中贾母说的，"年轻，馋嘴猫儿似的……[拈花惹草这类事]从小儿世人都打这么过的。"[42]所有不光彩或令人尴尬的事都夹在社区记忆中。但不分场合打开历史并非全是好事。往事不可追且不说，一不小心，落入晚辈的耳中（只有他们不了解长辈当年的所作所为），只会令这些当下的尊/长者尴尬和丢人，有损甚或丧失他们管理村庄、家族或家庭的文化资产或权

---

〔41〕 杨伯峻：《论语译注》，中华书局 1962 年版，第 191 页。

〔42〕 曹雪芹、高鹗：《红楼梦》，人民文学出版社 1982 年版，第 609 页。

威。昔日的尴尬一旦为晚辈洞悉，长辈基于自身经验对年轻人的真诚告诫就更可能被年轻人视为虚伪，甚至引发怒怼。农耕社区内尊长者的文化资产会净流失，因为这种文化资产附着于个人，无法转移。[43]在"皇权不下乡/县"因此无可替代权威的社会语境中，这对农耕社区、家族或家庭内部的自发治理和秩序维系会很致命。正是在这种条件下，"为尊/长者讳"会变成一种总体上对社会有利也有效率的私密信息运用。

在现代社会，由于高度流动，社会陌生化其实已自然讳去了尊长者的很多隐私，更由于治理的权威几乎完全依赖各种组织机构及其规则，不像当年在熟人社区，更依赖治理者完美的个人形象。

如果上述分析成立或有点道理，就会发现，在文怀沙事件上，简单套用儒家的"为尊/长者讳"，尤其是套用孔子的"子为父隐"，很不恰当。首先，尽管并未言明，中国强调"隐讳"历来有语境化的条件限制，很有道理。《春秋公羊传》强调的只是为尊、亲和贤者讳，因此并不一概而论。《礼记》甚至更有道理地，针对人们在家庭、政治和教育三个领域中，提出了应遵守的规范："事亲有隐而无犯……事君有犯而无隐……事师无犯无隐"。这事实上拒绝了，后来民间广为流传的规范拟制，"一日为师，终身为父"。[44]孔子说"亲亲相隐"针对的是"偷羊"，事不大，已经发生（是沉没成本），更因为是在父子之间。当涉及大事、涉及将来时[45]，孔子认可的历史告诫则是"大义灭亲"[46]。所谓"大义"，不就是利益平衡吗？或是今天不少学者如获至宝的"比例原则"吗？

回到这一事件，文与李辉和公众并无血缘或亲缘关系，文也不承担任何社区或家庭治理责任，除了年长外，并无传统的尊/长/贤可诉诸。

---

〔43〕 相关分析，可参看，苏力：《"海瑞定理"的经济学解读》，载《中国社会科学》2006年6期。

〔44〕《太公家教》，载《鸣沙石室佚书正续编》（罗振玉编纂），北京图书馆出版社2004年版，第346页。但这一规范在明小说《西游记》中屡屡出现，也出现于明戏曲《牡丹亭》。

〔45〕 "子为父隐，父为子隐，直在其中矣。"杨伯峻：《论语译注》，同前注〔41〕，第139页。

〔46〕 "'大义灭亲'，其是之谓乎？"杨伯峻：《春秋左传注》（1），中华书局1981年版，第38页。杨伯峻在此特别注明"大义灭亲"是古语，表明这是自古以来一直遵循的社会规范，并非某个人的自由选择。

而且，"为老不尊"这个词表明，对老人，中国社会也从来清醒务实，并不一概迁就。一定别忘了，恰恰是孔子当着众多后辈——揭了老人原壤的短，称其"老不死"[47]，给后世留下了这句骂老人的最狠的狠话。指责李辉未恪守为尊/长者讳的文的辩护者，其实也违反了儒家教诲："事师无犯无隐"。如果不是书没读全，或是没把相关的书都读明白，那就一定是把自身的利害想得太明白了。

至此，我们才能理解李辉的另一段文字：直到2009年"元旦之前，我所就职的报纸，连续两天刊登整版广告，突出推广'百岁国学大师文怀沙主编'之大型套书《四部文明》（每套售价数万元），声势之大，让人惊叹。我和报社一些同仁，中午常常在编辑部咖啡厅喝茶聊天，那几日，我们谈的是文怀沙其人其事：他的历史陈迹，近年的声名鹊起，特别是他如何已经被成功地'包装'为'国学大师'。显而易见，成为'国学大师'之后，他不仅自己四处题字、演讲带来经济效益，随着一套据说要取代《四库全书》的一套书的推广，将……牟取更大经济利益"。[48]李辉一直遵循了"揭人不揭短"的原则。只是当他看到文虚假个人信息不仅欺世（对不特定的社会公众）和盗名，且几乎确定地会损害某些受众、引发不可欲社会后果之际，为避免社会损失，他才突破了"不揭短""为尊/长者讳"这些传统中国的隐私保护规范。

上述分析也已展示，传统中国社会对隐私的认可，包括有条件的"隐"和"讳"，也包括，对君主/上级在公事上应"有犯无隐"，对老师则"无犯无隐"，即便未有系统的言辞阐述，其实一直非常理性务实，符合社会效用原则，也符合比例原则，绝非愚昧恪守的教条。今天中国没有理由完全照搬历史中国的为尊/长/贤者讳和"不揭短"的规范做法。有关隐私的"公众人物原则"，至少在某些层面，就与为尊/长者讳的原则无法兼容。但引发这一变化的最重要变量，是社会变迁，是隐

---

〔47〕 杨伯峻：《论语译注》，同前注〔41〕，第159页。并非意外，孔子也曾特别告诫，君子老了，最重要的就是别太贪（"戒之在得"），杨伯峻：《论语译注》，同前注〔41〕，第176页。《论语》中曾9次出现"老"字，只有这两次含有强烈的规范意味。

〔48〕 李辉：《我为何质疑文怀沙》，同前注〔4〕。

私发生的以及隐私权所要应对的社会环境改变了。教义化地"不揭短",毫无根据地"为尊/长者讳",为文辩护,不仅是时代错误,也是智识错误。

但为维护尊/长者的权威而有所隐讳,未必只是传统农耕中国的规矩。在任何要求服从和统一行动,却又不可能指望仅靠说理就能求得人人理解和认同的地方,就一定会出现类似的社会规范。近现代欧美社会一样难免。懒得检索国内外的系统研究,我就随手找几个例子吧,从日常生活到政治,从司法到宪制。"像我这样有头有脸的人,万万不能让人觉得荒唐……"[49]这是小说《教父》中一位好莱坞制片公司老板的话。尽管君主令人畏惧会比令人爱戴更安全,但马基雅维利强调,君主最应避免的是被人蔑视[50]——这其实是马基雅维利版的"近则不逊远则怨"。韦伯关于魅力型政治类型的讨论同样隐含了这一点:魅力型政治要求其领导人必须不会犯错。[51]为提升判决和法院的权威性,都是法院,大陆法系法院判决一直有意隐藏分歧意见,不披露异议者的名字。[52]但即便在美国,在一些重要但可能引发重大不利社会后果的司法判决中,隐藏分歧也被法官接受为合理且必要的政治考量之一。[53]超出"主权豁免"说,布莱克斯通和白哲特曾先后论证了"国王不可能犯错"为什么是英国宪制一项必要且根本的原则。[54]其中的道理与历史中国"君不名恶,臣不名善;善皆归于君,恶皆归于臣"的道理一致。[55]甚至,即便今天,在美国公共政治和社会生活中,依然可以察

---

[49] Mario Puzo, *The Godfather*, Penguin Books, 1969, p. 61.

[50] Niccolo Machiavelli, The Prince and The Discourses, Random House, 1950, chs. 17, 19.

[51] Max Weber, Economy and Society, an Outline of Interpretive Sociology, ed. by Guenther Roth and Claus Wittich, University of California Press, 1978, pp. 241-245.

[52] 〔美〕达玛什卡:《司法和国家权力的多种面孔》(修订版),郑戈译,中国政法大学出版社2015年版,第25页。

[53] 在著名的废除公立学校种族隔离的布朗案件中,起初有数位大法官基于遵循先例、不涉及政治问题、司法谦抑等理由不愿推翻种族隔离的原则,美国联邦最高法院首席大法官沃伦知道,投票表决,他可以5∶4获胜,但法官异议会削弱判决的效力,给法院判决的执行留下难题。沃伦努力追求全体一致的判决,并用这个理由说服了保守派大法官里德(Stanley Forman Reed)。Ed Cray, *Chief Justice: A Biography of Earl Warren*, Simon & Schuster, 1977, pp. 283-286.

[54] William Blackstone, *Commentaries on The Laws of England*, Book 1, ed. by Wilfrid Prest, Oxford University Press, 2016, pp. 159-160;〔英〕白哲特:《英国宪制》,李国庆译,北京大学出版社2005年版,第3—7页。

[55] 苏舆:《春秋繁露义证》,钟哲点校,中华书局1992年版,第325页。

觉"为尊者讳"的实践，以及人们对这一社会规范的普遍认可和自觉遵守。[56]

这也会有助于理解，中国共产党的政治纪律为什么一直强调，党员"对党的决议和政策如有不同意见，在坚决执行的前提下，可以声明保留，并且可以把自己的意见向党的上级组织直至中央提出"。却也因此，不得"妄议中央大政方针，破坏党的集中统一"写入了中国共产党的党内法规。[57]

由此也才能理解墨子和孔子都强调"慎言"，要求君子"敏于事而慎于言""多闻阙疑，慎言其余""讷于言而敏于行"，就因为政治家确实可能"一言而兴邦""一言而丧邦"。[58]才能理解孟子的论断："人之易其言也，无责耳矣""人之患在好为人师"。[59]或许，特别是，中国父母为什么时常告诫甚或训诫自己孩子："大人说话，小孩子别/少插嘴。"

小结

通过对文怀沙事件以及其他相关事件的分析，本文指出了目前中国

---

[56] 针对总统特朗普在白宫记者会上有关新冠病毒疫情的不实言辞和误导信息，屡次陪同出席的美国顶尖传染病专家福奇接受记者访谈时说，不能当场纠正总统，只能事后纠正或澄清事实。Jon Cohen, "'I'm going to keep pushing.' Anthony Fauci tries to make the White House listen to facts of the pandemic", https://www.sciencemag.org/news/2020/03/i-m-going-keep-pushing-anthony-fauci-tries-make-white-house-listen-facts-pandemic, 2018 年 12 月 10 日最后访问。

[57]《中国共产党章程》第 4 条第 7 款规定党员的权利；第 10 条第 1 款规定中国共产党的民主集中制的基本原则是："党员个人服从党的组织，少数服从多数，下级组织服从上级组织，全党各个组织和全体党员服从党的全国代表大会和中央委员会。"又请看，《中国共产党纪律处分条例》（2015 年 10 月 18 日）第 46 条第 2 款。

[58]"谨其言，慎其行，精其思虑""初之列士桀大夫，慎言知行"。吴毓江：《墨子校注》，中华书局 1993 年版，第 79，414 页。杨伯峻：《论语译注》，同前注〔41〕，第 9，19，41，138 页。还可参看，《礼记》记录的孔子对大人物为什么尤其要谨言慎行的分析，大意是，君主说的话很容易在传播中失真，传到百姓耳里，就完全变味了。所以君长讲话要特别实在。说到做不到的，就不说。能做，但不可告人，就不做。这样民众才会谨言慎行起来。《礼记正义》，同前注〔2〕，第 1504—1505 页。

[59] 焦循：《孟子正义》，沈文倬点校，中华书局 1987 年版，第 527—528 页。对前一句话，杨伯峻（《孟子译注》，中华书局 1960 年版）另有解说，我采用焦循的解说。万丽华、蓝旭译注的《孟子》（中华书局 2006 年版）也持这一主张。

法律/法学界大致采纳的以美国司法区分公众人物与普通人为基础展开的隐私侵权法理存在不少理论和实践的难题，并试图以信息的社会相关性为基础重构有关隐私侵权的法理。这一努力的意义在于，它追求了一个更系统和统一的关于隐私的法理，更具整合力，对相关案件或事件有更强的统一的解说力。通过对传统中国小社区生活的理论构建和解释，它还解说了传统农耕中国的一系列涉及隐私的社会规范。这可以为法学和司法界乃至社会学界提供一个更简洁有效和统一的理论视角，无须借助诸如"公众人物"，自愿和非自愿公众人物、甚或论坛和有限公众人物以及普通人等看似明晰却很难界定甚至指涉不明的概念。除非必要，勿增实体，这是法学的必要，但这也是科学理论的追求。

但这一努力的缺点也很显著，即未能提出一个规则，来替代"公众人物"。将利益平衡完全交给法官裁量，各类风险都太大。但我想指出，"公众人物"教义从来也不是规则，只是伪装成了规则。它需要法官几乎完全相同的权衡和裁量。总统、参议员、政府部长、州长这类选举产生的官员是确定政治性公众人物，但其他非选举产生的官员或卸任多年的前官员就很难说了。社会性公众人物则更容易"风流总被雨打风吹去"或"长江后浪推前浪"。著名短跑运动员卡尔·刘易斯在1980年代肯定是社会性公众人物，但在1990年代就难说了；贝克汉姆10年前是，如今就难说还是。15年前的吴秀波，是吗？这还是特定社会在一段时间内最受人关注的人物。更大量的人物会一直介乎公众与非公众之间。更何况涉及的以隐私概括的具体私密信息在各案中也往往相当不同。无论如何，都一定得由法官在具体的隐私侵权案件中裁量和确定，既得对事，也得对人，是判断，而不是规则自动起作用。

在更大意义上，本文只是运用信息经济学对至少是中国社会广大民众，不仅是今天的，也包括古代的，对隐私问题不自觉的行为方式、态度和情感的一种分析和整理。源自我们的日常经验，它展示了哪怕人们不自觉、也很难系统阐述的行为方式或格局中也隐含了系统的理性平衡，因此可借助社会科学的视角予以归纳、概括和抽象。这也可以说是对社会长期形成的共识的一种理论凝练。在当代中国社会转型中，在中国法治共识的凝聚中，需要更多这种基于普通人日常经验和情感的法理凝练，而不是生搬硬套外国人也觉得尴尬却仅因是先例而无法推翻的教义。这是中国法治避免脱离中国社会的最重要渠道。

2009 年 9 月三稿
2018 年 12 月 28 日定稿于北京大学陈明楼

|第六章| 并不只是戏仿

——从搞笑视频《一个馒头引发的血案》切入

将光辉人物伟大历史事件放到日常生活中——那就真相毕露妙趣横生了。

——王朔[1]

问题的界定

先是偶尔的调侃，然后是都市、校园里日益增多的各种戏说、搞笑以及作品的"搞笑版"，当代中国的大众文化乃至审美正经历着一场与整个社会经济发展相应的意义深远、时而争议纷纷的变化。2006 年初，一位年轻观众胡戈，观看了热映商业大片《无极》后，有"受骗上当的感觉"，花费 5 天时间，以网络上的《无极》以及其他视频为材料，制作了视频《一个馒头引发的血案》（以下简称《馒头》）。发给朋友看后，被朋友放到了网上，并迅速在全国传播开来[2]，由此引发了一场有关侵犯《无极》[3]著作权或其他相关权利的纠纷。一场诉讼在酝酿。[4]相关讨

---

[1] 王朔：《他们曾使我空虚》，载《无知者无畏》，春风文艺出版社 2000 年版，第 84 页。

[2] 有关情况，可参看，《胡戈：玩笑开大了》，载《南方周末》2006 年 2 月 23 日。

[3] 据《南方都市报》2006 年 1 月 4 日报道，电影《无极》2005 年 12 月 12 日在北京首映，次日该片获美国金球奖"最佳外语片"提名；首周末全国票房为 7452 万元人民币，打破了此前五项国内电影票房纪录。

[4] 据报道，《无极》著作权所有者中影公司和盛凯公司已经联合委托北京浩天律师事务所处理胡戈侵权一案。《陈凯歌是否告胡戈全看胡态度》，http://ent.sina.com.cn/x/2006-02-15/1313986353.html，2008 年 3 月 20 日最后访问。

论也从网络向其他平面媒体扩展，也惊动了国际媒体[5]，甚至惊动了政府相关部门[6]。

法律争论自然难免。由于使用了《无极》以及其他作品中受著作权保护的材料，或更由于《无极》作者[7]"引而不发，跃如也"的诉讼威慑策略，已开始习惯于依法治国的法律人自然会，也应当，首先从现行《著作权法》的具体条文切入。结论趋于肯定侵权。至少，《馒头》作者获得《无极》素材的手段，就是个"软柿子"。[8]这是一种视野相对狭窄的、纯技术性的法教义学思路，其前提是对私有财产权的绝对保护，只是这里涉及的是知识财产/产权。

但首先不意味着仅仅。对于还不那么习惯依法治国的民众（包括许多法律人）来说，生活总会有些，甚至总该有些，什么意外和惊喜，拒绝简单的实在法规训。否则，历史岂非已为立法者或制定法终结？网络上的各种激烈言词，几乎一边倒地，支持《馒头》。[9]尽管未必真代表民意，但不可忽视。许多社会和文艺界人士[10]，即便是有专门从事知

---

〔5〕 Robert Marquand, "A Spoof Hits China's Web—and a Star Is Born", *The Christian Science Monitor*, http：//www. csmonitor. com/2006/0313/p01s03-woap. html, 2008 年 3 月 20 日最后访问。又请看，《美国院士关注馒头血案：我们动了陈凯歌的馒头》，http：//ent. sina. com. cn/m/c/2006-03-13/10001013900. html, 2008 年 3 月 20 日最后访问。

〔6〕据报道，国家版权局版权司司长王自强关于《无极》和《馒头》的观点是，如果用于介绍情况或者说阐明一种观点，适当地或者少量地引用他人的作品是《著作权法》允许的。《馒头》是否超出了合理使用的范畴，应由司法机关通过民事诉讼的方式来解决。参见，《〈馒头血案〉是否侵权，版权局官员谈著作权范畴》，http：//news. sohu. com/20060215/n241837408. shtml, 2008 年 3 月 20 日最后访问。

〔7〕《无极》的出品人是杨步亭、陈红和胡岚，制作人是丹增、陈红和韩三平。依据著作权法，并取决于他们的约定，均可视为本片著作权人或作者。因此，本文中的作者是功能意义上的。所以如此，因为作者就是一个历史的构建。可参看，Michel Foucault, "What is An Author?", in *The Foucault Reader*, ed. by Paul Rabinow, Pantheon Books, 1984, pp. 101ff; Richard A. Posner, *Law and Literature*, rev. ed., Harvard University Press, 1998, pp. 381ff。

〔8〕例如，全国政协委员、中国版权协会理事长沈仁干就认为，《馒头》用了《无极》中构成作品实质部分的一些镜头，未经授权在网上传播，至少侵犯了作者的三种权利：改编权、复制权和网络传播权。他认为胡戈至少应赔礼道歉，还要给予经济赔偿，理由是《馒头》的网上传播对电影《无极》的发行放映造成了一定影响，http：//ent. tom. com/1306/1362/200636-177999. html, 2008 年 3 月 20 日最后访问。又请看，李旭：《〈一个馒头引发的血案〉引发的疑案》，http：//cyber. tsinghua. edu. cn/user1/lixu/archives/2006/58. html, 2008 年 3 月 20 日最后访问。

〔9〕据一个报道，某网站调查，88.9%的网民回答表示喜欢《馒头》，超过 85%的网民认为打官司是"小题大做"。

〔10〕《曾志伟陆川等斥陈凯歌炒作，文艺评论家支持胡戈》，http：//tianmi. cn/news/2006-2/1059-1. htm, 2008 年 3 月 20 日最后访问。

识产权研究和实务的法律人[11]，也直觉判断，《馒头》争议似乎不应仅套用现行《著作权法》。也有学者指出了"'馒头血案'的宪法视角"[12]，提及《宪法》关于保护、鼓励科学文化发展的相关条款[13]，试图重新解读《著作权法》第1条，来拓展法律视野。宪法视野没错，但宪法毕竟不能直接司法，至少很难司法，因为宪法上也明确规定了"公民的合法的私有财产不受侵犯"。[14]你可以把自己说服了（其实那也只是你相信），却也不等于就能说服法官：艺术表达的自由总是应优于财产权，而不是相反。[15]这都意味着，法律人对这一事件要有一种相对开阔的法理思路。

还有一点值得关注，搜狐网调查显示，有85%以上的网民认为《无极》作者小题大做[16]，要求《无极》作者"高姿态"一下，算了。和气生财、与时下"和谐社会"追求一致，这种纠纷解决方式有其道理和好处，但当代中国公众则可能失去一个凝聚共识、澄清和发展相关法律和精细界定相关产权的机遇。当类似事件再次发生时，我们则可能再次陷入这种民意投票式的纠纷解决。就此而言，网民的看法有局限。未雨绸缪，要求法律人有长远眼光，制度视角。在不限于知识产权法的传统中，裁判者应充分考虑当代中国的社会语境，附着于但不限于《馒头》个案，多视角考量，理性推进我们的法学研究、法律实践和制度建设。这也是本文的追求。

关于此纠纷的许多具体细节（包括是否真会进入司法），目前还是雾里看花，匆忙表态或是无的放矢或会乱箭伤人。但若待尘埃落定，则可能扮演事后诸葛亮，或只剩打扫战场的份儿了。这一可能的尴尬促使本文，以《馒头》作为代表，综合考虑其他类似或相关的事件和现象，基于现有报道材料展开法理分析。肯定有个人偏好，我却力求公允展示在这类纠纷中可能涉及的一般利害关系，避免匆忙判断。换言之，这是一篇基于个案的法学论文，而不只是对此个案的法律分析。

---

〔11〕 请看，《一个馒头引发的著作权问题》，载《新民周刊》2006年2月27日。

〔12〕 蔡定剑：《"馒头血案"的宪法视角》，载《新京报》2006年3月4日，第3页。

〔13〕 《中华人民共和国宪法》，第19条，22条。

〔14〕 《中华人民共和国宪法》，第13条。

〔15〕 冯象在批评我对某案的分析中指出了这一点。冯象：《案子为什么难办》，载《政法笔记》，江苏人民出版社2004年版，第41页。

〔16〕 Robert Marquand, "A Spoof Hits China's Web—and a Star Is Born", 同前注〔5〕。

本文结构如下：下一节通过分析《馒头》以及类似作品的娱乐性构成，指出这部作品代表了一类相对新颖、数量日益增加、相关法律未明确涵盖的作品，本文统称其为戏仿作品。第三节，鉴于眼前这一事件，集中分析戏仿作品的主要特点之一：批评性，包括文艺批评和社会批评。鉴于这两类批评的社会价值，也鉴于相关法律的缺失，第四节试图在平衡保护和促进知识产权发展的一般政策层面上论证，中国社会应当，或通过修改立法或基于个案的司法解释，将戏仿纳入著作权法的保护。第五节更细致论证与戏仿相关的关于"合理使用"的具体考量。基于当代中国实际，第六节集中讨论戏仿可能涉及的侵犯个人人格（名誉）和市场价值（声誉）的问题。第七节进一步考察电影作为特殊的消费品，从消费者权益保护以及当代中国的文化、社会建设的视角提出法律制度回应戏仿的意义。

"搞笑""搞笑版"和戏仿

《馒头》给人的最强烈印象是"搞笑"。其效果是如此强烈，乃至网络上称其为"恶搞"作品。但同为搞笑，《馒头》以及后面提及的其他作品，或这类作品的一些主要因素，与一般的"搞笑"或"戏说"作品相比，有一个重要区别，这就是《馒头》这类作品的搞笑效果很大程度上依赖于观众熟悉的一些有或没有著作权（或其他权利）的作品。而一般的"搞笑""戏说"通常是完全独立的。《馒头》依赖的原作是电影《无极》，这很显著。但也不限于此，借用的视频材料还包括了中央电视台12频道《中国法治报道》节目，某些商业广告模式（如"'满神牌'啫喱水""'逃命牌'草鞋"）、某具体的公益广告（"人民警察提醒……"）、上海某杂技节目的视频作品、爱因斯坦照片以及他的著名公式等，这些都是受或可能受著作权法保护的素材。此外，还有一些著作权法保护的音像作品。若不曾挪用、改造这些受众熟悉的材料、素材和模式，《馒头》肯定无法获得它在当下中国的那种效果——一种不限于娱乐的效果。对当代中国社会和电影《无极》不了解的人，很难理解《馒头》及其社会轰动。

依赖原作意味着受众并非再次欣赏原作。《馒头》只使用了《无极》的一些视觉材料；它几乎完全没用与这些视觉材料相伴的原初听觉材料。《馒头》与《无极》的故事没有相似之处，无论是时、空、社会背景还是其他具体情节。通过画面剪接、组合和配音，《馒头》作者对主要来自《无极》的视觉材料作了完全不同的解说。在这个意义上，《馒头》可以说是一个相对独立且完整的作品，这个作品的效果不仅来自作者借用《无极》素材构建的《馒头》与《无极》之间的某种联系，还需要观众创造性的想象力。观众必须有能力不断转换语境，互为参照，在欣赏前景《馒头》的同时，依据前景素材在心中重新感知作为背景的《无极》，感受两者间的不和谐，一种非常复杂的、难以描述的艺术欣赏过程，才能获得异常的戏谑、嘲弄和愉悦感。[17]这大致如王朔说的，"将光辉人物伟大历史事件放到日常生活中——那就真相毕露妙趣横生了"。[18]这意味着这类作品的搞笑很大程度上来自受众的跨文本联想力和想象力。这也可以解释《馒头》以及类似作品为什么首先并更多在中国都市的中青年知识群体发生并流行。

这类作品戏谑嘲弄的对象，可以是被借用材料中的某个（或一类或一些）作品——例如电影《无极》《中国法治报道》栏目和诸多广告等，也可以是戏仿作品嘲弄的其他社会现象——例如《馒头》中的城管、无证摊贩和广告业等；也可以两者兼备。《馒头》属于两者兼备。

中国都市中青年知识群体似乎不称这些为"搞笑"作品，有一个通俗其实更精细的称谓——"搞笑版"，有别于一般的"搞笑"。"版"这个字不可缺。它意味着这类作品的搞笑效果在相当程度上必须依赖一个先已存在的作品，原作可以搞笑但不必须搞笑，不必定是，但往往是一个流行且有一定社会知名度的作品。"搞笑版"是对这个先前作品的改造，却不是或很难说是改编，因为至少有时故事或主旨都会有根本改变。在法学上和知识产权法上，对此类作品有一个外来术语，parody，

---

〔17〕 关于这一点的细致分析，可参看，Jonathan D. Culler, *Structuralist Poetics*: *Structuralism, Linguistics and The Study of Literature*, Routledge, 2002, pp. 152-154。

〔18〕 王朔：《他们曾使我空虚》，同前注〔1〕，第 84 页。

通常译作"戏仿"或"滑稽模仿"[19]，指的是一部模仿和扭曲原作同时又取笑原作的作品[20]。但在中文中，戏仿更多是指一种艺术手段。本文在中文意义上使用戏仿，除特别注明外，既指艺术手段，也指用了这种手段并产生了这种效果的作品，甚或两者。

《馒头》可能是第一个赢得当代中国社会关注的相对完整的戏仿，但戏仿无论作为手段还是作品却并非新潮。国外的情况无须多说。[21]中国现代以来，仅就我的回忆，公开出版发表的白话戏仿也至少有80多年的历史了。鲁迅先生可能是现代中国白话文学中这一风格的首创者，并开拓了非常广泛的领域。作为一个公开发表的作品，鲁迅作于1924年的诗《我的失恋》是一个典型且完整的戏仿。[22]首先，在语言表达方式上，戏仿的是汉代张衡的《四愁诗》[23]，一部没有版权的作品。但也可以视其为对一种风格或一派作品的戏仿，戏仿的是当时大量的肉麻浅薄的小资文化青年的爱情诗。这部作品既用被戏仿作品（张衡诗）作为武器，也可以说是用被戏仿作品（当时的爱情诗）作为嘲弄目标。鲁迅的另一种戏仿是对某些故事原型的戏仿。例如《故事新编》[24]，其中最有戏仿意味的也许是《采薇》。由于仅仅采用了故事原型，似乎也可以称其为"戏说"。最绝的是，针对著名作家蒋光慈屡屡改名，鲁迅建议其更名为"蒋光Z"。这是我见过的最精悍、完整的戏仿作品。[25]虽无著作权问题，但涉及姓名等人格权，扩大解释，还非常类似于今天的"商标戏仿"。鲁迅之后或与鲁迅同时代的作家也不时有这类戏仿，

---

〔19〕 Richard A. Posner, *Law and Literature*, rev. ed. , *supra* note〔7〕, pp. 405ff. 波斯纳认为"这类文学的效果依赖于模仿原著的特有特征"。"最高的戏仿可以定义为一种令人满意的美学诙谐作品，通常没有恶意，通过严格受控的歪曲，一部文学作品、一个作者或一个流派或一类作品的主题和风格的最突出特征被另一种方式表达，这种方式对原作是一种含蓄的价值判断。" J. G. Riewald, "Parody as Criticism", *Neophilologus*, vol. 50, 1966, pp. 128-129. "戏仿功能之一就是让我们明白，或更好，让我们体验，某种风格和主题的性质，及其无节制（excesses）。" William van O'Connor, "Parody as Criticism", *College English*, vol. 25, No. 4, 1964, pp. 241-248.

〔20〕 Robert P. Merges, Peter S. Menell, Mark A. Lemley, and Thomas M. Jorde, *Intellectual Property in The New Technological Age*, Aspen Law & Business, 1997, p. 494.

〔21〕 Richard A. Posner, *Law and Literature*, rev. ed. , *supra* note〔7〕, p. 405。

〔22〕 鲁迅：《我的失恋》，载《野草》，人民文学出版社1979年版，第8—9页。

〔23〕 请看，（清）沈德潜编：《古诗源》，中华书局1963年版，第54—55页。

〔24〕 鲁迅：《故事新编》，人民文学出版社1979年版。

〔25〕 因此，本文中的"作品"也是广义的、功能的，而不是本质主义的。可参看本节最后两段文字。

例如郭沫若以《豕蹄》《柱下史入关》为代表的系列故事。[26]

1949 年之后，义正词严的宏大革命叙事湮灭了戏仿，一直持续到 1980 年代后期，有戏仿因素的作品重新萌生并逐渐流行，先是主要在高校学生然后是在都市白领中。

王朔是这一时期的一个典型代表。其作品之所以获得很大反响，包括为许多人反感和厌恶，一个重要因素就是他在小说以及改编的电影中大量——自觉或不自觉地——运用了作为手段的"戏仿"。电影《顽主》中对弗洛伊德学说的戏仿，诗歌颁奖仪式上的诸多节目以及作为背景的电影《苦菜花》插曲；电影《甲方乙方》对诸多革命电影和音乐的片段或风格的戏仿则比比皆是，对白"我为党国立过战功""打死我也不说"，歌曲"天上布满星，月牙亮晶晶"以及场景"地主婆"用发簪扎仆人（戏仿电影《白毛女》），都属于此类。王朔以及这些影片的导演的贡献是，把戏仿延伸到视听作品中了。但王朔也有独立完整作品的戏仿，非常出色，这就是《犹大的故事》。[27]只是由于被戏仿作品不构成中国的经典，未能获得中国读者的足够关注。[28]

进入 1990 年代之后，随着中国社会转型和传媒日益发达，戏仿的作者也变了。作为一种艺术手段，被戏仿的"作者"开始下移，不再局限于传统的神圣"作者"了。网络上出现了越来越多署名的、但更多是匿名或佚名的戏仿文字和视频作品：曾非常流行的《讲述电视流氓自己的故事》[29]；电影《大腕》中演员李成儒的一段经典独白——在网络上，至少有多达十多种戏仿版，覆盖了国内国际私人社会的各种问

---

［26］ 郭沫若：《郭沫若全集》（文学编）卷 10，人民文学出版社 1985 年版。

［27］ 王朔：《犹大的故事》，载《王朔文集·随笔集》，云南人民出版社 2003 年版，第 127—129 页。

［28］ 另一个必须一提的是，同样没有受到足够关注的戏仿代表人物是王蒙。特别是他重新组合排列了李商隐的诸多七律诗，由此"创作"了诸多很李商隐风格的作品。这些"创作"虽然不"搞笑"，但仍应属戏仿，有一定的娱乐效果，也有批评的效果。也因此，我更愿称这类作品为"戏仿"而不是"搞笑"或"戏说"，因为它们并不仅仅"搞笑"，甚至就不"搞笑"。

［29］《讲述电视流氓自己的故事》，又称《大史记Ⅱ》或《分家在十月》，戏仿的是苏联影片《列宁在十月》和《列宁在 1918 年》，讲的是虚拟的央视评论部内的权力斗争，新闻评论部工作人员均以"处理过"的真名出场。甚至这一作品的标题就是戏仿，戏仿的是早期《焦点访谈》的一个电视栏目"讲述老百姓自己的故事"。

题。[30]许多无名作者还常常戏仿鲁迅先生的名作《纪念刘和珍君》或小说《孔乙己》的某些段落，评论或批评各种社会事件和社会现象，甚至国际事件，常常也很娱乐和欢乐。

被戏仿的"作品"也变了，已不再限于文学艺术电影作品。2004年贺岁片《手机》中电视节目《有一说一》，戏仿了当时中央台的热播电视谈话节目《实话实说》。最令人眼花缭乱的是，戏仿作品本身也成为被戏仿的对象。范例是2006年春节晚会节目《说事》，它既是对电视栏目《小崔说事》的戏仿，也是对8年前中央电视台春节晚会节目《昨天·今天·明天》的戏仿；而后者又是当年对电视节目《实话实说》的戏仿。戏仿者也很奇怪：《昨天·今天·明天》中的戏仿者之一就是被戏仿的电视节目的主持人，而在《说事》中，居然三位戏仿者全都在戏仿他们昔日作品中的人物！

甚至，作为一种手段，戏仿也不仅属于文学艺术电影和娱乐界。戏仿甚至变成一种逐渐蔓延的社会现象。国外早就有商业戏仿和商标戏仿的诉讼。[31]当代中国电影中如今也有了大量娱乐性——但未必没有商业价值——的商标戏仿；最典型的是，电影《大腕》中"三六牌香烟"（"三九牌香烟"）和"报丧鸟西服"（"报喜鸟西服"）。甚至在历来很酷的学界，也不时有学术的或准学术的戏仿出现。我已提到过鲁迅戏仿蒋光慈的姓名。与鲁迅同时，针对钱玄同倡导的疑古，傅斯年曾戏仿钱玄同顾颉刚的文字风格和疑古进路"考证"民国初年并无钱玄同此人。[32]在法学界，近年来也有作品夹杂了戏仿论证的[33]，但一个杰出的、独立完整的法律戏仿是网络上流传多年的无名氏的《中华人民共和国恋爱法》，戏仿的是《中华人民共和国合同法》！[34]

---

〔30〕《大腕的各种版本》，http：//bwxfyr. blog. 163. com/article/-01nX-jjYNQz. html，2008年3月20日最后访问。

〔31〕 *White v. Samsung Electronics America*，Inc.，989 F. 2d 1512.

〔32〕 傅斯年：《戏论一》，载《傅斯年全集》卷3，湖南教育出版社2003年版，第159—161页。

〔33〕 例如，冯象：《案子为什么难办》，同前注〔15〕，第7页；苏力：《法的故事》，载《制度是如何形成的》，中山大学出版社1999年版。

〔34〕《中华人民共和国恋爱法》，http：//www. sikao. com. cn/wzshow. asp? wzid = 366，2008年3月20日最后访问。

《馒头》刺痛或触动了什么?

戏仿的戏谑和快乐效果,在都市知识群体,甚至一般民众中,都很受欢迎。[35]但戏仿的另一特点是它的批评性。戏仿往往,尽管不总是(参看前注〔19〕),隐含了批评;批评并不一定犀利,但与娱乐相伴,往往有颠覆的力量。完全可以借用王朔对"调侃"的概括:"〔戏仿〕的绝好对象……都是那吹得很大的东西"。[36]批评与娱乐有效交融使戏仿在转型中国常常很受温和批评现实的新一代知识群体欢迎;另一面则是,戏仿的批评性会冒犯那些与被戏仿作品和批评对象有各种直接间接利害关系的人,引出他们有理由的反感、厌恶甚至痛恨。

但在当代中国,即使作为批评的表达方式,戏仿也会触犯一些长期被人们普遍视为神圣的价值和文本,触动人们的欣赏习惯或审美,以及一些在这些价值、文本和艺术习惯中已经有了大量"沉淀成本"或既得利益的人,包括习惯于、依赖于传统的作者和受众。王蒙对王朔小说的概括,"躲避崇高"[37],其实可以算是对戏仿的一个精当概括;但仅仅躲避就足矣,事实上也确实,引发一部分受众的愤怒。

其次,由于转型中国的特点以及法律边界不清,某些戏仿在批评和调侃某些社会现象之际,不无可能,不经意地令某些人的应受或看似应受法律保护的人格受损。[38]这一点在 2004 年贺岁片《手机》引发的纠纷中有明显反映,尽管这个纠纷后来没进入法庭。在这一事件中,无辜的电视节目主持人,因其主持的电视节目被电影《手机》的某个情节戏仿,部分习惯把影视当真的观众视其,或怀疑其,即为《手机》中婚

---

〔35〕 这一点从王朔的小说、冯小刚的电影的广受欢迎以及每年春节晚会的最佳节目的评选中都可以感受到,尽管不精确。当然,对这类戏仿作品的喜爱目前在中国似乎有较强的地域性。这也许只因被戏仿作品更多是北方作者的,并非某些地方的观众对戏仿作品有特别偏好。

〔36〕 王朔:《他们曾使我空虚》,同前注〔1〕,第84页。

〔37〕 王蒙:《躲避崇高》,载《读书》1993 年第 1 期。

〔38〕 若是有意为之,则属于借助文学进行的故意的名誉侵权,因此不属于本文讨论的范围。关于借助文学作品的名誉侵权,可参看,Richard A. Posner, *Law and Literature*, rev. ed., *supra* note〔7〕, pp. 381ff; 以及,冯象:《案子为什么难办》,同前注〔15〕,第 191 页以下。

姻不忠实的男主角；有同样遭遇的还有该电视节目的女主持人。这些戏仿本身以及涉及的事件还令因戏仿受伤的人无法辩驳。

最后才可能是《著作权法》关心的问题：戏仿作品对被戏仿作品之作者的知识产权利益——市场利益——的损害，戏仿批评对被戏仿作品的经济收益的侵蚀，以及未来可能发生的、竞争者会不会借助戏仿搞不正当竞争。随着中国社会的发展，这类争议有可能增多并日益重要，在不久的将来，这类有关实际利益的纠纷可能会成为戏仿的最主要争点。

换言之，戏仿日益增多几乎注定引发更多有关戏仿的争议，甚至诉讼。若是从这一维度看，1990 年代前期，中国文学界和人文界主要针对王朔"调侃"作品的"人文精神大讨论"可视为一个先兆。[39] 由于历史的惯性，以及尚未涉及法定个体利益，争论还驻足于意识形态的"打嘴仗"。进入了依法治国的 21 世纪，争论开始逐渐进入司法领域。2003 年初，中篇小说《沙家浜》对同名京剧的某种程度的戏仿，引发了诉诸法律但尚未诉诸法院的争议[40]，冯象对中国的戏仿首次做了比较系统的法律思考[41]。2004 年初，电影《手机》的戏仿引发了公众对著名电视节目主持人崔永元等的无端猜测，无法辩白的崔永元只能强烈谴责《手机》导演[42]，预告了关于戏仿的更大法律争议即将到来。《馒头》纠纷的登场，无论结果如何，只是拉开了关于戏仿的社会反思和法律处置的大幕。但在中国目前，这些争议还主要有关文化或符号利益，还不是直接涉及与知识产权相关的财产利益。

《无极》是一个例证。尽管基于诉讼策略考量，《无极》的作者从

---

〔39〕 请参看，张汝伦等：《人文精神：是否可能和如何可能》，载《读书》1994 年 3 期；高瑞泉等：《人文精神寻踪》，载《读书》1994 年 4 期；许纪霖等：《道统、学统与政统》，载《读书》1994 年 5 期；吴炫等：《我们需要怎样的人文精神》，载《读书》1994 年 6 期，以及其他相关文章。

〔40〕 薛荣：《沙家浜》，载《江南》2003 年 1 期。小说戏仿了人们熟知的现代京剧《沙家浜》，但从故事情节到人物形象均有较大不同；这引发了对小说的严厉社会批评，最终导致《江南》第一期停止销售，第四期《江南》还在封二显著位置以杂志社名义刊登了题为《我们就刊发小说〈沙家浜〉的学习与认识》的书面道歉，向"所有读者、新四军老干部和'沙家浜'的父老乡亲表示由衷的歉意"。

〔41〕 有关此案的法律和政治一个细致分析，并且也很可能是当代中国法学界第一个提出了"戏仿"问题的，请看，冯象：《修宪与戏仿——答记者问》，同前注〔15〕，第 256 以下。

〔42〕《崔永元怒打〈手机〉：冯小刚创作初衷可疑》，http://ent.sina.com.cn/m/c/2004-02-06/1511293731.html，2008 年 3 月 20 日最后访问。

著作权角度界定《馒头》纠纷。继而，诸多法律人也都接受了这一界定。但首先是《无极》导演，一位对该片艺术水准起决定性作用的人，而不是出品人或制作人，也即与该片商业利益关系最大的人，对《馒头》作者发出了强烈谴责。"人不能无耻到这种地步"[43]，这一谴责表明，谴责者的愤怒不源自《馒头》涉嫌侵犯了该片的商业利益，更多来自《馒头》的戏仿直接嘲弄了导演的艺术追求：他试图通过影片展开并表达的，且自认为非常郑重的，关于人类命运的思考。这严重打击了导演的自我期许和自尊心（精神损害？），在一定程度上降低了该片导演在中国电影界，特别是在电影观众中，享有的声誉。而"有头有脸的人，架不住众人嘲笑"，这是电影《教父》中一位好莱坞制片人的话。

每个人都有权，因此完全可以，出于策略考量追求对自己最便利最有利的诉讼选项。基于不告不理的原则，法官和被告律师也只能依据原告的请求予以应对和处分。但法学理论思考必须把被诉讼策略排除或掩藏的因素纳入分析，以便我们在处理《著作权法》没有明确涵盖的戏仿时有更开阔、更平衡的思考。不能把《馒头》纠纷仅仅视为甚至主要视为一场著作权纠纷，这是关键所在。这一点还例证了，戏仿纠纷在当代中国有其特殊性，至少目前，还不能仅仅依靠国外有关戏仿的法律思路来处理中国的戏仿纠纷。

需要更细致地考察一下《馒头》的戏仿。《馒头》可以说是一个结构非常复杂的戏仿（这也表明了其有艺术创造性和独立性）。尽管借用材料的比例不同，它同时戏仿了两个主要作品，一是中央电视台 12 频道的《中国法治报道》栏目，另一是电影《无极》。通过戏仿前者，《馒头》获得了自己的组织架构，以此整合了从《无极》中借用的素材以及其他素材，创造了一个与其借用的《无极》片段相兼容的视频作品，与《无极》的故事非常不同却一直有《无极》的影子。可以有不同解读，《馒头》的批评锋芒却直指电影《无极》——故事不近情理，故作高深，矫揉造作，内容空泛，人物概念化，某些艺术造型缺乏美

---

〔43〕《人不能无耻到这地步，陈凯歌怒斥"馒头"教主》，http：//yule.sohu.com/20060213/n227754906.shtml，2008 年 3 月 20 日最后访问。

感，令戏仿者感到荒诞却没啥可确切感知的意义；总体来看，这是一部形式大于内容的作品。

戏仿者通过《馒头》表达的个人看法是否准确，是否正确，评价标准是否合理，其艺术趣味高低，都可以商榷。但是，作为一种实然，戏仿者心中有这些看法，就没有应不应发生的问题。剩下的问题是，《馒头》作者可否表达这些看法，以及应当或可以选择何种方式表达？或更直接一点，可否选择戏仿？

《馒头》作者显然有权表达这些看法。也因此，我趋于认为《馒头》更多是一个有娱乐性的文艺批评，而不是典型的戏仿作品。《馒头》中对《无极》作者没有任何可以称之为谩骂、诽谤、侮辱或影射的地方，没有捏造事实，最严厉的也不过是挖苦了电影中满神的视觉形象，又借爱因斯坦的"公式"对《无极》下了判断。综合起来，《馒头》对《无极》有一种颠覆性的批评效果。戏仿者关于创作动机的解说（尽管这不具决定意义）[44]，作者选择的发表地点——网络，戏仿的一般特点，以及《馒头》发表后受众的反应，都趋向于支持"《馒头》是文艺批评"的判断。[45]

一个质疑会是，文艺批评可以，但没必要制作成视频作品在网上发表呀！这个质疑不能成立。任何作者不仅有权批评，也有权选择甚至创造批评的形式，有权选择自认为最有效的发表场所和传播方式。因为，由于制度惯性，尽管有言论自由保护，也不触犯什么政治、民族、宗教等禁忌，但一位普通观众写的文艺批评，哪怕再好，也很难在重要纸媒上发表；即便发表，有效受众也有限。批评者甚或并不擅长撰写中规中矩的传统文艺批评文章，却擅长制作一部视频短片；即便有能力写，却也可能更偏好制作一个戏仿视频。尽管现有的文艺批评已有某种固定形式，但文艺批评本身不要求有一个固定形式。现有的常规形式主要是当年的传播手段和今天的社会惰性确定的。文化下移，网络、视频制作软

---

〔44〕《胡戈：玩笑开大了》，同前注〔2〕。又请看，《胡戈正式向陈凯歌道歉，情愿打官司也不承认侵权》，http://ent.sina.com.cn/s/m/2006-02-15/1116986231.html? from = wap, 2008年3月20日最后访问。

〔45〕有学人已指出了这一点。请看，蔡定剑：《"馒头血案"的宪法视角》，同前注〔12〕，第3页。

件以及在《馒头》纠纷中可被挪用的素材便利可得，都要求也促成了社会发明和创造新的文艺批评形式——在这里，我们再次看到《馒头》作为文艺批评的创造性。以及，还应考虑文艺批评的有效性，包括传播及时、广泛以及视频作品在电影批评上的特殊有效性。

电影主要诉诸人们的视觉感官，无论是批评还是介绍电影作品，文字其实都相当无力。相比之下，视觉形象对人有更直接、更强烈的冲击力，也更有针对性。电影电视片的广告宣传普遍承认这一点。无论是电视电影广告，或大幅电影招贴画，均凸现了视觉形象。甚至纸面媒体的文字中也处处体现这一点，所谓"大幅标题""头版头条"，这些耳熟能详的对纸媒的描述，全都隐含了视觉的重要性。《馒头》作者选择以视频作品来发表自己的观点，选择在网络上发布，对他来说肯定最有效。

对他预期的受众也最有效。在匆忙的现代社会，人们很难有时间细细阅读文字批评，更重要的是，如今大量年轻知识人已经习惯于网络和网络视听作品。一个视觉形象所传达或接受的信息，往往超过数千字的描述刻画，并且具体、生动、直接。视频作品是一个大大降低信息费用的文艺批评形式。

另一质疑可能是，文艺批评应当心平气和地摆事实讲道理，不应当像《馒头》这样挖苦、嘲弄。这种要求没错。但文艺批评可以也应当多样化。没有谁规定文艺批评不能挖苦、嘲弄被批评的作品。鲁迅的《我的失恋》基本就是嘲弄，对象也不是敌人，其中甚至不少可能都是他的文友。其他著名的戏仿例子还有塞万提斯的《唐·吉诃德》——它的出现把中世纪曾经流行的骑士小说全给"灭了"。戏仿确实可能令被戏仿作品之作者以及被戏仿作品的粉丝感情受伤，但社会生活中因种种原因感情受伤的情况太多了，也严重多了，想想恋爱婚姻中。也并非只要感情受伤就构成社会认可且应予以救济的"法定伤害"。反过来看，因戏仿也受伤害，或许表明我们的社会还太缺乏这类批评，因此应适度增加。再说了，如果真的是心平气和，和风细雨，批评性又何在？还能够有效传达批评意见吗？甚或还是戏仿吗？

《馒头》其实不仅仅是文艺批评——批评《无极》，其中还包含对诸多社会现象的并不苛刻的批评：对城管、对无证摊贩以及两者关系的戏谑；对商业广告的批评；对电视和电影插播商业广告的批评；对诸多法治节目常有的夸张、甚至故弄玄虚的播报风格的讽刺；或许还影射了某些行业（"她每天的工作就是穿衣、脱衣"）；等等。尽管未必全是有意为之，但不同受众从中会感受到对诸多社会现象的批评，或会换一个角度观察理解这些社会现象。这些批评未必公道，有的可能还很偏颇，但无论是视觉形象还是语言，无论是具体情节还是整体风格，可能会令作者和被批评对象不快（unhappy），却很难说冒犯人（offensive）。而批评与表扬的区别就在于前者总会令人不快。

利益平衡与"合理使用"

戏仿的娱乐性和批评性受到相当一部分人稳定的欢迎，有一定市场，因此有社会价值；随着知识群体扩大和城市化，可以想见，对戏仿的社会需求，乃至戏仿的社会价值，也许会进一步增加。但这只是一方面，我们还必须通过具体考察一些争议，了解戏仿是否，以及在多大程度上，可能损害其他同样值得保护的个人和社会利益。中国的《著作权法》在法律规定上可以对戏仿"不着一字"，但各种权利冲突也许还是不能允许戏仿"尽得风流"。

某些戏仿确实可能损害一些值得保护并已受法律保护的权益。甚至，戏仿自身的特点也令戏仿作品比其他作品更容易，依据传统著作权法，被视为侵权。戏仿依赖观众对被戏仿作品的熟悉，要借用被戏仿作品的较多材料和典型元素才可能唤起受众的熟悉感，产生戏谑或讽刺效果。这使戏仿看起来非常像，在我看确实就是，甚至必须，搭被戏仿作品的便车，蹭热点。由于戏仿的这一特点，因此不能排除有人借戏仿之名以戏仿为手段展开不正当竞争。这令我想起 1990 年代喝过的一款叫做"雲碧"的饮料，其外观与"雪碧"非常相似。戏仿的特点也几乎决定了被戏仿的会是那些知名度更高、风格更显著的作品。无名的作品不值得批评，也不值得戏仿。被戏仿的作品及其作者知名度越高，戏仿作品的预期受众才越多；被戏仿作品的风格越显著，受众就越容易辨认和理解戏坊作品，戏仿的影响力也越大，戏仿的娱乐、戏谑或搞笑的效果也越显著。所有这些因素都趋于引发著作权侵权诉讼。

戏仿的批评力度也使戏仿很容易被指控侵权。首先是戏仿作品的实质性批评。批评会得罪人，一针见血的批评更是如此。戏仿甚至可能颠覆一部吹得很大的作品甚至某一流派的作品，会触动在这些作品上有既得利益的人们——不仅是作者，还有其他利益相关者，例如商业影片的投资者，或其他被批评的对象。其次，表达方式。很多人还不能接受"戏谑"和"搞笑"这类表达方式——不仅被戏仿作品的作者，还有许多受众，特别当涉及特定群体看来特别神圣的一些人和事被戏仿时。在特定条件下，戏仿甚至可能引发大规模的群体冲突，甚至是国际冲突。[46]

还必须考虑被戏仿作品的其他特点，也可能令被戏仿作品的预期利益受损。《无极》就是一例。该电影投资巨大，刚制作完毕，进入市场热销，是受著作权保护的新产品。知识产权法针对知识财产的衰变有相应制度规定，最典型的就是《著作权法》和《专利权法》规定的保护期限[47]；或给予了某些可能被视为非法的特别保护，如区别定价（价格歧视）。[48]但电影的市场衰变率特别高，非但是季节性的，并且绝大多数电影对绝大多数观众基本都是一次性消费品。[49]如果戏仿无节制，不无可能，会出现以戏仿名义的变相盗版。变相盗版不但会剥夺作品创作者的商业利益和投资动力，长远看来，也会损害从名为戏仿实为变相盗版的产品中暂时获益的各种受众。没有足够利益回报，商家不会投资，剧本创作者不愿创作，导演和演员也都没有动力，就不可能出更多更好的作品。受害的首先是广大受众，包括那些喜欢戏仿的受众——因

---

〔46〕 2005年9月30日丹麦《日德兰邮报》刊登了12幅以伊斯兰教先知穆罕默德为主题的讽刺漫画，其中有些显然具有戏仿的因素。随后，该报主编在网上公开道歉。2006年1月10日，一家挪威报纸又转载了这些漫画，使矛盾进一步激化。之后，法国、德国、西班牙、瑞士、意大利、捷克、荷兰等欧洲近十个国家的大报也以捍卫新闻言论自由的名义同时刊登了这组漫画，因此在伊斯兰世界引发强烈的抗议浪潮。

〔47〕《中华人民共和国著作权法》第21条；《中华人民共和国专利法》第42条。

〔48〕 关于区别定价或价格歧视的合理性的分析，请看，William M. Landes and Richard A. Posner, *The Economic Structure of Intellectual Property Law*, Harvard University Press, 2003, pp. 39-40。

〔49〕 当然也有例外。在一个电视访谈节目中，陈红女士称其儿子"已经看了八次［《无极》］，还想看"。确有极少数优秀作品比较长期地保持了稳定的销量，并因此被称为"经典"。

为戏仿者和以戏仿伪装的侵权者最终会发现这个市场上已没什么值得或可以戏仿和侵权的作品了。这是知识产权法的常识，不再多言。

即便不构成盗版，某些戏仿也有"剧透"效果，这也可能影响市场，可能令原作品失去部分消费者。但这种"剧透"的效果究竟如何，并不确定，因为在特定条件下剧透也可能增加部分消费者。许多电影广告其实就有剧透意味，却创造了更大商业诱惑。尽管如此，可以得出一个结论，对衰变率很高、一次性消费品如电影的戏仿，知识产权法上也许应对戏仿所借用材料数量有更多限制。

已经提到的是，在当代中国，戏仿还可能侵犯原作者或他人的其他合法权利。一是个人名誉。一个比较典型的例子是《手机》戏仿某电视节目，引发了该电视节目曾经的主持人，到本文修改辑集时，已持续了 15 年的极度愤怒，甚至采取了某种合法的报复行动。[50]我们每个人都不希望自己被无端嘲弄，尤其是不希望引发公众对自己人格的空穴来风不着边际的猜疑，即便自己确实是某种意义上的"公众人物"。二是，与此相关，戏仿还可能令某些受批评者的专业声誉受损，这会减少他/她在职业市场的潜在交易对象，降低他或她在职业市场上的价格。因为不利的戏仿作品的传播，可能令某主持人主持的电视节目或某名导导演的电影，受众减少。我提到《无极》导演的愤怒，部分就在于此。

还可能有其他值得保护的利益，但我放弃探究。仅此已足以表明，在当代中国，对戏仿的法律保护必须有一个宏观的利益平衡。必须以中国现有社会实践为基础，系统思考有关戏仿法律规制（包括保护和限定）的长远后果，还应充分考虑法律和司法的固有特点和局限。有鉴于上述分析，可以得出结论说，根本没法以强硬规则来划定戏仿与侵权的边界；只能将相对灵活的"合理使用"原则延及戏仿和其他有戏仿因素的作品。中国的《著作权法》应作相应修改，或是以司法判例确认戏仿。

对戏仿给予"合理使用"的保护也有法理根据。我不想多提国外或

---

〔50〕《冯小刚宣布〈手机 2〉开拍，崔永元得知后大骂"渣子"》，载《扬子晚报》2018 年 6 月 1 日；任陇婵：《一部"手机"引发的"惨案"》，载《视听界》2018 年 4 期。

美国的司法经验。[51]这里就想指出，当代中国对戏仿至今没有明确法律规定，依据"明示排斥默示"原则，有学者认为《著作权法》已将戏仿彻底排除了，但在我们这个似乎不大习惯戏仿的社会中，基于习惯和惯例以及相关法律条文，对戏仿，也已形成了某些非常类似于"合理使用"的限制和保护。前面提到的例子就表明，有一部分戏仿，由于被戏仿作品的原因，不被视为侵犯知识产权。例如戏仿法定无著作权保护的作品，如《恋爱法》戏仿的《合同法》[52]；或超过著作权保护时限的作品，如鲁迅戏仿的张衡的诗。[53]许多作品中出现的片段戏仿，既非"为介绍、评论某一作品或者说明某一问题"，也没依照法律要求"指明作者姓名、作品名称"[54]，却还是被视为属于"合理使用"的范围。[55]有些戏仿若死磕法条也许涉嫌侵犯著作权或其他法定权益，权利人出于自身利益筹划则有意忽略了，在实践中也就被视同"合理使用"了，最典型的是电影《大腕》中对诸多商标的戏仿。[56]甚至一些作为相对独立作品的戏仿[57]，由于无人质疑，也被社会规范和法律默认为"合理使用"了。这表明，是否合理使用最终必须是社会共识的产物，而不完

---

〔51〕 美国目前最权威的先例是，*Campbell v. Acuff-Rose Music*，Inc.，510 U. S. 569（1994）。根据此案判决，是否"合理使用"要考虑"使用的目的和特性""版权作品的性质""所使用的部分与整体版权作品相关的数量和重要性"以及"该使用对该版权作品之潜在市场或价值的影响"。有关论述和分析还可参看，William M. Landes and Richard A. Posner，*The Economic Structure of Intellectual Property Law*，Harvard University Press，2003，pp. 39-40. ch. 6。

〔52〕 《中华人民共和国著作权法》第5条第1款。

〔53〕 《中华人民共和国著作权法》第21条。

〔54〕 《中华人民共和国著作权法》第22条。但《中华人民共和国著作权法》第20条和22条第2款的规定是有瑕疵的，至少对一些中国古典作品，也可能包括一些现代以来的诗歌作品，很难严格适用。第20条规定作者署名权等权利的保护期不受限制，第22条规定合理使用时应当"指明作者姓名、作品名称"，并规定只能"为介绍、评论某一作品或者说明某一问题，在作品中适当引用他人已发表的作品"。但在日常生活中，我们常常看见对一些古代诗歌和文字作品（有时是现代诗歌作品）的研究或介绍著作中，不仅并不总是指明作者和作品，而且常常全文引用——除非我们这时对适当引用的解说是包括对全文引用。

〔55〕 例如，电视连续剧《编辑部的故事》（1991年）中的人物李冬宝对戈玲说："这个队伍是你当家，可是皇军要当你的家"，这句话出自现代京剧《沙家浜》（人民出版社1970年）。这类片断的戏仿在大众文化中相当普遍。

〔56〕 这些戏仿对被戏仿的商标只有好处，没有坏处。这种戏仿可以使得这些产品的商品广告名正言顺地进入电影，效果也更好。甚至，这就是这些商标被戏仿企业投资《大腕》的一种方式。

〔57〕 最典型的是，小品《昨天·今天·明天》对《实话实说》节目的戏仿以及2006年小品《说事》对《昨天·今天·明天》和另一电视节目《小崔说事》的戏仿。

全是、也不可能只用法律条文就能固定下来了。在当代中国，即便无法律条文规定戏仿适用"合理使用"原则，这却是社会接受的一般原则了。

戏仿的"合理使用"

但"一般命题并不能决定具体的案件，决定取决于一个比任何雄辩的大前提都更微妙的判断或直觉"。[58]笼统说"合理使用"，对法官处理戏仿的司法争议可能没多少帮助，除了采纳适用"合理使用"的一般考量外，对戏仿要有进一步的限定和分析。

首先，对戏仿的"合理使用"界定应比对一般作品的"合理使用"界定更宽些。作为作品之片段的戏仿一般都应视为"合理使用"，除非对方提出了强有力的反证；这是一个程序上有利被告但可以推翻的假定。尽管戏仿越少借用被戏仿作品的材料，"合理使用"就越能成立，但戏仿之"合理使用"边界一定要更宽松。这是戏仿自身特点要求的：只有唤起受众对被戏仿作品的熟悉感才能产生戏仿效果。这也就意味着，不同类型作品应当有不同的"合理使用"的具体标准，不宜采取统一的数量或比例规则；即使出于其他考量（例如"法治统一""防止滥权"）不得已采用数量或比例规则，对戏仿也应适度放宽——特别是当被戏仿作品是被批评对象之际。但是尺度放宽，也只能借用部分材料；而不能只是增加一些吊（倒？）胃口的情节或对话（中篇小说《沙家浜》的问题之一就出在这里）。

其次，要注意戏仿或有戏仿因素的作品是否有相对独立性，以及更重要的是与被戏仿作品是否有替代性。由于戏仿作品会比其他作品更多地依赖于借用版权/著作权材料，因此，不无可能，有时仅仅借用少量材料也可能使戏仿大获成功；特别是当被戏仿作品水平较低或有其他问题但其中某些材料或元素相当出色之际，一位戏仿高手可能仅采用被戏仿作品的某些精华甚或要素，就可能吸引原作的大量潜在观众，这时原

---

[58] Oliver Wendell Holmes, Jr. , "Lockner v. New York", in *The Mind and Faith of Justice Holmes*, ed. by Max Lerner, Translation Publishers, 1989, p. 149.

作就成了戏仿作品的"广告"。这种情况的戏仿就更可能侵权。这样的戏仿可视为对原作的改编，不应视为一个独立作品（中篇小说《沙家浜》也有这样的问题）。若是改编，戏仿作者本可以事先同原作作者洽谈相关权利的转让，或事后以诉讼或其他纠纷解决方式完成权利转让。如果发现戏仿基本不能或完全不能替代被戏仿作品，如《馒头》和《无极》，那么即便戏仿作品借用了被戏仿作品的部分版权材料，其戏仿效果全然依赖原作，也应视戏仿作品为独立作品。

第三，在司法判断戏仿是否"合理使用"时，对其是否有商业性质的判断，也许不应仅仅以戏仿者是否有货币化收入，是否有营利目的（这都必须以证据来认定，证据则总是外在的）作为判断标准；更应关注上面提及的替代性，即两个作品是否可互为替代满足同一相近的需求。替代性可能带来，但并不必然要求有，直接的货币收益。

在这个意义上，《馒头》作者以无营利目的为辩解[59]，即便在此案（若此案发生）中得到司法认可，也不应作为一般原则或得司法承认。商业收益可以是潜在的或靠后的。《馒头》作者尽管没有从《馒头》中获得货币收入，却还是暴得大名，已有公司高薪聘请他了[60]，国外报刊也称其为新生的"明星"。在这个意义上，他已经获利了，即使他自己起初完全没有营利目的。

之所以对戏仿的商业目的作宽松解释是因为，如果司法上一定要求有狭义的商业目的才能判断侵权，就可能留下一个漏洞：被戏仿作品的竞争对手也许私下雇佣戏仿者，以非营利方式、用无替代性的戏仿来挤压被戏仿作品的潜在市场，被戏仿作品的竞争对手则可能从中获利。理论上看，这种情况可以通过调查发现，但成本很高。更好的方式，更便于司法的方式是，在营利问题上，应适度放宽有关商业营利的判断标准。

第四，不应简单以戏仿作品与被戏仿作品的受众此涨彼消来判断作品有无替代性。可以从受众此消彼长的现象来考察作品的替代性，但关键是考察戏仿究竟以何种方式"夺走了"被戏仿作品的受众。一般说

---

[59]　《胡戈：玩笑开大了》，同前注〔2〕。

[60]　例如，《胡戈应邀担任浙江电视台〈三国演艺〉栏目策划》，http://ent.sina.com.cn/v/m/2006-03-09/14431010755.html，2008年3月20日最后访问。

来，戏仿作品与被戏仿作品性质不同，满足了不同的需求，不会导致被戏仿作品的受众流失。受众通常不会仅因一部作品被戏仿了，就放弃观赏这部作品。在原作有自身价值的前提下，戏仿作品一般不会导致受众此消彼长。但也完全有这样的可能，一部戏仿作品既可能因其自身趣味和艺术性获得大量观众，同时又因它向受众有效传达了一些有关但不利于被戏仿作品的真实信息，从而导致被戏仿作品的部分潜在受众放弃了他们本来可能消费的被戏仿作品。受众当然会受蛊惑，但总体说来，必须假定受众作为消费者是理性的，会选择他们认为值得消费的作品，其选择总是伴随了对诸多相关信息的考察。因此，戏仿作品传递的这种不利于被戏仿作品的信息，尽管减少了被戏仿作品的受众，并在此意义上"损害"了被戏仿作品作者的经济利益，但这说到底是市场决定的。更重要的是，观众从这类信息中仍然获利了，在没有戏仿作品的条件下本可能转移到被戏仿作品作者手中的财富，现在留在了受众手中。从社会角度看，这样的此消彼长没减少社会财富，甚至可能有所节省——减少了受众不满意的消费。这是值得鼓励的更有效率的信息流动和财富（不）流动。另一方面，这些没流向被戏仿作品作者的财富也不会自动流向戏仿者，除非戏仿作品本身有某种受消费者欢迎的优点，而这意味着后者有非替代性。

这种与营利有关但不具决定性的替代标准是有意义的。这一标准会促使戏仿者，为避免侵权指控，一方面尽量减少借用被戏仿作品的材料或元素，另一方面会努力实现创造性转换所借用的材料。这会促成更多有创新意义的相对独立的出色戏仿作品。

最后，鉴于目前戏仿的主要受众更多是都市中青年知识群体，戏仿方式多种多样，以及"合理使用"原则本身的特点，因此具体判断必须更多基于法官对具体案件细节和所涉利益的精细考察，要更多吸纳学界对相关案件的细致分析评论，很难以抽象的法律条文或教义予以统一规制。事实上，这也是美国司法处理戏仿的经验。[61]

---

[61] *Campbell v. Acuff-Rose Music*, Inc., 510 U. S. 569（1994）。又请看对此案的细致学理分析，Anastasia P. Winslow, "Rapping on a Revolving Door: An Economic Analysis of Parody and Campbell v. Acuff-Rose Music, Inc.", *Southern California Law Review*, vol. 69, 1996, p. 767.

戏仿侵犯"名誉"或"声誉"

戏仿的娱乐性往往部分来自它指出了甚至有意夸大、嘲弄了被戏仿作品的一些弱点或特点，有意无意地，戏仿还会有影射，因此必须讨论戏仿涉嫌侵犯名誉权的问题。先验地把戏仿作品仅仅视为涉及著作权，从一开始就排除对有关"名誉"等问题的思考，这对于钻研部门法也许必要，但在司法实践中很难。对于不希望看到自己作品被戏仿或自己人格受嘲讽或影射的人来说，究竟打著作权还是名誉权官司不重要，重要的是如何有效震慑实在的和潜在的戏仿者。在转型中国讨论戏仿问题因此不能不涉及戏仿可能带来的"名誉侵权"问题。

为便于分析，也鉴于在中国，我把名誉暂且分为两种。一种是关于人格品行，我称之为"名誉"（reputation）；一种则有关某人的职业能力和地位，我称之为"声誉"或"名气"（fame，prestige）。两者都涉及他人对某人的看法和评价。但前者更多涉及对一个人的"好坏"判断，往往基于一些真实发生的事情，至少在目前，还算有一个相对稳定的标准，并且与名气不直接相关。后者则主要是因其职业能力首先在职业圈内、进而在社会上获得的知名度。一般说来，一个人可以名气很大，名誉却未必很好。尤其在文化娱乐界，由于标准的多元和主观性，一个知名度很高的人可能很有争议。有时为了产品的广告效应，有人还可能有意创造一些普通人唯恐避之不及的绯闻。

如果这一划分成立，一个原则性要求是，以戏仿为手段，无论是批评、嘲讽、戏弄某些社会现象和他人，还是批评被戏仿作品，都不应有人身侮辱，包括观众可察知的误导性或影射性地伤害他人名誉。言论自由当然必须坚持，包括艺术表达的自由；只是这种自由必须受到保护公民权利的法律限制。

这个问题的法律实践会非常复杂，在不同文化中也很难适用统一标准。但仅就近年的戏仿而言，无论作者本意如何，电影《手机》中的戏仿片段多少有误导或影射之嫌疑，至少在一段时间内对某些受众有这种

243

客观效果。当然，对此不能太敏感，因为既然是戏仿，受众会有适度警觉，不会"见风就是雨"，把戏仿当真，特别是对于已习惯了想象性文艺作品或游戏的城市年轻的知识群体更是如此。确实，大多数观众明显察觉电影《手机》中电视节目《有一说一》戏仿了真实世界的《实话实说》，但大多数都市年轻知识群体并不认为《手机》说的是真事。但也必须承认，由于中国处于转型时期，确实有许多中老年受众的欣赏水平一直停留在"艺术模仿生活"的层面，倾向于给《手机》中每个人物一一对号，因此会对相应人物的名誉构成无端但真实的侵害。

在一定程度上，这是社会转型的问题，但仍然是个问题。当代中国法律其实可以且应当根据中国国情作出温和适度的法律回应。鉴于电影《手机》作者/制作人和观众都从这种戏仿中各自获得了颇为丰厚的收益（货币、名声和娱乐），戏仿成本却全由被戏仿对象来承担，这有点不公道。我认为，当戏仿涉嫌明显损害他人名誉时，可以经诉讼以名誉侵权的名义，由戏仿者给被戏仿作品侵权者适当救济，甚至只是象征性的救济，比方说100元人民币。这里最重要的功能，其实是向全社会"辟谣"，还被戏仿作品的受侵害人一个清白。

这自然会增加文艺作品的生产成本，但这本就该打入戏仿创作的成本。这种成本也不影响宪法规定的文学艺术表达自由的权利。表达自由从来也不意味着应当由他人支付表达的成本，即使这个他人是位"公众人物"。这正如法律要求有过错的驾车人赔偿因其过错而受伤的行人并非侵犯前者财产权一样。

在这里，特别值得中国法律界注意的是中国社会变迁带来的文艺界的变化，文艺作品的生产、消费和利润分配实际上已经完全私有化了。《手机》是狠赚了一把的一部商业片。它不存在新闻报业通常可以诉诸的社会公共利益的辩解，至少是大大弱化了。[62]由于《手机》戏仿的对象是高度确定的个体，并非不确定的很多人，这也便利了戏仿者事后交

---

[62] 这一点是中国当代法学界常常忽视的。事实上，如今的一些小报的娱乐、八卦新闻，尽管有满足部分受众之需求的功能，但完全是商业营利导向的，有些甚至是编造的。我认为此类新闻原则上仍应受到新闻出版自由和言论自由的保护，但是相比而言，从业者应当更多为此类新闻支付成本，而不应笼统地以新闻自由为名，甚或借助于计划经济体制残留下来的政府机构属性，堂而皇之地侵犯一些被贴上"公众人物"标签者的名誉、声誉和隐私。

易，即通过司法判决完成这一交易。还值得注意的是，这种诉讼甚至对戏仿者本人也许仍是有利的，因为诉讼本身对这一戏仿也仍然有广告效应。

如果戏仿针对的是作品，那么即使非替代性戏仿大大压缩了被戏仿作品的市场，批评大大降低了被戏仿作品之作者的声誉，也不应视为侵权。任何作者的职业声誉最终都是通过其作品建立的。即使广告宣传可能有一定放大作用，却也必须有些像样的作品为基础。除了在计划经济时代中国有"无作品的著名作家"这种奇怪现象外，在今天中国，至少在文化界，已基本是"不发表就出局"。无论学历、经历、背景、人脉甚至获奖如何，观众说到底基本上只认作品。正因此，不论有多少争议，有了《黄土地》《孩子王》和《霸王别姬》等作品才有了作为名导的陈凯歌；有了《红高粱》《大红灯笼高高挂》《秋菊打官司》《英雄》才有了作为名导的张艺谋——哪怕张是摄影出身；有了《甲方乙方》《没完没了》《一声叹息》《天下无贼》才有了作为名导的冯小刚——哪怕冯并非科班出身。声誉不是任何人可以稳定拥有的固态财产，而是众多他人基于对某人一系列作品的评价、对其职业能力的基本评价而形成的，是累积起来的。只要有强有力的作品，哪怕个人品性再有争议，这种声誉也不会被剥夺，即便有点影响。反之，则法律也无法维系。说戏仿毁了某部被戏仿作品，进而损害了被戏仿作品作者的声誉，降低了该作者的市场价值，看起来合乎逻辑，在现实中却几乎不可能。不错，下面我会分析，特别对于电影来说，作者的声誉对作者的未来交易乃至未来作品的市场货币收益有重大影响，但这种货币收益不等于职业声誉，相反可能来自对职业声誉的透支。

戏仿之社会功能再考察

说到透支，这涉及另一个相关的法律领域，消费者权益的保护：对诸如电影这种消费品，面对伴随这类消费品而来的大量广告宣传，如果消费者感到不满，他或她能否以及该如何获得某种合理的救济和保护？

在这里，我们会发现戏仿，在电影《无极》中，《馒头》的社会功能。

还是必须强调电影的特点。在消费品中，电影属于非常典型的信用品（credence good），即只有在消费中，甚至往往是在接近消费结束时，消费者才可能判断产品是否物有所值；并且，除了极少数经典外，绝大多数电影对于绝大多数消费者，都是一次性消费的。还有一种消费品是检验品，即可以在消费前通过其他措施检验其是否达到某种客观的技术标准，例如汽车；有些常常是反复消费的，例如激光唱片或书籍。电影的另一特点是高度个性化，无法事先适用统一的产品质量标准（文化产品普遍有这个特点）。观众的艺术偏好往往也很难确定，在现代社会中变得格外多元，会有较大差异，还会受时尚影响。这就使得电影产品的质量高下既不能完全无视消费者，却也不能仅仅迎合消费者。观众的口味常常决定了一部电影的命运，但不时也有个把本不被看好但很创新的作品会适时引发和培养出一种新的艺术口味。电影《大话西游》在中国内地市场的曲折命运最典型地说明了这一点。[63] 由于电影作品的这些特点，因此，在有多个选项时，绝大多数电影消费者基于效率考量，往往更多根据导演、演员的名气以及广告来选择消费哪部电影。最极端地，投资人不看剧本，就盯着那些公认的名导演和名演员的行踪投钱，扬长避短，节省时间，还稳赚不赔。[64] 也正因为这一特点，电影制片人也特别重视电影广告宣传。这一点，在中国电影市场也已变得日益显著。

由于信用品的特点和商业广告的介入，消费者和作者之间的信息不对称在电影消费上变得日益显著，消费者容易对电影生产者提供的消费品（产品？或服务？）失望甚至不满。但文化作品的质量很难测度，消费者的偏好多元更增加了这种测度的难度，同时也不能排除有消费者欺诈的可能。至少到目前，这类消费者权益还是很难以正式法律制度予以

---

〔63〕《大话西游》是香港导演刘镇伟执导的上下两集电影。1995 年该片进入内地，反应平淡。直到该片在内地发行 VCD 之后，1997 年左右《大话西游》在北京高校引起讨论形成话题，引致当时人人都在背"大话"台词。

〔64〕 筹备电影《让子弹飞》时，投资方一反常态，不看剧本直接投钱。这令导演姜文很纳闷。制片人说：葛优、周润发都来，我还备什么本子?!《策划：你也许不知道〈让子弹飞〉的36 个细节（12）》，http：//ent. sina. com. cn/m/c/2010-12-28/ba3190174. shtml，2008 年 3 月 20日最后访问。

事后救济，只能是消费者"风险自担"。人们看完一场吹得很大的电影，即使很不满意，也无法证明其为伪劣产品，无法寻求相关法律的有效保护。从成本收益上看，也不值得为几十元电影票钱去打一场耗时费力的官司。

市场引发的这个问题本来有部分是靠市场培养起来的"声誉"来预防的，但这得有一个相对长期博弈的市场，这除了不利于年轻导演外，也不能杜绝某些成名作者，有意无意地，会"透支"其既有声誉。电影产品的"季节"特点和一次性消费特点使市场信息反馈至少在某些情况下不及时，大规模广告宣传甚至会造成一个短时段的信息垄断。加之中国电影市场转型带来的导演"转业"（从文艺片转向商业片）必然出现声誉透支，市场对作者透支其职业声誉的"制裁"不够及时有力，也没法及时有力。甚至还必须考虑到，至少有时，不满的消费者还需要及时的、有针对性的情感宣泄。

在这一背景下，特别是在当代中国文艺批评很难、批评形式很传统的条件下，由普通电影消费者自发制作的、网上迅速传播的批评性戏仿作品就有了特别重要的社会功能。戏仿或"恶搞"原作的主题或特征，虽无恶意，这对原作就是一种含蓄的批评。[65]它不仅警示了中国社会当下有质量且及时的文艺批评供给严重不足。针对目前中国电影市场的问题，它更是一种由消费者生产、向潜在消费者提供的、远比影片投资者的商业广告更可信、更及时的消费指南。作为文艺批评的戏仿，因此具有一种特殊的产品质量控制功能。它会联合消费者一起不允许质量较差的作品较长时间占据太大市场，甚至有可能将之完全赶出市场。甚至，在相当程度上，几乎会取代对尤其是影视作品的文字批评。

这种产品质量控制措施对于各类电影作者（出品人、制片人、导演）也并非全都是不利。戏仿为受观众欢迎的作品开拓了市场；换一个角度，与其他形式的文艺批评一样，戏仿还向所有作者反馈了消费市场的一些真实信息，便于他们了解受众的偏好和反应，及时调整自己的生产。注意，这些信息反馈也无须被戏仿作品的作者支付任何费用。

---

[65] J. G. Riewald, "Parody as Criticism", *supra* note〔19〕。

甚至，戏仿者也筛选被戏仿的作品。中国或美国的最烂电影奖（金扫帚奖，金酸莓奖）的获奖影片和演员从来并非真的最烂，也并非容易入选甚或提名的。戏仿者通常并不戏仿或"恶搞"完全不知名作者的作品或最低劣的作品。他们戏仿的往往是那些"言过其实"、风格做作或题材老套的作品。在一定意义上，戏仿确实可以说是"碰瓷"。但"碰瓷"也有广告的功能，对于影视作品来说"没消息才是最坏消息"。至少"无极"的观众中有些是先看了"馒头"。

我不是说，作者必须虚伪地把顾客当上帝，我也不认为顾客的口味就是标准。我知道，市场，和民主一样，一般来说，更欢迎平庸和媚俗。艺术创作，事实上，很可能是任何创造性活动，都需要作者一定程度的自信甚至孤傲的。作者完全可以拒绝接受反馈，坚信自己有能力重塑受众的艺术趣味和欣赏习惯，或坚持只为特定的受众服务。这些我都能接受，甚至支持。但这类艺术品的作者必须准备为自己的坚持支付代价，因此别太多抱怨市场，但最应避免把自己在特定文化场域因某个或某类作品获得的文化资本转移到另一个场域，试图获取经济资本。[66]

从这个角度看，《馒头》这样的戏仿作品具有超越消费者个人娱乐和情绪宣泄的社会价值。从其实践后果上看，这是一种出于个人利益考量而无意创造的公共善品，只要不是过多挪用了受著作权保护的被戏仿作品的原材料，或是令人反感地侵犯了作者的名誉，就应当得到社会的和法律的保护。

上述分析还只是从文艺批评的维度展开的，但戏仿不限于文艺批评，许多戏仿作品也含有社会批评。鲁迅先生对当时的浅薄肉麻爱情诗的调侃，王朔小说在1980年代末90年代初对中国社会知识界的虚伪矫饰的讽刺，都是比较典型的。《馒头》中也有这类的社会批评。甚至对《无极》的批评也讽刺了一些中国电影人、知识人故作高深的哲人情怀，批评了中国电影界的奥斯卡情节以及与之相伴的各类包装。这些批评不一定对，也许正因此，《馒头》才只能调侃和戏仿。它缺乏自信正义在手时的坚定，未能高瞻远瞩地指出未来前进的方向。但给不出好答

---

〔66〕 有关的分析，可参看，〔法〕布尔迪厄：《文化资本与社会炼金术：布尔迪厄访谈录》，包亚明译，上海人民出版社1997年版，第202以下。

案的人仍可以发言。

即使情感宣泄也不像这个词乍看起来那样只有负面意义。亚里士多德以及许多作家都认为文艺作品的功能之一就是情感的宣泄和释放[67]，尽管方式可以多样。戏仿引发了笑声，引出了尴尬，但这总比愤怒指责"人不能无耻到这个地步"，威胁把对方拽进法庭，对于构建时下流行的"和谐社会"似乎更有意义。就中国社会来看，戏仿的增多意味着正在生长的一种思考问题和表达感受的新方式。一位外国记者在评论《馒头》风波时曾尖锐地指出，这一纠纷发生的原因之一在于，总体而言，中国人还不习惯戏仿交流。[68]我不认为思考和交流方式一定有什么高下之分。只是，我们必须清楚意识到，无论我们是否赞同，戏仿以及与之相关的调侃，事实上已成为中国都市比较年轻的知识群体（俗称"白领"和"小资"们）中一种常见且有效的交流方式，一种可能因某种自我怀疑、自我限制而变得温和的批评或表达异议的方式。它不那么坚定、崇高，但恰恰因此避免了激烈的冲突。事实上，在过去二十年里，这种思考和交流方式在整个中国社会中，总体看来，正不断增长和扩展。也许我们应当思考为什么，以及作为制度的法律该如何回应？

这也就再次印证了本文主张的，对于新型难办案件或纠纷，必须包容，但更要有超越法条主义的进路。

2006 年 3 月 17 日二稿于长沙枫林宾馆；4 月 1 日定稿于北大法学院陈明楼

---

[67] 亚里士多德认为，悲剧就是"通过引发怜悯和恐惧使这些情感得到疏泄"。〔古希腊〕亚里士多德：《诗学》，陈中梅译注，商务印书馆 2002 年版，第 64 页。

[68] Robert Marquand, "A Spoof Hits China's Web—and a Star Is Born", *supra* note〔5〕.

|第七章| 昔日"琼花"，今日"秋菊"
——舞剧《红色娘子军》产权争议的法理分析

尽信书，则不如无书。

——孟子[1]

一本漫画书通常是四位艺人的共同作品——文字稿人（writer）、铅笔稿人、墨线稿人以及上色人。但仅成品有版权。

——波斯纳[2]

引论

北京市高级人民法院驳回中央芭蕾舞团（以下称中芭）再审请求两个月后，2017年12月28日，北京市西城区人民法院强制执行了北京市知识产权法院两年前的梁信诉中芭侵权案的二审判决，扣划了被执行人中芭的款项，并称将继续强制执行中芭未履行的书面道歉义务。[3]

当事人一方或双方均不满法院判决的情况其实是常态，但当事人反应如中芭这般激烈的，似乎还不曾有过。几天后，中芭强硬声明，指名道姓，强烈谴责北京市西城区人民法院的"劣质法官""枉法判案……肆意践踏国家法律、

---

[1] 杨伯峻：《孟子译注》（尽心下），中华书局1960年版，第325页。
[2] *Caiman v. McFarlane*, 360 F. 3d 644, 659 (7th Cir. 2004).
[3] 《北京西城法院关于梁信诉中央芭蕾舞团侵害著作权纠纷案的情况说明》，http://www.chinapeace.gov.cn/zixun/2018-01/02/content_11444423.htm，2018年10月20日最后访问。

破坏社会法治""违背中央大政方针……罔顾案件事实的自相矛盾的荒唐枉法判决"；并表示"坚决不向枉法裁判和司法不公屈服""坚决与危害我们社会的司法腐败作斗争!"[4]很自然，这引来了一片乍看起来似乎还挺有道理，其实，本文将证明，过于轻率的对于中芭的谴责。

此案历史和历史背景相当复杂。2011 年年底，电影文学剧本《红色娘子军》（以下简称《红》）作者梁信，基于 1993 年他与中芭有关同名舞剧改编演出的著作权协议书，在西城区法院对中芭提起诉讼（以下称"中芭案"）。梁主张 1993 年双方的协议是一个期限 10 年的许可合同；2003 年期满，双方未续约，中芭继续演出舞剧，未获梁的许可，侵犯了梁的著作权。梁据此提出了三项请求：（1）未经原作者许可，从此中芭不得演出根据梁的电影剧本《红》改编创作的同名舞剧；（2）中芭在协议许可期满后的舞剧演出构成侵权，梁要求中芭支付侵权损失和律师费共 55 万元；（3）鉴于舞剧《红》的某宣传材料未严格依照 1993 年协议相关条款规定给梁署名，中芭应向梁公开赔礼道歉。

鉴于舞剧宣传材料中的署名差池是偶发，发生在中芭巡演途中，是中芭无力掌控的外地各类媒体，梁也未证明中芭对此差池有主观过错，一审法院判决，中芭只需向梁本人书面道歉，不必公开登报或上网。针对舞剧《红》改编许可的诉求，一审判定，在 1993 年协议之前，双方之间虽未正式签订许可合同，但双方来往信函以及权威机关公文在内的大量证据足以表明，当年舞剧改编实际已获梁的许可。据此，1993 年双方协议并非梁主张的是改编许可合同；进而，该协议第二条约定的付酬与许可无关，只是中芭就表演改编作品同原作者梁约定支付的报酬。这一条约定的文字是：根据中华人民共和国相关法律规定，"中央芭蕾舞团一次性付给梁信同志人民币伍仟元"。

协议约定的"一次性付给"无时间限制，也没附带任何条件。《著作权法》（1991 年）对著作权许可使用和图书出版合同规定有法定十年期限，对表演改编作品则无法定时限。这一条约定的文字，没有任何问

---

〔4〕《中央芭蕾舞团的严正声明》，http：//www.myzaker.com/article/5a4b572a1bc8e0945f000003/，2018 年 10 月 20 日最后访问。

题需要法官解释，也没有任何空间留待法官解释。按理说，法院只能接受中芭对这一条的主张：协议中"一次性付给"，意思就是一次性买断梁的著作改编权。但，虽无节外，照样生枝。一审法院在此，自言自语地（原告起诉书中并未主张），提出了一个设想性问题：协议中"一次性付给"梁5000元是否隐含了一个时限，并因此，该约定并非"买断"？说到"隐含"，法律人都知道，说白了，就是字面上啥都没有，法官或律师必须从其他什么地方找出点蛛丝马迹，然后多少得说出点道理。

一审法官还真就找到了这点蛛丝，但是从协议文本以外！在此协议签署前3个月，1993年3月，中芭时任团长李承祥写信给梁，表示可以接受梁提出的方案，即"一次性付给你［梁］3000元，十年届满再续签合同，另议酬金。"但后来，鉴于利益盘算，梁自己已拒绝了这一方案。但掐头去尾，一审法官认定，既然信函和协议中都有"一次性付给"这个短语，那么，即便最终的协议中没有相应文字，却隐含了"十年届满再续签合同，另议酬金"这一时间限制。

就这样，拒绝承认中芭关于1993年双方协议书中"一次性付给"是"买断"的主张，一审法院认为该协议"应为十年表演报酬之约，而非一次性了结双方之间的表演报酬支付事项"。随后，鉴于这个"应为"十年的协议期满后，中芭未同梁续约并支付报酬，一审判决认定，中芭违反了它与梁之间的合同约定。

这个推理从各方面看都完全不成立！从"应当"得不出"是"，这是常识，我这里先就不说了。而且，合同期满后，相关法律并未规定，双方也不曾约定，中芭有责任主动提出续约。提出或提醒续约应当是梁的责任，至少也该是双方分担的责任。一审法官很难据此断言期满后未续约是中芭违约，而不是梁违约。从一般事理和法理来看，各人照看各自的财产利益，理应梁早早提出续约。期满后，还拖了8年才提，在英美法上，这起码是太有心计了（bad faith）！

尽管如此，一审法院断然否弃了梁有关许可的"侵权之诉"，接着又能动司法，越俎代庖，主动担当了梁的法律代理，为梁提出了梁本人都没敢主张的"违约之诉"。再进一步，在梁本人"未能提出自身损失及［证明中央芭蕾舞团］获利情况下"〔5〕，一审法院不知如何算出了梁未能获得的预期利益为人民币 10 万元，认定这就是中芭违约给梁造成的经济损失。再加两万元诉讼费用，一审法院判定中芭向梁支付总共人民币 12 万元。

若真的完全不看判决根据和理由，仅就此案判决结果来看，中芭不值得较真。即便就该中芭赔偿，扣除 2 万元诉讼支出，分摊到协议期满的 2003 年至此案一审判决的 2015 年这 12 年间，每年还不足一万元。这笔钱不是私人掏，肯定是从国家给中芭的财政拨款中支付。还是件民事官司，输赢没啥道德意味。多年前的事，中芭领导都换了几茬了，与现任全然无关。有必要为此较劲吗？无济于事，反倒招来了众多不明是非、也不论是非、就会装作尊重法治的媒体和法律人异口同声地谴责。〔6〕太得不偿失了。

重要的是，中芭不是个自然人，而是个事业单位法人。团内有领导，不是个人，是个班子；还有上级。因此，怎么说，它的愤怒就不可能真的如同众多指责那样，是出于任性或冲动。它也完全不是，如同众多人指责的那样，"法盲"或无视法律。中芭至少聘请了一位法学教授代理此案诉讼，有专门的出庭律师，还诉诸了，事实上是穷尽了，一切可能的法定程序——它其实一直在努力信仰法律。

我还得多句嘴，这件事所以落了这个结果，至少部分因为，中芭太信仰和相信法律了。早在 1993 年，它就想依据新颁《著作权法》尽早弥补早先无法可依留下的遗憾。是中芭领导主动同电影剧本作者梁联系，引出并立即回应了梁关于舞剧改编的付酬问题，想尽快且一次性了

---

〔5〕《北京市西城区人民法院民事判决书》(2012) 西民初字第 1240 号。

〔6〕例如，《中芭对法院发"严正"声明，与法治背道而驰》，载《人民日报》，http://www.xinhuayuebao.com/2018/0103/2689.shtml。单仁评：《中央芭蕾舞团的"严正声明"太不得体》，载《环球时报》2018 年 1 月 3 日，版 15。史洪举：《蔑视法律者，舞姿再优美也会形象扫地》，人民法院新闻传媒总社，http://www.sohu.com/a/214306775_663960。王言虎：《上来就说"劣质法官"的中央芭蕾舞团，你消消气》，载《新京报》官微，http://baijiahao.baidu.com/s? id = 1588487269648071173&wfr = spider&for = pc。杨鑫宇：《输了官司又输名声! 中央芭蕾舞团缺少对法治的尊重》，中青评论，http://baijiahao.baidu.com/s? id = 1588579007878669072&wfr = spider&for = pc。《中芭，缺的是知法守理》，中金在线，http://news.cnfol.com/guandianpinglun/20180103/25849935.shtml。以上网址皆 2018 年 10 月 20 日最后访问。

结著作权的纠纷。有信函和其他旁证表明，中芭也一点不抠搜，提出了几个方案由梁在其法律顾问帮助下挑选，对梁提出的方案也没还价，也听任协议签字前梁临时改主意。中芭根据小说/京剧《红嫂》改编过舞剧《沂蒙颂》[7]，就不曾有这些麻烦。其中最重要的一点或许是，还没等到中芭有机会依法办事，1991年，小说作者就故去了。

中芭较劲发飙也不可能如某些人疯狂想象的，什么"权力蔑视法律"。名称中是有"中央"二字，但什么时候，中芭位于这个国家或社会的中央了?! 一些评论者或法律人，认得几个字，就这么拿文字当真了? 就因"中央"二字，"中央广播电视大学"就会或就敢蔑视"北大"或"清华"? 在市场经济的今天，吃财政饭，基本是死工资，芭蕾创作演职人员的收入比起法律人那可是差多了; 也不如法官或公务员，中芭连个让别人看脸色的机会都没有。

但也因此，才值得探究! 我的直觉是，在中芭看来，此案判决根本不是钱、或钱多钱少的事，也不只是一般的依法不依法的事，这里有个是非问题，有个天地良心问题! 中芭觉得自己太委屈、太憋屈了，没处讲理，即便在法庭上——甚或恰恰就在今天的法庭上! 因此，中芭声明中自称"被逼步入上访大军"，是"司法冤民"——昔日的"琼花"就这样成了今天的"秋菊"![8]

不是夸张。我会尽可能一一展开。会更多从法理层面，包括却不限于法条和教义，因为那只能算是"令"。"令者，言最贵者"，但与法不全等。"法者，事最适者也"，或"最广义地理解，法就是从事物性质中衍生出来的必然关系"。[9]因此，尽管此案的三审判决和裁定

---

[7] 刘知侠:《红嫂》，载《上海文学》1961年8期，第30—42页。1964年山东淄博京剧团将小说改编成京剧《红嫂》。1970年，以刘知侠在政治上有问题，江青指示中芭以京剧《红嫂》为模本改编舞剧，舞剧更名为《沂蒙颂》，剧中主要人物红嫂也改名为英嫂。1973年芭蕾舞《沂蒙颂》(编导：李承祥/等，主演：程伯佳、张肃) 首度公演; 1975年八一电影制片厂将舞剧拍成了电影。

[8] 这里指影片《秋菊打官司》执拗较劲的"秋菊"。梁信《红色娘子军》中女主角吴琼花的人物原型之一是刘秋菊，她是海南早期中国共产党的一位传奇式的领导干部。梁信:《从生活到创作：吴琼花形象的塑造经过》，载《人民日报》1961年10月25日，版7。

[9] (清)王先慎:《韩非子集解》，钟哲点校，中华书局2013年版，第390—391页。Montesquieu, *The Spirit of Laws*, trans. by Anne M. Cohler, Basia Carolyn Miller, and Harold Samuel Stone, Cambridge University Press, 1989, p. 3.

已有足够技术性法律分析，中芭律师也曾以论文形式发表了他对此案的法律分析[10]，在部门法话语体系中，就那些已被司法剪裁后的"法律事实"来看，这些判断言之成理。但显然，这根本不能说服中芭。

但这并非撰写本文的最大动力。毕竟此案判决已经生效，我知道应尊重法院判决，维护司法权威。我甚至知道，司法判决往往没有唯一正确的答案，即便人们有时以为有，且不依不饶地追求这种唯一。在一些并非事关重大的争点上，确实没必要跟自己较劲，锱铢必较。世界上有些事有时只能不了了之，将错就错，司法解决纠纷看似向后看，但就其制度功能而言，却是向前看的，没必要为洒了的牛奶哭泣。[11]

但我分析此案却恰恰是向前看。因为，说是终审判决，此案判决既未定分止争，也没案结事了。想想吧，司法强制执行了 12 万元钱，那只是法院认定 2003 年至 2015 年间中芭应支付梁的"表演改编作品的报酬"。但我撰写此文是在 2018 年中。这意味着，依据此案的判决理由，梁家人现在就可以就 2015 年之后中芭未支付的表演报酬起诉。梁信先生 2017 年辞世，按《著作权法》的相关规定，这个没剪断理更乱的著作权问题将持续到 2067 年底。下一步怎么办？继续诉讼？继续强制执行？只要中芭不妥协，只要梁家人不放弃，这个纠纷从理论上看就一定会出现在法庭。这就令探讨此案有了必要。

这甚至不是最重要的理由。更值得注意的是，中华人民共和国成立后的前三十年间，与舞剧《红》在诸多方面类似的作品还不少。即在今天看来著作产权不清的，或是今天可以以产权不清为由折腾的，远不止这一件。在争利于市、争名也于市的当今，只要有利可图，随时可能引发诉讼。这就要求，借此时机，借助分析此案，开发一种相对说来合理、有效且一般化——有别于特事特办——的理路来推进类似案件的定

<hr />

[10] 陈界融：《〈红色娘子军〉著作权纠纷案法理分析》，载《贵州民族大学学报》（哲社版）2015 年 5 期，第 125—136 页。

[11] 关于司法制度的这一特点，请看，Frank H. Easterbrook, "The Supreme Court, 1983 Term—Foreword: The Court and the Economic System", *Harvard Law Review*, vol. 98, 1984, p. 4.

分止争。

本文的关注因此不是"奉法者强则国强"这类所谓"亘古不变的道理"〔12〕，也不是"法律必须信仰否则形同虚设"这类号称启蒙其实蒙昧/萌妹的高冷法理。必须是天理、国法、人情的统一，不能只是法条、教义或民粹，甚或三者的合一。

全部分析论证分为上中下三篇。

上篇集中关注此案的司法问题：即从法理和教义层面辨析"中芭案"核心判决的根据、推理和论证，不是错了一点，而是全都错了。既违反了相关的法律教义，也全然有悖于人们日常生活思考的常规。

中篇试图在中国社会发展变迁的开阔历史背景下，在法律与其他学科——甚至不仅是社会科学——知识交叉的视野中，分析展示舞剧《红》改编过程中与著作产权法相关的一系列重要事实问题。这些事实表明，当年有关舞剧《红》的著作权业内规范和具体实践并无不当，无论在程序还是实质上都基本公道。事实上，梁信很可能是这一规范实践的最大获益者。

下篇则集中针对和讨论芭蕾舞剧著作产权制度的一个特点：舞剧由众多"作者"共同创作。若按传统产权明晰的理论，每个作者非但可以主张自己的权利，也有权阻止他人使用该作品。但这很容易导致物不得尽其用（underuse）的反公地悲剧。针对芭蕾舞剧的特点，无论是在创作之处或在纠纷解决之际，法律人必须注意明智地界定和整合的芭蕾舞剧的权利，力求最充分有效率的产权利用。

为便于读者参考了解相关背景和问题，正文之后，还有两个附录。附录一是一份大事记，记录了各类题名《红色娘子军》的作品的演变，以及包括诉讼在内的诸多相关事件的粗略脉络。附录二摘录了《红色娘子军》有关常青就义一场戏的电影文学剧本与分镜头剧本片段，我将其列表并置，便于读者初步了解文学作品的文字叙事与电影作品的视觉叙事的差别，希望有助于读者理解同名文字作品、电影作品与舞剧作品的区别。

---

〔12〕 史洪举：《蔑视法律者，舞姿再优美也会形象扫地》，同前注〔6〕。

上篇：无法解释的解释，无法证成的证成

牵强附会的"一次性付给"

　　"中芭案"的一审、二审和再审法院均认定或确认舞剧《红》的改编获得了梁的许可，进而认定双方于 1993 年 6 月签订的协议第二条提及的"一次性付给"是有关中芭表演改编作品向原作者梁支付报酬的约定。但一审法官从 1993 年 3 月中芭时任团长致梁的信中找到了一句话："一次性付给［梁］3000 元，十年届满再续签合同，另议酬金"。以这封信和协议都有"一次性付给"这个短语为由，一审法官认定，二审和再审法院也都认定，虽不见于协议，协议却隐含了"十年届满再续签合同，另议酬金"这一限定。据此，有了后来强制执行的一审的核心判决，中芭因违约需支付梁经济损失 10 万元和诉讼支出 2 万元。

　　看似言之凿凿，实则似是而非。这个解释，从可能想到的一切方面看，都无法成立；甚至很是荒唐。

　　若只看文字，确实没法确定协议提及的"一次性付给"是指"买断"。要理解协议中"一次性付给"的含义，法学人会认为，有利害关系的法律人则一定坚持，一审法官有必要引入相关文字来澄清其含义。但这个"必要"其实是个错觉。真实情况会是，只有当有助于公正解决本案纠纷时，法官会自行裁决（因此很难说必要）是否引入相关材料来澄清其含义。之所以如此，因为法院承担的职责是依法治理，其落脚点永远是法律实践，即关注有效的治理和解决纠纷。他们不可能像代理律师那样，仅为自己当事人的利益而主张或反对引入外在材料来澄清相关文字的文义。法官没法、也不应像专职研究者如法学院老师那样，除学术外，别无所事，因此可以出于纯智识兴趣，琢磨相关法律文本的一切可能的理解或解说，即便这些理解和解说不一定导致有实质差异的后果。特别是近年来，由于中国经济社会发展和变迁，更由于立案登记

制改革，许多法院案件数量大增，而法院的人力、时间永远有限，法官只能有所不为方能有所为。法官因此一定得是出于更好、更快解决纠纷才会关心相关文字的其他可能含义，只有为解决纠纷之必需时法官才会自主决定是否引入其他证据来澄清相关文义。这其实是"不告不理"原则在日常司法实践中的裁量性体现。

鉴于"中芭案"当事人仅对当年协议的性质有争议，对这一条究竟有无时间限定并无争议，法院根本无须考察此案"一次性付给"有无十年期限。理由和根据是，既然法院认定梁提出的是侵权之诉，根据排中律，这一报酬支付条款就不可能同时又是违约（违反表演报酬合同）之诉。如果梁本人都不认为这一条与表演报酬支付有关，中芭又怎么可能违反了表演报酬的约定？但没给任何理由，一审法官在此自作主张，先代梁提出了一个诉状中梁自己都不曾主张的请求，接着引证协议外的文字，给协议内的"一次性付给"强加了一个十年期限。这显然不必要，不合理，太任性。

学人偶尔这么做还说得过去。学人的工作就是想象各种可能甚至一切可能；但更重要的是，学人的这类设想或假想不会引发实际利害冲突，只训练学人思考，对其教学或研究有用。但一审法官如此能动司法很不合适，对中芭不公平。就因这一节外生枝，本案判决结果就变了：中芭败诉了，赔了 10 万元；由此，这一纠纷，从理论上看，还要持续近 50 年。在诉讼程序上看也不公平。原告提的是侵权之诉，其诉状中没提有关合同期限的争点。被告中芭在法庭辩论中自然不会有相关的回应。但在判决书撰写中，无中生有地，一审法官替梁提出这个争点，未有辩论，接着就把自己的观点写入判决书。这操作，这程序，说得过去吗？

最重要的是，从协议外引入的这些文字也并不支持法院对协议的解释和判断。不能因为协议和信函中都提到过"一次性付给"，法官就可以用信函的其他文字来补充或称"解释"协议。这不是解释协议，这是用信函文字来修改协议。逻辑上也不通，一审法官怎么可能从信函中明确提及了十年之约的"一次性付给"，推断出，协议中的"一次性付给"就一定隐含了十年之约？这太想当然了，这是创作！

其实，对该协议的任何合乎常规常情常理的解读，都不能令人合乎情理地（这远远超过了民事诉讼法要求的优势证据标准）相信，协议中"一次性付给"的含义不是"买断"，而有"十年之约"的限定。

协议/合同的解释首先应解释协议文本自身，而不是急急忙忙寻找并解释其他文本。要弄清协议的字面含义，在适度的语境关照下，依次关注的顺序，大致是文本中的某一语词、某一短语、某一句话、某一条文以及常规界定的这一文本的字面含义。当某个词或短语的字面含义不清时，可以在一具体条文中，必要时也可以在整个协议文本中，来理解和澄清语词的含义。只有当协议文本本身确实不足以澄清某语词之含混时，法官自认为必要，且有确实相关的其他文本，才能引入包括字典、信函以及其他相关文件和通联信息等，来澄清协议文本的含义。

通读 1993 年协议文本，读者会发现，不仅这一条文，而且该协议的任何其他条文，或协议中任何其他文字，都不曾提及十年期限。该协议有三项实质性约定：一是中芭承诺自身今后在相关舞剧宣传材料上给梁署名；二是"一次性付给"梁 5000 元；三是梁承诺不再授权他人以舞剧形式改编原著。我加了着重号的两词都显然是永久性承诺，无时间限制。我实在不明白，相信任何人也很难明白，协议双方怎么可能，有什么理由，或是一审法官根据了什么判定，单单夹在第一和第三条永久性承诺之间的这第二条承诺隐含了一个十年期限？无论根据明示排除默示的解释规则，还是根据体系解释原则，从这三条协定中，法官都只能推断，这三条都是永久性承诺，不可能隐含有什么"十年之约"。

是的，在签协议前与梁的通信中，中芭曾提到约定十年的一次性付酬。审理本案的法官也许觉得这与协议中的一次性付酬可能有关。这种联想，或这么觉得，完全可以。出于法官的审慎甚或敏感多疑，也算有点抽象的道理。但可能相关并不等于确实相关；再强的"觉得"本身都不是证明。只有找到其他足够且毋庸置疑的证据证明两者确实相关时，法官才可以将之纳入自己的考量。判决书中没谈及任何其他证据，也没有任何分析论证。

必须清楚，信函与协议是法律意义完全不同的两类文本。在司法上，敏感地发现并理解两者的区别，是比有意模糊或刻意淡化两者区别更重要的能力。由于更多处理事实问题，一审法官确实有很大裁量权，但仍应尊重对协议双方有法定约束力的文本，即本案双方签署的协议。在协议签订前的信函或其他交流中，双方肯定会提出多个支付方案，与双方最后签署的协议会有不同。最终签署的协议最多也只是对先前某一方案的确认，有时甚至会否定之前的所有方案，起草并签署一个全新方案。把信函提及的有十年之约的方案硬塞进未提及十年之约的最终协议，一审法官，因此，并没认真对待这份最终协议。法官对最终协议的这一解释等于废除了双方的最终协议；等于参照双方之前的通信，以法院判决之名，法官为双方提供了一份全新的协议，一份双方都不曾意图的协议。由于法官提供的这份全新协议对一方有利，甚至可谓喜出望外，当然接受，对另一方不利，自然拒绝。

除了解释规则外，有助于深入理解、分析、解释双方协议的另一实质性方法是，具体看看双方交流中提及的各种方案对双方各有什么利弊。这种对各方案成本收益的分析有助于理解和判断双方为了什么，达成了什么协议。就"中芭案"而言，还有助于重构和理解信函和协议中提及"一次性付给"的具体含义，以及协议文本的具体表述。

在双方来往的信函中，中芭起初对梁提出了三个付酬方案：分别是"演出场次报酬""基本演出报酬＋演出场次报酬"以及买断性的"一次性付酬"。梁会同其法律顾问提出了第四个方案，即"十年一次性付酬＋十年后续签再议"。随后中芭复函称，"看了［梁］和刘处长草拟的合同书后，在十年内一次性付酬也是一个办法，即一次性付给［梁］3000元，十年届满再续签合同，另议酬金"。中芭表示愿意"尊重［梁］的意见"。[13]

尽管中芭表示了愿意，梁最后却放弃了自己提出的"十年＋续签"方案。回过头来，他接受了他先前否定的中芭"一次性［买断］付酬"方案。为什么？这要分析比较一下这几个方案分别对于梁的利弊。

按"演出场次报酬"方案会让梁的收入随实际演出场次增减，双方分享收入，分担风险，执行和监督都更容易。梁不吃亏，中芭也不亏。

---

［13］ 1993年3月20日中芭团长李承祥致梁信的信。转引自，《北京市西城区人民法院民事判决书》，同前注［5］。

这当然最好。但这个方案的弊端是交易费用太高，操作不方便，每次演出收入的寄、存、取，手续会很烦。梁也不可能一一查账核实。这种支付方式还会令梁的收入非常零碎，很难积攒下来，做件在 1990 年代看来的"大事"，如买个彩电或空调之类的。但最大不利是梁没法确定市场对舞剧《红》的价格反应，万一市场不好，梁就没多少甚至没什么收入。"基本演出报酬＋演出场次报酬"方案与前一方案相比，好处是，基本演出报酬保证了从一开始梁就有一笔数额较大的收入到手，减少了市场风险。弊端是，这之后按演出场次寄、存、取报酬的手续一点不少，仍很烦人，也没法查账。一次性"买断"，好处是当即获得一笔数额更大的钱款，可作大用场，也省去了此后的繁琐手续，更大好处是可以彻底消除因演出市场或其他各种不确定性带来的收入风险。缺点是，一次性买断的初始定价很难：1993 年中国社会主义市场经济刚起步，梁没有可靠信息提出一个双方都能接受的合乎情理的买断价格。要高了，中芭吃亏，梁自己也过意不去；但要低了，梁则无法收获潜在演出市场的巨大收益；至少当时，梁有理由对自己作品的市场收益甚是乐观。显然，是在同法律顾问比较和权衡了各方案的利弊后，梁提出了"十年一次性付酬＋续签"方案。十年一次性付酬，省了繁琐手续，却能保证每十年有一笔数额较大的收入，也方便双方根据十年市场状况再做收益调整。从信函文字看，当时中芭和梁对市场经济和芭蕾的市场收益都相当乐观，甚至是——事后看——过于乐观。

三个月后双方正式签协议，所签协议与预案有了两大变化：一是中芭一次性支付梁的金额猛增了 60％，从早先梁提出的 3000 元增加到5000 元；二是协议没再提——删去了——信函提及的"十年届满再续签合同，酬金另议"。一审法官没有理由只关注出现于信函和协议中的"一次性付给"，却不关心双方在协议中删去的其他相关文字。若真想弄清这一条文，合乎情理的普通人就应当想，本案法官则必须想，梁为什么放弃了他当初提出的"十年一次性付酬＋续签"的方案，中芭为什么以及凭什么大幅增加了一次性支付梁的金额？这两点难道毫不相关？鉴于最终协议文本是梁会同他的法律顾问——广东省版权局在任的刘处长——起草准备的，这意味着梁有更多时间和机会斟酌权衡，是保留还是删除或修改相关文字。梁不可能是粗心漏写了，或是意外删除了，他之前提议的"十年届满续签合同酬金另议"。更不可能是，他认为，自己在信函中曾提过，协议中可以省略，今后若有争议，法官解释协议时，自然会，或应当，参考信函予以补全。唯一可能的是，协议文本中的这一增（支付金额增加）一减（删去"十年后续签合同"）就是双方的利益交换。

有合理旁证表明这真是个交换。中芭向社会发布的此案情况通报（如今已被删帖，但仍可以从下面的注释中查获），以及中芭律师在微博上发布的工作笔记[14]，对此都有较为详细也很有说服力的说明。1993 年 6 月，中芭团长专程到广州与梁签约时，为规避舞剧《红》演出（我随后讨论）在政治上的高度不确定性的以及相应的经济风险，是梁主动撤回了他在先前信函向中芭提出的"十年一次性付酬+续签"方案，双方签署了由梁本人与其律师起草的"一次性付酬 5000 元"的协议书。这份协议中"一次性付给"后面没有如"了断""永久了断"或"买断"之类字眼，也明确删去了如"十年内""十年届满再续签合同，酬金另议"等限定。

我不轻信这一来自中芭及其律师的证据。但不轻信不等于必须拒绝。认真考察这些说法自身的道理，尤其是考察和揣摩该协议对双方的利弊得失，我认为，有很好的理由接受中芭的解说。"文革"期间，主管文艺的中共中央领导人江青曾深度介入舞剧《红》的改编和创作。

---

〔14〕《关于红色娘子军著作权纠纷法院判决的情况通报》，cache. baiducontent. com/c？m =9d78d513d9d431a44f9b9e697b17c0106a4381132ba7a30208a5843998732831506793ac56240773a7d 20a6216d9484beb802102401454c68cc9f85dabbf855c259f51316768835613a30edec15156cb37912afedf6 ef0cbf225e3abc5a5da4352ba44757f9783814d7612dd1f83033093b1e84f022912ad9d47728b5d6028ef343 0b15088e6256f779687d84b3bc83da01506e3ab22b14e05c465b36c113334a35bc202456170be407db9027 f13939840fa7a271d76a148c4f89aeab85f8cabbb6cc7edcbd87ec97da7d8baa72c1767558e21bcfcb8e33c6f 1200dac8de538f62e9edeccd16af4b89&p = c657d00380934ead12be9b7c61&newp = 86759a47919d12a05 aaed23e5953d8304a02c70e3cc3864e1290c408d23f061d4862e4bc27291b05d5c17d6201ad495fecf73679 23454df6cc8a871d81edd576&user = baidu&fm = sc&query = % B9% D8% D3% DA% BA% EC% C9% AB% C4% EF% D7% D3% BE% FC% D6% F8% D7% F7% C8% A8% BE% C0% B7% D7% B7% A8% D4% BA% C5% D0% BE% F6% B5% C4% C7% E9% BF% F6% CD% A8% B1% A8&qid = b2fe3a8000055e1b&p1 =1，2018 年 5 月 18 日最后访问。又请看，陈界融：《芭蕾舞剧〈红色娘子军〉著作权纠纷案，律师工作笔记》，http：//www. bokee. net/bloggermodule/blog_viewblog. do？ id =23573550，2018 年 10 月 20 日最后访问。

1976年"文革"结束，伴随江青入狱，舞剧《红》被长期停演。甚至10多年后，中芭一再呼吁重排演出舞剧《红》，时任文化部主管领导也不愿冒这一政治风险。迫不得已，1992年邓小平同志南方谈话后，在全国改革的大形势下，虽未获文化部同意，但很可能获得默许，中芭自行复排舞剧《红》，到广州演出。但中芭并不知道，自己与文化部合谋的这场"法不禁止即可为"的改革实践，究竟能走多远？仍背着"革命样板戏"恶名的这部舞剧，究竟能演多久？中芭因此明确函告梁：文化部随时可能叫停舞剧《红》的演出。一旦叫停，梁偏好的"十年一次性付酬＋续签"就会只剩下"十年一次性付酬"，没有续签了。协议双方均无法以法律或其他措施排除甚或限定这一大概率风险。一旦将这一不确定性纳入考量，"十年＋续签"方案断然不再是梁的最佳方案了。基于同样的考量，其他假以时日的方案同样糟糕。梁最理性的选择就是一次性收取最高报酬。拿到手的钱才是钱，不大可能要求其返还，一了百了，从此远离风险！

这解说了梁的理性选择，有道理。但还不完整，因为协议相关方并不只有梁，还有中芭。"一次性付给"方案令梁避开了风险，却没消除风险，把风险全推给了中芭。中芭非但把梁的风险全都揽上身了，为此却还愿意多支付梁2000元，为什么？中芭并不傻，协议书上中芭时任团长李承祥亲手添加了"如文化部另有规定"（着重号引者添加。注意，不是版权局或其他部门）的字样，表明中芭完全清楚这一不确定性/风险。这是公事，也没法用中芭"为朋友两肋插刀"来解说；尽管梁与李承祥本人（这有别于梁与中芭）长期交往培养的信任会是个因素！更完整且更有说服力的解说需要回答，中芭为什么愿意为此承担更大风险。究竟基于什么考量，中芭"明知山有虎，偏向虎山行"？

中芭很可能有三个重要且务实的考量。其中最重要的是，梁还有选择，能避开最大的风险，而对于中芭，几乎没有其他选择。只要能演出《红》，哪怕承担全部风险，多支付梁2000元，这也是当时中芭人（有别于中芭这个舞剧团）的最好选择了。自1976年以来，浸透了包括李承祥在内的中芭这一代主创演出人员几乎一生心血的舞剧《红》，一直无法演出；而他们即将永远告别舞台。对这些中芭人来说，未获许可自行排练演出舞剧，虽然冒了些风险，但"梦还是要有的，万一实现了呢?!"最坏不过是回到先前长期甚或永远停演的状态罢了！但如果不冒这个险，奋力一搏，静等文化部哪天批文同意，你知道官僚机构的特点就是"不求有功，但求无过"，不知等到猴年马月。观众等得起，抽象的中芭也等得起，但这一代中芭人等不起。无论是对演出可能带来的各种风险，还是对这部舞剧的情感，中芭人与梁，心态也同也不同。他们都关注自己的成本收益。但他们各自投入其中的成本或沉淀成本非常不同。即便舞剧《红》不能上演，对梁的作家声誉影响很小，因为同名电影"文革"后恢复放映，同名文学剧本仍可阅读，《红》也只是梁创作的众多电影剧本之一，"文革"中和"文革"后梁电影剧本创作也未中断[15]；甚至，舞剧《红》也只是众多同名改编作品之一。而代表中芭与梁签署协议的李承祥是舞剧《红》第一编导和主演之一，这部舞剧对于他本人的人生意义，对于他的全部艺术生命的意义，是决定性的。该剧对于李的意义远高于该剧对于梁的意义。还有一点要注意，1993年李签协议时已 62 岁了——是超龄任职；协议签署后来年，他就卸任了。李承祥知道自己即将退休！这是另一种"59 岁现象"。这时还不搏一下，更待何时？

其次，既然中芭人希望全力促成《红》重演，那么无论如何，都必须，甚至应尽可能，依据国家颁行的《著作权法》行事。为舞剧《红》求生路，这很重要，对中芭和李承祥规避潜在政治风险也非常必要。该剧的著作权问题迟早要解决；依法办事也会累积舞剧《红》复排复演的合法性和正当性；直至为上级部门最终批准演出提供法律根据。若能借此机会了断这一纠纷，特别是如按国家版权局已有规定，一次性买断，从此不再为此操心，显然最好。每十年续签一次合同，重新坐下来谈钱，实在麻烦，对这些几乎一辈子待在计划经济体制内的文艺界人士，尤其如此。

第三个我虽无证据，但非常现实因此极有可能的考量是，中芭时任

---

〔15〕继《红色娘子军》之后，梁信编剧的电影有 1962 年《碧海丹心》；"文革"期间，1976 年编剧电影《南海长城》；"文革"后，1979 年出版电影文学剧本并编剧《从奴隶到将军》，1982 年编剧电影《战斗年华》和电影《风雨下钟山》等。

领导层也想借此机会，以新颁的《著作权法》为由，为中芭当年参与改编、创作和演出舞剧《红》但一分钱未得的主创人员以及其他演职人员谋一点 "福利"。他们当中许多人当时已经或即将退休，绝大多数已离开了舞台。[16]虽说是中央直属艺术团体，中芭在职和退休人员的生活大致如当时绝大多数中国人一样，工资菲薄，颇为贫寒、拮据或至少是不富裕。借着依法办事的由头，中芭向相关主管部门打报告要求，虽不确定却不无可能获得一小笔专款，支付给当年的主创和演职人员。支付数额和支付方式甚至也可以参照梁的选择，一次性付酬——中芭同样会顾忌令梁顾忌的那种政治不确定性。

这三方面足以解说，尽管中芭和梁各自的利益目标和具体盘算非常不同，但就一次性了结潜在著作权纠纷以便有效规避相关风险而言，双方利益高度契合。

这当然是我的脑补，是以 "小人之心度君子之腹"，因此我并不坚持。但在 1990 年代前期，这会是最现实的可能。这还能解说这份协议的一个许多人不易察觉，即便法律人察觉了也不一定都能明白的怪异：仅就这份协议字面看，协议双方权利义务很不对等。按英美合同法标准看，这个协议甚至缺少 "对价"，不能算有约束力的合同。[17]该协议中，中芭有两项实质性承诺：今后演出一律给梁署名，以及一次性付给梁5000 元。梁只有一项承诺：不再授权他人以舞剧形式（其他艺术形式不在其列）改编梁原著《红》，以保护中芭的专有表演权。但梁的这项承诺没有实质意义。能有什么其他 "舞剧形式改编" 呢？那不就是舞剧表演吗？我没法想象有一种无表演的 "舞剧形式改编"。如果他人以其他形式，如中国传统舞蹈，改编《红》，中芭根本不会在意。即便改编演出成功，那也只是创造了另一个艺术市场，并不影响中芭的舞剧《红》，两者不构成竞争关系。但如果他人未经中芭协议同意自行按中芭舞剧台本演出《红》，这就侵犯了中芭舞剧《红》的版权，甚至很难

〔16〕 "文化部根据芭蕾舞的艺术特点规定：女演员 47 岁、男演员 52 岁即可办理退休，35 岁以上演员在保留基本工资和全部福利待遇的前提下可以自谋出路或转行学习。"李承祥：《中芭在改革的探索中前进》，载《舞蹈》2002 年 10 期，第 15 页。

〔17〕 关于 "对价"，可参看，〔美〕范斯沃斯：《美国合同法》，葛云松、丁春燕译，中国政法大学出版社 2004 年版，第 2 章。

说侵犯了梁的著作权。如果出现这种情况，根本无需梁的这一"承诺"，中芭自己就有权请求法律的保护。更重要的是，由于芭蕾舞对演出技能要求非常高，优秀芭蕾舞剧很大程度上是一种自然垄断，不优秀的芭蕾舞剧不会有市场。这样一分析，就可以看出，梁的关于舞剧改编的承诺只是"水中月，镜中花"，中芭不可能据此落实自己的专有表演权。仅就这一协议文字来看，中芭和梁的权利义务交换就不对等。中芭做出了两项重大承诺，梁却没给中芭任何"对价"。但只要回头看看前面的分析，就可以看出，针对中芭的两项承诺，梁实际给出的对价是，从协议中删去了"十年届满再续签合同，酬金另议"的字样。这就是个完整协议了。

对协议条文以及对协议整体的分析，对签署协议前双方信函的语境分析，以及对双方实际利益和利益交换的想象性重构，均指向同一结论：无论怎样解读"一次性付给梁5000元"，也读不出其中隐含了"十年之约"的限定。

梁及其家人的原初期盼

我还从网上找到大量、充分、可信且可靠的梁信一方的言辞记录，表明以上我对协议的分析并非只是个推断。至少在协议签订后十年乃至更长时间内，梁，以及与该协议签订和生效无关、仅与该协议涉及的利益间接相关的梁家人，一直接受以下命题：协议中的"一次性付给"就是买断，并无十年之约的限定。只是十年后，由于当年担心的政治风险未发生，事实是完全消失了，这不仅改变了当事人评价1993年双方协议的架构（framing effect），而且还容易有一种事后诸葛亮的偏见（hindsight bias）。[18]受这两个因素影响的，首先是与该协议不直接相关

---

[18] Amos Tversky and Daniel Kahneman, "The Framing of Decisions and the Psychology of Choice", *Science*, vol. 211, no. 4481, 1981, pp. 453-458. Baruch Fischhoff, "Hindsight is not Equal to Foresight: The Effect of Outcome Knowledge on Judgment under Uncertainty", *Journal of Experimental Psychology: Human Perception and Performance*, vol. 1, no. 3, 1975, pp. 288-299.

的梁家人,之后,他们的劝说逐渐影响了梁。

　　起初,梁家人还只是希望当初签订的一次性付酬条款最好是个有十年期限的条款,并因此希望还能有机会以某种方式重签一个自己能有更多货币收益的协议。但他们在心理上一直挣扎,因为依据现有协议的文字和语境,他们实在没有什么说得过去的根据。这种心态甚至一直持续到 2011 年底,当时梁已在西城区法院起诉中芭违约了,梁家人公开发表的相关言词中于无意间仍持续流露出这一心态。在他们心中,这一条款一直都是一次性买断条款。这最典型地体现在 2012 年 4 月 16 日,梁的女儿和女婿,在北京新闻发布会上系统介绍的相关背景情况。《新京报》曾详尽报道了梁家人的说法。我在此仅分析报道中的几段文字。[19]

　　"梁的女儿梁丹妮对于这份协议的内容并不十分赞同,但梁考虑到与中芭的交情,没有听取女儿的意见。"言外之意,梁完全赞同与中芭签订的协议;只是梁女儿不十分赞同而已。但梁与中芭的协议签订和生效与梁女儿本人是否十分赞同、完全赞同甚或完全不赞同有关系吗?这是中芭与梁的协议,并非中芭与梁全家人的协议。而且,梁女儿不十分赞同什么呢?不大可能是中芭一次性支付梁 5000 元人民币吧?这笔钱,我后面会讨论,在当时还真不算少。梁的女儿不十分赞同的更可能是,甚至只可能是,梁为 5000 元钱就把相关权益一次性卖给了中芭。但这一"不十分赞同"恰恰证明了,梁家老爷子签的是一次性买断的协议!只是当梁试图避免的那种政治风险已确定消散后,也更因女儿和父亲各自的生命预期不同,女儿确实有理由更赞同梁信放弃的那个方案:中芭一次性支付 3000 元 + 十年后续约另议酬金。但问题是事情过去了。事后诸葛亮,或"马后炮",不是重新解释协议也不是重签新协议的根据或理由。

　　"十年过去了,2003 年,梁家人以为中芭会要求续约,却没有等来任何消息。梁的女儿梁丹妮和女婿冯远征担心老人碍于情面,便主动向老人提起了《红》剧版权续约的问题。梁当时并没重视这件事,毕竟和中芭很多人都有老交情,他有点开不了口。"这段文字尤其是加了着

---

　　〔19〕《电影文学剧本作者梁信状告中央芭蕾舞团侵权,〈红色娘子军〉十年版权纠葛》,载《新京报》2012 年 5 月 4 日,版 C21—C22。

重号的文字说得够清楚了。一个含混的"十年过去了",并非一个言之凿凿的"十年期满"。梁根本就没期待,甚至梁家人(妻子、女儿、女婿?)也只是"以为"——一种没有规范依据或理由因此无所依赖的期盼——而没法期待,中芭会要求续约。但再强的期盼(expectation)也不会变成期待(right,entitlement)。甚至家人向梁提起后,梁也没在意,这表明梁不是忘记,只表明梁知道自己签的是一次性买断,而不是有"十年之约"持续性支付?

也全然不是碍于情面,不是所谓的老相识"开不了口"。十年前,中芭邀请梁在广州观看复排的舞剧《红》,梁随即提出了改编付费问题。同中芭商定协议时,梁还请了法律顾问——即便不是信不过中芭,最起码也是怕自己吃亏。而那时,与梁对话、通信以及最后签约的李承祥,才真是与梁相识多年的老交情。十年甚至十多年过后,梁当年认识的那些中芭老人早就到龄退休了,中芭领导又已换了两代了。2010年梁的女儿女婿来中芭"协商"或"再提"续签协议时,时任院长仅47岁,舞剧《红》改编启动的那年才出生,她与时年84岁的梁信又有何交集?有什么情面可碍的?更何况"亲兄弟明算账",从来是中国社会普遍接受的规范,也是古训!"理直气壮"并不只是个成语或告诫。它其实指出了几乎所有普通人分享的一种心理现象:只有自觉不占理却还想争个理的人才羞于开口,因为心会跟自己过不去。

也有"顺便提起"的大好时机!就在所谓"十年期满"后的来年,2004年9月,舞剧《红》创作公演四十周年,梁曾专门致函中芭祝福该舞剧"与日月同辉"。如果梁认定当年的协议真是个十年之约,其他时候不好说,这时他完全可以捎上或附上一句。至少会有利于计算诉讼时效!然而,面对自家亲人的一再诱导甚至蛊惑,梁在信中就是一字未提!不能用梁不重视自身权利来解说这一点吧。唯一的解说只能是,梁非常清楚,就是一次性买断,根本没有"十年之约"一说。鉴于架构效应和后见之明,也许梁确实有点后悔。但他知道人不能见义忘利,说了话再反悔。

不同程度上,梁家人其实也分享了这一心态。设想,如果梁家人真的认定当年签的是十年之约,她/他们会说什么以为并等着中芭来续约?

梁的女儿女婿都是文艺圈的人，吃这行饭，也懂这一行的规矩。如果真是十年之约，他们就该敦促梁同中芭交涉，怎么只向梁"提起"此事！梁家人用的这些语词都透露了他们当时对协议的理解和认定，反映了他们当年的心态。他们期盼，等着，可这一等就等到了 2009 年（这是梁的家人的说法；中芭的说法则是 2010 年[20]），依据当时施行的《民法通则》，法定诉讼时效都过了三轮了！[21]

从法理上看，诉讼时效的意义就是让每个人首先得照看好自己的权利，别指望别人或国家替你照看你的权利。国家保护你权利的前提也是你先照看好自己的权利。如果梁签的是十年之约，那无论依国法还是按天理或人情都只能是，在法定诉讼时效期间内，梁及时告知中芭并要求续约。也即，如果这里真有什么续约问题，双方未能续约也不是中芭的错，而是或起码更多是梁的错。等到 2010 年再来提什么"续约"，哪怕真有这么回事，也太晚了。从一审判决书看不出中芭在一审期间曾提出这一抗辩。如确实如此，这表明中芭太实诚了，或表明中芭代理律师未有效履行自己的法律代理义务。而法院不能主动适用诉讼时效的规定。即便二审或再审时中芭提出这一抗辩，人民法院也不能支持。[22]但我在此关心的并非诉讼时效本身。我指出的是一个事实：梁及其家人为什么从没想诉讼时效，一直等待。最简单直接的心理学解说就是，梁家人不曾真的认为这是个有法定效力的十年之约，有一份实实在在的法定利益，在那里等着他/她们及时主张和要求，否则可能失去。鉴于 1990 年代初，梁请过法律代理人，梁家人也长期从事文艺工作，很难想象梁及其家人不了解这些相关法律规定。他们只是有一点基于侥幸的期盼。我相信，这很真切甚或很深厚，但这也不是个有坚实合约根据的法定期待。他们从没觉得，这里有一份无可辩驳的法定权利。也因此，尽管梁及其家人后来在法院提出的权利主张看似言之凿凿，但从法律上看，这

---

[20]《中央芭蕾舞团〈红色娘子军〉著作权纠纷案透视》，https://ent.qq.com/a/20150601/016593.htm，2018 年 5 月 13 日最后访问。

[21]《中华人民共和国民法通则》第 235 条规定，"向人民法院请求保护民事权利的诉讼时效期间为二年"。

[22]《最高人民法院关于审理民事案件适用诉讼时效制度若干问题的规定》法释〔2008〕11 号。

实在太有心计了。

类似的材料还很多，我完全可以继续此类分析。但与人为善，我自觉已没必要重复了。简单重复从各方面看都会边际效益递减。法官的司法心证只需要优势证据，并不要求穷尽一切可能的材料分析。三级法院据此就足以甚或应当就"一次性付酬"的争议判决支持中芭的主张。

结论如此，其实还有个独立的教义理由，基于另一重要事实：该协议是梁及其法律顾问准备的。与这一事实相关的是各国司法普遍分享、中国法律也明确采纳的一个法律"解释"原则。[23]依据这一解释原则，如果协议未写明一次性付酬有"十年之约"，或留下了任何含混两可处，这个法律责任以及相应损失，只能由起草协议的一方，在本案也即梁，来承担。法官不能牵强附会，给"一次性付酬"条款无端嫁接个"十年之约"，转而要求中芭承担。这就是"合约的歧义应做不利于表意者的解释"。这非但是法理的一般解释原则之一，也已写入中国现行的《合同法》。[24]当然，《合同法》等法律的这一规定通常有关格式合同，中芭与梁的协议却非格式合同。但这些法律规定，以及这一解释原则，都体现了一个具有一般意义、因此对本案有理由适用的公共政策：协议起草者将承担条款起草文意不明确的后果，这能更有效地防止合同起草者在文字上做手脚。该原则完全适用于本案。

实质公平的合约解释？

也因此，我才不明白，对这个本该手起刀落的案件，一审法院为什么硬要从协议之外的信函的片言只语中找出个"十年之约"，强加给协议，惹出这许多麻烦？此案的二审法院和再审法院也很奇怪，它们如何

---

〔23〕 虽名为"解释"，这并非一条解释规则。请看，〔美〕波斯纳：《波斯纳法官司法反思录》，苏力译，北京大学出版社 2004 年版，第 241 页。"它们只是以实质性政策为基础确立的一些预设，以便解决那些不确定的制定法案件"，因此是司法处理两难问题的政策手段之一。〔美〕波斯纳：《法理学问题》，苏力译，中国政法大学出版社 2001 年版，第 352 页。

〔24〕《中华人民共和国合同法》（1999），第 41 条；又请看，《中华人民共和国保险法》（1995），第 30 条。

可能看不出一审法院对协议这一条款的解释太牵强，违反合同解释的常规？居然不予纠正？我实在是心生疑惑。

心生疑惑不因为此案可能涉及金钱腐败。恰恰相反，我的疑惑源自此案不可能涉及金钱腐败。此案诉讼前后持续五年，最后一审就判给梁共12万元，梁为此还需支付一笔实际支付额很可能不只两万元的诉讼费！乃至我不能不猜测，引发法官如此牵强判决的主要因素会不会是，在原告律师提示下，一审法官真诚认定1993年协议双方约定的"一次性付给"梁的5000元，钱太少了，可谓明显不公?！出于他们理解的司法个案公平正义，一审法官，一方面断然拒绝梁的诸多过分主张，同时还想说服中芭不再坚持"一次性买断"的说法[25]，同梁另签付酬合同，让梁未来能多得些经济报酬。这也更符合梁家人和律师的长远利益，因为梁本人，由于年龄，不大会太在意相对于他的预期生命实在有点太久远的利益。但努力了三年，一审法官未能说服中芭。还请注意，在这个图景中，公众或读者还没看到或容易忽视一审法官同样归于失败的其他努力：他们一定还曾苦口婆心，试图说服梁及其家人。这才逼得一审法院强行判决，做了一个在一审法官乃至二审和再审法官看来，依据协议看法理上牵强，但就结果也还说得过去的判决。

但这还是能动司法，仍是越俎代庖；不多说了。这一节想分析的是，即便如此，即便法官出于真诚的个案公平正义追求，具体判决在实质层面也没法说"不公"，这也不意味此案的判决真的更公正合理了。因为这其中有司法者、法律人以及法学人在法律实践中很容易忽视的另一些法理问题。

若仅从审理此案的2010年代的眼光看，即便我，也会认为，梁与中芭当年约定的一次性付酬5000元，低了。但只要并不是明显不公平、不道德或是在约定之际一方有强迫或欺骗，法官就没有理由牵强附会，修改——其实是废除——原协议，追求一个事过多年后在主审法官看来

[25] 中芭称，3年间，西城法院频繁通过电话、约谈方式规劝中芭接受调解，西城法院知识产权庭庭长曾多次，甚至亲自上门做工作，要求中芭接受调解，而"调解的前提无一例外就是要求中芭否认1993年双方的协议书是'一次性买断'的转让合同"。《中央芭蕾舞团〈红色娘子军〉著作权纠纷案透视》，https://ent.qq.com/a/20150601/016593.htm，2018年5月13日最后访问。

也许更公道的协议。如果允许当事人或法官以事后诸葛亮的眼光来看当年的交易，一旦觉得不公平甚或不太公平就推翻重来，这客观效果就不止是废除了一个合同，而是废了整个合同法。因为这会鼓励人们签合同时谁都不把签字当回事，一旦有争议，可以让法官根据公道来修改合同。这还会激发合同履行上更多更大的机会主义，司法诉讼因此会大增。与此同时，在司法过程中，另一可能后果会是，由于这时法官有权最终认定合同，争议双方就会更想，也更有可能，以各种方式影响甚至收买法官的决断，结果一定是更多司法腐败。甚至，即便多数法官能够拒绝腐蚀，力求公道，恪守公道，但鉴于鞋合适不合适脚指头最清楚，法官也不可能总是体贴入微地一一理清协议双方当年的利益交换。换言之，无论怎样判，法官的判决就一定更多任性。

很难体贴入微，不仅因为双方成本收益的主观和复杂。例如，许多年轻法律人就不可能察觉和理解我前面分析的，1990 年代初梁和中芭力图规避的那个"停演"的政治风险。但也还因收益的时间维度，即法官不能、也不应用一审判决时也即 2015 年前后的眼光来看待 1993 年的 5000 元钱。梁与中芭签协议于 1993 年，双方对舞剧的货币收益期待是他们各自此前的生活经验塑造的，今天回头看，总体上自然偏低。因为自那之后中国社会财富急剧增长，不说通货膨胀因素，即便同额财富对每个人的边际效用都急剧递减了。这意味着，一次性付给梁的那 5000 元钱，即便在 1993 年时足够高，在 2015 年的法官看来已严重偏低。梁之所以 2012 年提起诉讼，其他因素除外，这个中国经济社会发展的大背景，财富参照系大改变，会是个重要变量。

但问题并非 5000 元在今天看来是高还是低，而是在 1993 年，是高还是低？以法官甚或陪审员甚或普通公众今天的真诚主观感受也不是个可靠的判断标准。合适的回答是语境化地考察在 1993 年 5000 元对于普通人的价值。如果这 5000 元在 1993 年价值也偏低，那么这笔"一次性付酬"就不大可能是中芭主张的"买断"；反之，如果这 5000 元价值颇高，就可以视为或被认定为买断。

这个实证考察其实不难，也就是 20 多年前的事，那时的人都还在，相关数据也不难获得。只要参考一下 1993 年普通人的工资收入即可。

例如，1993 年 10 月开始实施的《机关工作人员工资制度改革实施办法》就规定，获博士学位者（当时数量还非常少）试用期满后月薪 116元。[26] 按这个标准，这 5000 元就相当于试用期满的博士 3 年 6 个月的工资总和。鉴于这份协议是在 1993 年的全国性加薪前签的，有理由认定这 5000 元会大致相当于当年博士毕业生 4 年的收入。假定今天中国高校博士毕业生月薪通常为 8000 元，那么，这 5000 元在 1993 年就相当于今天的 40 万元。据此，我趋于认定当年中芭 "一次性付给" 5000 元是 "买断"。

我不坚持我的判断，我的计算完全可能有误。但这不重要，我想说的是，法院可以参考其他种种很实在很确定的经验证据或标准。比方说，1993 年以及今天电影尤其是戏剧买断小说改编权的价格；也可以要求双方律师提供相应的有根据的 1993 年的交易标准。之所以如此，就因这类经验判断不能只来自刑讯或死磕不同文本中 "一次性付酬" 的含义。语词含义是社会语境赋予的。基于社会可分享的经验，即便错了，也容易知道错在哪里。

就此案而言，因此，即便一审法官有追求个案公平的动机，但从当时社会普通人的经济收入状况看，也没有足够坚实的理由认定中芭 1993 年一次性付给梁 5000 元，数额太低，对梁不公平，人民法院因此没有主动干预能动司法的理由。

也因此，此案的一审，还有二审和再审判决，才令人费解。这就提醒我，此案的司法差池也许并非纯粹法律分析或法律教义适用的错误。也许该换个角度来理解这个司法的差池。

为何选择错误？

至此为止，我的分析都一直关注本案事实以及与之相关的事理和法理。我的这一分析进路假定的是，法官的此案判决只是，或应当只是，

---

[26]《机关工作人员工资制度改革实施办法》（国办发［1993］85 号，1993 年 10 月 1 日起实施）。

基于案件事实的法律逻辑适用和法理的逻辑演绎，没有其他，没有霍姆斯曾提及的一系列现实的"经验"。[27]但这个假定至少不总能成立。即便应当如此，司法决定也不只是甚至主要不是法条或法理的逻辑分析演绎的结论；它其实主要是法官，在具体司法制度内，根据他或她自觉不自觉接受或持有的各类相关信息，在其实际拥有的有限裁量范围内，对具体争议做出的决定。法官常常会用一些法条或法理来指导自己决策，会用法条或法理或解释来包装其决定，以便尽可能赢得同行业界和学界的支持。

法官当然关心案件基本事实，但不只是一些按法律概念剪裁的事实（如"作品"），而是那些对合情合理判决此案都有意义的具体生动的事实（如，什么作品？有何独特点，可能有什么潜在的重要法律意味？为什么这些特点应纳入或不纳入法官裁决考量？）。也关心相关的法律和教义，但法官并不是——至少不像学人在未做经验比较考察就屡屡假定的那样——体育裁判，只适用规则，下令开球或判定出界或得分或犯规。法官从来都有一定权力根据本案具体事实（所谓"情节"），官方说法则为"裁量"，选择他认为适用本案的法律，追求他认定的个案公平正义，通常也即他认为各方都可以接受的结果。在一定限度内，他还可以选择教义、解释规则、诉诸法理和衡平来解释、修改和完善法律。只有这样理解司法实践中的法官，才能理解法官解释法律或"造法"。这种情况就提醒我们，法官不只是旁观司法游戏的裁判者，他/她们从来都是，也一直是司法游戏的主要参与者之一，他们会在参与中不时修改和创造规则。[28]

需要务实面对的另一点有关法官独立。与法官独立并存的一个无可辩驳的事实是，任何司法决定，在法律上都被认定是其所在法院的决定，是该国司法制度的产物。即便司法决定是由某法官个人做出的，该

---

[27] 霍姆斯指出，法官在确定人们应遵守的法律规则时，众所周知的或未被人们清醒意识的、占主导地位的道德或政治理论，法官以及其他法律人对公共政策的直觉，甚至法律人的偏见，起的作用都会远远大于三段论。Oliver Wendell Holmes. Jr., *The Common Law*, Harvard University Press, 2009, p. 3. 更细致的制度分析，特别是对司法解释的解剖，又请看，〔美〕波斯纳：《法官如何思考》，苏力译，北京大学出版社 2009 年版，尤其是第 2 编；以及，〔美〕波斯纳：《波斯纳法官司法反思录》，同前注〔23〕，第 7 章。

[28] 〔美〕波斯纳：《法官如何思考》，同前注〔27〕，尤其是第 3 章。

决定却不只是法官个人意志的外化。事实上，为防止法官任性、乖张或有意无意侵袭立法和行政权，也为保证法律的统一和正确适用，为防止或减少法官的腐败，司法决定的产出也一直有诸多法定参与者。除当事人外，通常还有或可能有律师、陪审员/团、证人和专家证人、合议庭甚或审判委员会的其他法官，以及二审/上诉审和再审法官。还有一些非制度性的参与者，最突出的如社会舆论。鉴于司法制度是国家政治制度的一部分，各政治部门间也互有影响，即会受其他权力的制衡。也因此，司法的独立就并非羽化登仙式的"遗世独立"。舆论当然不应影响司法；但之所以有这个应然命题，就因为舆论确实常常以各种方式影响法官的决定，无论这种影响的程度和结果你我是否认同，也无论法官自己对社会舆论内心是何种态度。因此，要理解司法裁决是如何发生的，一定不能只关注法条、教义或法理；至少有时，必须换个视角，考察司法在真实社会中与其他力量的互动，才有助于理解上一节留下的那个疑惑。尤其是，依据司法制度的分工，二审和再审法院应集中关注法律的统一，关心法律的正确解释和适用，理应纠正本案一审法官的这一显著的错误。但本案二审和再审法院并未纠正我上面展示的"中芭案"一审法院在法律适用上的明显差错，相反重复了一审法院的分析、论证和判断。非但未能履行司法制度赋予二审和再审法院的专有职能，这也是司法智识资源的浪费。

一旦考虑了上述因素，我认为，"中芭案"的如此判决不大可能是智识问题，既不是一审的简单法律适用或解释错误，也并非二审和再审法官未能理解、并因此未能履行各自的制度功能。而是，很可能有一系列因素促使一审法官特意选择了如此判决，尽管法理上有点牵强，但从实质结果来看，很难说不公正。斟酌之后，二审和再审法院也接受了一审法官的这一选择。下面，针对此案，我就从这一层面来猜测一下可能有哪些因素影响了审理此案的法官和法院。

一个可能很重要的制度考量是，为回应民事诉讼的激增以及相应的执行难等问题，进入21世纪之后，法院系统已不得不重新捡起并强调在1980—1990年间以司法职业化、专业化以及司法改革名义而有意弱化的司法调解。[29]不仅确立了"能调则调，当判则判，调判结合，案结事了"的民事审判工作指导方针；更要求"各级法院要以'案结事了'作为审判工作追求的目标"。[30]就在2011年梁起诉中芭之际，最高人民法院也刚向各级法院再次发出通知，要求"牢固树立调解意识，进一步增强贯彻'调解优先、调判结合'工作原则的自觉性"。次年，最高法院再发通知，扩大诉讼与非诉（自然包括司法调解）衔接的纠纷解决体制改革。[31]自2013年起，法院系统换了一个口号，强调"努力让人民群众在每一个司法案件中都感受到公平正义"。[32]作为法院体制外的人，我很难说清法院系统内部的这类政策或制度的变化或调整对本案一审法官审理判决究竟有多大影响，甚至有无影响。但如果有过影响，那就可以部分解说，中芭抱怨并拒绝的，一审法官起初并在很长一段时间内一直坚持的调解，尽管最终证明是徒劳；也可以部分解说此案判决结果其实是让双方各自有得有失。

但可能还有其他非正式制度的影响因素。之所以一审法官从一开始就选择了调解此案，以及二审和再审法官着意确认一审法院的判决，不无可能受下面一些非正式的随机因素影响。例如，《红》的电影文学剧本作者梁信不仅是位知名老作家，也是位赶上了抗战的老战士（1945年8月入伍）；而此案一审判决恰逢抗战胜利70周年纪念。还有，这一年，梁已年过89周岁。若真按我上面的法理分析结果，法院直接无情拒绝梁的全部诉求，令梁愤懑还不是大问题，重要的是万一引发其他难以预期的后果，怎么办？一审法官对此很不确定，二审法官也不敢确定。一旦以某种方式引发了舆论关注，普通民众既没时间、也不大可能充分了解，甚至根本就不大在意此案细节、相关法律以及其中隐含的法

---

[29]《关于人民法院民事调解工作若干问题的规定》（2004）。序言明确提出"及时解决纠纷""节约司法资源"，透露了当时的问题是，不仅案件多，更重要的是判了当事人不服，因此执行难；司法资源严重不足。

[30]《最高人民法院关于进一步发挥诉讼调解在构建社会主义和谐社会中积极作用的若干意见》（2007），第2条。

[31]《关于进一步贯彻"调解优先、调判结合"工作原则的若干意见》（2010）；《关于扩大诉讼与非诉讼相衔接的矛盾纠纷解决机制改革试点总体方案》（2012）。

[32] 习近平2013年2月23日在十八届中央政治局第四次集体学习时的讲话。请看，《人民日报》2013年2月25日，版1。

律难题。法院和法官弄不好会陷入极度被动的境地。引发民意汹涌的这类司法个案先前曾屡屡发生，曾令法院和主审法官有口难辩，也令人深受其害——想想前些年引发社会热议的"广州许霆案""南京彭宇案"甚或 2017 年山东高院二审的"于欢案"。

法院和法官还可能感到另一种压力。除了梁本人有一定社会影响外，梁的女儿和女婿都是北京人艺相当知名的艺术家。2011 年底立案后，梁家人就曾召开过新闻发布会，之后也不时通过电视、网络、报纸发布自家主张和观点，他们对媒体、对社会公众的影响明显超过中芭。没有人，即便法官，能完全免疫于舆论压力。

此外，梁的女婿在 2012—2017 年间是北京东城区人大代表，区人大常委会教科文卫委员会委员，2017 年底又当选北京市政协委员，随即成为全国政协委员。人大代表和政协委员不是官；东城区人大代表逻辑上不可能影响西城区法院的司法。但经验世界的道理不完全听从概念或理论的逻辑。尤其是，2017 年底西城区法院强制执行此案判决，恰恰发生在梁的女婿参加全国政协之际，这一时间节点令我很难不心生猜疑。

作为制度，各级法院、检察官每年都要向同级"两会"（人大和政协会议）报告工作；各级"两会"代表会讨论法院、检察院的工作报告，人大代表还将投票表决是否通过。在两会期间，并且在两会休会期间，各级人大代表和政协委员个人也可以依据程序以适当方式就各类问题质询政府相关部门，包括法院和检察院。这些制度旨在加强人大监督和政协的民主监督，防止司法不公。我个人认为，这一机制，总体而言，更有助于促进依法办事，依法行政和依法治国。但我也懂得，任何制度都有利有弊，采取一个制度仅仅因为立法者判断其利大于弊。在我看来，人大和政协的监督，至少有时，会令法院和法官审理案件时有所顾忌，哪怕相关代表和委员并未直接干预或明确干预。

我有所猜疑。但我并非用猜疑来莫须有地指责审理"中芭案"的法院和法官，我只想努力具体地理解一审法院的这一判决。更一般地，则是理解其他法院和法官在这类情况下对一些争议案件的可能的回应和回应方式。在我看来，"中芭案"一审法官的判决，尽管合法合理拒绝了梁的最主要诉求，却仍太多迁就了梁。从一开始，就主动代梁提出一个其结果有利于梁因此可能安抚梁的问题，即隐含的十年期限的问题。由于中芭无法接受法官的这一解说，调解不成，一审法官最终只能以海瑞批评的那种"四六分问"的方式断案，让双方都有得有失，双方都不丢人，希望能息事宁人。[33]我理解法院和法官的难处，也理解这种"案结事了"的追求，但我没法赞同这种追求"息讼"的司法处置。不仅因为在这个世界上，有些事确实有个是非，得有个是非，司法不能"和稀泥"，必须勇敢面对；也还因为，海瑞也曾告诫过，"和稀泥"最终会激发更多的机会主义诉讼。

但我更无法赞同二审和再审的判决。因为一审法官往往承受了更多、更直接的各种社会压力，更想平衡双方当事人诉求，更容易在个案中"和稀泥"。相比之下，二审和再审法官承受的来自当事人和社会的压力通常有所弱化。依据制度分工，二审和再审法官，除仍关注案件的重大事实问题外，其最主要的职责是关注法律的统一和正确适用，包括对相关文本正确适用统一的解释规则。二审和再审法院必须自觉承担这一法定责任，也更有制度能力来分担一审法官难以面对的上述压力。如果二审和再审法院放弃或弱化自己确保统一正确适用法律的职责，即便其在此案支持了一审法院和法官的决定，此后当一审法院和法官面对同类案件时仍会压力巨大，仍然无助，因为它还是不知道二审和再审法院这一次会如何决定。

从道理上讲，都知道，法官应独立判决，但吊诡的是，法官的独立判断在不同程度上依赖各级法院乃至整个法院体系的支持。可以想想，如果法官真的应该且可以脱离法院系统，完全个人独立审判，那么为什么各国法官，不像各国律师那样，个人自由执业？为什么法院的判决总是，甚至更多是，合议制审判，在英美法国家中还有全院庭审（en banc），甚至还有陪审团？这些制度其实都限制了单个法官的权力，却

---

〔33〕"问之识者，多说是词讼作四六分问，方息得讼。谓与原告以六分理，亦必与被告以四分。与原告以六分罪，亦必与被告以四分。二人曲直不甚相远，可免愤激再讼。然此虽止讼于一时，实动争讼于后。……君子之于天下曲曲直直，自有正理。四六之说，乡愿之道，兴讼启争，不可行也。"陈义钟编校：《兴革条例》《海瑞集》（上），中华书局1962年版，第117页。

也以此维护了单个法官和整个法院的权威。一句话，独立审判的法官永远需要制度的支持，需要整个法院系统的支持！

规则与教义有多少约束作用？

以上分析只是对 "中芭案" 如此判决的一种解说，是一位旁观者不知深浅的揣测。即便这个解说符合读者的直觉和感悟，也只解说了一种可能。

但这一分析过程和结论，仍有助于理解法官与法条、学说和教义的真实关系。相对于中国目前占统治地位的规范性的或改革目标导向的大量司法研究而言，本文坚持法律现实主义，力求务实理解司法过程和法官实际角色，务实理解规范法学或教义学在司法实践的实际指引力，并在此基础上推进社会科学导向的司法制度研究。真实生活中的法官不可能是或成为法学家规范世界中的 "人设"。法官都是具体制度环境中面对具体案件的决策者。规则、法律、学说、教义等对他/她肯定有影响，有时还很权威，有时则会是指导或启发，但有时只是顾忌，有时甚至可能是他们必须应对甚或努力克服的麻烦或难题——如我在前面提及的 "诉讼时效" 或 "合同歧义解释规则" 等。即便独立办案，法官置身的制度环境也并非仅由法条以及作为司法惯例的种种制度构成，一定还包括了其他一些说不清道不明、一直存在并起作用的因素，有些是立法者试图消除、弱化却还是无法杜绝的因素。其中有些还可能是 "双刃剑"，如 "民意"、舆论监督、机构监督和人大监督等。所有这些因素，无论是制度的还是随机的，正当甚或不正当，只要存在，就一定会影响司法，影响法官的选择和决策，常常是有利有弊，利弊交错。鉴于任何具体制度往往是众多变量的均衡，因此，有时，某一变量的细微变化，就可能影响法官的司法决断，影响其对规则、学说和教义的需求，影响其对司法决断的法理论证和学理包装。经验地研究法官面对司法过程中影响其解释法律和事实的种种因素，则可能避免一味的规范研究引发对法条、学说、教义的过度自信，忘记司法制度中的行动者，法官，仍然是理性的人，一定会受其自身利害判断指引，包括法律在内的各种规范要求也是其必须应对的利害之一。他们不可能真的总是或只是被规范牵着鼻子走，即便有时他们声称自己完全严格遵循了规范，即便有时他们也选择遵循了对他们有利的规范。但当必要或当情境许可时，一个广义上严格遵循法律和教义的法官，在相当程度上，也会选择拒绝恪守甚或有意背离法律教义，背离法律解释规则，为了法官本人和法院的一些实在或想象的利益甚至便利。[34] 只要这个背离不严重损害当事人的重大利益，明显有违公正，乃至引发当事人顽强抗拒和社会高度关注，令审判法官及其法院面临实质性政治和道德风险甚至某种追责，通常司法制度和当事人也会认可或只能接受其判决。

也因此，就可以理解，在一些特定情况下，基于种种有关自身的利弊权衡，法官会谢绝法条、教义、学说和规则的指引，选择法律和法理上的牵强附会，直至出现一些不会导致严重后果的法律适用的差池。这意味着，法条、规则、教义、学说等对法官和司法实践的指导力、引导力和约束力其实有限，其对司法的实际功能，很像中国人对锁的功能的理解，大致是"防君子不防小人"。这进一步意味着，尽管重要，却不能指望理解和熟知法条、程序、学说和教义等规范会自动促使法官遵循或严守规范。推动和影响人们行动的一定是各种形式的利益，而不是规范知识本身。更多的法学教育和培训，更多的法律解释、教义或指导性案例，甚至更严格的判决书写作规范，都不必定导向更有效地规训法官，更自觉的依法办事。

这只是个分析结论，有点消极，却并非主张或倡导。这只是指出一个事实。而且，这个分析结论也有积极和正面的寓意。这就是，永远不可能通过训练指望法官变成司法的自动售货机。任何制定法、教义和解释规则的正确适用，最终都要通过法官的自我评判和选择才可能。这恰恰凸显了法官独立的必然和必要，强调了法官无可推卸的司法责任。

---

[34] 〔美〕波斯纳：《法官最大化些什么?》，载《超越法律》，苏力译，中国政法大学出版社 2002 年版；又请看，Owen Fiss, "The Right Degree of Independence", *The Law as it Could Be*, New York University Press, 2003, pp. 59ff.

中篇：舞剧《红色娘子军》的改编

上篇指出了"中芭案"判决中的司法差池，但此案中更具理论意义的问题是为现行知识产权法律体系和制度忽视的芭蕾舞剧的、尤其是舞剧《红》的知识产权争点。真正令中芭无法容忍的，在我看来，并非上篇揭示的一审判决中的技术性差错，也不是法院强制执行的那 12 万元钱，而主要是这一判决，基于一种文本中心的著作权概念以及相应的教义和命题，溯及既往地，以司法判决形式确认了，并强制执行了，梁对舞剧《红》太过夸张的贡献和产权。在中芭看来，这部舞剧断然是中芭人集体智慧和汗水的结晶。[35]

中芭有道义的理由如此主张，也有足够的事实根据如此认定。本文中篇则力求展示、分析论证，相对于中芭这个集体以及相关他人对舞剧《红》无法一一精细界定的贡献而言，梁的贡献很边缘。中芭有理由质疑梁过度主张的私有著作权，无论是"名"还是"利"。

我将依次讨论以下问题。第一，舞剧《红》其实改编自同名电影，而非同名文学剧本。第二，与文字叙事表达截然不同，舞剧的艺术表达是更抽象的舞蹈和音乐，而著作权的基本原则从来是保护表达不保护思想。第三，无论基于社会历史语境中的法律社会规范和实践，还是出于衡平（equity）或公道（fairness）考量，梁都已因电影文学剧本《红》收获了足够多体现为名和利的著作权益，非但相对于舞剧《红》的其他主创演职人员，也相对于其他参与了舞剧创作有贡献但被现行知识产权话语剥夺了作者身份的人。

我没说，也不说，以上任何一个论点各自足以支持中芭的主张。但

---

〔35〕 突出体现在《中芭声明》中的这段文字："芭蕾舞剧《红色娘子军》是在周恩来总理的亲自关心、指导下，在中宣部、文化部直接领导组织下，在无数老艺术家、人民解放军以及全社会各行各业精英的共同努力奉献支持下创作诞生的。她是中华文化智慧的结晶，是东西方文化艺术融合创新的成果，是所有为其付出心血的艺术家们的集体创作，她不应是任何标榜个人利益唯上的盗名欺世者的工具，更不应是图谋将集体智慧窃为己有的拜金小丑的摇钱树！"《中央芭蕾舞团的严正声明》，http://www.myzaker.com/article/5a4b572a1bc8e0945f000003/，2018 年 10 月 20 日最后访问。

当所有这些论点的砝码累积起来，即便完全不考虑上篇有关判决理由的"致命一击"，此案的司法天平也应向中芭倾斜！

何为原作：剧本，还是电影？

芭蕾舞剧《红》的著作权纠纷源自对同名原著的改编。

但这个"原著"究竟是什么？只要足够敏感和细致，就会发现此案原告和被告，甚至法官对此始终有不小误解。[36] 两审和再审法院都判定舞剧《红》改编"使用了"梁的电影文学剧本。依据是 1993 年 6 月中芭与梁协议书中两个有潜在冲突的陈述。序言称，舞剧《红》是中芭"组织有关创作人员根据梁信同志电影文学剧本《红色娘子军》的故事情节改编创作而成"，而协议第一条：中芭承诺今后舞剧《红》的节目单、海报等资料要注明"根据梁信同名电影文学剧本改编"。[37]

协议文字应予以尊重。但作为一个事实，法院的认定并不准确，双方或至少有一方当年对"著作"概念也有误解。普通中国人通常理解的"著作"是文字作品，通常还得较为优秀，已经或至少是可以发表或出版。因此，诸多词典的定义都是，思想、情感、见识和智慧的成文表达。[38] 但著作权法意义上的"著作"不限于文字作品，不仅包括如电影、戏剧、音乐、舞蹈、美术等非文字表达的文字作品，也包括工程设计、软件、图纸、地图甚至建筑或徽标之类不以或主要不以文字表达的作品。[39] 也无须出色，今天的"段子"也可能是作品；至少在有些地方

---

〔36〕 在电影《红》之前，曾有两部以《红色娘子军》为名的作品发表。一是冯增敏口述、刘文韶记录的报告文学，最早发表于《解放军文艺》1957 年 8 月号；1958 年 12 月上海文艺出版社发行了单行本。1958 年，广东省为庆祝新中国成立 10 周年组织创作了琼剧《红色娘子军》，据称从 1959 年 4 月起在广东各地演出。吴之等：《红色娘子军》，载陈雄主编：《南国琼花——海南省琼剧院优秀剧目选》，中国戏剧出版社 2002 年版，第 35—84 页。但，除了作者容易或有意令人误解的断言外，两部作品与"中芭案"争议作品内容毫不相关。

〔37〕 中芭与梁信的《协议书》，转引自《北京市西城区人民法院民事判决书》，同前注〔5〕。

〔38〕 "著作"，《现代汉语词典》，商务印书馆 1978 年版，第 1705 页。又请看，《汉语大词典》（9），汉语大词典出版社 1993 年版，第 12948 页。

〔39〕 《中华人民共和国著作权法》（1991 年）第 3 条。

或有些国家，甚至下流、非法或被禁的，也是作品，如黄色图片[40]或色情作品——这是一个"躲避崇高"的时代。之所以说这一点，就为了在讨论舞剧《红》的著作权争议时，从一开始，就必须警惕因普通人对著作或作品概念的习惯/传统理解很容易导致一个法律偏见或盲点，即舞剧《红》只能改编自电影剧本（文字作品），不能直接改编自电影或其他作品。依据《著作权法》，电影剧本与电影是各自独立的著作/作品，从逻辑上看，舞剧《红》可以改编自电影剧本，但也完全可以改编自电影，并非必须或只能追溯到电影剧本。

更何况，有大量、充分且可靠的证据表明舞剧《红》直接根据电影改编，而并非根据剧本。

舞剧《红》有三位编导，其中有两位，在这一诉讼争议发生前，曾多次回忆和谈及舞剧《红》的改编创作。该剧女主角琼花首演者也曾谈及舞剧的改编。他/她们毫无例外且始终如一地称舞剧改编自电影。[41]最有力的证据是他们回忆中不经意流露的种种改编理由，甚至包括他们偶尔的记忆差错，全都仅与电影相关[42]：电影上映后观众反映强烈，国内（1962）国际（1964）电影获奖，电影主题歌在社会上流行。但同任何歌曲的流行相同，电影主题歌的流行不是因为剧本作者的歌词，只因为电影音乐。舞剧改编时甚至对原歌词作了在我看来合理的些许修改，却完全保留了这首歌的音乐，将之演绎成贯穿舞剧的音乐主题。还有，1970 年《红旗》杂志公开发表署名中国舞剧团集体改编的舞剧《红》1970 年演出本，虽未注明舞剧台本是根据电影或文学剧本改编，

---

〔40〕 2008 年初香港发生了"艳照门"事件。艳照在网络广泛传播，对此的法律应对之一是，当事人之一陈冠希称，这些照片都是他的"作品"，未经其同意传播因此非法。

〔41〕 陈一鸣、黄婷婷：《〈红色娘子军〉改编 40 年》，载《南方周末》2004 年 5 月 6 日。又请看，李承祥：《一部中国芭蕾的历史记忆：写在〈红色娘子军〉公演 45 周年》，载《中国艺术报》2009 年 3 月 20 日，版 2；李承祥：《舞蹈编导基础教程》，中央民族大学出版社 2015 年版，第 193 页；钟兆云：《〈红色娘子军〉的舞台上下》，载《福建党史月刊》1996 年 3 月，第 23 页；袁成亮：《现代芭蕾舞剧〈红色娘子军〉诞生记》，载《文史春秋》2004 年 9 期，第 25 页；以及，郭超：《白淑湘：旋转的舞鞋》，载《光明日报》2016 年 1 月 7 日，版 10。

〔42〕 如回忆中提及电影《红》1964 年 4 月在第三届亚非电影节获"万隆奖"，南霸天扮演者陈强获电影节最佳男演员奖，但由于编导早在 1963 年底即启动了舞剧改编。这显然是记忆错误，但这个记忆错误恰恰表明回忆者确实只在意电影，没在意电影文学剧本。

但同期刊发的论文提及的两个细节均表明，舞剧是根据同名电影改编[43]，未以任何方式提及文学剧本。

相关人士回忆表明，将电影《红》改编为舞剧出自舞剧编导看完电影后的冲动，早于文化部考虑舞剧中国化的改革。电影《红》1960年7月1日公映，三位编导当时年龄分别为29、28和26岁，都处于看电影的年纪，身处看电影的年代，更是位于当时中国最容易看到电影的城市之一——北京。不像当时中国广大地方，很难看到甚至看不到电影《红》，却还可能看到1961年初开始在《上海文学》连载的电影剧本。[44]电影公映后即轰动全国。1962年《红》获得首届"百花奖"四项大奖：最佳影片、最佳导演、最佳女主角以及最佳男配角；却未获最佳编剧奖。在当时的社会氛围中，无法设想舞剧编导是看了剧本后产生了改编的念头。是的，多年后，舞剧编导之一李承祥致梁的信中称"舞剧的诞生，基础是电影文学剧本"。但这里的"基础"究竟是什么意思？1993年双方协议序言称舞剧"根据电影剧本的故事情节"改编创作，协议起草者是梁，这等于梁也承认改编的是故事情节而不是剧本。但故事情节无需由剧本承载，完全可能由电影承载，甚至故事言说承载。梁承认舞剧是"创作"，不可能是谦虚。还有两点也值得考量：一是，中国人常常说一些"恭维"话；二是，1993年，社会主义市场经济刚刚起步之际，《著作权法》颁行也不久，未有律师协助的中芭不大可能像今天的法律专业人士那样懂得和在意许多关键语词（如"著作""作品"）的法律含义和潜在法律后果。

---

〔43〕 中国舞剧团集体改编：《〈红色娘子军〉（1970年5月演出本）》，载《红旗》1970年7期，第68、75页。这两个细节分别是：当年讨论将哪部电影改编为舞剧，并将电影《红》主题歌的一段音乐作为舞剧的音乐主题。

〔44〕 受制于供电、交通和收费便利，当时电影更多在交通便利、人口相对集中的城市放映，很难进入当时的一些小城市或市镇，无法进入广大农村，包括驻守在农村地区的军队。中国各地，尤其是农村电影放映数量大幅增长是在"文革"后期，主要因为当时开始从日本引进了8.75毫米放映机，并有配套的发电设备，总重10多公斤。此外，当时城市地区电影票价格在人民币5分—1角之间，虽然很低，但对很多城市家庭，也是个不小的消费。进剧场看电影基本是城市文化人的消费。即便到1980年代初期，仍在北大读书的我可以作证，露天免费电影仍是当时北京许多机关单位提供的重要集体福利。可参看，柳迪善：《十七年时期电影在农村的考察》，载《电影艺术》2013年3期；刘广宇：《回望中国农村电影放映50年》，载《四川戏剧》2011年4期。

回顾当年历史，会发现根据热映电影改编舞剧是当时中国舞剧创作的常规。1963年底舞剧创作讨论会上，有人提出改编1961年上演、同样引发社会轰动的另一部有传奇色彩的电影《达吉和她的父亲》，理由是该片反映了彝族社会的变迁和民族团结，主角达吉也是女性。[45]中国舞剧另一经典《白毛女》，也改编自同名电影（以及之前的同名歌剧），不是改编自歌剧剧本。类似的证据还有，"文革"时期另一舞剧《沂蒙颂》也不是改编自小说，而是改编自京剧。[46]

电影摄制前通常会有剧本。但不能因此自然假定所有电影摄制都是对文学剧本的演绎。一个后来引发诉讼的例外是1937年的电影《马路天使》，还有一则例外是电影《都市风光》。两者都是摄制电影时没有剧本，导演袁牧之先根据自己心中的故事拍摄，文字剧本是他人后来根据电影整理出来的。[47]电影剧本的原始功能其实就是为电影提供一个故事。若认为故事适合影片摄制，导演会按电影的要求，自己写分镜头剧本，然后摄制电影。[48]但在1949年后很长一段时间内，出于普及文化的需要，中国政府以各种方式鼓励文学作品创作。这促使电影剧本作者有动力修改剧本，增强剧本可读性，作为文学作品独立发表。随着文化普及，文学作品数量激增，今天，电影文学剧本单独发表的现象已经绝迹。

具体到电影《红》，电影摄制前，梁提交了文学剧本。但谢晋摄制电影《红》的努力对梁最后修改定稿的文学剧本影响相当大。梁先前只写过舞台剧本，《红》剧本是他初次接触电影，原以为"可以海阔天空任笔挥"，剧本修改和电影摄制过程中他的看法改变了。他坦承剧本许多重要修改来自导演以及摄制组其他同志的频繁互动，"文学剧

---

〔45〕《达吉和她的父亲》（1961），导演：王家乙；编剧：高缨。电影改编自小说作者称"一点反响也没有"的同名短篇小说《达吉和她的父亲》（《红岩》，1958年3期）。

〔46〕关于《沂蒙颂》参见注释〔7〕。

〔47〕《袁牧之文集》，中国电影出版社1984年版。有关此案，请看，石川：《"天使"状告"歌女"：电影〈马路天使〉剧本著作权纠纷》，载《法律与生活》1998年4期。

〔48〕分镜头剧本也不能严格限定最后的电影摄制。有太多国内外记载表明，电影导演，尤其是著名导演，特别是当资金充裕时，很重视艺术灵感，即兴创作，不仅给影片增色，甚至成为神来之笔。

本……其中不少地方，是我和导演共同创作的。"〔49〕

是客气话，但不全是。我从网上查到了电影拍摄前后用蜡纸刻印的两稿剧本。一是1959年9月上海市电影局和天马电影制片厂的油印本，名为《琼岛英雄花》，署名梁信，篇幅87页；封面下方括号内有"作者附记：此稿只供导、演、职员用，不做文学本外传"。两个月后，1959年11月，上海市电影局和天马厂的油印本更名为《红色娘子军》，署名是"编剧：梁信，导演：谢晋"，篇幅压缩到79页。电影改名是谢晋的提议，他认为《琼岛英雄花》过于文气。我仅对两稿做了简短比较，后一稿的电影镜头感或视觉感显著增强。

再考察一下《红》的相关作品发表时间，会发现电影公映在先，文学剧本发表在后。据梁回忆，电影《红》在1959年秋已经完成，文化部将公映推迟到1960年3月3日（不是通常说的7月1日）。〔50〕但1960年初梁仍在修改文学剧本。〔51〕这意味着，1961年初在杂志发表的《红》剧本，至少某些部分，还可能依据或参考了谢晋的分镜头剧本甚或电影本身！这一时序甚至表明，即便舞剧改编中参考过电影剧本，也不能据此说舞剧是根据文学剧本改编的。这一"考古"表明作品的起源、发生、成型、完整性乃至其作者，真不像豆腐那样，能切得整整齐齐，方方正正地填入著作权的相关概念中。

事实上，无论有意无意，一审、二审判决书中，法官也都把电影的公映，而非剧本的连载，视为梁作品的首次发表。这都表明法院认为舞剧改编的那个原著是电影，并非文学剧本。但电影《红》并非梁的作品，梁仅署名编剧。电影《红》历来被认为是导演谢晋的作品。若依据1991年的《著作权法》，溯及既往，著作权归制片人，那么电影《红》的著作权则应属于上影厂。

---

〔49〕 梁信：《人物、情节、爱情及其他：〈红色娘子军〉文学剧本后记》，载《红色娘子军：从剧本到影片》，中国电影出版社1979年版，第228，236页。梁信后来说过，"《红色娘子军》不是属于我一个人的"，如果没有导演谢晋，没有当时的上影厂厂长陈鲤庭，没有演员祝希娟，就不会有这样一部电影。请看，孟兰英：《梁信与〈红色娘子军〉》，载《文史春秋》2014年9期，第59页。

〔50〕 关于影片完成和放映的时间，请看，《梁信：〈红色娘子军〉改变了我的人生轨迹》，http://ent.sina.com.cn/v/m/2011-05-17/22143310570.shtml，2018年5月14日最后访问。

〔51〕 梁信：《从生活到创作》，同前注〔8〕。

受常规理解的 "著作" 影响，确实很多法律/法学人，只要不是专业从事著作权法，都习惯以文字作品为著作权的中心[52]，习惯推定影视之类作品一定先有剧本；进而认为以上辨析和区分意义不大。但这一辨析有重要的法律意义。依据著作权法，剧本和电影各自独立，都可作为舞剧改编的原著。如果我的上述证据和分析成立，现在就该由对方出示证据并论证，舞剧《红》是从梁的剧本改编的，或相关法律有这样的规定或暗示。

但为何根据电影改编？

理由是，根据电影比根据剧本改编舞剧更便利。剧本是文学，是文字叙事作品，其欣赏完全依赖文字阅读和读者的想象，局限太大。电影和舞剧均属综合艺术，也有叙事——尤其是电影，但两者叙事均更多借助形象，更多诉诸观众的视觉，与文字叙事有根本区别。[53]

电影也便利了舞剧借鉴和利用影片的诸多创作元素。比较一下这三个同名作品，会发现，舞剧大量袭用、改造和借鉴了剧本中不曾提及，但出现于电影的要素和关键细节。以娘子军连战士的服装和造型为例。梁剧本中对此几乎是空白。我查看相关革命回忆录介绍：当年女子军特务连官兵均身着蓝粗布中式大襟衣、戴八角帽，连长、指导员长裤扎腰带，其他人均短裤无腰带，每人背一椰壳做水壶，一顶有 "女子军" 字样的斗笠，佩戴 "女子军" 字样的白袖章。[54]考虑到 1930 年代初的海南，对如此简陋的着装，能否统一，我也心存疑虑。但谢晋及其剧组，

---

〔52〕 例如，郑成思就认为音乐、戏剧或舞蹈作品都不包括表演，音乐作品以往仅仅是乐谱，后来则以录音形式表达，戏剧或舞蹈甚至哑剧都只有形成了文字后才是相应的作品。郑成思：《版权法》，中国人民大学出版社 1997 年版，第 106—109 页。

〔53〕 对这两类艺术的区分，最经典的分析，请看，〔德〕莱辛：《拉奥孔》，朱光潜译，人民文学出版社 2009 年版。在电影尚未出现的 18 世纪，莱辛认为，诉诸视觉的绘画、雕刻以色彩、线条为媒介，擅长表现并列于空间的全部或部分物体及其属性；叙事作品（莱辛称之为 "诗"）则以语言、声音为媒介，擅长表现持续于时间中的全部或部分事物的运动，展示性格的变化与矛盾以及动作的过程。

〔54〕 邢治孔、彭长霖、钱跃主编：《冯白驹将军传》，中共党史出版社 1998 年版，第 85—86 页。

显然以 1930 年代江西中央苏区红军服装为范本，在影片中让全体女兵身着领章帽徽齐全的类似中山装的灰制服、短裤、打绑腿、扎皮腰带（！）、佩红袖章，飒爽英姿。为凸显和创造海南热带多雨的地方特色，影片为男女战士统一配备了剧本中从未提及的斗笠，却摈弃了有文献支持、也很有海南特色，但显然无法表现娘子军女战士英姿的椰壳"水壶"。是谢晋，通过电影，而不是梁，通过剧本，追溯地创造了后世受众心目中娘子军女战士的典型形象。除根据舞蹈特点有些许修改外，不仅舞剧《红》，而且此后有关娘子军连女战士其他一切艺术形象，无论戏剧、影视、雕塑或绘画，一直沿用了谢晋电影和后来中芭舞剧中的造型。斗笠甚至成了娘子军连的标志甚或象征。[55]

　　不仅强调剧本与电影的区别，我还想强调电影从来不是对剧本的简单演绎，而是全新和整体的创作。基于剧本提供的故事，电影导演需要一系列无可替代的重大创作设计。他要找到合适的主要演员，常常是"众里寻他千百度"！他得全面调度各个场景，选挑适当的摄影镜头语言；许多镜头常常反复拍摄，最后从拍摄的大量胶片中仔细挑选、剪辑、编辑，才能把影片呈现给观众。这一过程的复杂、细致和艰难程度，文字编剧根本无法想象，更不是剧本能预先提供或涵盖的。谢晋撰写的该片分镜头剧本[56]，完整展示了他对电影《红》的全盘构想和精细安排，不仅有每一个电影镜头的先后顺序和编号、镜位（即特写、全景、中景还是近景）、摄法（拉、推、摇、移、跟、俯等）以及切换方式等，还标注了与每个镜头相伴的自然音响，如流水声、风声，或音乐或歌声等。[57]因此即便一些坚持文字剧本为版权中心的法学人，也承认电影摄制绝非电影剧本的演绎改编，电影是单独的作品；剧本只是电影

　　〔55〕　如海南琼海市市中心的红色娘子军雕像，嘉积镇万石坡的红色娘子军纪念园的雕塑，以及各种以红色娘子军为主题的绘画（依据舞剧《红》改编的连环画除外），都凸显了斗笠。有的雕塑甚至完全放弃了女战士人物形象，仅保留了斗笠和军号等。

　　〔56〕　谢晋：《〈红色娘子军〉（分镜头剧本）》，载《红色娘子军：从剧本到影片》，中国电影出版社 1979 年版，第 85—211 页。

　　〔57〕　《〈红色娘子军〉：从剧本到影片》只保留了当时便于以文字出版的一些重要资料，省略了其他对于外行人理解电影创造非常重要的材料。后来的类似资料汇编表明，电影导演往往对每个镜头的具体构图都一一勾勒了草图，并附有相应的文字说明。可参看，姜文等：《一部电影的诞生》，华艺出版社 1997 年（有关王朔小说《动物凶猛》如何改编摄制成电影《阳光灿烂的日子》）。

的一个要素，是电影制作的开始。[58]

我不排除，事实上完全可能，舞剧《红》的编导，在舞剧改编时，特别在撰写舞剧台本时[59]，参考过电影文学剧本。但舞剧改编的最主要创作是编舞，只需个台本来组织结构各个舞蹈，通常台本只是个数百字或千把字的故事梗概。[60]就故事而言，舞剧《红》与这部六万字左右的电影剧本确实有关，但这个剧本或这个故事对舞剧改编的成功关系和意义都不大。舞剧的重点从来也不是故事，而是如何以舞蹈来表达这个故事。尤其是芭蕾，几乎彻底拒绝文字或话语，只想用舞蹈来表达一个往往高度抽象的理念，如古典芭蕾舞剧的爱恨情仇之类的。舞剧《红》表达的则是阶级斗争和中国妇女的解放。

由于舞剧的这一特点，同样的故事，同样的音乐，甚至同等优秀的演员，编导不同，舞剧效果也非常不同。典型例证之一是柴可夫斯基1876年创作的芭蕾舞剧《天鹅湖》。该剧1877年先由捷克人编导并演出，不成功。1880年又由比利时人重新编导演出，1882年再度上演，全都不成功。直到柴可夫斯基去世后，1894年俄国人彼季帕和伊万诺夫重新编导，才获得了巨大成功。这个演出版本设计的场面此后一直为众多剧团沿用，成为后世各国演出的基础，在各国还先后演绎出了不同的版本。[61]对舞剧《红》，外国艺术评论人也是从编导维度评价的。2015年舞剧《红》在美国纽约的林肯中心演出，著名杂志《纽约客》评论该剧"棒极了"（fabulous），将之归功于该剧编导。证据是，他明确提及了，也仅仅提及了，三位编导的名字，完全没提舞剧的故事或改编！[62]

[58] 郑成思：《版权法》，同前注〔52〕，第124—126页。

[59] 我比较了《红》的电影文学剧本和舞剧台本，两者故事结构、语言表达，尤其是艺术关注点有重大区别。又可参看后注〔80〕以及相关正文。

[60] 可参看，《替中芭姑娘姊子们说句话——事实和法律精神》，https://www.sohu.com/a/214381949_425345，2018年5月14日最后访问。

[61] 请看，〔美〕巴兰钦、梅森：《天鹅湖》，载《芭蕾圣经》，管可秾译，上海三联书店2015年版，第621—623、642—650页。又请看，《芭蕾舞：入门与鉴赏》，中国出版集团/世界图书出版公司2016年版，第74—76页。

[62] Joan Acocella, "Seeing Red, The National Ballet of China Performs an Iconic Ballet from The Cultural Revolution", *The New Yorker*, July 6 & 13, 2015. 鉴于梁信以2011年10月香港某网站的舞剧《红》演出信息未为原告署名为由起诉中芭侵犯了其署名权，那么依据本案终审判决，我在此提及的这一信息也为梁信家人提供了新诉由，要求中芭再次为此书面赔礼道歉。

即便早先不可能知道，梁后来也该知道舞剧改编的这些特点。当文化部开始推动舞剧《红》改编时，应邀参与的梁曾主动为舞剧撰写了一个台本。由于对舞剧缺乏了解，不易舞蹈表现，当即被放弃了。[63]法院判决中还曾以此证明梁许可了中芭改编。但这个细节的最大意义其实是，就舞剧改编而言，可以彻底无视即便是原作者的文字！

文字作品严重有别于影视作品，这一点在文艺圈内其实是常识。电影人自然明白。许多作家也曾坦承："导演无法在编剧的尸体上提升自己。"[64]导演姜文把小说《动物凶猛》改编为电影，该小说作者王朔就有以下的感叹：

> ［我］尤其痛恨给有追求的导演做编剧。惨痛经历不堪回首。我无法帮助姜文把小说变为一个电影的思路，那些东西只能产生于他的头脑。/到今天我都认为电影导演应该自己写剧本。你要拍什么，怎么拍，自己先搞清楚……/1993 年［姜文］从美国回来，开始写剧本，［小说《动物凶猛》的］名字改为《阳光灿烂的日子》……/剧本写了几个月，拿出来时比小说还长，大概 7 万多字。我学习了一下，知道电影剧本怎么写了。可叹我混了这么些年，确实有些时候是欺世盗名。[65]

也不只是在中国，在好莱坞，这种情况更显著："编剧通常处于好莱坞产业链的最底端。制片人常常觉得编剧是可替代的［……］好莱坞从来不缺编剧。"[66]

---

〔63〕 北京舞蹈学校：《〈红色娘子军〉创作小组，赴海南岛工作小结》，1964 年 4 月。转引自《北京市西城区人民法院民事判决书》，同前注〔5〕。

〔64〕 姜文提及的作家有莫言、刘慈欣和张北海。请看，程青松：《姜文：就是为了这点醋，我才包了这顿饺子》，http：//blog.sina.com.cn/s/blog_476fb4b30102xxkl.html，2018 年 5 月 14 日最后访问。

〔65〕 王朔：《阳光灿烂的日子追忆》，载《王朔文集·随笔集》，云南人民出版社 2003 年版，第 25 页。王朔说这话时（估计是在 1996 年），已编剧、改编影视作品至少 10 部，《顽主》(1989) 和《编辑部的故事》(1991) 等还有广泛好评并获奖。

〔66〕 〔美〕阿普尔顿、扬科利维兹：《好莱坞怎样谈生意？》，刘苃译，北京联合出版公司 2016 年版，第 50 页。经典电影《教父》的拍摄也体现了这一点，"真正开始执导《教父》时，［导演］科波拉的灵感大多来自［他自己编写的］笔记，而非拍摄剧本"。〔美〕珍妮·M.琼斯编：《教父：电影全剧本》，高远致译，北京联合出版公司 2019 年版，第 20、264 页。

舞剧改编？其实更是创作！

电影便利了舞剧的改编利用，舞剧《红》也移植了电影的众多细节，但这仍丝毫不降低舞剧改编的创作难度。甚至改编这个词也很难涵盖或概括各种作品之间衍生、交错和分歧的复杂谱系。古希腊大理石群雕《拉奥孔》，取材于特洛伊战争中的一个神话故事，但能说这是对希腊神话的"改编"吗（由于都重视造型和形式美，雕塑与舞蹈在这一方面更为接近）？若是改编，被改编的原作又究竟是什么？是口头流传的或是付诸文字的那个神话？甚或莱辛在考察研究希腊神话、雕塑甚或维吉尔的《埃涅阿斯纪》后写下的同名美学著作在什么意义上是或不是"改编"？在文学艺术领域，改编这个词覆盖了太辽阔的地带，涉及非常不同的艺术转换和不同艺术维度的再现。我们最好是看，而不是想；最好是想事而不是想词，尝试着透过词来看词表示的那些事。[67]

"芭蕾"原意是"跳舞"，后来特指有特定严格规范和结构形式的一种高技术性舞蹈，显著特点是女演员穿特制鞋用趾尖在舞台上跳舞。它追求在舞台空间，以一个或众多演员的身体造型构成不断变动的几何图形和图形组合，以演员不断移动的运动线条，不是向某一固定视角（如影片中的镜头），而是在剧场内不同位置的观众视野中展示高度抽象的视觉美感。基本元素是经过提炼、组织和美化了的人体动作，经协调有序组合，会同舞蹈构图、舞台场面、舞蹈的生活场景等，形成传情达意或象征或比兴寄托的舞蹈。[68]

但舞剧不只是舞，也有剧，简单的故事，简单的情节变化和发展。编导因此必须创作编排一系列独舞、双人舞、三人舞、群舞和组舞，将

---

[67] Oliver Wendell Holmes, Jr., "Law and the Court", in *The Mind and Faith of Justice Holmes*, The Modern Library, 1943, p. 389. 这其实是一个有深刻哲学意味的问题，维特根斯坦强调"不要想，而要看"。[英]维特根斯坦：《哲学研究》，陈嘉映译，上海人民出版社2001年版，第66节。

[68] 参看，英、美、法、日和苏联等国百科全书对舞蹈的解释，隆荫培、徐尔充：《舞蹈艺术概论》（修订版），上海音乐出版社2009年版。又请看，朱立人：《西方芭蕾史纲》，上海音乐出版社2001年版。

之有序组合，力求表现高度简化的特定戏剧内容。不仅要表现戏剧人物的形象、情绪、心理状态和行为，而且要演绎故事的发展变化。这已经很难了。但传统芭蕾舞剧还专注于哑剧，拒绝对白，通常也拒绝歌曲，就用这些"锁链"迫使编导和演员只借助肢体舞蹈和音乐来表达，同时借助观众已经熟悉的故事或情节，让观众用想象来创造和补足舞蹈和音乐留下的巨大艺术空间。古典芭蕾因此始终贯穿着舞蹈、音乐与戏剧情节之间的强大内生紧张，贯穿着抽象舞蹈和音乐与观众艺术想象之间的紧张，但也因此成就了芭蕾舞剧的独特魅力。[69]

就芭蕾舞剧传统而言，舞剧《红色娘子军》的创作在其他一些方面也是前无古人的。此前的芭蕾舞剧大都讲述爱情故事，以女性为主角。借助芭蕾舞以女性为主角的叙事模式，《红色娘子军》展现了中国革命中的妇女解放。今天回头看，这甚至不只是中国的主题，也是个全世界的命题。《红色娘子军》在世界范围内还最早在芭蕾舞台上展现了热兵器，枪和手榴弹。此前的芭蕾舞剧也有表现战争场面，如《斯巴达克斯》，用的是矛和盾这类冷兵器。只有进入舞剧艺术传统，我们才能超越电影剧本的"故事"，在更开阔的视野中，感知和理解该剧在"舞"和"剧"上无可替代的、具有里程碑意义的艺术创造和中国贡献。[70]

而就舞剧的艺术表达而言，音乐几乎同样重要。舞蹈必须与音乐协调。不仅舞蹈演员靠音乐来把握节奏，协调舞姿，而且观众也往往通过音乐来深入感受舞蹈的优美和协调。有时音乐对芭蕾舞剧如此重要，乃至世界上有不少著名芭蕾舞剧会以作曲家的名字定义，如柴可夫斯基的《天鹅湖》或比才的《卡门》等。就芭蕾舞《红色娘子军》芭蕾舞剧音乐创作而言，不说音乐演奏，其实也涉及与引发本案争议颇为类似的、

---

〔69〕 为便于中国观众欣赏，坚持哑剧传统的同时，中芭在芭蕾舞剧《红》和《沂蒙颂》中都插入了少量歌曲。《红》剧两首，一首是该剧音乐主题《娘子军连歌》；一首是烘托军民联欢气氛的《万泉河水清又清》。《沂蒙颂》有一首，表现舞剧主人翁内心情感。从芭蕾舞剧来看，省略这三首歌，可能会弱化场景气氛，但不会影响该剧的情节推进和故事完整。完全突破芭蕾哑剧传统的是上海芭蕾舞团，芭蕾舞剧《白毛女》是根据歌剧和电影《白毛女》改编、创作并演出的。

〔70〕 杜鸣心、张艺：《聆听中国交响——从芭蕾舞剧〈红色娘子军〉音乐说起（上）》，https：//www.chncpa.org/zwzt/spzt/jdysjtzt/videos/ztyyh/202104/t20210414_228619.shtml，2023年10月23日最后访问。

复杂的知识产权配置问题。[71]

在相对次要却仍不可或缺的艺术维度上，芭蕾舞剧还高度关注服装、舞美、灯光等相关艺术。[72] 芭蕾与电影的区别巨大。

音乐、舞美等艺术手段的增加，丰富了舞剧的表现维度和方式，却并不更容易表现人物和故事，相反增加了舞剧创作和表演的难度。编导不仅要设计和创作舞蹈，还必须邀请作曲家创作全套富有表现力的音乐，一定要与舞剧整体熨帖，与舞剧主要人物或具体场景熨帖。每个主要人物都有一小段标志性音乐，称为音乐主题，其功能几乎相当于文学作品中的人物名字。围绕着全剧的音乐主题，相关舞蹈场景中还要演绎发展相应的音乐。音乐与舞蹈动作必须和谐，与整个故事发展变化和人物情绪吻合。舞台艺术的创作也不例外，尽管复杂程度和难度比舞蹈和音乐会低些。

但这也只是舞剧创作的一半。芭蕾舞是现场表演的艺术。不仅是舞蹈表演，音乐演奏也是现场表演。不只是个人表演，是许多人相互配合的表演，包括集体表演；贯穿全剧，则可以说是一个整体表演。除了舞蹈编导、音乐创作和舞美设计外，舞蹈演员的演出，乐手和指挥的演出全都是舞剧的组成部分。表演需要高超的技能。哪怕"跑龙套"，也不是其他戏剧的"跑龙套"能完成的，也必须有足够高的能力、功力和强度的排练。芭蕾表演显然要有天赋，但仅有天赋仍不够，还需要年复一年的长期训练，才可能以看似即兴甚至率性的方式每一次都能出色且优美地完成规定动作；才能保证所有舞蹈演员之间以及舞蹈演员与乐队演奏之间的配合默契。所有这一切都与文字无关，即不可能通过阅读、体会或反思剧本或台本的文字来获得，也不可能因此增强。对于诸如舞剧表演来说，阅读文字剧本的意义极为有限。昔日的学人还可能说，表

---

〔71〕据杜鸣心介绍，舞剧《红色娘子军》的音乐创作中必须有一个主要动机，这来自黄准创作的《红色娘子军连歌》，由当时中央音乐学院的两位老师吴祖强和杜鸣心，与当时的学生施万春、戴宏威、王燕樵五人，凭着对西方交响乐技巧的运用，集体创作的。吴担任序幕、第一幕和第四幕前半场的创作，杜担任第四幕后半场和最后一场的创作，王、施和戴分别担任第二场、第三场和第五场的音乐创作。在电影中并不那么高亢《红色娘子军连歌》，在舞剧中更为高亢，节奏更快，也更适合舞台表演。同上注。

〔72〕关于芭蕾舞剧《红》的服装，可参看，魏世兴：《中央芭蕾舞团芭蕾舞服装设计实践》，载《演艺科技》2014 年 11 期，第 54 页。

演者是在努力表现原作者的或作品本身的意图；但今天的学人不得不务实地承认，在更大程度上，尤其是那些最优秀的表演者，不过是借助舞蹈或音乐这些艺术形式来表现他/她自己。[73]文字中心论的膨胀气球经不起经验分析的犀利探针。

都是表演艺术，舞剧与电影也有重大区别。电影表演通过摄影用胶片定格。电影演员表演可以一次过，也可以且实践中常常会多次拍摄，后期补拍几个镜头也不是问题，直到导演满意为止。还可以演员本人或是他人配音——记得那些以念数字代替背台词的"数字小姐"吗？[74]还有其他一系列后期制作。因此，电影演员的表演是现场的，但整部电影的表演却是非共时非现场的，最多也只是一系列现场表演的事后重组。一旦影片完成，无数次播放，不同观众或同一位观众每次观看同一部电影会感受不同，但他们每人每次获得的视觉形象和听觉音频却是统一和标准化的。就此而言，电影虽然是生动的表演艺术，却与雕塑、绘画等可以定型定格的艺术更相近，因此也更容易，尽管仍需要牵强附会，满足著作权法上的作品定义。芭蕾舞剧在这一点上完全不同。芭蕾舞剧没法说是按照文字剧本演出的，几百字的舞蹈故事梗概，只为舞剧编导指出了故事发展脉络和人物情绪表达的基本方向。多年刻苦训练，长期浸淫于舞蹈和音乐，有所感悟，芭蕾演员即便能稳定达到很高的艺术水准，却永远无法将舞剧凝固定型。作为作品的舞剧创作和表演因此是一个永无终结的交织过程，以舞台上一次次成功表演来继续和体现。[75]也因此，就舞剧作品而言，著作权保护期几乎没什么实际意义，听起来甚至有点荒谬。舞剧的持续创作也不必定意味着不断提高或完善。舞剧的每次演出，每位演员每个舞蹈动作的表演，是否成功，有多完美，几乎全都各自独立，都是概率的。与芭蕾更相近的艺术作品类型反倒是戏剧

---

〔73〕 可参看，Richard A. Posner, *The Problems of Jurisprudence*, Harvard University Press, 1990, p. 271. 波斯纳这里说的是音乐演奏，但适用于所有抽象的艺术表演。

〔74〕《刘涛曝数字小姐不记台词》，http://ent.qq.com/a/20160701/010339.htm? t = 1467339068889，2018 年 5 月 14 日最后访问。

〔75〕针对这一点，芭蕾舞剧《红》编导之一李承祥谈及，"舞蹈'台词'的创作者虽是编导，但演员实际上也参加了'台词'的创造过程。再有经验的编导，'台词'的创作也很难以此完成的。……舞剧中的'台词'并不像文字那样，可以摆在桌面上一个［个］去推敲，它是人体的造型动作"。李承祥：《舞蹈编导基础教程》，同前注〔41〕，第 208 页。

表演、音乐演奏或歌唱表演。只是由于芭蕾技术规范更高，更严苛，需要更多各类演员现场协作配合，因此即便先前的每次表演都成功，也很难确保下一次成功。所有这些以及其他不可能一一详述的特点，令芭蕾舞剧是不是改编作品，改编自什么作品，是文学名著、电影、寓言或民间传说，意义不大。甚至没有意义！真不是我虚无主义，就因为现代芭蕾舞剧如今大都已彻底放弃故事了，只剩下舞蹈，成为一种纯形式化的艺术了。

这都是些芭蕾的常识。我在此重复就因为这还不是，也很难成为，包括法律人在内的公众，在欣赏或以其他方式接触芭蕾舞剧时，会自发涌起且自觉的常识；就因为在处理芭蕾舞著作权或其他法律问题时，缺乏这些艺术常识，法律人就没法将这些特点意义纳入相关法律分析和判断。只要不足够自觉，就缺乏恰当语境来切实理解舞剧改编创作；就很难察知和理解，若仅从人们通常关注的作品的故事、思想或主题来看，可以说舞剧《红》与同名剧本和电影"实质相似"，都反映了现代中国革命中的妇女解放和成长，据此也就可以说是对剧本或电影的"改编"。但如果意识到芭蕾艺术表达的独特性，意识到观众欣赏芭蕾的视角和维度，尤其是注意到舞剧《红》是人类历史上第一次以芭蕾舞表达中国革命和妇女解放的故事或主题[76]，我们就会，甚或必须，认定两者根本不同。换言之，按今天的司法实践，有理由认定舞剧《红》是全新的创作或原创。[77]

就这一点而言，舞剧《红》有极为大量的具体证据。为什么题材和故事乍看起来也适于舞剧改编、反映民族解放和民族团结的《达吉与她的父亲》当年被放弃了，事实上永远放弃了？决定性因素不是故事本

---

[76] 当年舞剧《红》改编者对这一追求非常明确，为此自豪。"翻遍世界芭蕾舞剧史，有哪一部舞剧像《红色娘子军》这样……讴歌了历史的真正创造者——人民群众打碎千年铁锁链，翻身求解放的风起云涌的斗争生活；又有哪一部舞剧……撼人心魄地展现了波澜壮阔的人民战争的宏伟图景？"中国舞剧团：《毛泽东思想照耀着舞剧革命的胜利前程：排演革命现代舞剧〈红色娘子军〉的一些体会》，载《红旗》1970 年 7 期，第 68 页。

[77] 可参看，"上海华严文化艺术有限公司与上海沪剧院、罗怀臻、陈力宇侵害作品改编权纠纷案"，《上海市第一中级人民法院民事判决书》（（2012）沪一中民五（知）终字第 112 号）。该案判决认为，判定一部文字作品是否属于改编作品，可以采用三步检验法。首先，确定两部作品的相似之处属于作品的思想还是表达，剔除思想部分。其次，确定相似的表达是原作品独创的表达还是惯常的表达，过滤惯常表达部分。最后，比较独创性表达在两部作品中是否构成实质性相似。通过三步检验法确定为实质性相似的作品，方可被认为是改编作品。

身，而是彝族的长裙不便于芭蕾舞表演。[78]相比之下，身着短裤的海南岛上娘子军女战士更能有效表现芭蕾的特点——"足蹈"，有别于中国传统舞蹈的"手舞"。也更能展示芭蕾注重的演员的体型美。影片《红》有名有姓的人物有13位，舞剧仅保留了6位，就因为长于抒情拙于叙事的舞剧必须尽可能简化人物和人物关系，简化叙事作品看重的那个"故事"。但在适合抒情表达的舞剧第二场"琼花诉苦"和第六场"常青就义"，舞剧编导则浓墨重彩，充分发挥了舞蹈和音乐的抒情优势。[79]芭蕾表演的特性因此迫使舞剧故事结构改变重大，有些甚至是中芭重新调研后的创作。[80]古典芭蕾一直表现欧洲女性，娘子军女战士却来自旧中国社会底层，是参加革命和战争、不畏强暴、吃苦耐劳的中国女性，这就必须设计全新的舞蹈形象，设计相应的舞蹈表演和艺术基调。首位琼花扮演者白淑湘曾概括说：跳《天鹅湖》身段一定要软，跳《红色娘子军》则截然相反。[81]诸如此类的细节太多太多。例如，只有现场观看的观众才会察觉，娘子军连战士同样身着统一的制式军装，但要凸显女主角，还必须区分同为女角的琼花与连长，她俩之间的，以及她俩与其他女战士之间的军装色彩，在视觉上，因此有显著的浓淡之别。

同样的场景和情节，文学可以用上帝视角细致描写，电影可以用不同镜头和灵活视角，以细微的特写甚或旁白，来表现复杂的人物情绪变化，芭蕾却永远只能靠舞蹈动作来塑造人物。为了观赏，舞蹈动作就必须大幅度，高度夸张，但任何跳跃也只可能是一闪即逝，不可能持久滞空，这就是难题。可以比较一下文学、电影和舞剧对洪常青英勇就义的不同表现。电影分镜头剧本和文学剧本的相关文字篇幅太大，结构也复杂，可参看我为此编制的附录2。这里仅比较舞蹈和电影剧本的相关文字。

---

〔78〕林默涵认为《达吉和她的父亲》故事很感人，反映了民族团结，少数民族舞蹈丰富，服装也好看，建议改编《达吉》。但中芭编导李承祥认为这个题材固然不错，但服装或长裙或短袖，芭蕾舞不好表演。郭超：《白淑湘：旋转的舞鞋》，同前注〔41〕。

〔79〕编导李承祥认为这两场戏都收到了比较理想的舞台效果。李承祥：《舞蹈编导基础教程》，同前注〔41〕，第196页。

〔80〕《中芭回应"娘子军"纷争，请当时亲历者还原历史真相以正视听》，载《北京晚报》2015年6月19日。

〔81〕郭超：《白淑湘：旋转的舞鞋》，同前注〔41〕。

"英雄洪常青始终昂首挺胸，并以'燕式跳''剪式变身跳'
'凌空越''空转''平转'等各种舞蹈动作，象矫健的雄鹰展翅翱
翔，在舞台上纵横自如，痛斥众匪……酣畅淋漓地表现了共产党人
的……大无畏的英雄气概。"（舞蹈）

"［洪常青］的脸上包含着自豪、幸福、快乐……/他的手高高
提起笔，先把'自白书'三字抹掉。笔走游龙，浓墨大字写道：
/砍头不要紧，/为了主义真，/杀死洪常青，/还有后来人！/投
笔！/他站起身自己向［刑场］走去。"（电影剧本）[82]

还请注意，梁剧本中的这段文字，包括标点符号，75%拷贝了夏明翰烈
士的就义诗！按今天的标准，算不算抄袭？毕竟这很难说是"改编"甚
或是"合理使用"。

上一节提及影片创造性利用的道具斗笠。但在舞剧中，斗笠却是个
麻烦。若让每个战士舞蹈时背着斗笠，太兜风，这芭蕾就没法跳了！舞
剧中红军战士的标配因此不包括斗笠。但为凸显南国特色，也为借助影
片塑造的已深入人心的娘子军指战员形象，编导仍为斗笠留下了舞蹈表
演空间。其中最重要的是，借鉴中国传统的团扇舞/折扇舞，编导创作
了群舞"我编斗笠送红军"来表现军民团结一家亲。从舞蹈艺术上看，
相较于现实生活中（或更写实的电影中）老百姓用以慰问红军的鸡蛋、
花生或荔枝，斗笠可以为观众提供更饱满、对称和协调的舞蹈视觉
感受。

这就例证了舞剧《红》的另一重要追求和创造，努力吸纳中国戏剧
艺术、民族舞蹈、武术中的技巧来表现芭蕾。这便利了中国观众的艺术
欣赏，也丰富了中国芭蕾舞的语汇和技巧。表现狗腿子老四追打琼花的
双人舞是个典型例证。双人舞在传统芭蕾舞剧中一直用来表现爱情，只
能缓缓展开，让男女主角在舞台上慢慢"扶来扶去"。但这显然无法反
映压迫者与反抗者的紧张冲突。借鉴了中国戏剧和武术的程式，编导蒋

---

[82] 中国舞剧团集体改编：《〈红色娘子军〉（1970 年 5 月演出本）》，第 73 页。对洪常青
就义这场舞蹈更细致更渲染情感的文字描述，则请看，《红色娘子军（1970 年 5 月演出本）》，
前注［43］，第 60—62 页。梁信：《红色娘子军（续完）》，载《上海文学》1961 年 3 期，第 72
页。以及，谢晋：《〈红色娘子军〉（分镜头剧本）》，同前注［56］，第 188—190 页。

祖慧的设计是，狗腿子老四以一个激烈的"抄旋子"登场，生动表现了这个爪牙的身手和凶狠，随即展开了这场极具对抗性的双人舞。[83]

由于追求舞蹈效果，电影剧本从未提及、影片中也只是偶尔出现在个别战士背上的大刀，在舞剧中可谓浓墨重彩，大放异彩。既有独舞，也有娘子军连女战士的集体舞。其实，战争年代女战士挥舞大刀，近战肉搏，这几乎不可能，更无必要。但从舞蹈艺术上看，比起双手在胸前端枪的长枪舞，大刀舞的劈砍挑刺，纵横挥舞，舞姿舒展大气，更壮美。为弥补哑剧的不足，舞剧第二场出现了电影中不曾有的大幅标语"打土豪分田地"和"活捉南霸天"，第四场又借助黑板和粉笔字来表现剧本和电影中可以用循循善诱的对话表现的思想纪律教育。[84]借助文字来表现舞剧内容，推动故事，这个设计从舞剧艺术上看可算个瑕疵。[85]但也正是这种瑕疵才表明舞蹈与文学或电影在表现形式和手段上的差别，凸显了舞蹈的独特以及舞剧《红》创作的艰难！[86]

对这些，梁不可能全知道，但不会不知道。2004年9月15日，梁给中芭的信中写的是，"祝贺芭蕾舞剧《红》创作四十周年"。他内心当然会认为，舞剧《红》与他当年的剧本有关，甚至重要相关。但在此，他承认，舞剧《红》是一个独立创作，不是改编！说得更明白点，也难听一点，这是我梁信置身其外的一个创作！否则，难道梁是在祝贺自己的创作或合作或改编？！

---

〔83〕袁成亮：《现代芭蕾舞剧〈红色娘子军〉诞生记》，同前注〔41〕，第26页；郭超：《白淑湘：旋转的舞鞋》，同前注〔41〕。

〔84〕在先后演出的《红》剧中，这黑板上的字一直变化。在"文革"期间，黑板上写的是"只有解放全人类才能最后解放无产阶级自己"（《红色娘子军（1970年5月演出本）》，前注〔43〕，第49页）这个理念复杂抽象思辨也有点"绕"，而且字太多，后排观众很难看清。舞剧重排后黑板上就只有四个字"组织纪律"；2018年4月我看此剧时，黑板上只剩两个字"革命"。尽管更抽象了，至少对中国观众更容易理解了。这也表明，该剧的叙事成分进一步弱化，舞剧主创人员和观众如今都已不再关心洪常青对吴琼花讲的具体道理了。这种趋势会继续。

〔85〕该剧编导李承祥认为"'政治课'一段……是一个明显的败笔，让常青通过政治课教育琼花的情节本身就是从概念出发的，是背离舞剧艺术的创作规律的……我每次坐在剧场看到这段舞蹈时，都产生一种无地自容的感受，一块黑板写着几句口号，大家举几次拳头，这简直不是艺术，更谈不上是舞剧艺术"。李承祥：《舞蹈编导基础教程》，同前注〔41〕，第225页。

〔86〕中国舞剧团（中芭前身）当年的论文，尽管夹杂了当时的流行政治话语，却系统介绍了舞剧改编创作中，在舞剧编导、音乐创造和舞台美术三方面的诸多创新。中国舞剧团：《毛泽东思想照耀着舞剧革命的胜利前程：排演革命现代舞剧〈红色娘子军〉的一些体会》，同前注〔76〕，第70—77页。

上述两节足以表明，所谓舞剧《红》根据同名电影文学剧本改编的说法，在更大程度上——只是个说法。这是个错觉，它源自中芭与梁，以及许多未受知识产权法律专业训练的普通人，他们当年分享了以文字作品为核心对"著作""作品"和"改编"等著作权法律概念的理解/误解，甚或还有因双方谦让/礼让带来的某些夸大其词。鉴于法治的优点，有些误解和夸大其词的约定有时也只能恪守。但这个误解不能太大，夸大其词不能出格，必要时甚至必须调整。在英美法中，很关键的一点就是不能过分，乃至客观上说有点昧（良）心了，这就是unconscionable。在我看来，把梁与中芭约定的"改编"推到、演绎到如此地步，这有点昧心了。因为舞剧《红》直接改编自电影，大量利用了无可辩驳地只能源自电影不可能源自剧本的视觉内容；也因为电影本身也是可被改编的法定独立作品。虽然上影厂或导演谢晋不曾主张著作权，但法院因此就仅仅依据中芭和梁的协议这样判决，非但夸大了梁的权益，客观上也使梁昧心侵占了第三方的权利，即只能由上影厂继承的、该由原天马厂或该片导演谢晋享有的相应著作产权，并进而明显加重了舞剧改编创作者中芭对文学剧本作者梁的著作权法律义务。甚至，中芭和梁的约定也违反了，或没有太多正当理由溯及既往地改变了，中国社会有关作品改编的长期做法或通行规范，即改编作品仅注明改编者最直接使用的被改编作品。[87]出于公道，如果舞剧《红》一定要就改编的原作署名的话，我认为，更有理由认定舞剧《红》"根据同名电影改编"；这包括了电影表现的主要源自梁剧本的基本故事情节，也包括了只有电影能提供而剧本显然未提供的其他要素（最典型的是主题音乐）和大量

---

[87] 在1991年中国颁布《著作权法》之前，一直遵循的是这一规则。如，根据沈默君、罗静电影文学剧本《自有后来人》，上海爱华沪剧团改编并演出了沪剧《红灯记》（《剧本》，1964年2期，第40—70页），中国京剧团以沪剧为基础改编演出了京剧《红灯记》，该剧剧本（人民戏剧出版社1965年）署名是翁偶虹、阿甲"根据上海爱华沪剧团同名沪剧改编"。与沪剧同时的还有黑龙江省哈尔滨市京剧团根据电影剧本改编的剧目《革命自有后来人》（王洪熙、于邵国、史玉良改编，人民戏剧出版社1964年）。"文革"期间，京剧《沙家浜》剧本在《人民日报》（1967年5月31日）发表时，明确注明根据沪剧《芦荡火种》改编，根据同名京剧改编的交响音乐《沙家浜》则未有此类说明。中国京剧团创作表演的京剧《红色娘子军》署名是"根据同名舞剧集体移植创作"。山东人民出版社（1964年）、人民戏剧出版社（1965年）先后出版了山东淄博京剧团演出的京剧《红嫂》剧本，均以不同方式注明根据知侠同名小说改编；但1965年云南人民出版社出版的《红嫂》花灯剧本则署名"根据山东淄博京剧团［同名京剧］改编移植"。1973年公演的舞剧《沂蒙颂》也被认为改编自京剧而非小说《红嫂》。当今中芭的舞剧《大红灯笼高高挂》称"根据同名电影改编"，尽管有时报道中也会说一句"取材于苏童的小说"。

细节，直至该剧的名字。

无法，却非无天——当年的著作权实践和规范

以上三节所以细致梳理和分析剧本、电影和舞剧创作和改编的大量、细致的事实，就因为这些事实对理解、思考和分析舞剧《红》，对界定和分配与舞剧《红》著作权直接相关的各种权益，有基础性意义。"摆事实"，讲证据，在此基础上才可能"讲道理"。有关《红》的各种同名作品的产权（也即名利）的分配，也才可能讲出个道理，才能避免沦为"搬书""翻书""抠字眼"或"死磕"。这不仅有助于我们有效理解梁借助当代名为法治的政法话语表达的利益诉求，也会有助于我们理解前著作权法时代中国的一些有关著作权的名为政法的法治实践及其规则和规范。

但我不打算用《著作权法》人为且专断划分的产权类别，人身权利（与人身相连或密不可分且无直接财产内容的权利）和财产权利，来分析梁的诉求。我想借助传统中国的"名""利"这两个范畴来分析。因为依据现行法律教义，这两类产权/权利不能通约，前者被设定为作者终身享有且不可转让的权利，后者则可以转让。这种分类在语词概念层面好像很有道理，甚至有点高大上，但在中外——包括那些坚持这种分类的国家——的政法实践中，早已千疮百孔，暗度陈仓。只是仍有部分学人，为了其学术利益或沉淀成本，在语词上仍坚持"祖宗之法不可变"。例如，著作的完整权，这种人身权，如今就很难回应戏仿的挑衅和侵蚀，尽管戏仿还挑战了著作的改编许可权。如今英美和欧盟司法均已接受了戏仿。[88] 中国著作权法至今不提戏仿，也没有明确的司法实

---

[88] 如，William M. Landes and Richard A. Posner, *The Economic Structure of Intellectual Property Law*, Harvard University Press, 2003, pp. 147-165。2014 年 9 月 3 日欧洲法院就"戏仿"概念作出一项裁决，这是继立法努力失败后试图从司法角度协调版权法的一次具有争议的尝试，但引发的问题比解决的问题更多。但英国知识产权局称，这项裁决不会影响英国把戏仿作为版权法例外。《欧洲法院有关"戏仿"的裁决会带来新问题》，http://www.ipr.gov.cn/zhuanti/cases/copyright/c_parody.html，2018 年 10 月 20 日最后访问。

践，但多年来，社会生活中其实一直默许戏仿，以及与之很难区分的"搞笑版""恶搞"。[89] 署名权不可转让在历史上几乎从一开始就只是个笑话或传说，不但有自愿托名大家的，著名的如托名李白的最早的词《忆秦娥》《菩萨蛮》等，而只要出价足够高，署名权与著作财产权在经验上已难说有何区别了。从经验层面看，著作权法处理应对的争点和主张都围绕着"名""利"，围绕着从社会角度对名利的不同组合、交易和整合。就此而言，名利或许更近似英美法的财产/产权（property）概念，比两分的人身权利/财产权利更好用，经此或许会进一步摆脱现行财产概念的物性（thingness）。

梁的重要诉求之一是，未获其许可，中芭改编演出芭蕾舞剧《红》，侵犯了他的权利。这一诉求本身表明梁关切的其实是时下的利益，与当年有无许可无关。这一诉求被法院否定了，却仍是一个有一般意义因此值得细细分析的法理问题。梁依据 1991 年的《著作权法》对 1964 年的舞剧《红》改编主张权利。首先的问题就是，该法能否以及应否溯及既往，当年中芭改编舞剧《红》，且不论改编自剧本还是电影，是否必须预先获得原作者的明确许可。这一点就是中芭声明中以老百姓听得懂的政治话语表达的命题，"不能用前三十年否定后三十年，同样，不能用后三十年否定前三十年"。有些法律人不喜欢这种表达，其实，这在相当程度上，就是用中国老百姓听得懂的话，表达了一个经典法治命题，有关法律溯及既往。当然，也不是绝对的法律不溯及既往，而是法律要尽可能避免不合情理的溯及既往。

法律人不喜欢这种老百姓更能听得懂的或政治化的表达，可能并非因为这不是"法言法语"，而是因为这种表达中隐含了他们力图否认的一点：尽管是革命时期，制定法不多甚至很少，新中国的前三十年却不是无法无天的社会，整个社会还是形成了并遵循了大致稳定、普遍适用有国家强制力的社会规范。包括在著作权问题上，要应对梁的诉求就不能不面对这个溯及既往的问题。

《红色娘子军》影片、剧本和舞剧，都产生于中华人民共和国建立

---

[89] 中国的一个例子，请看，苏力：《戏仿的法律保护和限制：从〈一个馒头引出的血案〉切入》，载《中国法学》2006 年 4 期。

之初的 10—15 年间，当时国家全面实践社会主义公有制，包括集体所有制。形成的知识产权制度和实践全然不同于以私有制为基础的知识产权体制。为了推动和促进发展科学、技术、经济和文化，不但各工厂间相互学习交流经验和技术，而且政府会组织学校、研究所和工厂集体攻关，不分你我。许多文艺创作也是如此展开的。当时中国的知识产权制度并非因为"法治意识不强"才导致中国未采纳更精细、系统的著作权法律制度。这是个历史唯心主义的观点，即假定是，法律制度可以脱离一国经济社会发展水平和生产方式而发生、存在和实践。在我看来，当时中国整个知识产权制度，包括版权的规范和实践，应更多归因于，当时的中国，整体而言，正从传统农耕社会起步，开始追求工业、农业、科学技术和国防的现代化。由于不存在现代工商社会的基础和条件，中国当时整体上还不需要、自然也就很难发育生长出包括改编许可等在内的一套精细的现代著作权法律制度。

甚至当时，著作权都是个"假"问题，问题的真假其实常常与时间的急迫和事件顺序直接相关。当时最急迫的问题其实是如何鼓励和激励知识传播，从而可能创造出更多著作/作品。这就需要一套制度安排，一种或一套侧重点或关注点相当不同的制度。为迅速改变 1949 年中国人口少说也有 80% 以上是文盲[90]，科学技术文化均极为落后的局面，当时"迫切要求一个普遍的启蒙运动，[广大工农兵] 迫切要求得到他们所急需的和容易接受的文化知识和文艺作品"，"对于 [广大工农兵]，第一步需要还不是'锦上添花'，而是'雪中送炭'"。[91]中国共产党和各级政府采取的一系列文化政策和措施都与这一追求有关，如培养工农兵作家或作者[92]，鼓励集体创作和业余创作，同时以扫盲和简化汉字等方式努力促进知识的社会传播和分享。甚至，为降低特别是普

---

〔90〕〔美〕麦克法夸尔、费正清编：《剑桥中华人民共和国史》（上），谢亮生等译，中国社会科学出版社 1990 年版，第 169 页表 3。当时所谓识字人"包括那些只认识几百个汉字的人和在今天只能列为半文盲的人"。

〔91〕毛泽东：《在延安文艺座谈会上的讲话》，载《毛泽东选集》（3），人民出版社 1991 年版，第 862 页。毛说这话时是 1942 年，但这个问题不可能短期解决。直到 1976 年，云南边疆的孩子，没有字典，就抄字典。阿城：《孩子王》，载《棋王》，作家出版社 1985 年版，第 168—169 页。

〔92〕最极端的如高玉宝（《半夜鸡叫》）和崔八娃（《狗又咬起来了》），他们发表小说并加入作协时，只识几个汉字，几乎是半文盲。

通人创作投稿的成本，1954 年实行了 "邮资总付" 制度。任何投稿者给杂志刊物投稿，只需在信封右上角写上 "稿件" 两字，就可免贴邮票。这一制度其实一直持续到改革开放前期（1992 年）。在这一语境下，也才能理解有关作品改编创作的重要措施之一：为降低公共传播的成本，文艺作品改编既无法定许可，也无货币报酬。若从后来的《著作权法》视角看，从市场经济视角看，这是未保护著作权人的个人权益；但从社会功能视角看，这种 "不保护" 与今天中国正考虑立法推行的 "药品专利强制许可" 非常相似。[93] 就当时中国的文化教育发展而言，甚至是唯一可行的路径。

作者的相应权益只是格局改变了，却并未被剥夺。国家还是建立了其他一些相应的支持、配套的体制。如上面提及的 "邮资总付" 制度。更重要的是，据说当时完全靠版税谋生的作家，全中国不满两巴掌。其他各类作者，不同程度地，均附着于各种公有制的 "单位"。专业文艺工作者在各自所属的文化艺术单位专职创作，有固定工资、分配住房，有医保和退休工资。业余作者则在本职工作之余自行创作。但只要有作品发表，无论专业作家还是业余作者，在其相对菲薄仅足以谋生和养家的工资收入以外，会获得当时看来颇高的稿酬。因此，除少数业余作者的创作外，大量文艺作品创作更像是今天的职务行为，尽管当时还没这个概念。大量作品的创作，包括一些业余创作，也真的动用了很多公共资源。许多当年作品说是集体智慧的结晶，真的并非修辞。[94] 梁回忆电

---

〔93〕 2018 年 4 月 3 日国务院办公厅印发的《关于改革完善仿制药供应保障及使用政策的意见》中指出要 "明确药品专利实施强制许可路径，依法分类实施药品专利强制许可，鼓励专利权人自愿许可，必要时国家实施强制许可"。

〔94〕 最典型的如溥仪的回忆录《我的前半生》（群众出版社 1964 年）。此书是清朝最后一位皇帝溥仪，在溥杰帮助下，在抚顺战犯管理所期间，完成的一部检讨交代材料。以《我的前半生》为名油印初版。群众出版社随后派本社编辑室主任李文达，帮助溥仪 "修订" 完成了这本回忆录。这个版本曾经各方面领导和专家审查，著名历史学家翦伯赞、何干之提出过重要修订意见，作家老舍曾替他们把文字关。长篇小说《红岩》（罗广斌、杨益言，中国青年出版社 1961 年）创作过程中，中共重庆市委曾决定：让署名作者 "脱产" 修改小说，让重庆市文联组织讨论会，邀请各方面人士为小说写作 "献计献策"；有部分四川作家和党政领导也参与了写作。请看，马识途：《且说〈红岩〉》，载《中国青年》1962 年 11 期。这种组织化集体生产模式在 "文革" 期间，几乎是当时重要文学作品的主要生产方式。洪子诚：《中国当代文学史》，北京大学出版社 1999 年版，第 113 页。

影剧本《红》的创作和修改时也曾多次从各个方面提到这一点。[95]

要公道地解决著作权法能否溯及既往的问题，因此，首先不能简单认为，无"法"可依的社会就是个无法无天的社会。梁电影剧本发表获得的稿费，在当年可谓巨额。[96]若假定今天普通人的月薪为4000元上下，那么梁的电影剧本稿费则相当于今天人民币50万元以上。《红》的剧本、电影、舞剧（以及其他文艺表现形式）的不同署名，以及当时其他小说、电影、戏剧的署名，也都表明，文艺界统一遵循了虽非立法颁行却仍是国家认可并强制执行的有关作品署名的社会和行业通行规范。由于国家"认可"，这些在实际生活中人们必须遵循的规范其实就是法律，无论当时名为政策、文件还是规定。[97]当然，当年许多作品的产权安排确实简陋，不符合今天所谓理想的产权制度。这种挑剔没意思。历史不会终结，今天的知识产权制度安排终将不符合未来甚或十年后的制度。这丝毫不意味今天的制度安排就错了，今后的法律就必须溯及既往。并非只有成文法才创造和维系秩序，世界上有许多地方许多时候其实有"无需［成文和司法］法律的秩序"。[98]

改革开放的制度和政策变革，科学技术文化和法律的发展，市场经济的发展，特别是下一节才讨论的资本进入文艺创作和版权实践，促使了中国知识产权法律制度的重大变革。但也不光如此。新流行的政法意识形态还告诉人们，法治不只是甚至主要不是守法、守规矩和讲信用，而是每个人都拿起法律的武器，"为［个人］权利而斗争"。因此不仅

---

〔95〕 综合梁信的几次回忆，大致情况如下：应约为中央纪录片厂写反映海南"大跃进"的记录片脚本，1958年梁信出差到海南，在海南省军区文化处翻看《琼崖纵队军史》，发现了娘子军连的故事。他随即特意出差到300多里以外的万宁、乐会一带，找到了当年的娘子军连长，又在当地进行了大约3个月访问考察。住在海口部队招待所，梁四天四夜一口气完成了名为《琼岛英雄花》的电影剧本初稿。回广州后，梁向军区领导作了汇报，在上级党委大力支持下，打印了40本剧本，分别寄给全国各电影厂和剧团。可参看，陈一鸣、黄婷婷：《〈红色娘子军〉的身世罗生门》，载《南方周末》2004年5月6日；孟兰英：《梁信与〈红色娘子军〉》，同前注〔49〕，第60页。

〔96〕 据梁信，这笔稿费为5000元，他当时每月工资89元，是一般人工资的两倍多。《梁信：〈红色娘子军〉改变了我的人生轨迹》，同前注〔50〕。

〔97〕 法律通常被定义为由国家制定或认可的以国家强制力保证实施的行为规范。哈特对法律有类似的定义："法律的存在指的是某些人类行为不再是选择性的，而在某种意义上是义务性的。" H. L. A. Hart, *The Concept of Law*, 2nd ed., Clarendon Press, 1994, p. 6.

〔98〕〔美〕埃里克森：《无需法律的秩序：邻人如何解决纠纷?》，苏力译，中国政法大学出版社2003年版。

要争,而且要斗。"争名于朝,争利于市",成了当今社会的体面和正派,说是这样才能或更能促进经济、社会、科学以及文化的繁荣发展,对个人,对社会都有好处。从此开始了以产权明晰为名的各种公有产权文艺作品的私有化的竞争。

早在 1980 年 12 月周海婴就写信给胡耀邦追索鲁迅著作的稿酬。[99]此后,断断续续,就与著作权直接相关的鲁迅著作的各类稿酬争议,周海婴以包括司法诉讼在内的各种措施,同相关部门,一直争执到 1998年。1987 年溥仪夫人李淑贤起诉李文达侵权溥仪《我的前半生》的著作权,1996 年岁末围绕京剧《沙家浜》的署名权诉讼,1999 年围绕电影《霓虹灯下的哨兵》的署名权之争,以及尽管 1993 年试图依法管控但最终还是控制不住名利刺激而爆发的中芭案,都是这个时代中国经济社会文化变迁的浪花。正如冯象多年前讨论京剧《沙家浜》署名权案时指出的,这类纠纷反映了中国社会转型以及法制改革的一个核心难题:如何用后订的法律来处理"前产权"时代的所谓"历史遗留问题",如何通过法律溯及既往地把先前时代的集体财产变成个人的新财产。要给作品找到作者、替版权找到业主,就必须依据私有产权来重新想象,其实是改编,集体/个人、创作/执笔和革命文艺/作品间的全部政治伦理关系。所有的相关者都必须忘掉自己的亲身经历,才能改编这些历史遗留问题。[100]

"中芭案"一审法官拒绝了梁关于明文改编许可的诉求。理由是,虽然当年没有文字许可,"但基于当时特定的政治、法律和社会背景,对于这种历史形成的作品特定许可使用形式是应当予以充分尊重的"。这个决定审慎合理,只是这一表述听起来,就像是时代委屈了梁,容易导致,事实也导致了,就网络评论而言,舆论偏向了梁。因此就有必要讨论一下,在那个没有著作权法的时代,以及有了《著作权法》后,就有关《红》的种种作品的创作和改编,梁的名利收益究竟如何,是否真的受损了,或不公道?我会基于前两节讨论的有关改编的事实,但也必须顾及在此案中,一直被有意遗忘或无心淡化的同名电影和舞剧的其

---

〔99〕 吴海民:《中国版权备忘录》,华艺出版社 2008 年版,第 43—46 页。

〔100〕 冯象:《法盲与版权》,载《政法笔记》,江苏人民出版社 2004 年版,第 65 页。

他主创人员。

首先，当年确实无法可依，不曾有成文的改编许可，然而，却没有理由说梁的利益因此受损了。1991 年的《著作权法》对改编许可的字面规定确实相当严格[101]，与美国的相应法规一致[102]，但"规则总有例外"或"例外证明了规则"。只要了解此前此后中外相关司法实践，就会发现，在司法上一直允许或至少隐含了一个重要例外：未获许可创作的演绎作品若有独创性表达，与原作区别明显，不会造成同原作混淆，且无损原作者另行使用（以其他形式改编演绎）其作品的计划，即便改编者未获许可也不构成侵权，改编者对改编作品也有完整的著作权。[103]说穿了，这个例外就是，只要不会以任何方式侵害被改编作品作者的各类收益，无论名还是利，改编许可就不是必需。

前面两节的分析因此相关且重要。尽管同名，基本故事情节相似，但舞剧、电影和剧本《红》三者的艺术区别极为显著。三者的表达形式如此不同，不会有任何人会将之混为一谈。粗略地说，剧本是文字叙事作品，电影是视觉叙事作品，芭蕾舞剧则更多是视觉抒情作品，三种作品相互间基本不可替代，尤其是舞剧不可能为剧本替代。三者分别创造了三个独立的市场，有三类不很相同也不大可能重叠的受众。这三个市场在时间上和地理空间上也各自独立。芭蕾舞剧市场更是如此，即剧本和电影《红》的市场不大可能影响舞剧《红》的市场；反之亦然。舞剧《红》1964 年 9 月首演，这时电影——据梁的说法——已公映 4 年半，剧本也已发表 3 年半。这时，但凡有渠道获得、有艺术能力也有经济能力观看和理解这个故事的受众基本都已看过同名电影和/或剧本，

---

〔101〕 《著作权法》（1991 年）第 45 条第 5 款规定："本法另有规定的除外""未经著作权人许可，……以改编、翻译、注释、编辑等方式使用作品的""应当根据情况，承担停止侵害、消除影响、赔礼道歉、赔偿损失等民事责任"。这一规定可谓非常严格，因为这等于赋予了原作品著作权人垄断全部演绎作品的各种演绎权，因为任何未经许可对该作品的演绎——即便有原创性——也不可能有著作权。

〔102〕 William M. Landes and Richard A. Posner, *The Economic Structure of Intellectual Property Law*, *supra* note〔88〕, p. 108, n. 37.

〔103〕 *Ibid*.

有些人甚至可能已看了数遍。[104]

相比之下，舞剧市场则完全不同。舞剧对表演条件要求极为苛刻，不仅当时任何外地表演团体，包括全国第二重要的芭蕾舞团体——上海芭蕾舞学校，都没有能力有效排演舞剧《红》。也只有极少数中心城市的大剧场才可能满足中芭巡演的舞台和灯光要求。这导致舞剧《红》的市场非常小，对观众有专业艺术欣赏能力的要求，几乎只能在北京上演。在中国，相对于电影和剧本的受众，舞剧《红》的现场观众数量几乎可以忽略不计。由于不可替代，舞剧表演也就不可能减少电影或剧本的受众数量，不可能侵蚀后两者的市场。除人数很少的部分北京观众外，可以说对99.99%甚至更高比例的中国人来说，不仅过去，甚至至今，舞剧《红》也只是他们生活中的一个词。他们最多也只可能观赏过根据舞剧拍摄的电影。这意味着，即便未获改编许可，舞剧的改编演出不可能令梁的经济利益有任何实质性损害。相反梁只会因此获益，获得符号利益，即"名"；对此稍后再细说。

也算算梁信的收益

会有法律人说，中芭当年未就舞剧改编向梁支付任何报酬，这就是梁的经济利益损失。这个说法不一定成立，除非（1）有成文法如此要求；或（2）这是当时的行业通行规范；或（3）"自然正义"也即"天理"要求舞剧改编向被改编作品的原作者付酬。这三者都没有。改编者向被改编作品的原作者支付报酬，作为社会规范和行业规范，在中国，是在过去不到30年间逐步生发的。主要动因其实是法治，先是以立法复制了国外的相关法律，针对了此后中国才日益发展起来的文艺市场。其实，梁的剧本以及同名电影中也都流露了这一点，即我前面提到的，梁的剧本几乎完全拷贝/复制/抄袭了1928年就义的夏明翰烈士的遗诗，

---

[104] 除了供电、交通和经济因素外，另一因素是，由于旧中国文化教育落后，在1960—70年代许多地方的民众甚至看不懂电影！直到1980年代，仍有相当数量中年以上的农民听不懂电影通用的普通话。这都妨碍了电影更快普遍的社会接受。柳迪善：《十七年时期电影在农村的考察》，同前注〔44〕。

电影也如此摄制了。但梁和天马厂从没觉得，也确实有理由不觉得，该向烈士的亲属支付稿酬。我甚至相信，他们至今也不曾为此支付过哪怕一分钱稿酬。改编作品要支付报酬是 1991 年的《著作权法》才规定下来的，针对的是改革开放后出现的现实问题。但社会规范的这类改变或发展可以理解，甚至就今天来看是正确的。但吊诡的是，这丝毫不意味先前的做法就错了或"不完善"。[105] 这就好比，现代建立并推行了登记结婚制度，并不意味着先前无登记的婚姻就全都非法了，或是都得到相关部门去补充登记。

改编不向原作者支付报酬，这也是舞剧改编时中国文艺界普遍遵守的业内规矩。直接证据是 30 年后梁的抱怨：当年全国各地很多文艺团体曾以各种方式改编创作演出过《红》，均不曾向他支付报酬；最好的，也只是请他看了场演出。[106] 这抱怨无意中透露了，这就是当年有关作品改编的社会规范，就是当年的"国家规定"。置身于这一社会历史语境，梁甚至没有更一般的诸如社会公平、自然正义或"天理"之类的根据来抱怨。既然所有改编均如此，也就不存在，至少是没法证明，这是种歧视，或是对他有恶意。梁的抱怨因此更多是时过境迁，被争名争利皆于市的市场激发出来的自恋和事后偏见。若因此就允许《著作权法》溯及既往优待梁，非但会引发更多社会纠纷——前 30 年几乎所有文艺作品只要改编都涉及这类问题。更重要的是这会引发更大的社会不公。舞剧《红》就是最近的例子，基于法律的同等对待，我要问，为什

---

[105]　典型例证如，《晋书》（中华书局 1974 年版，第 1374，1397 页）两次提及，郭象的《庄子注》其实是向秀的作品。向秀早逝后，郭象或是"述而广之"或是完成了向秀未完成的《秋水》《至乐》二篇。但在现代之前，人们认为这很正常，不丢人。把前人诗句略加改动（"化用"）甚或一字不差地纳入自己的诗词中，或是"集句"成诗，在中国诗歌传统中一直被视为一种创作。典型如公元 725 年李白的"山随平野尽，江入大荒流"（《渡荆门送别》），四十年后杜甫的"星垂平野阔，月涌大江流"（《旅夜书怀》）；又如杜甫《兵车行》"信知生男恶，反是生女好，生女犹得嫁比邻，生男埋没随百草。君不见，青海头，古来白骨无人收"，出自三国时陈琳的《饮马长城窟行》"生男慎莫举，生女哺用脯。君独不见长城下，死人骸骨相撑拄"。托名前人或他人的创作也很常见，这非但是冒名顶替，更是有违人身权不可转移的著作权教义。在全社会都更看重信息传播之功能的社会条件下，著作权会是一种奢侈品，这就注定这类情况在现代之前是放之四海而皆准的。莎士比亚可谓一个典型例子，他的大多数戏剧都源自前人作品、历史故事或众所周知的寓言。不仅有同代作者指控莎翁抄袭，而且莎翁有时还敢一字不落地抄。今人仍宽忍他，不因为他是莎翁，就因为我们没法对莎翁适用现代标准。有关莎翁的抄袭，可参看，〔美〕波斯纳：《法律与文学》，李国庆译，中国政法大学出版社 2003 年版，第 508 页和注 3。

[106]　韦崧：《梁信谈〈红色娘子军〉》，载《语文学习》1994 年 1 期，第 29 页。

么《著作权法》仅溯及对舞剧《红》改编有些许贡献的梁，却不溯及对舞剧改编更为重要、更为关键的其他主创人员甚至更多的演职人员？[107]也不溯及对舞剧改编同样有贡献甚至贡献更大的诸多电影主创人员？没脑子的"溯及既往"或"依法办事"，不解决纠纷，反而会制造更多麻烦。

可能有法律人辩称，舞剧所以很快为观众广泛接受，是沾了剧本和电影的光，也就是沾了梁的光，据此中芭就该给梁适度经济补偿。但下面的分析会证明这纯粹是个假定，彻底不靠谱。首先，即使真沾光，沾的也是电影的而不是剧本的光，沾的是谢晋的而不是梁的光。但我对此不打算再做论证了。其次，这个说法还一定会引出一些很不利于梁的分析结论。"爱屋及乌"的成语表明这种现象其实极少，不足以支持梁的改编利益期待。长期来看，观众一定是理性的，不大可能仅因舞剧的故事源自他们热爱的一部电影（或剧本？这更不可能），他们就自动接受并喜欢这部舞剧了。今天不少读者酷爱金庸小说《天龙八部》（或其他），却照样吐槽同名电视剧！甚至恰恰因其酷爱同名小说。甚至许多人只喜欢2003年版电视剧《天龙八部》，却吐槽2013年版《天龙八部》！一定要记住，"新不如旧"是影视改编或翻拍史上的铁律，这是最不利于舞剧"沾光"说的证据。被吐槽的一般都是后出的作品。舞剧《红》后出，无人吐槽！这至少证明了舞剧的不可替代。表明了，中国观众接受和喜欢舞剧《红》，就因为它是舞剧，因为其舞蹈和音乐的精湛，甚或因为这是中芭的舞剧《红》。若换一种时下流行的怼人句式，那就是，观众爱舞剧《红》，与梁无关！

既然都说到了沾光，那就把道理说得再透一点：梁和中芭，到底谁沾了谁的光，还真不好说！前面讨论过著作权法实践允许破例、事后认可无许可改编的最重要理由就是这一点：有的改编作品会比原著更受欢迎，这时，非但广大消费者，而且原作者（被改编者）和原作，都会从中获益。梁就是因舞剧《红》改编获名获利最多的人，还并非之一。梁

[107] 1993年3月20日，时任中芭团长李承祥致梁信的信中称，舞剧《红》的创作，"创作人员（包括原作者、编导、作曲）从没拿到一分钱"。转引自《北京市西城区人民法院民事判决书》，同前注〔5〕。

309

自己的行为也足以证明这一点。没就京剧、歌剧以及任何其他剧种改编《红》起诉相应表演团体[108]，也不曾就各种同名连环画起诉众多美术出版社，真的如梁所言，是他"没有时间和精力去计较"吗?[109]那他怎么有时间和精力起诉中芭呢? 梁有权选择谁当被告，换言之，他有权歧视! 我说的是，他的这种歧视或偏爱绝非无缘无故。理由就是，除舞剧《红》外，梁觉得，其他改编作品都不值得他费时费心费力。他一定是觉得舞剧《红》真给他长了脸，不大可能是，他觉得舞剧《红》最可能让他挣钱! 由此才能理解，他的法律顾问起草的与中芭的协议，第一条就是，要把梁的名字以某种方式写进芭蕾舞剧《红》的节目单、海报以及其他形式的宣传材料。也才能理解，梁与中芭对簿公堂的诉由之一居然是，香港某网站发布相关演出信息时，未注明梁的名字。就是一句话:"无利不起早"!

相比之下，除我因为研究这个问题和撰写这篇论文之外，不知今天有多少人，甚或是否还有人，翻阅梁的剧本，有多少人会上网观看，免费的电影视频甚或电影版舞剧视频《红》。但不久前，我居然花数百元购票观看了舞剧《红》，因校庆中芭来校园演出，但更因这是中芭的《红》! 我进场前，还有人问我有无富余票! 梁真的很幸运，如果说他今天还被当代一些普通人知晓或记住，一定程度上，就因为舞剧《红》的长演不衰。

就合理解决梁是否许可中芭改编的争点而言，法院是可以强调尊重"历史形成的作品特定许可使用形式"。但这不够，这只是劝慰，不是论证，很容易受人责难，甚至会激发或巩固原告的委屈感，也误导公众:时代让原告受委屈了。更客观的分析论证是让我们做一个思想实

---

[108] 也看不出其他根据《红》改编的作品有比中芭更好的著作权解决方案。2016 年上演的"原创民族歌剧"《红》，在门票和节目单上，同舞剧《红》一样，也注有"根据梁信先生电影剧本《红色娘子军》改编"字样，但相关报道和创作回忆中均未提梁信，报道中称"该剧本改编自同名京剧"，"该剧唯一一承接性地保留了同名电影中的《娘子军连歌》，以向著名作曲家黄准致敬"。请看，《民族歌剧〈红色娘子军〉海口首演，获得观众认可》，http://news.163.com/16/0120/23/BDQFQST500014AED.html，2018 年 5 月 14 日最后访问。又请看，《原创民族歌剧〈红色娘子军〉上演》，载《中国文化报》2017 年 6 月 22 日，版 1。歌剧编剧王艳梅在创作谈中强调了歌剧的原创性，仅提了其少年时看电影《红》，未提梁信。请看，王艳梅:《歌剧〈红色娘子军〉，一场创作的苦旅》，载《今日海南》2017 年 7 月，第 55—56 页。

[109] 韦蒿:《梁信谈〈红色娘子军〉》，同前注 [106]，第 29 页。

验：假定在当时历史条件下，面对显而易见且近在眼前的名利，梁会不会许可中芭改编？我认为任何合乎情理的常人都会给出肯定的回答。这个选择非但会让一位当时的年轻作者（梁时年 37 岁）喜出望外，即便事后来看，这个后果也远好于梁当时可能预期的任何其他选择。我的着重号是强调许多法律人在分析这类问题时很容易忽视的时间维度，主要还不是钱，而是名，"出名要趁早""赢得生前身后名，可怜白发生"，因为凯恩斯的名言"长远会误导当下，长远来看，我们都完了"（原有的着重号）。[110]

"名"看似人身权利，有别于此案核心判决关注的财产权利。但这恰恰表明著作权法区分的这两种权利意义不大，太不务实——用霍姆斯的话来说，那就是"为了逻辑而牺牲了明智"。"名"其实也是一种利，非货币的利；"名"还常常会，也很容易，转换成以货币或实物或"待遇"表现的"利"，经济和物质的收益。商誉和著名商标是典型。但作家、演员、学者的"著名"同样如此。"利"也可能转换成"名"。"赔钱赚吆喝"、广告宣传就属此类。

一旦理解了名利可以相互转化，这就意味着，会有名利双收的，但名与利——以货币计算的利——并不总是齐头并进，还一定是让当事人满意的齐头并进。既没法用非货币的"名"来推测货币的"利"，也很难用货币的"利"来测度非货币的"名"。这里还得注意一个可能是强加在文人身上的毛病："文章是自己的好"。作者通常都会高估自己作品的市场价格。这其实也算是人性之一，即行为经济学的"禀赋效应"（Endowment Effect）或"占有效应"（Ownership Effect）。[111]因此，作品

〔110〕 张爱玲；《再版的话》，载《传奇》，中国青年出版社 2000 年版，第 287 页；（宋）辛弃疾：《破阵子·为陈同甫赋壮词以寄》，载《辛弃疾词选》，朱德才注，人民文学出版社 1988 年版，第 113 页；以及，John Maynard Keynes, "A Tract on Monetary Reform", *The Collected Writings of John Maynard Keynes*, Vol. Ⅳ, Cambridge University Press, 2013, p. 65。

〔111〕 Richard Thaler, "Toward a Positive Theory of Consumer Choice", *Journal of Economic Behavior & Organization*, 1980, vol. 1 (1): 39-60; James K. Beggan, "On the Social Nature of Nonsocial Perception: The Mere Ownership Effect", *Journal of Personality and Social Psychology*, vol. 62 (2), 1992, pp. 229-237.

的最终判断标准只能是时间标准，也就是长期的和广义的市场。[112]

市场早已出示了证据，表明梁很难就舞剧《红》向中芭主张货币收益。舞剧《红》是 20 世纪中国音乐舞蹈的经典，蜚声海内外，长演不衰，每场演出就票房而言颇为可观。但由于演出成本高昂，几乎所有舞剧演出往往都没有可以用货币测度的实在收益。仅 2010 年和 2011 年两年间，据称中芭演出《红》67 场，亏损人民币近 2000 万元。[113]梁也不大可能有根据地证明，这个亏损是因为中芭经营不善，或内部有其他弊端。世界各地演出市场出示的各类旁证几乎相同：交响乐、芭蕾和歌剧这类艺术，尽管高雅，或恰恰因其高雅，才无法仅靠演出市场生存下来；基本都靠国家拨款、企业赞助和个人慈善三者来维持。[114]中芭如今也基本如此。[115]

不可能设想，至少没法当真，梁当年没把相关的改编权给中芭，而是给了他人，或谁都没给，等到改革开放，他本人或找人来改编，他就会获得更多以货币表现的收益。这首先要求梁放弃 1964—1976 年间因舞剧《红》收获的那个大"名"。但是，尽管可能有作品放到哪个时代都成，但绝大多数作品都是特定时代的产物，都是过了这村就没这店了。《红》的同名作品之所以流行，在相当程度上，就因为那个革命的时代。甚至这一大型舞剧也只能产生于计划经济时代[116]，与国家或社会有多少钱，有多少艺术人才，基本无关。一旦时过境迁，在改革开放后的文艺氛围中，有谁愿意把他的剧本改编成舞剧？如果没人愿

---

〔112〕〔英〕奥威尔：《李尔王、托尔斯泰和弄臣》，载《奥威尔文集》，中央编译出版社 2010 年版，第 483—499 页；又请看，〔美〕波斯纳：《法律与文学》，同前注〔105〕，第 15—20 页。

〔113〕陈界融：《〈红色娘子军〉著作权纠纷案法理分析》，同前注〔10〕，第 132 页。

〔114〕可参看，钱志中：《非营利表演艺术院团经济支撑体系的构建：西方艺术赞助形式对当下国有文艺院团改革的启示》，载《艺术百家》2015 年 5 期。

〔115〕偶尔会有这类消息。请看，《国家艺术基金资助项目〈芭蕾舞剧《红色娘子军》青年演员人才培养〉项目正式启动》，载《艺术评论》2015 年 5 期，第 127 页；《芭蕾舞在国家艺术基金支持中"翩翩起舞"》，载《中国财经报》2018 年 4 月 26 日，版 7。

〔116〕改革开放以后中芭改编创作的芭蕾舞剧，如《雷雨》《家》《林黛玉》《魂》《阿 Q》《大红灯笼高高挂》《鹤魂》等，同《红》相比，总体而言，人物更少，故事更单纯；更重要的是，即便同样反映了旧中国，却没有一个有强烈的革命色彩！

意改编和演出，梁还何从谈货币之利？！[117] 再重复一遍，"出名要趁早"！

但这丝毫不意味着，在计划经济条件下，梁吃亏了。其实，即便那时，广义的市场也在起作用，以各种形式。这首先表现为同名电影曾有巨量观众，表现为同名舞剧在国内外持久和深远的影响。还有其他证据：当时一系列《红》的同名改编和演绎作品。[118] 在计划经济体制下，供求关系仍会促成各种替代性文艺作品回应那个年代的市场需求。

但在一定程度上，"文革"时期各种《红》的同名演绎作品，也反映了一个长期以来重视不够的问题：在当时中国城市地区，受过更多现代文化艺术影响熏陶的年轻一代已萌发了文艺的现代性。这种艺术趣味，会同着市场经济力量，也随着各类文艺作品数量质量的显著增长，将其他《红》的演绎作品，无论改编还是移植，几乎全挤出了市场。仍有市场需求甚至有时还供不应求的同名演绎作品中，就只剩下了舞剧《红》。这表明《红》的故事本身并不具有持久的市场召唤力，这个故事的其他文学艺术表达也缺乏足够的市场召唤力；只有芭蕾除外。但令芭蕾例外的最重要变量或许就是其艺术表达形式。相对于潜在的中国观众需求，低质芭蕾没有市场，高质芭蕾供给永远不足。这是吊诡的艺术宿命：中芭的艺术质量成就了舞剧《红》长盛不衰，却也注定了中芭永远不能指望据此收获足以自我维系的经济回报。如果中芭都无力补偿自身演出的成本时，梁信又怎能指望从中分得多少羹呢？

也别埋怨买家不识货？如果是，那这也就是我们这些平均智商100

---

[117] 无论梁信亲自披挂上阵，或是特许他人改编，都没改变这一趋势。1996—1998 年梁信亲自出马改编（《红色娘子军》（电视连续剧本），载《梁信文选》（6），花城出版社 2006 年），2005 年，外商投资、诸多一流男女影星参演的电视连续剧《红》毫无市场声息（《电视剧〈红色娘子军〉为何遭冷遇》，http://news.sohu.com/20060705/n244104670.shtml，2018 年 5 月 14 日最后访问）。在豆瓣上至今仍暂无评分。相比之下，同为红色经典改编的电视剧《沙家浜》《红岩》和《林海雪原》的豆瓣评分颇高。2004 年，花城出版社推出了郭小青与晓剑根据梁信剧本改编创作的同名长篇小说，1 版印了 6000 册，定价 25 元，如今孔夫子网上标价为 20 元。

[118] 如舞剧电影（1970）；依据舞剧音乐，舞剧作曲之一杜鸣心改编了钢琴组曲《红》，由当时最著名钢琴家殷承宗演奏，灌制发行了唱片（1975）；根据舞剧，中国京剧团则集体移植创作了京剧《红》（1972），八一电影制片厂随后将之拍成电影（1972）；此外，还有各种版本的连环画《红》。

上下的普通消费者的选择，他/我们构成了这个就是没法更理想的市场。无论作者如何自我期许，也必须面对这些就没打算识货、更在意娱乐的众多买家。这个世界就是这样常常令人失望！但千万别因感慨太深，也很真切，就把自个的感慨当真了。这个感慨其实应该反过来——会不会是失望者自己首先让这个世界、这个市场失望了?! 这个世界/市场或许亏待过一些人，尤其是那些身后才得名的，但难说亏待了梁。借助着同名电影和舞剧以及其他，他曾从各类市场获得了他该得的大"名"，这不算大"利"吗？什么时候，谁允诺过，争利于市就一定得利于市，得大利于市？炒股是有炒成亿万富翁的，但更多人炒成了股东，甚至跳楼了！

下篇：舞剧的产权制度：实践、道理与启示

有关舞剧著作权的上述分析一直围绕着梁的个人权益诉求。这是诉讼当事人及其代理人视角下的分析。这类视角的话语在当今中国法学界和实务界占据了主导。但这显然不够。因为各国此类立法的目的从来都不只为保护，甚或未必主要是为保护，著作权人。[119] 若不能令社会公众不同程度地直接或间接受益，进而令整个社会受益，甚至没有理由让国家花钱花人力特别保护著作权人的利益。只要不是天真地假定或认定，维护著作权人的利益，并最大化其收益，就会自然导向知识产权法律制度和实践的社会收益最大化，那么，法律人就有理由，审理个案的法官则有责任，从社会利益视角考察一下相关法律实践的可能社会后果。

从社会视角看，"中芭案"隐含的、但被就案办案的律师和法官完全无视的一个重要法理问题是，如何尽可能有效配置诸如芭蕾舞剧这种只能由众多作者共同或协同创作之作品的产权。这个问题典型存在于芭蕾舞剧创作中，却不限于舞剧创作。事实上这个问题如今在著作权

---

〔119〕 请看，例如，《美国宪法》第 1 条第 8 款的规定："国会有权为促进科学和实用技艺的进步，而保证作者和发明者对其著作和发明在限定期内的专有权。"

法领域日益增多。从舞剧切入这个问题会展示其中更一般的学理意义。

基于芭蕾舞剧的产权特点以及由此形成的制度实践,因此下篇强调,为"定分止争""案结事了",也为了知识产权的"物尽其用",司法在判决或应对"中芭案"乃至类似作品争议时,应注意避免教义化地一味关心著作产权的明晰,引发"反公地悲剧"。

奇怪的舞剧署名

有许多作品由确定的单一作者在某一时间内独立创作,有些甚至是任何他人都无法替代的。没有牛顿,仍会有人发现牛顿力学定律;但没有曹雪芹,可能会有其他名著,但那也不可能是《红楼梦》,无法替代《红楼梦》。没有祖冲之,仍有人会发现圆周率;但没有屈原,则注定没有《离骚》。对这种可谓创世纪的作品,其产权很容易界定或推定,法律保护也相对容易。问题是,有很多作品,无论古今,都是由特定时空的许多人甚或不同时空的许多人以不同方式共同、协同创作或承继创作的,如《三国》和《水浒》,又如署名荷马的那两部史诗。舞剧《红》就是许多人各自独立和/或共同努力的结果。其中有些人未必是出于文艺创作的目的,只因政治领导组织管理偶然或碰巧介入了该剧的创作,却在舞剧中留下了其贡献或印记。[120]这种情况日益频繁地出现于当今社会更多行业。许多著作、作品或产品已不是偶然,而是只能或必须,由许多人持续合作创作,甚至可能一直都处于创作进程中。这类"著作"中,最典型的,或许就是我此刻使用着的视窗和办公软件。

对这类作品,有时也可以甚至必须神化作品产生过程中的某位或某些参与者,神话某一时刻,借此把该作品相关的名利以著作权名义赋予

---

[120] 例如林默涵对舞剧细节的成功建议,请看,袁成亮:《现代芭蕾舞剧〈红色娘子军〉诞生记》,同前注〔41〕,第26页。"江青的干预,尽管常常上纲上线,过于政治化了,但有许多是舞蹈艺术层面的……"李承祥:《舞蹈编导基础教程》,同前注〔41〕,第200页。又请看,惠雁冰:《也谈江青对"样板戏"的修改》,载《粤海风》2010年1期,第40—41页。

他/她或他们，称其为作者。但这种一味"认真对待［个人］权利"的进路，有时很做作，也不公道，更重要的是也不一定都有效。这种各自主张个人权利的进路至少有时会导致"反公地悲剧"，即众多权利人对某特定资源各自有权使用，也有权阻止他人使用，相互设障，结果是谁都没法有效使用，这一资源则因此得不到从社会角度来看最充分的利用（underuse）。[121]

舞剧《红》之诉讼就涉及这样的"反公地悲剧"问题。梁的第一诉求就是，未经其另行许可，中芭不得演出根据梁同名剧本改编的舞剧。三审法院都正确拒绝了这一诉求。"中芭案"后不久，最高人民法院也明确要求："对因使用红色经典作品产生的报酬纠纷案件，不得判令红色经典作品停止表演或者演出。"[122] 但"中芭案"判决（以及最高人民法院的《通知》）都未注意到，自然也就没着力解决，其实也没法以规则方式解决，这类案件中隐含的这种反公地难题。事实上，"中芭案"生效判决在一定程度上无意间仍支持或强化了这一难题。我提到过，判决要求中芭支付梁的赔偿仅涵盖 2003—2015 年间，但梁著作权的财产权益保护将持续到 2067 年底。这意味着，继承财产权益的梁家人随时可以就舞剧《红》提起新诉讼，以"中芭案"判决确认的报酬权为"先例"和筹码，在新诉中，争取对他们最有利的结果，无论是判决结果，还是调解结果。[123] 就此而言，这个仅看个案判决结果，许多法律人和普通人认为对中芭并不苛刻因此中芭应当接受的判决，若从法律规则上看，其实对中芭太苛刻、很过分。此案判决，在理论上，为今后舞剧《红》演出和支付演出报酬创造了一个"钉子户"，增加了对方要价的筹码。

此判决的另一效果是，理论上，创立了一个糟糕的先例，即法院支持个人事后对其参与创作的包括舞剧在内的各种产权无法细分的作品主

---

[121] Michael A. Heller, "The Tragedy of the Anticommons: Property in the Transition from Marx to Markets", *Harvard Law Review*, vol. 111, 1998, pp. 621-688.

[122] 《加强红色经典和英雄烈士合法权益司法保护，弘扬社会主义核心价值观》，载《人民法院报》2018 年 5 月 15 日，版 1。

[123] 据《中芭声明》（前注［4］），此案法官之所以如此判决，就因为中芭拒绝接受梁信一方提出的过高的调解要求："150 万元补偿及今后（50 年）每年要 30 万元"。

张个人权利。此案判决完全可能被后来的纠纷争议人，如以各种形式参与舞剧《红》改编创作表演的其他人，特别是但不止是此剧节目单注明的那些主创人员，用来主张自己在舞剧《红》中虽然有限但很难排除的权利。"我不好过，谁都别想好好过！"这种情况从来不少见。这正是《反公地悲剧》的作者当年明确警告过的：反公地悲剧很难克服，相关决策者——也即本案中的三级法院的法官——一定不能只关注明晰产权/权利，于不经意间，创造"反公地"；决策者应更多关注哪些权利可以且应当合并为一束权利，让可能碎片化的"反公地"成为一项能用的财产（usable property）。[124]

这是个提醒，但法律人需要的不只是提醒，更需要务实有效的制度措施来有效应对。这类措施有可能来自，却很难来自，纯粹的概念分析或逻辑演绎。鉴于芭蕾舞剧从来是多人共同创作的，因此，对于代理律师和法官以及关心这类问题的法学人来说，最可行的务实做法之一或许是，考察一下此前芭蕾舞剧以及其他类似行业业内是如何处理这类产权问题的，其中有哪些道理可供今天参考？

临时抱佛脚的翻阅令我发现，首先，在芭蕾舞剧业内，确实几乎所有——还不敢说死——作品都是改编作品。但对原作和原作者一直不重视，无人关注。偶有提及。也只是提及罢了，从没像舞剧《红》那样，在舞剧门票上也出现且仅出现原剧剧本作者的名字。我们通常知道柴可夫斯基的《天鹅湖》《胡桃夹子》和《睡美人》，有谁想过或在意过这些舞剧是根据谁的故事或剧本改编的？我们说比才的《卡门》，也很少有人知道或是在意该剧改编自法国作家梅里美的同名小说（小说中译名为《卡尔曼》[125]）。芭蕾舞剧《灰姑娘》改编自格林童话，但舞剧介绍仅提及该剧的作曲（普罗科菲耶夫）和编舞（扎哈罗夫）。芭蕾舞剧《奥涅金》一直被视为编导克兰科的代表作品，公然省略了该舞剧根据普希金的叙事诗改编——难道因为后一点众所周知？其实，除俄国人或苏联人外，各国绝大多数观众不知道此剧原作者是普希金。更奇怪的

---

〔124〕 Michael A. Heller, "The Tragedy of the Anticommons: Property in the Transition from Marx to Markets", *supra* note〔119〕, p. 688.

〔125〕 《梅里美中短篇小说集》，张冠尧译，人民文学出版社1997年版，第413—463页。

是，该舞剧的音乐是柴可夫斯基作曲，用的却不是柴可夫斯基专为同名歌剧创作的音乐；而是，乱点鸳鸯谱，该舞剧编导用了一位德国作曲家研究、整理、编排的一些杂七杂八的柴氏作品。按时下中国著作权法的教义解释和实践，这种张冠李戴，全然侵犯了柴可夫斯基音乐作品的完整权或发表权。但诸如此类的例子在芭蕾舞剧界太多了，比比皆是。[126]

其次，就我有限翻阅获得的印象而言，芭蕾创作表演一直最倚重舞蹈编导，其次才是保证与舞蹈协调一致的音乐创作或音乐编排。但长期实践的结果是，被公众用作评判舞剧质量的符号日渐趋于是具体演出某剧的那个芭蕾舞团。只是有时，还会强调那些——显然针对的是受众的知识储备——声名远扬的伟大作曲家或大名鼎鼎的天才芭蕾舞演员。文字编剧和改编者都被无情忽视了。这才有了前面提及的柴可夫斯基的《天鹅湖》或《奥涅金》，比才的《卡门》，或是某某芭蕾舞团的《天鹅湖》或《葛蓓莉亚》。甚至，尽管欧洲各国或各地的芭蕾舞团演绎出芭蕾舞《罗密欧与朱丽叶》的各种版本，却都坚称是普罗科菲耶夫（作曲）的芭蕾舞剧。[127]

此种现象背后的道理，对业内人士是常识。却令法律人头大，这不合财产法、著作权法的原则和教义。我也找不到任何解说，只能自行脑补，试图从芭蕾舞自身的特点，考虑编剧、舞剧编导和作曲对于芭蕾舞剧的不同功能，尝试给出解释。

故事情节对舞剧观众真的不重要。欣赏现代芭蕾时，这尤为显著："节目单上的［剧情介绍］……可看可不看，甚至最好不看！剧情到底是怎么'写'的无足轻重，成功与否只能看［……］台上怎么'舞'的。"[128]其实古典芭蕾欣赏早就有此迹象：芭蕾故事全改编自历史、神话、传奇、民间故事或文学名著等，没一个芭蕾舞剧的故事是原创的。在我看来，这就因芭蕾拙于叙事，只能尽量借助于公众已有的知识库房。中国人熟悉的芭蕾舞剧，如《天鹅湖》（民间传说）、《胡桃夹子》

---

〔126〕 可参看，〔美〕巴兰钦、梅森：《天鹅湖》，同前注〔61〕，第 621—623，642—650 页。

〔127〕 同上注，第 114—140，621—655；516—543 页。

〔128〕 隆荫培、徐尔充、欧建平编著：《舞蹈知识手册》，上海音乐出版社 1999 年版，第362 页。

（德国童话）、《睡美人》（法国童话）、《卡门》（小说）、《灰姑娘》
（童话）、《奥涅金》（普希金长诗）、《罗密欧与朱丽叶》（莎士比亚戏
剧）、《吉赛尔》（海涅随笔加雨果诗歌）、《艾斯米拉达》（雨果小说
《巴黎圣母院》）、《斯巴达克》（历史故事）等，全都如此。最传奇的
是，法国长演不衰的芭蕾舞剧《女大不中留》（也译作《关不住的女
儿》）令人吃惊地"改编"自当时的一幅民间风情风俗画。[129]中国著名
舞剧如《红》《白毛女》和《沂蒙颂》也都改编自流行作品。"文革"
后中芭的其他舞剧新作，大致沿袭了这一路数。[130]即便如此，舞剧改编
仍必须尽可能简化情节。

　　就因为芭蕾是一种更形式化的艺术。换言之，懂行的观众都不为剧
而来，只为舞而来。他们首先关心的是舞蹈形象优美，其次是音乐动
听，以及舞蹈与音乐的和谐。这也有助于理解前面提及的芭蕾轶事，舞
剧《奥涅金》编导不用柴可夫斯基为歌剧《奥涅金》特意创作的音乐，
却"借用"柴可夫斯基创作的其他全然无关的音乐。类似轶事还有，
斯特拉文斯基为芭蕾舞剧《俄狄浦斯》创作了音乐，编导认为与舞剧
设想不协调，便以此音乐为准编导了与之相辅相成的视觉等价物
（visual equivalent），因此有了后来蜚声全球的芭蕾舞剧《阿贡》，成为
纽约芭蕾舞团的头牌保留作品。[131]这同样挑战了著作权法中似乎最人身
的权利——著作的完整权！但这不应只是令我们这些长期同文字、概念
和教义打交道、自然更容易迷信文字的法律人感叹芭蕾世界的无法无天
和不可思议！

　　这就应促使我们，基于舞剧的特点，理解编导在舞剧创作中的有限
制度功能。与各行业一样，舞剧界形成的规范同样是，让最可能影响作

---

　　[129] 袁亚妹：《从舞蹈的仆人到舞剧的灵魂：西方芭蕾舞剧音乐发展管窥》，山西人民出版
社 2014 年版，第 18 页。
　　[130] 例如，改革开放以来创作的芭蕾舞剧《雷雨》（原著曹禺）、《家》（原著巴金）、《阿
Q》《伤逝》《祝福》（原著鲁迅）、《林黛玉》《二泉映月》《嘎达梅林》《大红灯笼高高挂》等，
尽管以各种形式借助了名家作品，或借助了人们知晓但难说熟悉的故事，在芭蕾舞剧市场上影
响力都不大，只有《大红灯笼高高挂》因改编自国际获奖片，影响较大。中央芭蕾舞团根据
20 年前的英模徐秀娟沼泽地救助丹顶鹤献出年轻生命的真实事迹创作演出的芭蕾舞剧《鹤魂》
（2015 年）很少演出。
　　[131] 参看，〔美〕巴兰钦、梅森：《天鹅湖》，同前注〔61〕，第 4—6 页。

品或产品成败的人来"背锅"——无论好坏。就此而言，舞剧创作中编导的功能大致相当于影视摄制中的导演。编导更可能多方面决定一部舞剧的艺术品质，就像导演更可能决定一部影视作品的品质一样。在所有影视摄制中，从艺术上看，导演是创作的中心，编剧、摄影、作曲乃至哪怕有亿万粉丝或流量的主演都只是在作品中署名。著名演员出演某影视作品，该作品却通常不是他或她的作品，除非他/她还是此作品的制片人或制作人。但在芭蕾舞剧业内，尽管编导对舞剧创作成功很是关键，也是舞剧演出节目单或海报上的第一署名者，但舞剧永远不以编导来界定。我的意思是，该剧首任编导并不永久冠名/署名一部舞剧。就因舞剧是无法凝固的。任何编导都会老去，每一代编导都有自己的艺术追求，重新编排调整，或针对演员的能力进行改编，这就使舞剧的表演和创作永远是进行时。甚至没法说各位编导在不断完善舞剧，因为这种说法的前提假定——每部舞剧都指向或走向一个确定无误的"最佳"——不能成立，也侮辱了先前的导演。每位编导对同名舞剧都会有自己的理解和艺术追求，各种艺术都既允许也鼓励这类努力。某位舞剧编导因此不可能永久署名某一舞剧，即便他对该剧曾有过决定性影响。舞剧节目单或海报上的第一署名永远是当下的舞剧编导。

由此，也就可以看出，以芭蕾舞剧的作曲家，尤其是当其声名特别显赫时，冠名/署名芭蕾舞剧对于舞剧作品的好处了。这可以避免因编导更替造成的文化资本流失。著名作曲家因此功能性地扮演了舞剧的"作者"，起到了品牌或商标作用。但音乐也不像人们想象的那样是高度稳定的。音乐同样需要表演，需要指挥，不仅有即兴维度，还会有重新配器，一定程度内几乎可视同改编创作。只是总体而言，由于音乐乐谱不变，作曲家名字不变，因此至少在古典芭蕾中，诸如柴可夫斯基、门德尔松、比才、斯特拉文斯基、普罗科菲耶夫、哈恰图良，即便他们的名字与实际演出的舞剧本身其实已经无关，但与各自名字联系的那些舞剧音乐仍有重要甚或巨大的舞剧广告效应。即便理智上完全清楚，不同程度上，所有人都会接受此类诱导或"欺骗"。广告商和观众都知道，鹿晗（或其他哪位明星）代言手机广告既不会提高也不能保证该手机品质，却仍然会增加该手机的销量！

如今芭蕾舞剧占主导的署名方式是某某芭蕾舞团。[132]古典音乐演奏也采取了与此类似的"XX乐团"署名模式。从功能上看，这种署名避免了编导的流变，也避免了名不符实的作曲家代言。其最大好处是以一个持久存在的著名艺术厂商（舞剧团或乐团）替代了其创作演出的某具体舞剧作品，也即以品牌效应或艺术厂商的商誉来推介单件产品/剧目并担保其质量。这也就可以理解，在舞剧世界中，特别是如今，观众更不在意舞剧故事了，也不在意哪出舞剧，他们更在意是哪个芭蕾舞团的演出。若非中芭，其他团演出舞剧《红》很可能观众寥落；中芭的演出，即便作品默默无名，也能吸引足够多的拥趸。

从制度功能来理解"作者"

这个现象触动了时下流行的法学理论包括著作权法理论的一个定论，其实是假定，基于个人的产权/权利配置永远是最佳和更有效的，集体产权或公共产权，即便被认为公正，也一定无效率。这是个事实问题，一个经验问题，却也隐含了一个规范问题。如果回答是确定的，那么只要可能，产权就应私有化，包括无限细化？很容易被学人省略的芭蕾市场对这一命题提出了异议。

我不糊涂，不是把个别反例当通例。我其实是在提醒：反例确有可能是，却不必定是，极小概率的偶然事件，因此不是规则治理（法治）通常只能甚至应当忽视的事件。在芭蕾舞剧业内，注意，这个反例其实是通例。它就有权要求法学家和经济学家给出一个理论分析和解释，究竟在何种或哪些特定条件下，它成了芭蕾舞剧业内的通例。还应提一句，其实任何通例都只是限定条件下的通例。

唯一可能的解释就是，从功能上看，这种产权配置能有效避免众多

---

[132]　一份俄罗斯芭蕾舞剧在中国的演出广告署名如下：俄罗斯圣彼得堡芭蕾舞剧院，《天鹅湖》；柴可夫斯基音乐巨著；彼季帕与伊万诺夫经典编舞；俄罗斯圣彼得堡冬宫皇家剧院原版巨献；圣彼得堡瓦加诺娃芭蕾舞学院舞者的传承演绎；圣彼得堡城市名片，传承百年的俄罗斯艺术瑰宝。位列前三位的分别是剧团、作曲和编舞。

个体对众人共同或承继创作的作品均主张无法排他的个人权利，使一个众多权利纠缠交织的完整作品变成一个反公地，出现财产不可能有效使用甚至完全无法使用的僵局/悲剧。

这不大可能是舞剧独有的特点，世界上一定还有在这一维度上与之同类的"东西"。很容易，我找到了两个同类。首先是中国《著作权法》第 15 条对影视作品著作权的特别规定——这是同国际接轨的。这一条区分了署名权和著作权，并定了一条缺省规则，即若无相反的书面协定，影视作品的著作权由制片者享有；编剧、导演、演员、摄影、歌手、作词、作曲等作者享有署名权，但各自的财产权利则依据其与制片者签订的合同。这个制度显然是经济资本时代的产物[133]，通常的解说是，为了让投资者（制片人）来承担投资风险，以收获全部剩余收益来吸引投资者投资影视生产。但容易被忽视但更有一般智识意义的该制度功能是，通过资本来整合"产权束"，避免影视作品的产权过度细碎，避免市场经济激发"争名于朝，争利于市"的各方死磕和谈判战略，导致影视作品无法有效使用甚至无法使用。认真想一下，会发现，这一规则与投资失败的风险承担关系真的不大，而与投资盈利时的收益分配更多相关。如果影视判盈利，但因相关人的权利主张导致投资人无法有效使用该作品继续盈利，又何以指望投资者继续投入资金呢？！

另一例证则是，在欧美早期音乐产业，有关声乐/音乐的版权（著作权）争议，版权究竟该给歌手/演奏者还是给唱片公司（recording company）。当年欧美歌手/演奏者一直主张版权该归他/她们。这也很符合我们（或只是我？）的直觉：毕竟这是他们歌唱或演奏发出的声音或音响呀！然而音乐权利的分配没按这一直觉展开。如果这样分配音乐产权，会带来一些明显的管理难题。乐队录制一首音乐或一首歌，乐队各成员和歌手对这首声乐或器乐就都有一定份额的版权？复制唱片或电台

---

〔133〕 相关的一个故事是，中国此前拍电影一直是导演责任制，偶有例外。姜文导演《鬼子来了》时还是这样。姜文拍戏没有具体拍摄计划，为推敲一个细节，可能停工几天。片子拍成后，没走程序，直接拿到国外参展，造成影片国内被禁，投资人损失极大。出了这事后，电影业内经过比较正式的讨论，决定此后导演仅负责影片本身，拍摄进度等涉及资金运作之类的事，由制片人负责。这促成了电影业的一次重要改革。参见王斐回答知乎问题：《有什么关于姜文的趣闻轶事》，https：//www.zhihu.com/question/27062304/answer/35324899，2018 年 5 月 20 日最后访问。

播放唱片前，又何以简便获得他们的一致认可？音乐界人士和法律人逐渐意识到，将录音制品的版权赋予歌手/乐手，非但会惹出太多法律麻烦，更会危及整个产业。相比起来，有效整合声乐和音乐的细碎产权，集中于某单一主体，才能在所有表演者之间更好地分配产权权益，有效应对种种管理难题。首先在英国、加拿大以及其他国家，录音作品的版权依法给了唱片公司，而不是各音乐人。这与美国把电影作品的完整版权授予制片人，而不是细碎切分，分给各位主创人员，在理论逻辑上完全一致。[134]

还有其他大量权利束整合的例子。[135]但这两个例子表明，在与芭蕾情况类似的、需要紧密合作和协同的行业内，借助于资本的力量，借助于资本代理人，业内实践已演化出了避免产权过度细碎的有效制度。有理由参考这一思路处理舞剧《红》的著作权纠纷，力求创造并确立一种相对有效的制度。

但，是参考，不是袭用，甚至不是借鉴。不因为我生性谨慎或怀疑资本，只因为芭蕾舞剧自身的特点。想想，当芭蕾舞团都无法指望市场演出自我维系时，芭蕾本身又有多大能力吸引逐利的资本？至少不大可能吸引典型的逐利投资者，除非修改立法，把艺术赞助商或捐助者也定义为投资者。此外，影视甚或音乐制作或许还可能让某些投资影视音乐作品的资本家为其心仪的影视"演员""数字小姐"或录音棚歌手烧点钱，狭小的芭蕾舞台却腾不出这样的空间。当这些资本获利的潜在形式和渠道都被封死后，还能指望芭蕾催生与制片人功能相似的投资者吗？

即便可能，也必须警惕，因为那可能令芭蕾致命。影视制片人制度是有助于吸引经济资本，但这也已导致经济资本严重影响，有时干脆就是控制了，影视作品制作。"影片的真正主人是制片人……那些被华尔街的银行家所赏识与选定的企业家"，以及"导演的风格往往消融于制

---

[134] 〔美〕班纳：《财产故事》，陈贤凯、许可译，中国政法大学出版社 2017 年版，第191—192 页。

[135] Posner，前注〔2〕。

片厂的风格中"。[136] 昔日导演对影视摄制有决定意义，而如今，如果自己没钱投资，许多导演就不得不卸下先前他实际兼任的制片人角色，成了投资者的跟班，即便在主要演员选定和剧情设计上，也只能听从投资者的指挥。芭蕾舞剧的产权整合，也没法借助电视剧制作的产权规则和盈利模式，插播广告。[137] 若真让培育了"手撕鬼子""裤裆藏雷"这类电视奇葩的资本自由进入芭蕾舞业，则必定屠戮这个行业，且不说导致观众的审美降级。

可供芭蕾借鉴的只能是影视音乐作品产权配置的经验，包括借鉴中国当下实践中出现的新可能，但一定要针对芭蕾自身特点，走芭蕾自己的路，也必须关注中国语境。最简单的做法就是，如同影视作品的实践那样，把一部舞剧的著作权视为涵盖该剧方方面面的一个权利束，除非另有必要并明确规定，一概推定一部舞剧的著作权归演出该舞剧的剧团，视芭蕾舞团为该剧"作者"，享有著作权/版权。可以说这是一种特殊的集体/法人所有制。鉴于中芭是国有事业单位法人，也完全可以说这是国有。舞剧编导、音乐创作，舞美和主要演员对舞剧都只有署名权，他们每个人以货币计量的具体经济权利以及福利则由他/她们各自与作为法人/作者的中芭签订的合同约定。

但这必须进一步破除中国作品以文字为中心的著作权概念，不再坚持剧本（编剧中心）或影像（导演中心）才是作品，一定要把包括表演在内的"戏"也视为作品（资本/制作中心）。[138] 必须建立与影视制片人/出品人的功能类似的戏剧制作人制度，由制作人监督戏剧制作的各方面，负

---

〔136〕 "影片的真正主人是制片人，也就是那些被华尔街的银行家所赏识与选定的企业家。电影导演和照明技师、摄影师、布景设计师一样，只不过是每周领取一定报酬的受雇者而已。制片人利用解除合同这种暗中威胁……把导演过去所掌握的大部分实权……全部夺取过去。……制片人便成了决定艺术成败的一切因素的主人。他最关切的乃是怎样多赚钱，他的董事会也只根据影片的利润率来估量他的价值。因此摄制影片完全以票房收入为指导原则。"《好莱坞的制片厂制度》，http://edu.1905.com/archives/view/179/，2018 年 10 月 20 日最后访问；又请看，〔美〕阿普尔顿、扬科利维兹：《好莱坞怎样谈生意?》，同前注〔66〕，第 4、6 章。

〔137〕 影视产品盈利模式的最大区别是电影收入靠票房，而大多数电视剧的收入来自出售电视剧中的广告时间或植入广告。〔美〕阿普尔顿、扬科利维兹：《好莱坞怎样谈生意?》，同前注〔66〕，第 78—83 页。

〔138〕 郑成思（郑成思：《版权法》，同前注〔52〕，第 105—111 页）一直坚持这一观点。持相反观点的，请看，刘春田主编：《知识产权法》（第 4 版），中国人民大学出版社 2009 年版，第 55—60 页。

责生产或场地的整体财务和管理，提高或提供财务支持，聘请编导、作曲、编舞和主演等主创人员。[139]中芭官网显示，至少自2000年之后，中芭的一些重要原创舞剧或外国芭蕾在中国的首演都有了戏剧制作人，似乎均由时任团长兼任。因此有充分理由让团长/制作人来代表剧团处理与舞剧著作权相关的事务。这一原则和制度可以甚至应当推广适用，不仅对有那些著作权"历史遗留问题"的各类剧作，还可供诸如音乐、杂技、魔术、马戏甚至某些晚会等一系列更强调整体表演或"戏"的作品。类似的版权/著作权的概念和制度还可能今后，当必要时，供体操、艺术体操以及花样游泳等具有强烈表演性质、有广大市场潜能的体育运动项目参考。很有可能，这类实践已经为一些体育运动赛事实施或尝试。

鉴于芭蕾舞以及其他现场表演的同类高雅艺术通常不能自负盈亏，国家或可以考虑立法，豁免这类艺术团体因改编表演他人已发表作品、依据《著作权法》必须以货币形式支付原作者报酬的责任。这一豁免可算作国家对高雅艺术行业的法律或政策支持，但其最主要的功能是降低改编创作演出高雅艺术的交易费用，借此来激发更多好的演绎作品。这或许还能让一些作者/改编者断了靠高雅艺术名利双收的念想，或有利于促成消费分流并创造各自的市场，接受各自的清净或喧闹。因为重赏之下必有勇夫，重赏之下却仍难得佳作，非但文艺作品如此，学术作品也是如此。别以为著作权激励会是佳作涌流的唯一甚或主要源泉。至少有时，就因有了著作权的激励，甚或激励太强，作者才没法自由选择。还记得布里丹的那头驴吗？就为判断和选择离自己最近的一堆草，最后把自己给饿死了！

还有个理由也支持国家立法把舞剧产权/著作权完整赋予舞剧表演团体，这就是，芭蕾舞剧的产权几乎是自动自我保护的。只要谢绝无偿影视直播，即便公开表演，舞剧著作权也几乎无须《有什么关于姜文的趣闻轶事》实在的执法和司法保护。芭蕾的技术难度和艺术品质注定了芭蕾舞剧一般无法抄袭，更难剽窃。即便有人在观众席用摄像机录像或直播，除了很容易发现并予以制止外，更重要的是，这不可能构成有效

---

〔139〕 "Theatrical Producer", https：//en. wikipedia. org/wiki/Theatrical_producer, 2018 年 10 月 20 日最后访问。

的消费替代。芭蕾的音乐舞美保护也不需要多少执法或司法，离开舞蹈，芭蕾音乐通常很难独立存活，舞美就更不用说了。舞剧表演艺术本身的高难度就能自行有效保护舞剧的著作权，就此而言，舞剧艺术自我保护的有效程度甚至超过商业秘密或诀窍（know how）。既然芭蕾舞剧为国家节省了芭蕾作品产权保护的费用，国家也就有理由给芭蕾些许法律优待。

我说一般无法抄袭，是因为出色的芭蕾表演始终依赖杰出甚至有天赋的演员。杰出即稀有，天赋则意味着刻苦训练意义不大。进而，这就意味着，芭蕾注定不可能有多少高水平的抄袭或盗版，市场则会自动淘汰低水平舞剧抄袭或盗版。然而，高水平甚或超水平舞剧抄袭即便可能，对社会、消费者甚至被抄袭的芭蕾舞团来说，也不值得法律介入。假定上海芭蕾舞团或外国某著名芭蕾舞团"抄袭"了中芭的舞剧《红》。从艺术上看，如我前面提到过的，芭蕾舞剧的每次演出在不同程度上都是创作，抄袭最多只节省了编导舞美的部分劳动。在这个意义上，同名芭蕾舞剧排演就是俗话说的"天下文章一大抄，全看会抄不会抄"，或如艾略特所言："不成熟的诗人模仿，成熟的诗人剽窃……优秀的［抄袭者］会让它更好，至少看起来不同。"[140]更好或至少看起来不同的"抄袭"其实很值得艺术家、消费者和国家的期待，因为在相当程度上这就是创作。也还因为，但凡有点能力和想法的艺术家，有谁会甘心仅仅模仿或抄袭？甚至就因为，在芭蕾之类的表演艺术中，模仿比创作更难。再逼真的模仿也只是逼真，有哪位高手仅甘心"逼真"？除非是让别人"逼我的真"！也正因此，从艺术层面看，任何有效的模仿或抄袭，最终都趋于创造同名但不同版的芭蕾舞剧。芭蕾舞剧《天鹅湖》因此有悲剧版和喜剧版；各国芭蕾舞团对同名舞剧往往有不同的演绎，一直追求标新立异。

---

[140]　T. S. Eliot, "Philip Massinger", *Selected Prose of T. S. Eliot*, ed. by Frank Kermode, Harcourt Brace 1975, p. 153. 许多著名作家、学人有类似表述："艺术家拙劣还是出色，区别在于，前者看上去抄袭（copy）很多，后者则真的抄袭很多。" *The Complete Poetry And Prose of William Blake*, rev. ed. by David V. Erdman, Anchor Books, 1988, p. 645；"诗只能用其他诗制造，小说也只能用其他小说写成。" Northrop Frye, *Anatomy of Criticism*, *Four Essays*, Princeton University Press, 1957, p. 97。前注〔105〕中提及的些许中国例证，也印证这其实是普遍现象，甚或规律。

法律不必干预舞剧抄袭的最后一个理由则是，从市场层面看，无论模仿者、抄袭者、剽窃者的主观意图如何，至少到目前，均不可能改变舞剧主要只是限量供应本地消费者，加部分外来游客。只要坚持由智人表演（因为很可能会有机器人表演），这一宿命将无法改变。

著作产权的启示

对"中芭案"的分析因此揭示了本案隐含却又超越本案的更一般的法理寓意。

首先值得关注的问题之一是，中国著作权法律实践至今仍有点偏于以文字作品为中心。

由于疆域辽阔，且很早就建立了中央集权官僚制，历史中国无论庙堂还是江湖一直重视以文字凝结的经验和智慧，以及那些借助文字交流的技能，甚至"惟有读书高"。这对中国的政令统一社会文化传承发展意义重大也影响深远。只是一旦太看重并神话了文字，就容易遮蔽和压抑非文字技能在社会各行各业中的意义。无论有意无意，我国相关法律的表达看来都更重视或是首先关注文学作品或文字作品。如我国《著作权法》第一条的文字表达就是"为保护文学、艺术和科学作品作者的著作权，以及与著作权有关的权益……"相比之下，《美国宪法》中有关知识产权立法宗旨的文字表达则是"为促进科学和实用技艺的进步，对作者和发明人的著作和发现给予有期限的专有权利保障"（引者的着重号）。尽管明确定义著作权就是版权，我国1991年颁布的相关法律还是坚持冠名《著作权法》，而不是《版权法》或欧洲版的《作者权法》。学者给的理由之一是这两个词的历史来源不同：版权概念来自英美法，英文字面意思是复制权，关注的是作品的复制，侧重保护经济权利；而著作权概念来自欧洲大陆的《作者权法》，据说更重视保护权利人的精神权利。

中文的"著作"通常仅指文字作品，历史上一直以诗文作品为主，隐含了一个颇高的质量标准。在《著作权法》中，立法者和学者先是苦心定义了"著作",接着又以"作品"这个更中性的词替代了比较高大上的"著作",还把作品分为文艺作品和科技作品两大类,但这种努力与普通人的感知范畴还是不对付。普通人和专业法律人对"著作"的理解趋于分歧。不只是普通人,包括许多不专长于著作权法的法律人,仍趋于或习惯把文学或至少是文字作品视为典型的著作。

除了当事人的自我利益驱动外,在一定程度上,中芭与梁的协定就源自或藏身于这一混淆:舞剧《红》明明是,至少有大量理由争辩说是,改编自电影,双方却下意识地追溯到文字剧本。从法院判决书看,中芭律师似乎从未向法官提出舞剧改编自天马厂或谢晋的同名电影的这一辩解;法官将梁的作品发表定在电影公映,却又一直坚持舞剧改编自后来发表的剧本,从未考虑舞剧改编自电影的可能,即便这类证据是大量、充分和雄辩的。多年来媒体对此案的众多报道和评论,常提及电影《红》,但无人分析展示这一点的法律意味。而当大家都不认为这是问题时,这就是个问题,才是个问题。这至少表明,从制度功能上看,不像版权甚或作者权,著作权不是个便利普通人和法律人察觉、区分和理解相关法律问题的概念。

我不是说、也不会说,哪个词更好、更真或更精确。这些形容词在此都不恰当。我在意的其实是以文字为作品原点、围绕这个原点的著作权法律实践后果如何。如果认定舞剧改编自文字剧本,客观而言,这必定无视电影对舞剧改编显然更重大的影响,不经意间就剥夺了上影厂或谢晋的著作权权益。特别是上影厂的财产是国有或企业的;中芭与梁一个协议就将其私有化了,还把制片人以及其他主创人员的权利都清除了,这说不过去吧?"人生糊涂识字始""尽信书则不如无书",这些老话是法律人需要定期服用的解毒药。对于我们这些更多甚至已或只习惯同文字打交道的学院法律人,这告诫是,一定要努力防止以文字为中心或"本质"的著作概念挤占或限制了我们的敏感和想象。想想,不仅早期的戏剧、舞蹈、音乐、电影等作品与文字无关,诸如杂技、魔术等表演作品至今仍与文本基本无关,甚至今天几乎基本都以文字表达的如诗歌、小说、传奇、评书甚或段子当初也全都不源自文本,有的至今也不需要文本。尽管一段时间内,文字作品还不会衰落,但一个正趋显著的现象是，近年来至少已有上百部电影，没以任何方式直接或间接改编自文字剧本，而是直接改编自游戏和动漫。游戏和动漫都更关注视觉，便于电影改编。

说到了游戏，这还带出了另一个麻烦，以文字为中心的著作概念还会让普通民众或所谓"文科生"（估计95%以上的中国法律人出自文科）不易看到，或容易看轻，科学和实用技艺的作品，如软件、图纸、工艺、游戏甚至建筑等作品。想想，除了专业的著作权法律人，普通人很难当即意识到奥运会会徽也是部"著作"，即便他们认为应予以保护。许多实用技艺作品通常也没有，或很少有，一个可以神话的个人作者。这类作品常常是几代人长期承继合作的"结果"。之所以加引号，就因为许多作品常常没有或没法说"结果"，一直开放。想想有史以来的各版视窗软件，这是一个还是几个或一串著作/作品？究竟如何定义，则完全取决于社会的需要，甚至取决于不同语境的需要。有些作品甚至直到其消失，也不曾有也不会有完工的一刻——想想曾经的网景（Netscape）浏览器！

我不民粹，不认为法律概念必须或只能遵循或追随民众。我也支持用专业概念来重塑民众的概念体系，前提是你有能力重塑并成功重塑了。《著作权法》颁布以来27年的法律实践似乎表明，还是版权这个词更少歧义或更容易定义，比著作权更好用，无论就履行司法功能还是就减少或澄清民众对相关法律的可能误解而言。如果法律概念的社会互动有任何意义的话，那就应当是互动，而不是坚持，单方向地，总想用法学人的概念来规训民众。法律人应当体察和理解民众以其"愚顽"体现的实践智慧。

这类愚顽不可能毫无道理。相对于版权，本文也展示了，著作权概念确实受到了实践的一些挑战。所谓不可转让的著作人身权利，如署名权、作品完整权乃至改编权的许可，在文中提及的舞剧创作实践中，都有例外。我以中国的名利概念对梁信各种收益的分析，也是作为一个例证，就为说明一些看来精致的舶来概念和区分，并非必要。

真实世界中，这两类著作权利一直以各种方式转换和交换着，不大理睬强制法的定义，也无论我们是赞赏还是鄙弃。有些甚至已衍生出积极正面的社会功能，成为相关业内的稳定制度。除政治家和各界名人雇佣写手撰写回忆录的已成常规的署名制度外，想想网络上公开兜售的论文，再想想屡见不鲜的导师署名于学生撰写的论文等。这些现象也不总是糟糕的。有些其实很正面，最典型的是，（主要）在理工科的项目制度下，导师署名于学生实际操作实验并撰写的论文，已创造了通讯作者（通常是项目的负责人）与第一作者（研究实验的一线操作者和原始数据的收集和处理人，也是初稿的执笔人）的制度区分，已被广泛接受为合理和正当，无人质疑。这已经涉及了复杂的名利交换。这表明，生动的社会实践并不真的关心两种权利应否区分，只关心这类区分或整合的实际社会后果。

把著作权分为人身权和财产权价值也不大，它更可能变成，也已变成了，一种概念游戏。似乎很教义学，其实只是屠龙术，最多也只满足了某些学者的学术虚荣心。"除非必要，勿增实体"，奥卡姆的剃刀其实就是对学术概念创造、析分和取舍的一种基于成本收益分析的告诫。法律人应保持足够的明智和敏感，该坚持教义的地方坚持，该放弃时则放弃，或出于慎重绕过教义。有用的教义其实只是前人聪明的产物，别成了培育后辈愚蠢的肥（废）料。

舞剧的产权特点和难题，还可用来分析现代社会中的各类财产。在市场导向的中国经济改革中，眼下所有中国法律人和经济学人都接受了科斯的告诫：产权重要（property matters）。但太多人趋于把这句话仅仅理解为私有产权重要，产权/权利明确（细化）因此往往成为法律思考中的缺省选项。著作权法的邻接权概念大致就属这类。"中芭案"对我的最大启发是，对芭蕾舞业内产权制度的粗糙分析也例证了，产权私有化的边界。关心产权界定，就一定要关心产权过度细化会不会导致财产无法"物尽其用"。鉴于现代社会有越来越多的产品或作品是多人参与共同创作或世代承继创作的，"产权束"或"产权整合"问题在我看来与"产权界分"同等重要，具有普遍和长远的实践意义。这很可能是人类永远得具体面对的一个永恒问题："一个人可能走得更快，一群人则可能走得更远"；并且都只是可能，因此也就不可能有一个可能终结历史的标准答案。反公地悲剧与私有产权可以说是产权问题硬币的正反两面。试想一下，如果 1978 年中国农村改革真的如同当时有人建议的，完全废除土地集体所有，彻底土地私有，今天中国的高铁建设会怎样？！此处不是回答这个问题的地方。却还是很值得从这个角度去思考一系列相关问题，甚至关于国家、民族、社会、家庭以及个人和个人权利。

这个反公地悲剧问题尤其应当进入立法者、司法者乃至法律学者和法律从业者的视野。法律人都有责任注意避免出于迷信个人权利、产权细分，于无意间创造各类反公地悲剧。而且，反公地悲剧一定不限于产权，从理论逻辑看，一定涉及任何时代但既要分权也必须有集权的领域，包括宪制宪法问题，无论何种形式的央地分权国家（邦联、联邦、中央集权和"两个积极性"），也无论多党制、两党制甚至一党制国家——因为"党外有党，党内有派，历来如此"[141]；甚至涉及国家/政治体间的通力合作——想想战国时东方六国失败的合纵和秦国成功的连横。[142] 就法院而言，其责任是定分止争。反公地悲剧的告诫则是，并非只要定分，就能止争。"中芭案"以及相关产业实践的一个启发是，至少有时，一定要从"止争"的务实和理性角度来考虑"定分"，也即根据后果来选择裁决。在一定意义上，这几乎就是法学界一直因不明就里、以讹传讹，然后就义愤填膺、深恶痛绝的，但实务法律人常常装着或选择装着深恶痛绝的，"先定后审"。

这里的分析、讨论和建议，我承认，在一定程度上与现行著作权法的某些规定，甚至与某些法理冲突。但这不意味着，在学理层面，这些分析、讨论和建议一定错了。尽管不应轻率和频繁修改，但过去二十多年间《著作权法》已修改过两次了。《著作权法》之所以这样或那样规定并不因为它天然如此，必定如此，永将如此，而只因它必须有效履行其社会功能，在这个不断变化的社会环境中。

福柯关于"何为作者"的分析应有助于我们从功能角度来理解著作权以及相关法律规定的变化/修改。在福柯看来，称一个人是作者不因

---

[141]　"我们这个党……是党外有党，党内也有派，从来都是如此，这是正常现象。"《建国以来毛泽东文稿》(12)，中央文献出版社 1998 年版，第 101 页。

[142]　"天下之士合从相聚于赵，而欲攻秦。"何建章：《战国策注释》（秦策三），中华书局 1990 年版，第 192 页；"散六国之从，使之西面事秦。"（汉）司马迁：《史记》（李斯列传），中华书局 1959 年版，第 2542 页。

为他做了某件天然确定的事情，撰写了或创造了最早的故事或剧本。那只是近代浪漫主义创造的一种不现实的观念，作者独一无二，是天才，有顿悟的灵感，如上帝创世纪那样，无中生有，创造了某件作品。在现实生活中，作者与写者常常不等，一个人被视为作者不大可能因为他写了什么，或他是写者，而更可能因特定社会文化传统中需要一个作者来承担种种现实的社会功能，因此也就一定会以不同方式创造出一个法律上的作者。[143]

以这种功能的眼光来审视著作权，就能理解《著作权法》为什么把影视作品的著作权缺省归在名为制片人其实通常是投资人的名下，即便投资人既不懂也不关心影视，只关心影视或这一次投资影视会给他/她带来的这种或某些收益；也才能理解为什么音乐界对声乐和音乐作品的著作权实践。这些例证都告知我们，著作权保护，从来也不是只基于个人权利，而是基于社会收益。

此案也还提醒我们，真的很有必要认真、慎重、精细对待改革开放前，在无著作权法的历史条件下形成的知识产权实践和相应规范，至少也要像对待个人权利那样认真。不能简单从概念层面，其实只是简单地从政治意识形态层面，认定当年无（成文）法可依就是无法无天。这并非"两个互不否定"，只是重申法律人在处理相关问题时，无论是否溯及既往，都必须审慎面对和认真理解的一些历史事实和经验事实。本文的分析足以表明，仅就当年有关剧本、电影、舞剧以及其他改编作品《红》的著作权规范、实践和最终利益分配格局而言，即便这段历史的某些经历者可以与时俱进，移步换形，横看成岭侧成峰，不断修改自己的主张，他也可以挑剔抱怨，但只要不是过度强调某些因对其有利而一再被剪裁或凸显的"事实"，而是真正置身于或理解相对完整的历史语境，至少就"中芭案"而言，一个合乎情理的普通人很难从中挑出什么足以令梁信及其家人耿耿于怀的刺来。当相关法律不得不溯及既往时，纠纷裁断者更应努力想象性地重构历史语境并决断，不能简单用今天的规则非历史地评判和剪裁昨天。

---

[143] Michel Foucault, "What Is an Author?" in *The Foucault Reader*, ed. by Paul Rabinow, Vintage, 1984, pp. 101-120.

只有这样，也才可能真正历史地理解著作权法今天以及明天面临的挑战和变化，不用历史在此终结或道德化的对错来概括法律的与时俱进，只是在历史语境中以务实分析利弊为基础，作出合乎情理且明智的决定。

结语

至此，我大致完整回答了文章开头时的疑惑。虽有保留，我却因此才理解了，也更能理解，较真的中芭为何就是无法接受法院那个，仅就判决实际结果来看，并不苛刻的判决。真的是在一次次求告法律失败后，与托克维尔笔下美国法官把重大政治问题法律化的做法相反[144]，中芭决意把这个进入了司法过程并已结束的问题政治化，就要用令法律人听得刺耳的语言来表达中芭对此案判决的愤怒和不满。因为，有些声音只有刺耳才可能被人听见，哪怕有人还是不想听进去。就此而言，那些众多急于表态尊重法院判决、匆忙谴责中芭的特别是法律人，非但是不清楚此案的是非，而且可以说，从来就没打算了解此案是非。他们从一开始就没打算听人表达，只是要求人们信仰法律，而不是理解法律。但这是信仰法律吗？我怎么总觉得，这更像老话说的：把你卖了，还要你帮他数钱！

法律是"宪令著于官府"，但这自古以来就不是中国人的完整法律定义，更重要的还必须有法律的具体实践，所谓行动中的法，也即"刑罚必于民心"[145]。这当然很难，尤其是在利益分殊和多元的现代社会。但有些事正因为难，才不能止步，才需要努力前行。这正是司法常常于实践中履行的一种治理功能，一种政治功能。

必须感谢中芭，因为它的执拗和倔强，才使我有了全文开始时的那个疑惑，以及好奇，最后决心进入这个我很陌生的法律地带，一个也许我永远不会关注的职业领域。穿行中，我看到了许多很容易被，真的

---

〔144〕〔法〕托克维尔：《论美国的民主》（上），董果良译，商务印书馆1991年版，第310页。

〔145〕（清）王先慎：《韩非子集解》，同前注〔9〕，第394页。

被，甚至一直被遮蔽的一系列有实践和学理意义的问题，法学的和司法的，有关案件事实，有关法律解释，有关决策选择。这才使本案的分析讨论已超越了个案是非。

本文上篇质疑了法教义学和法律解释规则的教育训练对法官有效司法的意义，尤其是在关键时刻对制约或指引法官有多大意义。中国法学界一直认为，其实更多是希望，强化这类教育和训练就能够有效规训和指引法官和法官的司法决定。这些努力有进展，但这种期望的背后是一个假定，即一旦法官了解、熟知了相关的法条、教义和规则，他们就会受制于这些法律材料，受制于他们接受的法学知识规训和训练，就可能统一执法尺度，法官就不会滥权和腐败。尽管这个假定与学界对法官的另一期待，法官造法，其实有冲突。

对"中芭案"的经验考察在一定程度上展示了法官与法条、学说和教义的真实关系：在司法过程中，法官并不只是、不可能只是，有时甚至不应当只是法律规则、学说和教义的默默恪守者。他们受制度、规则等因素约束，更受司法中种种制度和非制度变量影响；但最重要的是，他们也是司法过程的生动和能动参与者。他们各自会在包括但不限于司法制度的约束条件下自主能动地做出理性选择，在个案裁决中追求法官自我利益的最大化。这包括选择遵守法律规定，接受法律教义和学说，沿着法律教义和学说的原理的指导来造法，填补法律的缝隙；也包括了或是隐含了，必要时或至少当情境许可时，一个即便广义上严格守法的法官，为了法官本人和法院的一些实在或想象的利益甚至便利，也会选择背离法律教义和法律解释规则。这就如维特根斯坦当年早就指出的，路标本身不会指引人前行，人选择的目标才会。[146] 当然，法官通常会有底线，大致是不明显有违公正，不损害当事人的重大利益，因为那会迫使当事人抗争直至引发政治和社会关注，审判法官和法院则会因此面对重大政治和道德风险甚至某种形式的追责，对法官很不利。但即便如此，法官也不是自动售货机，他永远都有某些选择，尽管他们更愿意宣称自己的判决是法律、先例（指导性判例）、法律学说和教义的自然或

---

[146] 〔德〕维特根斯坦：《哲学研究》，同前注〔67〕，第60页。

必然结论，希望借此提升法律、法院和判决的权威，也希望借此来隐藏自己的裁量和选择。

但本文只是一个个案，根据一些无法完全落实的信息在努力解说。这个解说即便符合读者的直觉和感悟，也只是一种可能。不无可能，本文未能真正重构三级法院的法官在此案中面临的司法难题。就此而言，这只是一位旁观者不知司法深浅的揣测。

本文的考察也表明，此案之所以出现我认为不合理的这个结果，从一审和二审判决书来看，重要原因之一就是法官对相关事实关注和考察非常不够，太多纠结于文字，协议的、信函的以及相关法条的文字，而不是各类"事实"。不关心纠纷的来龙去脉，不了解相关社会历史背景，不了解本案涉及的剧本写作、电影和舞剧行业的诸多事实，以及作为社会事实的曾经的和现实的行业规范。三级法院的司法文书都支持了一个决定，却真没讲出什么道理，难说给从事相关行当的法律人和审理类似案件的法官留下了什么经验或告诫，会与未来这些行业法律的司法适用和解说贴切相关。

这首先是律师的问题。从三级法院发布的司法判决和裁定文书，以及从中芭律师发表的与此案直接相关的论文中，我看不出双方律师对与本案法律问题相关的众多事实问题做了多少功课，有多少了解。许多资料都没查，至少没查清楚，连舞剧《红》究竟改编自剧本还是影片这种明显的争议都没提，甚或根本不清楚。更是缺乏对文学、电影和舞剧基本常识的了解。从一审判决看，似乎被告律师也不曾提出诉讼时效问题。当事人对相关事实和法律问题不知深浅，说不清楚，说不完整，表达不精确，可以理解。但律师就这样上法庭，对这么一个从一开始看就注定会有先例意义的案件，一个事实复杂、有潜在重大法律意味的案件，除照搬教义，讲些教科书上的通说，没有或未能针对本案争点和具体事实讲出些道理，提不出合理可行也强有力的法律处置方案，这就不太合适了。

也不是没有相关的材料可用。尽管有些材料在我开始研究和写作本文之际，在网络上被删了，但这类材料仍然大量存在。我在文中使用的也只是我随机查阅的很小一部分。坦白地说，我甚至怀疑双方律师是否读过哪怕是翻过梁的同名剧本，是否看过谢晋的同名电影和北影摄制的同名舞剧电影，甚或其中之一。我还怀疑律师是否花了些时间和工夫，哪怕是临时抱佛脚，了解、分析和理解了电影和芭蕾以及同类业界的那些常人和普通律师不知道的职业规矩。但不看这些具体的争议作品，不了解相关业界的做法，又怎么指望你有能力察觉著作权法的种种概念面对此案复杂现象和奇异事实的错位或尴尬？又怎么指望你敏锐察觉和有效分析理解各种作品的差别？不了解相关行业"规矩"，特别是不细细琢磨相关规矩背后可能的道理，又怎么可能理解相关的制度实践的合理性和必然性，进而展开有法律和政策意义的深度辩论？

确实，法律人只学法律，不大可能对诸如文学、电影或舞蹈这些行当有多少了解。但这不是仅仅关心语词、法条和教义的借口。司法决定的核心是对具体案件中利益的判断和分配，而不是挑选和摆弄语词和教义。你既然代理了这档子事，也拿了当事人的钱，那就该把这些事都干利落了，尽管利落不必等于胜诉。律师必须经常反省"为人谋而不忠乎？"这其实是律师职业伦理的最基本要求。除了花费足够时间和精力细致研究相关事实和法律外，在这类涉及特定专业的诉讼中，律师必须对行内有相当专业的熟悉和理解，才可能有效履行相关专业的诉讼代理人职责。

这个要求也不苛刻。在当今社会，我相信双方律师都可能通过各种渠道获得人力和智力支援。他们一定会有，应当有，法律助理；许多律所还有各类实习生。律师也应当不断深入了解其代理的业务，了解相应行当的各种特点，理解其中的一般道理和独特道理，最后才能真正成为专长于这一行当的法律专家。就此而言，法学学位，律师从业证书，甚或熟悉法条和教义，其实只能算是法律职业"迷彩服"，只能让律师在法律事务代理的市场上乍看起来挺专业，却未必真的专业，未必足以赢得诉讼。任何职业的赢家比的都不是专业术语，不是常规知识或学问，而是"脑子"。特别是今天中国的法律职业市场已要求更细致的专业分工，必须累积细致精深的专业知识技能。

律师的扎实研究和专业准备对法官的明智判决至为重要。如果没有各种相关知识的支持，无力勾连展示精细复杂的事实，揭示其中的法律寓意，没有基于相关专业和行业特点和知识的雄辩论证，法官就很难，鉴于近年立案登记制带来法院案件剧增甚至堆积，也没太多时间，针对诉讼争点，一一独立深度思考，作出有见解的、对此后同类案件有参考价值的明智判决。如果律师塞给法官的只是粗略的事实和表面相关的法律，说不好听点，律师就是偷懒或卸责，就不可能真正实践和有效推进抗辩制，因为法官无法从双方律师提供的一般性材料和主张中，从双方缺乏启发的论辩中，获得启发，作出明智判决，开发出有说服力的论点，并为明天的司法提供指南。英美法官的判决书之所以精彩，有法官的贡献，但也常常会有律师的智识贡献。有很多判决书就是法官助理直接利用了，甚至是拷贝了，诉状中或其他支持性材料。注意，在这里，为法官的法定署名权遮蔽的，至少也有先后两个写者（律师和法官助理）与作者分离的问题！[147]一个至少是著作权上的人身权利问题！

但换个角度看，以上批评仍针对了此案法官。当遇到这类涉及较为生僻的专业知识和技能的案件时，遇到这种第一眼就能察觉有疑难事实问题和复杂法律问题的案件，法官可以，也必须，凭借抗辩制，以国家赋予他/她的权威，依据法律要求，督促当事人及其律师提供法官想知道的、与案件审理裁判有关的证据和道理。法官要盯紧律师追问，其实也就是启发律师，迫使律师"上穷碧落下黄泉"，即便最终结果是"两处茫茫皆不见"，就法官的疑问提供相关和足够的证据，并以此为基础展开各种合情合理的论证。法官的权威在一定程度上就来自对自身这一权力的明智运用，然后才是，也才能作出明智的公正判决。注意，法官在此"用权"，并非律师为法官服务，恰恰相反，这是法官以司法的权威来敦促律师尽其全力为当事人服务，为公正司法服务，促使司法有可能贡献具有一般指导意义的判例，并经此逐步提升法院和法官的制度权威和智识权威。

"中芭案"或还表明，在此类人们已很难凭常识感知、了解和理解的职业和专业领域内，司法应考虑建立专家证人制度，尤其是在知识产

---

[147] 波斯纳法官在一个判例中曾提及，有法官甚至懒得重新打字，直接剪切被告的一段段诉讼摘要，加上自己的些许文字，拼出了一份判决书。请看，*Lynk v. LaPorte Superior Court No. 2*, 789 F. 2d 554, 558 (7th Cir. 1986)。

权领域，针对日益增加的专业技术领域。但这些专家证人只应是，且应当全都是，非法律的专门家。在司法个案中，法官或可以（裁量性地）甚至应当（制度性地）要求双方协议认可一份非法律的专家证人名单，共同指定，或由法官自行指定，起码一位或两位，就业内专业问题出庭作证。专家证人的费用则由败诉方支付。这笔费用客观上也会起到遏制琐细诉讼的效果。之所以强调非法律的专家，是因为，在此类案件中，需要这些专家处理的都是该专业的事实问题。而对法律问题的处理和应对，除双方律师已是且必须是熟悉相关职业和专业的法律专家外，最重要的理由是，法官才享有完整的决定权。

最后我还想说明一点：就解决本案争议而言，本文上篇，就可以得出支持中芭的判决。为什么还要舍近求远、劳师动众展开中下两篇的分析？

有必要做两个区分。一是要区分法官和学人。对于审理案件的法官来说，更多时候，他只需依法，也应尽可能依据实在法。只要有一个坚实的实在法根据，他就足以正当化司法判决。他没必要面面俱到。也不大可能，因为他们面临着众多案件。没必要，也还因为"言多必失"，有时无意留下的寓意会惹出其他麻烦。但学人理应注意讲清道理，包括从多个角度，展示各种可能，讲出多层道理。

二是要区分思考和表达。换言之，只要有了足够的实在法或教义根据，法官就不必讨论尤其是不必表述天理和人情。但这丝毫不意味，不用表述就等于不必想，或等于法官在其司法生涯中只需熟悉法条和教义，不该有、不必有或不能有法理的思考。以开阔的法律视角直面和审视案件，会砥砺法律人，无论法官、律师还是学人，更敏感精细的思考能力，更能察觉来自社会和事实的新挑战，并以适度的社会历史感、接地气来保证司法判断的审慎和平衡；举一反三，或对其他法律或司法个案处理有所启发；甚或有助于就两可案件做出更为明智的决断。过度迷恋和依赖教义则太容易把这类工具变成了主义。因此，内心深处的自我法理思考和反思是保持智识清醒的解毒剂。只是鉴于种种原因，思考不一定都需要表达出来，尤其是法官，尤其是属于大陆法系的中国法官，不仅因为他/她有成堆的案件要处理，更因其职责其实只是依法判决，而不是依法说理或先说理后判决。说理可能有助于当事人接受判决，却不必定。有时，情况还可能是，越是雄辩有理的法官判决，越可能激发败诉方的反感和不服！明智的法官因此往往只是甚至只应点到为止。[148] 法学人则无须这一顾忌，因为鲜有当事人看法学文章的，他们知道法学人的判断和分析与案件判决基本无关。法学人也有更多责任阐释判决背后可能的法理，除了为法官、律师和其他学人外，也还可能影响公众，更为了帮法学生揭开那些常常被掩盖的难题，敦促他们创造性和挑战性地思考。

本文所以如此展开，就与法学人的这一追求和责任有关，我也还想借此案对我们社会的价值和规范变迁做一个类似法律社会学的个案透视和分析。其中最核心也最重要的就是我文中提及的心计（bad faith）。

这是个英美法律中常用的概念，也是存在主义的核心概念之一，指人由于种种社会力量的压力，接受了一些虚假的价值，放弃了其内心的自由选择，变得言行不一。[149] 我之所以以如此篇幅来展示这个诉讼的前因后果，其发生和持续的社会背景，细致分析了梁信及其家人多年来对与中芭的协议理解、主张甚或心态的变化，分析法官对此案的判决理由和可能的顾忌，就想借此来透视 20—21 世纪之交中国社会的一些与法治有关的更深层次的问题。我的概括有可能错。我甚至情愿它错了，却还是想说，随着法律逐步渗入我们的日常生活，对并无客观合理法律根据之利益的强烈渴望，不但促使一些人把主观期盼变成了权利，而且变得更有心计了，有时还在法治名目下得以正当化了。这种情况还在社会中弥散。这是一个重大社会生态问题，是许多人，即便不是所有人，不

---

〔148〕 霍姆斯的格言之一是，"法官说话有分量，不在话多话重（A judge does not have to be heavy in order to be weighty）"。转引自，*Alliance to End Repression v. City of Chicago*, 733 R. 2d 1187, 1193（Posner, J., concurring in part and dissenting in part）。

许多法律人和法学人可能会用美国法院特别是联邦最高法院来怼我。但他们只看到了"法院"两字，没看到"美国""联邦"以及"最高"这些语词的限定。美国注重司法论证的判决书一般都是上诉法院的判决书，这是美国的普通法的也即法官造法的传统。美国联邦最高法院则不是，至少在波斯纳法官看来，不是一个传统的"法"院，而是一个"政治"院，是以最高法院为名的一个政治性的立法机构。请看，〔美〕波斯纳：《波斯纳法官司法反思录》，第 8 章"法官并非法律教授"和第 10 章"最高法院是政治性法院"。

〔149〕 Joseph Childers and Gary Hentzi, *The Columbia Dictionary of Modern Literary and Cultural Criticism*, Columbia University Press, 1995, p. 103.

得不面对的一个重大人生问题。除了增加整个社会的纠纷争议数量和生存成本外，这种心计的最直接后果就是降低了许多个体本可以拥有的那种坦然、自豪和幸福。法治带来的收益不大可能弥补这种损失，也不能指望法治完善最终就能化解这个问题。法律人可以不思考不管这些问题，但理论法学人有理由关注这类现象及其社会后果，即便他的关注不大可能有实际影响。

最后需要说明的是，尽管本文无论明示的还是隐含的结论，无论在法理层面还是司法层面，都一边倒地支持了中芭的诉求，这也全都基于对本案是非的分析判断。换种说法，除了曾买票看过芭蕾舞剧《红》外，我与中芭无论机构还是任何个人都不曾有过，也没打算建立，甚至因写作了此文为避嫌也会回避，任何交往。写作此文只因疑惑、好奇以及随后发现此案的一些问题有超越此案的一般意义。希望此案分析能增进人们对相关问题的务实理解。

只是理解。因为在这类问题上，由于日益增长的"心计"，如今我都不敢相信人真的会"吃一堑长一智"了！因为，或许真如歌德所言：人也只能学到他能学到的东西。[150]

2018 年 4 月—11 月于北大法学院陈明楼

---

[150] 〔德〕歌德：《浮士德》，钱春绮译，上海译文出版社 1989 年版，第 117 页（对译文略有修改）。

附录1:《红色娘子军》大事记

1931 年—1932 年间,海南琼崖苏区创建了中国工农红军第二独立师女子军特务连。

1954 年,根据女子军特务连的事迹,广东创作演出了琼剧《琼花》,后更名为《红色娘子军》;与梁信版《红色娘子军》的故事情节毫不相同。1959 年 5 月 7 日,《海南日报》副刊连载了琼剧《红色娘子军》剧本;同年 9 月,海南人民出版社出版发行了琼剧《红色娘子军》剧本。

1957 年 8 月,刘文韶根据《琼崖纵队战史》独立编写了报告文学《红色娘子军》,发表于《解放军文艺》1957 年第 8 期;同样与梁信版《红色娘子军》的故事情节毫不相同。

1958 年,梁信在海南采访期间独立创作了电影文学剧本《琼岛英雄花》(即后来的《红色娘子军》初稿),投寄上海天马电影制片厂。

1959 年—1960 年,梁信的剧本经导演谢晋建议更名和修改后,天马厂摄制了由梁信编剧,祝希娟、王心刚和陈强等主演的影片《红色娘子军》。公映后,引发全国轰动。

1960 年初,梁信修改定稿电影文学剧本《红色娘子军》,连载发表于 1961 年第 1—3 期《上海文学》。

1962 年,电影《红色娘子军》获得首届电影百花奖四项大奖。

1963 年底开始,中央芭蕾舞团开始改编创作同名芭蕾舞剧;在文化部推动和支持下,于 1964 年 9 月首度公演。

1970 年,芭蕾舞剧《红色娘子军》电影版公映。

1972 年,根据舞剧改编的京剧《红色娘子军》上演,其后陆续有沪剧、豫剧、汉剧等诸多版本上演。

1976 年 10 月之后,因江青曾深度介入舞剧的改编、编导和排演,舞剧《红色娘子军》被停演。

1991 年中国颁布施行第一部《著作权法》。

1993 年 1 月，中芭在广州演出舞剧《红》，梁信应邀观看，向时任中芭团长、舞剧《红》的编导之一李承祥提及舞剧改编的付酬问题。

1993 年 3 月李承祥致函梁信，依据《著作权法》和相关规定，谈及支付梁信的四个方案，特别回应了梁信提出的方案。

1993 年 6 月，时任团长李承祥代表中芭与梁信签订了由梁信的法律代理人准备的协议书。中芭承诺此后舞剧《红》节目单等宣传材料将注明根据梁信同名电影文学剧本改编，以及中芭"一次性付给"梁信 5000 元。梁信承诺不再授予他人以舞剧形式改编原著，中芭享有专有表演权。

2011 年 11 月，梁信以协议中的"一次性付给"仅涵盖 1993—2003 十年的改编许可，之后双方未续约许可，中芭演出舞剧《红》因此侵犯了梁信的著作权，以及有关署名的琐细差池，诉至北京市西城区人民法院，要求：未经梁信许可中芭不得演出舞剧《红》，就署名差池公开道歉，以及赔偿梁信经济损失及诉讼合理支出共计人民币 55 万元等。

2012 年 4 月西城区人民法院判决认定，1993 年梁信与中芭签订的协议仅有关支付演出报酬，中芭演出的是当年事实上获得梁信许可改编的舞剧《红》，不侵权；但中芭自 2003 年 6 月后至判决前持续演出舞剧《红》未向被改编作品的原著作权人支付表演报酬，应赔偿梁信经济损失及诉讼合理支出共计人民币 12 万元；以及，于判决生效后十日内，中芭应就其官网介绍舞剧《红》曾一度未给梁信署名，向梁信书面赔礼道歉。中芭不服判决，随即上诉。

2015 年 12 月，北京市知识产权法院终审，维持原判决。中芭随即向北京市高院申请再审。

2017 年 10 月 25 日，北京市高院驳回中芭的再审申请。

2017 年 12 月 28 日，北京市西城区人民法院强制执行终审判决。

2018 年 1 月 2 日，中芭发表公开声明，谴责法院的终审判决。

附录2：《红色娘子军》文学剧本与分镜头剧本的片段比较（常青就义）

电影文学剧本	电影分镜头剧本						
	镜号	镜位	摄法	米数	内容	效果	音乐
重伤后又受过重刑的常青被带进来。	598	中近		1.543	洪常青看见桌上的"自首书"。		
南匪指指桌子，老四推常青坐好。桌上，红烛旁已摆好一大张"自首书"。	599	特		1.2762	桌上放着笔砚和一张空白的"自首书"。		
双方都不讲话。常青冷视视南匪。	600	中近		4.4572	洪常青逆视南霸天。		
南匪围桌子转儿圈，慢慢地，狠狠地说："从第一次相会，我就非常器重你！现在，我依然非常器重你！洪先生……"	601	中	摇	8.6884	南霸天站起来走近洪常青。（摇）南霸天：（咬紧牙，压下心头的怒火）"我一次和你会面，就非常器重你，现在……"		
	602	近		1.562	从第一次会面，就非常器重你，现在……南霸天：（压抑着）"我依然非常器重器重你。"		
常青看看那红烛——燃尽了。	603	近		2.8762	洪常青蔑视着南霸天，冷笑。南霸天：（画外音）"……洪先生！"		
他微微闭一闭双目，抬头，好像要最后看看这环境。	604	中	摇	14.0964	南霸天：（硬压抑着怒火，声音有点颤抖）"如果你能够率领娘子军投降的话，仍不失荣华富贵……（走到洪左边）好，我再等你几分钟。"		

（续表）

电影文学剧本	镜号	镜位	摄法	米数	内容（电影分镜头剧本）	效果	音乐
墙上还遗留下好些标语："迭好人进苏维埃！""男女平等！""共产党万岁！""禁得出这神剪鸦片"等……看得出这是村苏维埃用过的房子。 突然，他在正面墙上发现一面红纸剪成的党旗。那小小的党旗开始在烛光里还模模糊糊的，后来，颜色变得又鲜又红。 他的眼睛光芒四射，看着遥远遥远的前方，手慢慢去摸桌上的毛笔。 笔在砚里慢慢标着。 他的脸里包含着自豪、信服，快乐…… 他的手高高提着笔，先把"自首书"三字抹掉。笔走龙蛇，浓墨大字写道： 砍头不要紧， 为了主义真， 杀死洪常青， 还有后来人！	605	近			（说着回到神桌边去） 洪常青镇定地抬头看这四周环境。		
	606	近	摇	2.8192	破墙上还遗留下"禁止游人进苏维埃！""提倡男女平等"等，禁止游神吸鸦片"，"迭好人进苏维埃！""推翻封建势力"……等红军贴的标语。		*
	607	近		1.9238	洪常青凝视。		
	608	特	摇	1.4092	墙上写着明显的"共产党万岁"五个白色大字，一旁有一面小党旗。		*
	609	近—特		2.7622	洪常青突然看着什么，他眼中闪露出光芒，慢慢地支持着站起身来。		*
	610	特—大特—特	推—拉，迭印	2.5714 5.0288	墙上的一面党旗（推近常青上的镰刀斧头）（迭化）在画面画显出洪常青闪闪发光的两只眼睛。		*
	611	近—中	拉	5.0858	（拉）洪常青的眼睛里光芒四射。		*
	612	特		0.7426	洪常青血痕斑斑的手慢慢地提起笔来。（拉开）		
	613	中近		5.5624	笔将"自首书"三字抹掉。 洪常青提着笔疾书。		*
	614	中			南霸天注视着洪常青。		*
	615	特		1.2952	笔在纸上写着： "砍头不要紧， 为了主义真， ……"		*
	616	中		3.8096	南霸天向洪常青走去。		*

（续表）

电影文学剧本	电影分镜头剧本						
	镜号	镜位	摄法	米数	内容	效果	音乐
投笔！ 他站起身来自己向外走去。 南匪过来，拿起桌上的纸看，看完把纸撕得粉碎，愤怒地吼叫着……	617	特		1.2382	笔在纸上写下："杀死洪常青，还有后来人！"		*
	618	中		3.067	洪常青写完，投笔转身傲然向外走去，南霸天过来（进镜头）抓起桌上的纸看。		*
	619	近一特	推，镜头角度歪斜	4.9908 6.5528	南霸天一看，气得发抖，把纸撕得粉碎，大声吼叫着。		*

|第八章| 法条主义、民意与难办案件
——从许霆案切入

　　因难办而重大的案件会引出坏法律。这些案件所以重大，并非因为它们会塑造未来的法律，而是因为一些直接的压倒性利益的意外唤起了人们的情感，并扭曲判决。

——霍姆斯[1]

　　法院的差事是公正司法 （do justice），不是让人感觉不错。

——波斯纳[2]

问题的界定

　　有别于案情复杂、事实不清的"疑难案件"，也有别于因社会关注政治影响广泛的"重大案件"，难办案件（hard case）通常是事实清楚却没有明确的法律可以适用，或适用的结果明显不合情理甚或有悖天理人情（所谓自然法），法官面临艰难抉择：要么就照章/依法办事，作出个判决，自个良心都过不去；要么就"造法"，或以解释的名义"造法"，作出个更合理判决。但造法有悖司法者的角色，

〔1〕 *Northern Securities Co. v. United States*, 193 U. S. 197, 400-401 (1904).

〔2〕 *Rucker v. Higher Education Aid Board*, 669 E. 2d 1179, 1182 (7th Cir. 1982).

受制度制约，而且也可能引出坏法律。许霆案〔3〕就是这样的一个难办案件。随着最高人民法院2008年8月20日的裁定书，作为民众、法律人和法学人广泛参与的一个公共事件、也作为一个案件的许霆案已经结束。它促成中国司法和法治与公众的互动，最终得出了一个能被普遍接受的结果，推动了主要是刑法学某些方面的研究发展。但对法学人来说，社会为之耗费了如此多的资源，光得到这个结果还不够。应避免"黑瞎子掰苞米"，我们或可以，甚或应当，从中获得些许启示，有关制度建构，有关理论发展。〔4〕

本文就是这样一个努力。它集中关注作为制度的司法在难办案件中的决策过程，其中包括但不等于个体法官的、甚或某一法院的决策。我质疑，在难办案件中，以个体法官思考判断为根据的法教义学和法律论证推理是否足够有效，即便这是或应当是处理常规案件的基本手段。我将，借助这一个案研究来论证，在难办案件中，法官无论怎样决定都必须且首先作出一系列政治性判断，即便裁判者不自觉，也不追求清醒的政治性考量，甚至他有意避免此类判断。所谓政治性判断，我是指有立

---

〔3〕　2006年4月21日（周五）晚，在广州打工的许霆以自己余额为176.97元的银行卡到某商业银行自动取款机（ATM）上取款，因ATM系统升级出现异常，许霆在当晚10时至次日凌晨约3小时内三次持续以该银行卡取款170次，取款174000元；许还将ATM异常的情况告知同事郭安山，郭以同样手段取款19000元。4月24日（周一），许霆辞职携款离开广州。

该银行员工周一上班后发现涉案ATM的异常，核查确定取款人后，去许霆单位找许，许已离开，用手机联络要求许退款未果，因而报案。一年多后，2007年5月22日，许霆在陕西省宝鸡市被抓获，其所取的钱款已挥霍花光。

2007年11月20日，广州市中院一审认定许霆犯盗窃金融机构罪，依据《中华人民共和国刑法》第264条第1项、第57条、第59条、第64条规定的最低法定刑，判处许霆无期徒刑、剥夺政治权利终身，没收个人全部财产；并追缴被告许霆的违法所得175000元发还广州市商业银行。

这一判决立即引发了社会公众、媒体以及法律界和法学界的激烈争议。2008年1月9日广东高院二审以"事实不清，证据不足"为由裁定发回重审。2008年3月31日，广州市中院重审此案，依法认定许霆犯盗窃罪，但依照《刑法》第264条、第63条第2款、第64条的原则判处许霆有期徒刑五年，并处罚金2万元，追缴被告人许霆的犯罪所得173826元发还受害单位。2008年5月23日，广东高院裁定维持原判。2008年8月20日，最高法裁定核准广东高院终审判决。

此前，2007年5月21日广州天河区法院曾另案认定郭安山的非法取款事实，以盗窃罪判处郭安山有期徒刑一年，并处罚金1000元。

〔4〕　已经有了这方面的努力。请看，例如，吴情树：《从"许霆案"看刑事个案解释的必要性》，载《法治论丛》2008年3期；桑本谦：《传统刑法学理论的尴尬》，载《理论法学的迷雾——以轰动案件为素材》，法律出版社2008年版，第123—141页。又可参看，本文的附录。

法性质的或公众政策寓意的判断。在许霆案件中，这就是，该行为究竟该不该处罚，若依法这处罚过重，又该如何化解与此相关的难题等。这都不是依据事先明确的规则就能作出判断的。真正的和经验的司法研究不可能避开，至少有时甚至不应当回避，这类判断，也很难都能以法条主义技能来包装。相反，应充分理解这类判断的实际发生及其限度。我还认为，在当代中国基本属大陆法系的司法体制中，法律人应以一种追求系统性好结果的实用主义态度，充分利用各种相关信息，基于社会科学的缜密思维和政策判断，尽可能借助整个司法制度，而不可能指望个体法官独自应对此类难办案件，因为真实的法官个体往往会因种种顾忌而自觉回避此类难题和重任。

我也反对把许霆案的难题化解简单理解为司法民主化的胜利，或是司法对民主化的呼唤，尽管在一种最宽泛的，但没多少实在意义的，层面上也可以这么解读。我会努力展示许霆案处理的另一面：对司法制度和程序的依赖，以及凝聚社会道德法律共识。

因此，对许霆案的司法应对全过程提供了一个处理难办案件的制度模式，对当下中国司法制度的完善具有重要实践意义和理论意义。

虽然集中关注许霆案的司法处置，本文更多却是对当代中国法学和法治理论的一个反思，也即批判。本文的许多观点不仅不合当下流行的部门法和司法的经典教义，与当下中国法治主流意识形态的表达也必定不一致。不追求政治正确，也没指望说服本文批评的学者，其中大多是我的学友或同事。我甚至不指望说服许多读者。我只追求基于许霆案提供的个案经验，从制度视角，在经验和实证层面，激发学界反思当代中国法治主流话语和司法实践的欠缺或缺陷，力求以司法实践为基础重新表达中国经验，希望能在一定程度上重塑中国的法治实践。向前看是我的学术追求。

一审判决的对与错

首先要分析广州中院一审判决是否错了；以及，如果错，在什么意义上错了；因为这场社会大讨论始于 2007 年底公众和法律/法学人对广州中院一审判决高度一致的严厉批评。[5]我分享公众和法律人的直觉判断。面对许霆案的相关情节，面对直观感受强烈的畸重惩罚，人们"先定后审"，就因不接受该判决，虽未细致了解相关案情，当即反推一审法院的判决一定错了。

但这个"先定"居然不像许多批评"先定后审"的法律人认为的那样总是错的。重要的其实是，不要因为"先定"了，就自动放弃了"后审"，以及基于"后审"对"先定"予以完善、修改，有时甚至可能是推倒重来。[6]在此首先要追问的是：广州中院，为什么与公众和其他法律人的判断如此分歧，作出了一个一看就明显畸重的判决。难道真的是法官素质不高，不懂法律，"定性或定罪错误"，或不通人情吗？或干脆如某些网民所言是"枉法裁判"吗？并因此需要某些学者所说的"司法民主化"吗？事实上，就在许霆案一审判决一年前，广州某区法院就曾同样以盗窃罪另案判处，在许霆之后以许霆告知的方式作案的郭安山有期徒刑一年，处罚金 1000 元。该判决并没引发任何社会非议和争论。我虽未查证，但我相信，广州中院审理许霆案时，不可能不了解或完全没参考郭安山案判决。若参考了，许霆案一审法官还如此判决，必有其难言之隐。

尽管在学理上有分歧（后面会细致论述），但绝大部分——并非全部——刑法学者认为，许霆案一审判决的定性，盗窃罪，从犯罪构成或刑法法理看，没有大错，只是"量刑上，重了些"。[7]但在法定量刑区

---

〔5〕 这类批评很多。可参看，陈瑞华：《许霆案的法治标本意义》，载《南方周末》2008年 1 月 17 日。

〔6〕 这就是哲学阐释学的"阐释（理解）的循环"；所有的知识都始于"先定"，即阐释学上的"前见"（prejudgement，字面翻译就是前判断或"先定"）。请看，Hans-Georg Gadamer, *Truth and Method*, trans. Joel Weinsheimer, Donald G. Marshall, 2nd rev. ed., Continuum, 1989；〔德〕伽达默尔：《诠释学 II 真理与方法》，洪汉鼎译，商务印书馆 2007 年版。

〔7〕 曲新久教授语。请看，《许霆案成大悬念，全民投入辩辩辩》，载《南方周末》2008年 2 月 28 日。关于赞同盗窃罪的刑法法理分析的，又请看，陈兴良：《许霆案的法理分析》，载《人民法院报》2008 年 4 月 1 日；张明楷：《许霆案的定罪与量刑》，载《人民法院报》2008 年 4 月 1 日；王作富：《许霆构成盗窃罪》，载《人民法院报》2008 年 4 月 2 日；以及赵秉志：《许霆案尘埃落定后的法理思考》，载《法制日报》2008 年 6 月 1 日。

间，一审法官已经选择了最低的法定刑。[8]因此，有理由猜测并判定，就因要依法，一审法官才不得不判许霆一个法官自己也认为不合情理的刑期。但当代中国的法治意识形态不就是"罪刑法定"吗？不就是"有法必依""依法治国""法律同等保护"，以及"程序正义"而不是"实质正义"（不能仅因许霆的具体身份、案件情节等特点而由法官擅自减轻处罚——超出法定刑的最低限）吗？也没有任何人指出有其他可能影响了这一判决的程序错误或非法行为。[9]

问题在立法？[10]但立法只能是一般性的，针对的是各地发展不平衡的中国一般情况，不可能顾及每个可能受制于法律的人的具体情况。金融机构涉及的不是某个人或某些人的财产，是大量公民个人、法人以及国家的财产；金融机构的或存留于金融机构的"财产"数额巨大、集中，一旦失窃，损失巨大。对如此重大且影响广泛的利益，以严厉的刑罚保护，可以推定有强大的民意共识为基础。立法者制定这一法条时，或许还意识到，鉴于金融机构通常有严格的保安措施，那些还有可能"成功"盗窃金融机构的往往会是金融机构内部的或内外勾结的人，是那些花费了特别多的时间、技能、工具和手段，因此是"职业"的盗窃者或盗窃团伙。有鉴于此，事先来看，立法机关既有理由也有权力对盗窃金融机构数额特别巨大的行为予以严惩。《刑法》第264条第2款关于盗窃金融机构的法定刑，并不恣意专断。该规定背后是一个有广泛民意和长期司法实践支持的立法者的政治判断。

只是立法者永远也不可能预见未来和所有可能的情况，其中有些即便属于制定法的字面范围，如本案，却也不属于该法的目的范围。尤其在中国这样的大国，在经济社会急速发展的中国，更是如此。立法机关不可能不理解或不在意这一点，这是妥善立法并确保依法治国的重要前提之一。问题是，如何防止出现合法不合理的判决结果。方法之一可以是留下宽大的量刑幅度，比方说，立法规定对盗窃金融机构的犯罪量刑

---

〔8〕《刑法》第264条第2款；以及《最高人民法院、最高人民检察院、公安部关于盗窃罪数额认定标准问题的规定》（1998年3月26日）。

〔9〕陈瑞华教授（前注〔5〕）批评了此案的程序，但并没指出此案程序上有任何差错，或有足以改变此案判决的更合理或正当的程序。

〔10〕贺卫方：《许霆案：法官何以说理?》，载《南方周末》2008年1月24日。

从三年有期徒刑到死刑，具体个案的量刑则留待法官裁量。这看似不符合三权分立的教义，但立法机构与司法机构这类分工合作其实很常见。至少在英美法国家中，这会是立法者制定法律时的重要考量之一。

但这种制度安排在当代中国行不通，或很危险。行不通在于它与当代中国的法治主流意识形态——法条主义——无法兼容。这违反了刑法学界特别看重的罪刑法定原则——有些奶酪是不能动的。不能动也有道理，在量刑上法官若裁量权太大，有多种危险。法官量刑会显得很专断，也太容易被被告及其律师挑剔、指责和抨击。宽大的量刑幅度也留下了更大的"寻租"空间，给法官和刑事辩护律师，创造了太多太大行贿受贿的可能和激励，然后就会是司法腐败。还不是可能，在当代中国，这空间一定会填满，一定是现实。立法者不可能容忍，从一开始就必须尽可能避免或压缩这类现象发生的空间。严格的规则主义、法条主义、罪刑法定因此成为中国当代法学界、法律界和法学教育界的主流和主导法治意识形态。这一选择，说到底，并非或不只是大陆法系传统的影响，更是中国社会立法者的一种政治选择，是权衡了潜在利弊后的不得已，甚或必须。刑法学者之所以普遍认为 1997 年《刑法》比允许"类推"的 1979 年《刑法》更完善，最基本和最主要的理由之一也在此。[11]

为回应这两种看似不可兼容的实践需求，当代中国实际形成了一种在世界范围看比较特殊的制度安排，可称为"两级立法"。为防止制定法太具体，不能有效适应大国的各地方差异，或防止因社会发展太快导致法律过时，立法机关制定相对粗略的法律。[12] 立法机关通过明确委托或默认司法或执法机关，针对实践需要，以各种名义，制定并及时调整、变更具体的实施细则类的法律。有学者称这类一般由法院、检察院各自，或会同相关部门共同，颁布的规则（解释、细则、规定）为

---

〔11〕 可参看，高铭暄：《20 年来我国刑事立法的回顾与展望》，载《中国法学》1998 年 6 期，第 27 页；陈兴良：《本体刑法学》，商务印书馆 2001 年版，第 101 页（1997 年刑法确认了罪刑法定原则，从而使我国刑法进入了一个罪刑法定主义的黄金时代）。

〔12〕 "法律条文开始可以粗一点，逐步完善。有的法规地方可以先试搞，然后经过总结提高，制定全国通行的法律。修改补充法律，成熟一条就修改补充一条，不要等待'成套设备'。"邓小平：《解放思想，实事求是，团结一致向前看》，载《邓小平文选》（2），人民出版社 1994 年版，第 147 页。

"司法法"。[13]在许霆案中，这就是被学界批评甚多的《最高人民法院、最高人民检察院、公安部关于盗窃罪数额认定标准问题的规定》（1998年）。该规定将《刑法》第264条中盗窃公私财物"数额特别巨大"定为"以3万元至10万元为起点"，然后由各省根据本省情况各自确定。由于经济更为发达，广东省从一开始就将起点定在10万元。但即便如此，在经历了将近十年的经济高速发展以后，这与各地的实际情况确实有点脱节了。理所当然，这受到了学者的质疑，特别是面对许霆案一审判决。[14]

确实可以批评这种注定僵化的量化起点，但也必须欣赏这一量化规则的优点。[15]这在当时很有道理。它简单明确，便于司法适用，可以保证法律适用在全国相对统一，在各省完全统一，也可以有效限制法官裁量，压缩司法腐败的空间。此外，相关经验研究一再表明，立法永远会相对滞后，各类"立法者"（包括制定这一具体规定的最高法等）的行为都有惯/惰性[16]，规则修订注定不可能，甚或有时还不应当，与时俱进。就算前几年对这一标准有修改调整，也未必真能减轻许霆的惩罚，避开这个难办案件。设想在该规定颁布5年后，最高法和广东高院2003年将盗窃数额特别巨大的标准调整为15万元（鉴于立法必须保持适度连续性，以及其他社会考量，五年后将相关数额标准一次增加50%，这很可能是调整的极限），但只要不是20万元，2007年审理许霆案时，依法办事，最低刑，许霆仍会是无期徒刑。

公道而论，导致许霆案一审判决不合情理的各类相关刑法规定，都有合理的社会公共政策考量，并非立法不明智的结果。

也许是预见到在特定情况下罪刑法定可能造成量刑过重，1997年《刑法》第63条第2款似乎开了个紧急出口："不具有法定减轻处罚情节，但根据案件的特殊情况，经最高人民法院核准，也可以在法定刑以

---

〔13〕 例如，陈兴良、周光权：《刑法司法解释的限度：兼论司法法之存在及其合理性》，载《法学》1997年3期。

〔14〕 陈兴良：《许霆案的法理分析》，同前注〔7〕。

〔15〕 关于明确规则与有弹性的标准之间的利弊交换，可参看，Russell B. Korbkin, "Behav-ioral Analysis and Legal Form: Rules vs. Standards Revisited", *Oregon Law Review* 23 (2000)。

〔16〕 Richard A. Posner, *How Judges Think*, Harvard University Press, 2008, 特别是第10章。

下判处刑罚"。但这一规定自 1997 年《刑法》颁布后很少适用。[17]是中国司法或法官的懈怠？相关文献资料表明，此前对这里提及的"特殊情况"，"主要是对一些案件的判决关系到国家的重大利益，如国防、外交、民族、宗教、统战以及重大经济利益"的情况。[18]也许因此，我才没查到，在许霆案之前，有学人针对第 63 条第 2 款做过系统研究。其次，从司法制度角色而言，法院系统一般也不应积极启动或是拓展这类司法实践。[19]从积极意义上看，这反映了司法的驯顺——一种法治的美德。[20]如果法官遇到难办案件就援用例外，除势必颠覆罪刑法定外，最高法院（以及各级法院）还可能不堪重负。[21]也一定会引发腐败，或引发公众对"司法腐败"的疑惑。这会危及整个法院体制的权威性。紧急出口是不可常用的，能不用一定不用。后门走惯了，必定导致正门门庭冷落。这一考量是有意义的，应高度尊重。

具体到广州中院，还可以理解许霆案一审法官未援用《刑法》第 63 条第 2 款的另一语境化合理性。从字面上看，第 63 条第 2 款仅仅说了，"可以在法定刑以下判处刑罚"，未说"应当"。一审判决在法条主义层面仍没错。其次，若援引这一款，广州中院法官也没有相应的资料或先例可作指导或参考。适用这一条还一定要获得最高法的核准，但有

---

〔17〕 有报道称，自颁布以来无人适用这一规则。请看，《许霆案因援引刑法第 63 条由无期改为 5 年》，载《中国经济周刊》2008 年 4 月 7 日。但检索表明，之前有多起案件曾适用这一规则（请看，http://vip.chinalawinfo.com/NewLaw2002/SLC/SFLC.asp? Gid = 17010&Tiao = 63&km = fnl&subkm = 0&db = fnl），但基本上全是二审法院适用的。一审法院主动适用的仅一起，见《李建贵故意伤害案》，载《中华人民共和国最高人民法院公报》2000 年 6 期。

〔18〕 周道鸾等主编：《刑法的修改与适用》，人民法院出版社 1997 年版，第 166 页。立法机关也认可这一解说。请看，胡康生、郎胜主编：《中华人民共和国刑法释义》（第 3 版），法律出版社 2006 年版，第 61 页。又请看，全国人大常委会法工委 2004 年就冯某受贿案给最高法院的答复意见称："1997 年《刑法》第 63 条第 2 款关于因'特殊情况'在法定刑以下判处刑罚的规定，主要是针对涉及国防、外交、民族、宗教等极个别特殊案件的需要，不是对一般刑事案件的规定。"最高人民法院审判监督庭：《最后的裁判》，长安出版社 2007 年版，第 15 页。

〔19〕 据称，此前广州中院也有个别案件，想适用第 63 条第 2 款，曾报请上级法院，最后均被退回。请看，黄荣康：《关于审理许霆案的总结与反思》，载《广州审判》2008 年 5 期，第 8 页。

〔20〕 可参看，〔英〕霍布斯：《一位哲学家与英格兰普通法学者的对话》，毛晓秋译，上海人民出版社 2006 年版；一个很好的解读，请看，毛晓秋：《法律的驯顺与政治的审慎——解读霍布斯〈一位哲学家与英格兰普通法学者的对话〉》，载《北大法律评论》（第 7 卷第 1 辑），北京大学出版社 2006 年版，第 178 页。

〔21〕 有关的程序要求，可参看《最高人民法院关于执行〈中华人民共和国刑事诉讼法〉若干问题的解释》第 268—270 条。

几位一审法官敢事先确定这会获得省高院直至最高法院的层层同意和批准？一定要记住，这是一审判决，不是重审判决，尽管两者法定效力相同，各自面对的社会情境却差别巨大。重审时，等于一审判决已经为重审法官"趟了雷"，激发了社会公众热议，重审法官由此了解了社会对此案的共识。而一审法官在判决时并不了解社会公众对此案会如何反应，他们得先去趟这个雷，才能保证其他法官和二审或重审法院获得足够信息反馈。由于缺乏足够坚实的法律依据，一审法官若援引这一款，还涉嫌违法裁判。依据《刑事诉讼法》第181条和《人民检察院刑事诉讼规则》第397条第3项，检方有义务（应当）抗诉，这还不排除会引发社会对此判决的另一类非议和猜疑。一审法官也没法用重审时已获得社会普遍认同的那个"本案特殊情况"为自己的判决辩解。这意味着，一审法官若从一开始就诉诸第63条第2款，结果可能更糟：除了未必能减轻许霆的刑罚外，还可能把自己甚至整个广州中院都搭进去，有一种说不清道不明的尴尬。

另一可能方式是，在一审判决前，广州中院非正式地征求广东高院和最高法院的意见。但能否获得高院和最高法院及时有效的关注，获得他们正式且肯定（减轻处罚）的答复，这很不确定。就算能获得，但无论获得什么答复，也都会强化法学人批评的另一种现象——法院内部非正式的请示和批示制度。确实，在判决之前即请示上级法院，与法院依法独立审判或法官独立思考明显冲突，会强化法院系统内的行政性。因此要理解，许霆案的一审法官，与批评指责许霆案一审判决的法学/法律人，处境非常不同；前者是事先弯腰做事的人，后者全是事后站着评论的人。

以上分析表明，第一，从"国法"层面看，鉴于一审判决并未违反任何制定法，这其实是一个"没错"（字面含义）的判决，法理上应予尊重。第二，但由于此案量刑大大背离了社会对此案的直觉判断，可以说，甚至必须说，在天理人情或自然法的层面，一审判决确实"错了"。

某种程度上，这也进一步表明：（1）尽管大多数法律人总爱拿形式正义或程序正义说事，一旦遇到实际问题，法律人与普通民众其实没啥两样，也是更看重实质正义或结果公正（就这事而言，该不该受这么重的罚？）；（2）他们同样"先定后审"，即根据自己能否接受这一判决结果来判断法院的判决是否错了，而不是依据制定法的字面规定来判断这一结果是否符合制定法的文字和逻辑要求。这两点，恰恰是，居然是，过去十多年为中国法学界诟病并力图纠正的。

许霆案因此才以一种高度浓缩的方式对当代中国法治实践和主流法学提出了非常尖锐且相当深厚的挑战。面对这一挑战，从我梳理的文献来看，法律人做出了三种积极回应。但由于对相关问题缺乏深度和平衡的理解，视野相对狭窄，缺乏制度视角，缺乏对中国经验的关注，分析很不够，甚至出现了可谓"法学人在场，法学却不在场"（只有法学人对判决结果的表态，没有法学人应有的细致周密的法理分析）的尴尬现象。且容我一一道来。

法教义学

首先是并主要是法律教义学的回应。所谓法教义学，"核心在于强调权威的法律规范和学理上的主流观点"[22]。在许霆案中，许多法律人——无论是律师还是学人——都诉诸了各种法律教义分析（主要是犯罪构成或民事侵权理论），试图以减轻刑罚甚或以宣判无罪的方式来消除一审判决的不合情理。

没必要重复这些学者的，分别看来，肯定出色又精细的分析。我的质疑是，这些或多或少局限于教义的分析本身并没解开教义分析（或法条主义分析）在许霆案中留下的那个重大难题：当教义分析得出无期徒刑的判决与我们的直觉冲突时，为什么我们就应当甚或必须另外换一个教义分析？法律教义分析本身并没指示、逻辑上也推不出来：法律人这时就应服从直觉，就应转向刑法的其他条文或是从民商事法律中找个新出路。法律人所以这么做，或是我们认为（一种信仰）法律教义学要

---

[22] 许德峰：《论法教义学与价值判断》，载《中外法学》2008 年 2 期，第 167 页。又请看，武秀英、焦宝乾：《法教义学基本问题初探》，载《河北法学》2006 年 10 期，第 134 页。

求我们这样做，或是因为面对强大社会舆论（一种非因法教义学而发生的政治性压力）和强烈伦理直觉（这同样不是法教义学）而不得不做出妥协（这是一种政治判断）。

三者都不是法教义的指引，而是教义以外的力量迫使。这就表明仅有教义分析不足以有效应对此案。此外，这三者最多也只令我们否弃一审判决，还没指示我们应适用民法教义或定侵占罪或是援引《刑法》第 63 条。虽然目前诸位学人各自拿出了不同的法教义分析，尽管有高下之分，却也表明在否决一审判决后，各自诉诸的教义分析仍不能保证一个公认的或聚合的教义分析，得出一个确定的结果，保证这个结果为社会普遍接受。甚至，法律人必须直面的事实是，即使重审判决采纳了关于盗窃罪和《刑法》第 63 条的教义分析，也不等于此案的重审判决就是盗窃罪和《刑法》第 63 条的教义分析导致的；这两个看似相似，容易混淆的命题其实很不相同。人们只是普遍认可了重审判决，这不等于人们普别认可和接受了支持这一判决的那个教义分析。在我看来，其实是，人们仅因为重审判决可以接受，才默许了法律人援引《刑法》第 63 条的教义分析。这个分析只是法学人看来重要，普通民众其实不太关心这个教义分析，就像他们从一开始就没在意一审判决的教义分析只在意判决结果一样。他们很务实。

因此，在各种教义分析中一定有某些东西没展示出来，却实际支配和引导了学人和法官最初以及随后不断调整的教义分析。这些教义分析有意无意遮蔽了这些学者或法官的深层考量，那就是一审判决没考虑，或是为了恪守法律有意忽略的东西。这是一个或一些政策性的考量，从其功能上看，其实就是政治性的判断；当然，会有学人为回避政治，可能美其名曰"价值判断"。

判断之一是，尽管教义分析表明许霆的行为落入目前刑法明确规定的罪名下，相应的刑罚却大大超出了我们认为合理甚或还可能容忍的惩罚许霆的严厉程度。判断之二，许霆的行为反映了人性弱点，有可原谅之处[23]，严格的罪刑法定分析甚或可以不入罪，但许霆的行为仍是我们这个社会不希望发生的行为，是希望减少的行为。绝大多数法律人还确信，立法者已通过相关刑法规定表达了或隐含了其意愿，即希望减少这类行为，并判断，适度处罚（包括但不仅是刑事处罚）可以遏制或减少这类行为。有了第一个在先的判断，我们才可能觉得简单套用《刑法》第 264 条不合适。但拒绝套用第 264 条，并不意味着能确定指向适用其他任何某一条款；即从逻辑上看，拒绝第 264 条，并不要求援引《刑法》第 63 条或第 270 条（侵占罪）或任何其他刑法条款或民法。适用或不适用任何条款仍是开放的。在这里，对大多数法律人，第二个判断起作用了，许霆还应受某种刑事惩罚。这是个政治性（立法性）判断，政策性判断。有了这个判断才可能诉诸《刑法》第 63 条或第 270 条或任何其他条款，才可能展开新的教义分析。[24]

我还可以细致地分析混杂或隐含在这类教义分析中的其他政策或政治性判断。

一些学者通过广义的民商事法教义论证，许霆的行为违法、不公、不道德，但不构成刑法惩罚的犯罪行为，只构成广义的民事违约或侵权行为[25]；甚或主张严格依据罪刑法定，宣布许霆无罪。[26]这些主张都不只是教义分析的结果，尽管看起来都伴随了某些法教义学分析。以严

---

[23] 网上调查称绝大多人无法抵抗类似的诱惑（《网上模拟"恶意取款"情景调查，仅 7% 可抵挡诱惑》，http://news.sohu.com/20071227/n254322911.shtml，2008 年 9 月 20 日最后访问）。但这不是不予制裁的根据。立法和惩罚当然应考虑人性的因素，却不能仅因为大多数人均如此，法律就不惩罚了；恰恰相反，有时恰恰因为大多数人都有这个倾向，但只要适度制裁可以改变这种倾向，并对社会整体和每个人都有好处，法律就会制裁。最典型的如闯红灯等不遵守交通规则的问题。其次，从直觉上看，许霆"盗窃"的数额，17 万，并非人们对此案最看重的因素，这不过是惩罚的法律根据。在我看来，最重要的变量可能是，他"取款 170 余次"，然后携款潜逃。这表明他知道自己行为非法，且足够严重。

[24] 有关广州中院法官案结之后的反思，请看，黄荣康：《关于审理许霆案的总结与反思》，同前注〔19〕，第 6—7 页；以及钟育周：《许霆盗窃案》，载《广州审判》2008 年 5 期，第 54—55 页。

[25] 持这种观点的文章不少，如：关永宏：《在银行 ATM 机"多取款行为"的法律定性——从合同法和电子商务法视角对"许霆案"的辨析》，载《法律适用》2008 年 9 期，第 17 页以下；郭明：《许霆案应为"民事侵权损害赔偿案"的理析及启示》，载《北方法学》2008 年 6 期。

[26] 例如，许光、迟建文：《许霆超额取款是否构成犯罪》，载《西南交通大学学报》（社科版）2008 年 3 期，第 129 页以下。

格罪刑法定为由主张许霆无罪的任何作者都没否认许霆有过错，他们只是认为，保障公民合法权利和期待、维系法治权威的意义要高于刑法惩罚许霆的意义。主张以民法处罚或处理此案的分析隐含的则是，民法足以有效甚或能比刑法更有效地处理许霆案。无论对错，这两个判断都不来自教义，也不是教义分析，而是政治性的或公共政策的判断，甚至只是作者偏好的政治性或公共政策判断。

但无罪判决的选项早已出局了，必须出局。不仅因为许霆的行为是社会不可欲的；更重要的是，所有仅仅盯着此案的法学人都太容易忽略的，但许霆案一审法官没法忽略的，之前另案处理的郭安山。他曾因许霆的"教唆"而非法取款，尽管行为比许霆显著轻微，却已以盗窃罪被判有罪，甚至已服刑完毕回归社会了。如果在此一审或重审判许霆无罪，那天下还有公道吗？"还有王法吗？"问题不只是郭安山会怎么想怎么做，会惹出什么麻烦，更重要的是这会向社会传递一个什么信号？不仅有关广州中院，而且有关整个中国司法的形象，有关当代中国社会基本道德法律共识。任何负责任的法官和法律人都必须考虑这个规则治理和刑罚格局稳定的问题。注意，我不是说郭安山案是个先例，必须遵循。它不是。但它以及各地法院之前对类似案件的处理，为刑事司法处置此类行为确定了基本格局，规定了无论如何此案都不能判许霆无罪。这就意味着，无论基于何种理由主张许霆无罪的教义分析，无论如何雄辩和精巧，从一开始就不可能进入此案重审法官的视野。即使此类民事教义分析作为思维训练和理论探索有意义，但对重审此案的法官没有任何实践意义。

这并非否认好的教义分析是司法实践中最有用的工具之一，也不否认当下中国司法还缺乏好的教义分析。我的上述分析只是说，如果不嵌入具体司法语境，把握不住基本情势或格局，没有一个或一些非教义分析的基本判断为指导，再精美的教义分析也会沦为司法实践中的花拳绣腿。有关许霆无罪的教义分析就是这样的花拳绣腿，中看不中用。

一些刑法学者通过教义分析（主要仍然是犯罪构成分析，但也有部分是结果导向的刑事政策分析）把许霆的行为定义为刑罚（比盗窃罪）

大大减轻的"侵占罪"或其他罪。[27]高艳东教授就此展开了详尽的教义分析。但令人困惑的是，为什么此案定盗窃罪不合适，定侵占罪就合适了？该文一个不起眼的脚注展示了作者的逻辑：这一主张"深受……'以量刑反制定罪'观点的启发"。[28]说白了，作者是认为或主张，当严格依法的判决有悖天理人情之际，法官首先应做个总体判断，是否应当惩罚，惩罚大致应多重，然后从刑法条文中寻找与这一刑罚大致合适的最相关的罪名，然后展开教义分析和论证。这很坦诚，也大胆。但这不是教义分析，这是一个粗陋的实用主义判断和措施，侵占罪教义分析是追随这个判断来的。另一位学者刘彦辉教授也称应定侵占罪，因为该罪的法定刑最高为5年，与许霆案的生效判决相符。在他看来，只要刑罚适度就印证了该定侵占罪。[29]

　　我不否认这种思路有点道理。否认也没用，司法实践中肯定有些法官一定限度内就是这么想和做的，那些建议给许霆定其他罪名的学者自觉不自觉地也是这么做的[30]，只是不像高和刘两位如此坦诚或自觉而已。这其实是两位教授的一个贡献：他俩把先前某些"可做不可说"，或先前不自觉的东西，堂而皇之摆上了台面，要求法学人给予关注，这就是对学术的一个刺激和挑战。

　　尽管如此，这会令更多刑法学者和他们的教义学尴尬。这种"以量刑反制定罪"的进路，总体而言，并不是个好进路。甚至可能很糟。第一，这种进路其实从一开始就颠覆了作者随后对许霆行为的侵占罪教义分析，因为他已经明说了，定侵占罪不过是对"量刑"的一种装饰或证成。就算这避免了滥用特殊减轻处罚权，却涉嫌滥用或挪用其他罪名。第二，这种做法等于甩掉了教义分析对司法权力的制约，向前再迈

---

〔27〕　高艳东：《从盗窃到侵占：许霆案到法理与规范分析》，载《中外法学》2008年3期，第457页以下；刘彦辉：《也论许霆案的定性》，载《北方法学》2008年6期，第148页以下。

〔28〕　高艳东：《从盗窃到侵占：许霆案到法理与规范分析》，同前注〔27〕，第458页注〔5〕。

〔29〕　刘彦辉：《也论许霆案的定性》，同前注〔27〕，第154页。

〔30〕　其他学者还提出了其他几种可能的罪名。一个比较全面完整的概括，请看，赵秉志、张心向：《刑事裁判不确定性现象解读：对"许霆案"的重新解读》，载《法学》2008年8期，第42—43页。但若作严格的教义学分析，这些观点都会遇到明显的甚至更大的教义学麻烦（可参看，陈兴良：《许霆案的法理分析》，同前注〔7〕）。而且为什么要找其他罪名呢？我的猜测是，依据这些罪名，无须诉诸《刑法》第63条，就可以判许霆较轻的刑罚。

一步，就会走到司法上以"社会危害性"来量刑定罪的老路了。以社会危害性来确定惩罚并不都错，立法机关制定刑法时坚持的就是这一思路，司法可以借鉴。但在现代社会立法、司法已有分工，还试图以立法制约司法权的制度条件下，司法以这种方式来处理难办案件，在立法者看来，这有点不守本分。这是法官——甚至不是司法制度——"篡夺"立法者的权力。第三，即便仅限于许霆案，这也可能导致一种典型的个案结果导向或个案实体正义的司法实践。即使许霆获得了可接受的"公正"结果，但脱离了规则指导，也很难保证此后其他个案能获得前后一致的较好后果，一种系统的良好后果。第四，放弃了规则约束，这种思路势必更多诉诸法官个人的道德直觉，或不太稳定的民众情绪，或两者并用，判决就太容易为裁判者的个人直觉或民粹正义所左右，很难保证法律的同等保护，更容易导致不同法官的同案不同判。这种大胆到冒险的观点出现在这些关注刑法教义的论文中，进一步表明教义分析没有办法独自言之成理地稳妥处理许霆案；或表明，许霆案就不是一个简单运用法教义分析就能有效解决的案件。

更多刑法学者通过教义分析认定许霆案定罪没错，但应适用《刑法》第 63 条第 2 款减轻处罚。[31]这种观点最终获得了司法认可。[32]事实上，在排除了上述可能选项后，渴望缓和盗窃罪严厉惩罚的法律人/法学人的最佳选项就剩《刑法》第 63 条第 2 款了。从这个宏观视角来看，许霆案重审判决选择了这条路，并不是因为支持这一观点的学者更多、更著名（即使是，根据支持者多少或著名程度来选择罪名，这也不是教义分析），也不仅仅因为他们的教义分析在逻辑上、概念上一定比其他教义分析更强大，而是因为由此得出的结果比无罪判决更合理，至少与侵占罪的判决同样合理，有望为人们普遍接受，且同现行司法制度、基本格局以及主流刑法理论更兼容。

甚至，即使《刑法》第 63 条第 2 款的特殊减刑，如前述，据说立

---

〔31〕 除了前注〔7〕所引各文外，更为系统且细致的分析，请看，张明楷：《许霆案减轻处罚的思考》，载《法律适用》2008 年 9 期，第 4 页以下。

〔32〕 请看，《广东省广州市中级人民法院刑事判决书》（（2008）穗中法刑二重字第 2 号），《广东省高级人民法院刑事裁定书》（（2008）粤高法刑一终字第 170 号），以及《中华人民共和国最高人民法院刑事裁定书》（（2008）刑核字第 18 号）。

法者旨在仅适用于案件涉及政治外交等情况[33]，但许霆案，鉴于它引发的全国性争议，也是一种需要政治判断的情况。[34]只要看看陈兴良和张明楷等教授的分析就可以了。尽管表述不同，他们都比较了各种罪名的教义分析，然后认定从《刑法》第63条第2款切入得到的结果更合理。[35]尽管有大量犯罪构成分析（教义分析），但贯穿全部分析的主线其实是比较各种罪名的教义分析的不同后果和利弊，不断排除那些从多方面看不合适或不太合适的结果。这其实是一种政策分析，一种利益权衡。在且仅在这个意义上，他们的最后结论都是务实（实用主义的）的判断。重审判决书以及核准裁定书中展示的是基于《刑法》第63条第2款的教义分析，人们似乎觉得重审判决是法教义分析的胜利。但"一将功成万骨枯"，光荣不仅仅属于第63条第2款的教义分析。当重审判决书排除了其他教义分析之际，也就湮灭了幕后英雄——司法实用主义的贡献。

法律推理和论证

教义分析更多是欧洲大陆法的产物和传统。在英美法系中，与之相似的言说则称之为法律推理和论证，只是不那么拘泥于制定法的文字和法律教义。这是因为在英美法系中，特别是在美国，普遍承认法官造法，不仅在普通法领域（通过法律推理），而且在制定法领域（通过名为法律解释的论证）。法律推理、论证和解释因此被认为是解决难办案件的良方。更多受英美法影响并偏爱英美法的我的两位同事陈瑞华教授和贺卫方教授，在他们的意见并不一致的评论许霆案的短文中，一定程度上都自觉不自觉地试图诉诸英美法官的技能和创造来化解许霆案难题。

---

[33] 参见前注〔18〕。

[34] 关于"政治性"的含义界定，可参看，Richard A. Posner, *How Judges Think*, *supra* note〔16〕, pp. 9-10。

[35] 陈兴良：《许霆案的法理分析》；张明楷：《许霆案的定罪与量刑》，同前注〔7〕。

陈瑞华教授批评一审判决，（1）没有解释 ATM 究竟为何属于"金融机构"；（2）没有解释"合法"操纵 ATM 为何属于"盗窃"；（3）没有将 ATM 出现故障、银行存在严重过错、许霆逃亡途中曾有归还钱款的举动等作为量刑情节；以及（4）没有给出足够的裁判理由。他批评中国法院的刑事判决书一般缺乏必要的说理，只是列举证据，忽略了对法律适用问题的理论解释，尤其是对辩方意见轻视和不屑，通常不予置评，拒绝采纳。陈教授结论说："一份在逻辑推理上令人疑窦丛生的判决书，肯定无法取得人们的尊重和信任。"[36]

这些批评以及我没有在此一一概括的批评，单独看完全可能成立。但问题是，这是否是许霆案一审判决不为广大民众和法律人接受的症结所在呢？是否一审法官在判决书中给出了解释和说明（这其实是比较容易的），弥补了这些缺失，逻辑推理上更严密些，消除了这些丛生的疑窦，人们就会尊重和信任法官作出的这个无期徒刑的判决？或是广州中院一审就可以判许霆一个较轻的惩罚——例如现在的 5 年徒刑？非也。如果这些都论证了，解释了，可能会令基于教义分析得出的无期徒刑在逻辑论证上更理所当然，顺理成章。这样一份判决书也许能赢得那些读过该判决书的法学人（如果他们读了的话，尽管他们大都不读）的尊重和信任，但这个判决肯定还是不能令公众尊重和信任。陈教授抨击的对象错了，令民众感冒的并非这份判决书，并非判决书说理，而是这个判决本身。

若真要矫情，在许霆案的五份法院公文中，推理论证最弱的其实是广东高院的二审判决书。它只用"事实不清，证据不足"八个字，就打发了一审判决。但民众和法学界都支持这一判决，很多人为之庆幸。真不是因为这八个字论证得好，而是因为这一判决与他们的基本期望一致。但这八个字其实全然是"不实之词"。因为重审判决依据的事实和证据基本仍是原一审判决书依据的那些事实和证据。为什么重审上诉时，广东高院就认为此案事实清楚了，证据就充足了？除了像我这种不明事理瞎矫情的人外，所有人都知道那八个字就是广东高院一个合理的

---

[36] 陈瑞华：《许霆案的法治标本意义》，同前注〔5〕。

不讲道理的"官话"。广州中院没有叫板广东高院的二审判决书，不
是因为这份二审判决书充分讲理了，或讲理很充分，而恰恰因为它根
本没讲理，也根本不讲理，只因为这是高院的二审判决，这背后是司
法权力。我这么说，好像有点跟广东高院过不去似的。但这是误解。
我不是批评广东高院，我只是指出了一个其实法律人都知道但总想否
认的基本事实，司法制度其实是一个基于权力的组织结构。我支持广
东高院的二审判决（有别于其推理。事实上它就没推理），支持它不
是因为它的说理令我信服，只是因为它做出了一个我认为正确的
判断。

　　贺卫方教授批评陈瑞华教授对一审法官太不理解、太不宽容；认为
问题更多在中国当代司法的历史和体制的限制："在这两个方面，我国
都不鼓励那些过于个性化和原创性的判决起草。法官如果超越法律条
文，诉诸法律外的资源作为论证的基础，不仅有侵犯立法权的嫌疑，而
且，由于我们缺乏规范和统一司法解释的有效机制，还可能导致司法判
决的高度不确定性。"[37]这些分析有制度和历史眼光，也算善解人意。
只是一旦回到具体的许霆案，贺教授提出的解决问题的办法就回到了陈
瑞华教授的老路——"呼唤法官推理"。并且，虽然以"能否"这样的
商榷性修辞予以弱化，贺教授的建议居然也与陈基本相同：（1）认为
ATM是否属于"金融机构"大有文章可做；法官可追溯立法本意，论
证立法者理解的盗窃金融机构不大可能想象到许霆的盗窃。（2）建议以
ATM有故障作为许霆的有力抗辩理由。以及（3）多年前规定的"特别
巨大"标准不应在此案适用。

　　但在这三个问题上，法律推理、论证或解释都不大可能有多少作
为。考察立法本意，以及此后最高法院的解释，会表明所谓盗窃金融机
构历来就只可能是指盗窃金融机构的钱财等，因为金融机构本身是无法
被盗窃的。[38]受害人有过错在中国刑法理论和实践中从来不是法定减轻

---

〔37〕　贺卫方：《许霆案：法官何以说理?》，同前注〔10〕。

〔38〕　《最高人民法院关于审理盗窃案件具体应用法律若干问题的解释》（法释［1998］4
号）第8条："盗窃金融机构，是指盗窃金融机构的经营资金、有价证券和客户资金等……不包
括盗窃金融机构的办公用品、交通工具等财物的行为。"

处罚的情节，最多是可以纳入量刑考量的一个从轻情节。[39]多年前的"特别巨大"尽管今天明显不合理，但它白纸黑字在法律上，你怎么推理？不是说不可能展开论证，但重要的不是法官有无能力展开或是否展开了强有力的论证，而是法官首先必须判断在这些问题上是否必须，以及最重要的是自己有无权力在此案判决上"超越法律"。这要求的可不只是判断，或一个论证，而是权力。强有力的推理和论证也许可以说服高院和最高法院认可广州中院在许霆案一审判决中超越法律，但不能保证他们一定能获得这种认可。说在许霆案中论证法律推理很重要，如果不是"王顾左右而言他"，至少也是无的放矢。

热爱法律论证和推理，这源自两位作者都相对熟悉和欣赏美国司法制度和程序。但恰恰因此，陈、贺两位教授也都表现出"直把杭州作汴州"。在批评许霆案一审判决之际，他们不仅对中国刑事法律制度比较随意，常常把在美国刑事诉讼中视为自然的做法，例如混合过错，直接搬到了属于大陆法系的中国，而大陆法系拒绝以受害人过错来减轻被告的刑事责任。他们对不同法系的司法制度也展现了有意无意的天真和混淆，似乎广州中院的普通法官只要像美国联邦最高法院的伟大大法官马歇尔、霍姆斯、卡多佐那么雄辩，善于推理和论证，就可以在一审判决中大大减轻对许霆的处罚。但法系、国家都不同，法官的阶级也不同。他们都忘了另一位伟大的美国联邦最高法院大法官杰克逊说的实在话，"我们说了算不是因为我们不犯错，我们不犯错是因为我们说了算"。[40]司法并不只关涉智力，但更关涉权力。

当执着和偏爱法律论证和推理掩盖了司法的权力关系，把司法变成了一种纯智力游戏或较量之际，这其实就是另一种法条主义。当然了，批评贺教授法条主义，我自己都脸红，这对法条主义和贺教授几乎就是"亵渎"甚或"名誉侵权"。但贺教授马上就以其生动有力的文字来了次神助攻："在司法中，法官必须抑制自己的情感，泯灭自己的个性，对了，就是要像自动售货机那样……一边是输入案件事实和法律条文的

---

〔39〕 张明楷：《许霆案减轻处罚的思考》，同前注〔31〕，第4页以下；游伟：《许霆盗窃案设计的法律关系梳理及反思》，载《法律适用》2008年9期，第10—11页。

〔40〕 *Brown v. Allen*, 344 U. S. 443（1953），at 540（Jackson, J. concurring）.

入口，一边是输出司法判决的出口，机械运行，不逾雷池半步"（着重号为引者添加）。[41]谢谢助攻。但我能把这话当真吗？如果这就是贺卫方教授的理想法官，那么他就不应批评中国司法的历史和体制限制了。他其实应当高度赞扬许霆案的一审法官，他们难道不是太像自动售货机了，太按刑法的白字黑字办事，太缺乏自己的判断了？但这样泯灭个性的法官又怎么可能有效展开贺教授倡导的法律推理和论证呢？我们能说自动售货机"独立"吗？在什么意义上呢？世界上好东西很多，但不都能兼容。但这就再一次表明法条主义的严谨和逻辑只是表面的，它甚至无法让卫方教授看清自己到底要什么，中国司法到底要什么，许霆案中的法官需要什么。

许多人会把法条主义同思想僵化连在一起。未必。法律职业的宿命就是与法条主义不许离异的包办婚姻。一点法条主义都没有，未必是好的法律人。波斯纳法官就曾雄辩地分析指出，即使一向讨厌法条主义，法律实用主义者也常常以法条主义作为其司法韬略之一。[42]若仅就偏爱论证推理而言，这种法条主义更可能与智识优越并与教学职业有关。智识优越并以教学为生的人或多或少地趋于夸大理论、论证、推理、雄辩以及与之直接相关的修辞的力量，似乎世界上的事都是道理在推动，因此会认为判决书比判决更重要，修辞比利益更重要。

说到修辞，前引贺卫方教授的极端法条主义的文字就是一例。他知道这种自动售货机般的法条主义不可能有，也不应该有，却还是坚决要把话说得很"满"，很"冲"。陈瑞华教授的文中也有这样一例修辞，我非常欣赏，却也反感："法官们［在许霆案一审判决中］断然选择了自由刑的最高幅度"（着重号为引者添加）。[43]这话没错，无期徒刑既是一审法官选择的，确实是最高的自由刑，选择也是断然的（难道法官还考虑过适用另一法定选项——死刑吗？）。只是这句话太容易误导不知情的公众，似乎法官可以选择一个更低的自由刑。这句话因此有意遮蔽了，法官断然选择的是这一罪名下的法定最低刑！——在制度约束下，

---

〔41〕 贺卫方：《许霆案：法官何以说理？》，同前注〔10〕。

〔42〕 Richard A. Posner, *Law, Pragmatism, and Democracy*, Harvard University Press, 2003.

〔43〕 陈瑞华：《许霆案的法治标本意义》，同前注〔5〕。

法官已经尽了自己的最大努力了。这两种表述单独看都是真实的，但传递的信息、产生的社会效果非常不同。瑞华教授的修辞强化了对一审法官的人格批判，但这不利于读者理解法定刑过重问题因何发生，更不利于这个问题的解决。

这几乎是教授的职业病；也是我的。从以上文字中，读者可以看出，我也已病入膏肓——明知这两位老同事只是修辞，却还矫情。也明知不可能说服两位教授，还是收不住。但问题不在于我们有没有这个毛病，问题是法官是否觉得我们推荐给他们的工具真有用。

有用，但很有限。显然，广州中院的重审判决，广东高院的裁定书，都听取了许多法学人的建议，有了更好的论证和推理。许多人服了，包括贺卫方教授。[44]但仍有人不服。许霆的父亲就不服，不少法律人仍在媒体上挑剔这些论证，也不是没有道理。[45]但服的人大多也并不因为这两份司法文件的说理，而只因为结果可以接受，只能如此。我不知道接受这个结果的法学人中究竟有几位真的从头到尾看完了重审的两份司法公文。我就没看完。但我们都是后果主义者，不是彻底的法条主义者。

这不是否认论证、推理或解释以及教义分析在司法中很重要。我也分享贺、陈两位教授对中国法院的某些批评。不同的只是，在许霆案一审判决上，我不认为问题出在论证、推理或解释上，因此不可能用这些手段来解救此案。法律推理、论证或解释。这些看似放之四海而皆准的手段，其实都只是"看上去很美"。

司法民主化？什么意思？

由于许霆案引发了社会争论，重审后果基本可以接受，这就再次激活了近年来因民意介入一系列争议案件的最终解决而引发的关于民意与司法的讨论。辩护律师称重审判决结果是"民意的胜利"。[46]"司法民

---

〔44〕贺卫方：《许霆再上诉已无意义》，载《南方都市报》2008 年 4 月 17 日，版 A10。

〔45〕陈瑞华：《我们从许霆案中反思什么？》，载《南方周末》2008 年 4 月 3 日。

〔46〕《许霆改判刑随谁变》，载《南方周末》2008 年 4 月 3 日，版 A04。

主化"或"大众化"的口号也再次浮出了水面。[47]

　　司法要考虑民意的观点和实践从来就有，只不过表达方式与时俱进。从古代的"天理、国法、人情""刑罚必于民心"，到近代以来"不杀不足以平民愤""为人民群众排忧解难""司法为民"，以及新近学界人士从"三个依据"中抽出来讨论因此引发争议的"以社会和人民群众的感觉为依据"，等等。[48]与此相关的还有近年来关于人民陪审员和陪审制度的设置和讨论。如果不是抠字眼，走极端，断章取义，找一两个"好"的或"糟"的例子支持某种观点，抽象看来，所有这些说法，以及司法制度设置，说到底就是要回应一个永恒的法律难题：如何协调法律与民意，特别是在诸如许霆案这种难办案件上，在那些法律或事实不清的重要案件上。这表明，法律或法治，与其他人类的创造一样，不可能是什么永恒理性的产物；即使真如法律人为主张和强化自己的话语权和利益所自诩的，法律代表了人类的理性，那么人类的理性也

---

　　[47] 相关文章，可参看，贺卫方：《不走回头路》，载《经济观察报》2008 年 7 月 16 日；陈忠林：《中国法治——应该怎样向前走》，载《经济观察报》2008 年 7 月 21 日；张千帆：《司法大众化是一个伪命题吗?》，载《经济观察报》2008 年 7 月 26 日；何兵：《司法民主化是个伪命题》，载《经济观察报》2008 年 8 月 28 日；龙卫球：《司法是要"职业化"还是"民主化"?》，载《检察日报》2008 年 9 月 11 日。很吊诡，因此太有讽刺意味的是，主张司法专业化的学者，在大众即非专业化的媒体上，以大众化或民主化的方式，号称专业化地讨论司法专业化问题。这至少在逻辑上弱化了其主张，尽管从实用主义角度看，可能强化了其主张的社会力量。针对许霆案的有关民意的更系统学理分析，还可看，顾培东：《公众判意的法理解析——对许霆案的延伸思考》，载《中国法学》2008 年 4 期，第 167 页以下；又请看，吕方：《大众的法律意识与法官的职业思维——以许霆恶意取款案为研究范本》，载《法律适用》2008 年 9 期，第 13 页以下。

　　[48] 有关这一说法的来历，请看，《别拿执行率和老百姓说事》，载《南方都市报》2008 年 4 月 11 日，版 A09。《南方都市报》的完整表述是，"对待判不判死刑的问题，王胜俊谈到三个依据。'一是要以法律的规定为依据；二是要以治安总体状况为依据；三是要以社会和人民群众的感觉为依据'。"《人民法院报》《法制日报》均无类似报道。如果仅就这段媒体概括或转述的文字而言，"三个依据"的表述也许不够准确，司法也难以操作，但如果不死抠字眼，意思还是大致明白的。值得注意的是该报道中有一句话，有意无意，未获得足够的社会关注："王胜俊也指出，对于确实有从轻情节的，也要敢于从轻判处。"从时间上看，这与许霆案争议有关。

　　我认为，政治不正确地，王的说法不仅是正确的政治判断，也是各国法治的实际状况和经验。司法当然首先依据法律，但完全不考虑治安状况，不考虑人民群众的感受，那就一定沦为法条主义和教条主义。想想美国在"9·11"之后的一系列法律应对。众多——无论自由派还是保守派——学者都强调，美国宪法"并非自杀契约"，不能让宪法捆住了有效反恐的手。请看，Ronald Dworkin, "The Threat to Patriotism", *New York Review of Books*, Feb. 28, 2002, p. 44; Alan M. Dershowitz, *Why Terrorism Works: Understanding the Threat, Responding to The Challenge*, Yale University Press, 2002; and Richard A. Posner, *Not Suicide Pact, The Constitution in a Time of National Emergency*, Oxford University Press, 2006。

注定是不完善的。[49]上一节提及的法律修辞也表明了这一点。[50]在难办案件上，从正式法律文件以外汲取相关信息做出明智决定不仅必须，而且有根据。

特别是具体到当代中国，社会的快速发展以及价值多样化可能带来法律与民意或与某些民意脱节，政治经济发展不平衡的大国或为保持国家法治统一或为兼顾各地具体情况也难免引发法律与民意的紧张。而不论法律因何原因失去了广泛的民意基础，不仅某些司法判决会引发激烈的社会争议，司法机构甚至整个政权都可能丧失正当性和权威性。更具体地说，还更可能引发政治性部门（党委、政府、人大、政协、政法委）以及其他社会力量（媒体、民众）各种方式的干预，在这种压力面前，司法很难坚持其独立判断。因此，从现实性来看，吸纳民意未必贬损审判独立，相反可能是审判独立的保证和司法权威的培育，至少在中国目前是如此。这个实用主义的道理不用多说。

目前的争论其实不是要不要吸纳民意，而在于如何吸纳民意？由谁来吸纳民意？以及通过什么渠道？是否要"司法民主化"？这涉及民主化的界定。如果把民主视为一个有比较确定含义的具体社会制度和实践，并且考虑实践的后果，我认为不宜提司法民主化。我的立论基础不是司法职业化，而是着眼于中国整体的民主政治发展。因为从我国宪法来看，人民代表大会制和"一府两院"制都决定了，人民民主应当主要通过权力机关和立法机关来完成。强化这一点对于现代政治体制的发育完善极为重要。这强调了政府的不同部门在职能上和权限上有分工和分立，不是让也不应让每个部门都变成民意表达和吸纳机构。否则，民主化的司法就会侵犯政治部门（人大和行政）的立法权。问题也不在于权力分立的教义，而是从长远看，这会造成立法部门功能萎缩，立法

---

〔49〕 想想休谟的著名命题："理性是，而且应该是，情感的奴隶。"（《人性论》，关文运译，商务印书馆，1980 年版，第 453 页）；韦伯关于"魅力"在社会变革中的理想功能（韦伯：《经济与社会》（上卷），林荣远译，商务印书馆，1997 年版，第 273 页）；以及近年来日益进入法学研究的行为经济学关于情感与理性的研究（参看，Richard A. Posner, *The Frontiers of Legal Theory*, Harvard University Press, 2000, 特别是第 3 编）。

〔50〕 〔古希腊〕亚里士多德：《修辞学》，罗念生译，上海人民出版社 2006 年版；又请看，〔美〕波斯纳：《超越法律》，苏力译，中国政法大学出版社 2001 年版，第 24 章（"修辞、法律辩护以及法律推理"）。

修法时可能比较随意或有更大惰性，或为了避免立法争议而"卸责"，把"脏活累活得罪人的活"塞给司法机关；这不利于中国的人民民主政治的发展。相反，强调司法机关严格依法审判，会促使立法机关更多承担起吸纳和反映民意的责任，引导民众把具体问题和政策争论引导到立法机构和立法渠道中。这有利于人民代表大会制度的发展完善，也会减少司法在风口浪尖上冲锋陷阵给自己招徕巨大社会压力。一定要真正理解多年来一直被法学界误读的那句名言，司法是正义的最后一道防线，并不是说它是最正义的一道防线或最坚强的正义防线。

还必须考虑到，中国是大国，民意难免有地方性。如果民主化导致法官在个案中必须关切甚至依据民意，全国法律的统一，法治的统一，隐含的国家主权的统一都不无可能只留在字面上，而不是实践中（当然，适度的不统一不可避免，甚至可能会有制度竞争的收益）。从实践上看，也不是说司法机关不能通过吸纳民意来有效处理某些问题，而是说由于司法的局限，它很难解决一些本应由立法慎思统筹解决的问题。因为，什么是需要统筹解决的问题，什么是个案解决的问题，实践中边界并不清楚。司法也还没有建立足够有效的民意收集机制和议事决策机构，光看报纸或网络，弄不好很容易被一些小但组织强有力的利益群体利用和操纵。[51]事实上，这类问题一直困扰着几乎每个基层法院。一个家族、一个村庄，集体行动起来，就可能直接，或通过党政机关间接，迫使法院做出某些不一定公正甚至可能就是不公正的决定。

司法的最终正当性在于民意。但现实的民意常常不稳定不持久，而稳定性无论如何也是法律或法治的美德之一，尽管不能过分。要让所有人时刻保持理智，那更是种奢求。这就是为什么在现代国家，民主与法治互不可缺。民主不仅需要法治的保障，而且需要法治的约束，特别当涉及公民基本权利时，要防止流水的民意左右法律。这一点，许霆案就有强烈且比较鲜明的反映，特别是在网上。一审判决下来后，许多网友认为处罚过重，因此支持许霆，批评广州中院，甚至主张许霆无罪。重审时，仅因许霆说了自己起初只是想"替银行保管钱款"这句是有点

---

[51]〔美〕奥尔森：《集体行动的逻辑》，陈郁等译，上海人民出版社1995年版。

自欺但也不是全无可能的话[52]，马上引发许多网友转向，认为许霆活该判无期。

我没用司法需要专门知识和技能这一论点来批评司法民主化的主张。不是忘了，也不是疏忽，甚至不是省略，只因为这并非一个可以成立的论点。不错，司法需要专门的知识和技能，但立法就不需要吗？行政就不需要吗？事实上如今就有了与法律硕士并列的公共管理硕士学位。需要专业知识和技能并非反对或支持司法民主化的理由。

不仅如此，从过往的经验看，仅就司法判决（而不是法律的表述）而言，特别是那些确实触动了社会神经引发激烈争议的难办案件，往往并不因为缺少了什么仅属于法律的专门知识和技能（这是对诉诸法律技能的那种法条主义的一个最强有力的批判）。在常规的刑事民事案件中，也许"彭宇案"[53]因信息误导除外，法律人的判断与普通人的判断其实没什么根本的差别，差别往往是边际的。而且，当面对这些难办案件时，如果法官的推理和论证不能说服一般智识的人（绝大多数诉讼当事人和关心诉讼的民众），那么这个推理和论证还有什么意义？你还真别拿马伯里诉麦迪逊或沙利文诉纽约时报或米兰达诉亚利桑那州这类美国判决说事，只要看看其中的论证，除了偶尔涉及几个专业术语外，其实并没什么特别"法律"的。真正普通人插不上嘴的，需要专家的，通常是公司兼并、反垄断、金融和市场规制或环境保护之类的案件。许多法律人强调的法律解释其实也与解释无关，不过是基于案情对相关语词含义的重新界定，本质上是一种法官的权力实践而已，需要其考虑的是后

---

[52] 因为从心理学上来看，一个人在干他自己也认为是"坏事"时，常常会有甚至必须有自欺或正当化，才能理直气壮地做下去。窃贼常常以自己贫穷，贪污者可能以自己的劳动没有得到充分的回报或制度不完善，花心者则用"终于遇到了真正的爱情"，为自己的违法或不道德行为辩解，这在生活中很常见。许霆的陈述也许是真心话，并非荒谬的狡辩；而有些即便是真心话，也仍然违反社会规范。法律并不关注行为人行为时自己也未必清醒的自觉意识，法官认定的行为人的动机、目的也并非对行为人自觉和下意识的动机或目的真实描摹（这也再次表明法教义学的不足）。

[53] 2006年11月，南京退休老人徐寿兰在公交站台被撞摔倒骨折，她指认彭宇是撞人者。彭宇否认，并辩称自己是见义勇为，法庭还是支持了徐的主张。媒体却一边倒地将彭宇描绘成了被司法冤枉的"好人"。最后双方在二审期间达成了和解，撤诉结案。和解撤诉后，彭宇也表示，在2006年11月发生的意外中，徐寿兰确实与其发生了碰撞。请看，《彭宇真撞了人》，载《光明日报》2012年1月17日，版10。

果，而不是语词的本义。[54]至于修辞与法律也并非都有关。至少我们看到太多非常枯燥、晦涩甚至有时不知所云的法律教义分析。因此，尽管我与贺卫方教授都不主张司法民主化，但各自的根据和论证是不同的，而且并不互补。[55]

我省略的另一点，也是主张司法民主化的人寄托了重大期望的，是所谓司法民主化可以防止司法腐败，防止枉法裁判。但这不是看起来很美，而是听起来很美了。民主是否可以防止司法腐败，很难论证清楚，因此我在此不论证。但仅就经验来看，美国的司法体制中既有民主的也有不民主的，但不民主的联邦司法（法官由总统任命，参议院同意）远比那些实行民主制的州司法（选举法官和选举确认法官）更为清廉。廉洁的新加坡司法以及中国香港地区的司法都不民主，而是更精英甚或贵族制的。我说这些例子没想证明司法民主化不能防止腐败，也不是论证司法职业化、专业化能够防止腐败[56]，我只是试图说，经验表明，司法民主或不民主、司法职业化或非职业化与腐败在经验上没什么直接显然的关系，至少关系很复杂。就算民主是治疗某些疾病的良药，那也不是包治百病的灵丹。

至于人民陪审员或英美国家的陪审团等制度，是吸纳了民意，却与司法民主化没啥关系。严格说来，其主要功能是分权，是制衡，而不是民主，不是也不为反映民意。只要稍微了解美国陪审团成员的实际选择过程，便可以发现它与民主无关。真实的陪审团成员挑选，往往就是把那些了解此案案情并反映主流民意的人筛选掉。中国法学人津津乐道的辛普森案就是一个典型例证。通过种种理由和手段，辩护律师最后为辛

---

[54]〔美〕波斯纳：《法理学问题》，苏力译，中国政法大学出版社 2001 年版，第 128—133 页；苏力：《解释的难题：对几种法律文本解释方法的追究》，载《中国社会科学》1997 年3 期。

[55] 贺卫方的观点，可参看，《运送正义的方式》，上海三联书店 2003 年版，特别是第 26页以下。

[56] 职业化、专业化、知识化的法官腐败的情况事实上目前更常见，部分因为在当今中国这类法官的地位会更高，权力更大，受腐败诱惑的机会也更大。最新的例子是全国人大常委会2008 年 10 月 28 日决定撤销黄松有的最高人民法院副院长等职务（http：//politics. people.com. cn/GB/41223/8247606. html）。黄是改革开放后西南政法学院（现西南政法大学）的首届入学的学生，有博士学位，并在全国多所著名法律院校担任博士生导师。黄是新中国六十年来因贪腐落马的最高层级的司法官员。

普森这位黑人明星挑选出了11位黑人加1位西班牙裔人组成了陪审团。陪审团仅在法官指导下定罪（民主要服从法官的"专制"），但不参与量刑。如果法官认为陪审团裁决不当，至少理论上，允许法官拒绝陪审团的裁决，由法官自行定罪（non obstante veredicto）。但在许霆案中，前面的讨论已表明，人们不否认许霆盗窃了金融机构的财产，只是认定许霆判重了。这表明，对于普通人来说，此案判决的关键不是定性而是量刑，而量刑是法律明文规定的，法官无法修改。因此，在某些中国学人看来很民主的陪审制度其实并非民主理念的产物，而是基于诸多现实考量的一种抉择。最重要的是，如果司法民主化仅仅指这些或其他具体制度，在仔细考察了其引入中国的具体设置，盘算了其利弊并发现利大于弊后，我也可能赞同。只是为什么不直说，不讲具体的道理呢？为什么一定祭出民主的大旗呢？除了"虎皮"的效果外，这类大词有什么实在意义？

　　我其实赞同今天中国法院在司法实践中以制度方式吸纳民意，主要是吸纳民意中隐含的有助于有效解决法律问题的新视角或新信息，以便在司法制度和程序内由法官自我微调。但这些与司法民主化无关。因为民主的基本含义就是指当选者直接或间接对民众或选民负责。法官并非选举产生，选举产生的结果一定会令法官承担更大政治压力，法官对民意的吸纳会更多是被动的，甚至是被迫的；吸纳的也不会是信息和知识，而更多会是情感和态度的。这是完全不同的两种思路。

应对难办案件的制度模式，许霆案的启发

　　回顾以上的分析概括，应注意到，许霆案全过程其实已为司法提供了回应难办案件的一个可能的过程模式，也是制度模式。乍看起来，上述三种思路的立场、前提很不同，但它们分享了共同的前提假定：司法决策是法官个体的决定——他独自适用法律教义、解释法律、推理论证或自觉吸纳民意。这三种思路中，都没有法院、法院层级、审级以及司法过程的概念甚至影子。这些看似不同的回应其实思路高度单一，源自

一个政治正确的语词的字面含义"法官独立"。但实际情况却是，现代司法是一个系统，是一个制度。每个司法决定都是司法制度的产物，也是司法过程的产物（尽管不是每个案件都经历全过程），即便是法官独任审判审理的案件，那也是在法律、制度、程序的约束下，必须遵循或至少是顾及先例，要顾及当事人的反应，还要考虑当事人上诉后二审法院的可能反应。换言之，法官他/她从来也不是也不可能，如同一些学者浪漫想象的，自行其是。在回应难办案件之际，一定要把制度和过程的视角捡回来。

许霆案司法处理就体现了这一模式。一审判决严格依法。判决发布后，引发了社会关注和热议，也激发了上级法院的关注。在社会和法律共同体的争论互动中，整个社会对此案大致形成了法律和道德共识，一个应对此案的较好的法律方案开始呈现。二审法院将案件发回重审，一方面给了重审法官重新决定此案的可能，另一方面重审法官也了解已逐渐凝聚的社会共识，可以平衡且有效地考虑相关法律规定作出判决，还可以依照制度和程序要求获得最高司法机关对重审判决的认可。当法律没有其他紧急出口之际，这种难办案件还可能促使或推动相关立法机关立法或修法。但一定要注意，这一过程的起点是法院首先严格执法，恪守一审法官的循法办事这一法律美德。即便知道如此依法得出的判决本身可能不太合理，可能引发社会争议，也应尽可能循法办事。一定要明白，恰恰因为有了这种社会争议甚至热议，案件发回重审后，重审法官知道必须有所创新才能有效应对时，才可能自主吸纳、运用社会和法学界讨论形成的共识、相关思路和必要信息，使重审判决建立在凝聚了足够社会共识和学术共识的基础上，最后通过必要的司法程序予以确认。这种制度进路不强调某位主审法官或合议庭各位法官的天才、智慧、勇气和创造，而是强调各层级法院原则上必须恪守自己在这个司法系统中的具体制度角色，以法院和法官为中心通过司法过程来汇集各相关法院和法官的智慧，以法定的司法过程来吸纳和整合民意。

吸纳民意，但不是简单地向民意妥协。它是各级法院和法官从民意中不断吸纳相关信息作出合理判断（以及规则调整和创制）的过程，因此一定需要、也更可能有效运用和整合教义分析以及法律技能。教义分析和法律技能显然是这一决策过程中不可缺少的一部分，尽管不再是独自决定性的，相反这也会增强和培养与法官独立和有效司法并不必然冲突——尽管会有不少法律人认为相反——反倒可能有助于其司法的社会意识和政治意识。[57]在这个过程中，决定性因素是司法过程对相关信息的吸纳，是各层级法官的教义分析和司法技能的运用，以及——特别是——上诉（二审或终审）法院的政策考量与政治判断的共同作用。它不只受制于个别法律精英（特别是出庭律师）的法律分析，而是整个社会的法律精英（法官、律师和法学人）都由此增强了对民意的理解和吸纳。

如果这一模式成立（尽管是雏形），它也应有助于促成中国政治制度和政治法律文化的转变。例如，一审严格依法的结果不合理，更可能迫使立法机关或相关细则制定机关及时回应一审法官的需求；或促使二审法院甚至最高法院理解并关注一审法院的困难，关注以民意方式表现出的社会共识。从这个视角看，对错不重要，许霆案一审和重审其实是司法共识凝聚的一个过程。

要保证这一过程有效运作，还要有些条件。

第一，相关党政机关甚至高层级法院都应尽可能，如同许霆案或至少如同许霆案外观那样，在诉讼程序未结束前，不干预、不指示法院一审、二审或重审判决，尽可能让司法程序来完成这个民意辨认、凝聚和吸纳过程。[58]这通常需要时间和耐心。

第二，这也要求二审法院逐步转换功能，更多关注法律问题，而不像今天中国常规的二审实践那样，往往重复关注了一审法院关注的事实问题。这将促成"二审"转变为真正意义的"上诉审"，促进上诉审的政策协调和保证法治统一的功能。这意味着，在我看来，在许霆案中，其实从来就不存在广东高院发回重审时认定的一审判决存在"事实不

---

〔57〕 必须清楚，世界各国司法中最重要的案件，其实都不是纯法教义学或法律解释的案件。至少在美国，从马伯里诉麦迪逊案（*Marbury v. Madison*, 5 U.S. 137 (1803)）、麦卡洛克诉马里兰州案（*McCulloch v. Maryland*, 17 U.S. 316 (1819)），到布朗诉教育委员会案（*Brown v. Board of Education of Topeka*, 347 U.S. 483 (1954)）或布什诉戈尔案（*Bush v. Gore*, 531 U.S. 98 (2000)），无不如此。

〔58〕 但请看，《最高法副院长姜兴长：许霆案一审量刑过重》，载《新京报》2008年3月11日。

清、证据不足"的问题。广东高院所以将之发回重审，其实是"卸责"，是把烫手山芋甩回给广州中院。从法理、司法原理和法律上看，对这种事实已经完全清楚的案件，民意也已浮现，广东高院不仅可以，依法也完全应当改判[59]，由它基于许霆案事实直接援引如《刑法》第63条第2款裁判并给出充分说明，就像它的重审裁定书那样，并报最高法院核准。因为，之前有些外地法院曾有过这样的司法案例。[60]当然这些案例依据中国司法体制不具权威性，却还是表明这种做法得到过中国现有司法体制某种程度的认可。广东高院本可以甚或早就应以这种方式承担更多的司法责任，节省司法资源，增加二审的权威性，也可以尽早解脱一审法院因严格依法判决引发的民众不理解，从而维护整个法院系统的权威。

第三，相应地，这也要求法律界、法学界乃至媒体和民众逐步转换思维，更能理解一审法院和法官的制度角色和法律定位，理解审级制度。只要一审判决不是在案件事实认定上——无论因何原因——有重大偏差，适用法律基本正确，那么即使判决结果看上去不合情理，也要有耐心等待二审法院通过对法律问题的处理来应对。要允许司法"试错"。

第四，上级法院必须充分理解和体谅处于风口浪尖的一审法院和法官的艰难。尽管都说依法办事，但有时个案中很难严格依法，因为严格依法就办不成事、甚至会办砸了事，就如许霆案这般。法院系统必须修改目前很难严格操作落实的"错案"标准，不再以个案判决是否符合民意、有多少判决被上级法院改判来简单判断一审法院和法官的工作绩效。

这说的是整个法院体系。但一审法院内部在现行制度框架内也应有所改造以便应对此类难办案件。当遇到如许霆案这类显然合法不合情理的难办案件，一审法院应更多依据现行法院组织法和诉讼法的相关规定，尽量发挥审判委员会的功能，以减轻主审法官发布了合法不合情、

〔59〕《刑事诉讼法》，第189条第2款。
〔60〕 如《闪国润盗窃近亲属财产数额特别巨大被在法定刑以下减轻处罚案》（2006）西刑初字第6号。

合法不合理的判决后所面对的巨大社会压力。审判委员会的集体决定，一般说来，也更可能也会更快引发二审法院和上级法院审判委员会的关注和反应。许霆案的审理并未经一审法院（广州中院）审判委员会讨论决定。一审法官独立审理决定了此案，不仅他本人被公众严重误解，更糟糕的是，整个广州法院甚或整个法院系统都因此被严重误解。这对司法权威才是严重损害。

在经历了这一司法过程后，难办案件的结果吸纳了民意，也许看似民意胜利了，其实恰恰是通过这一司法过程，法院在民意面前获得了更大的自主。

结语

概述本文观点，并挑明一些寓意。

第一，本文讨论的是难办案件，并非司法中大宗和日常的常规案件。大量常规案件都应当，也可以，通过教义分析、法律论证推理相对简单地予以解决。针对大宗和常规案件，本文批评的教义分析和法律论证推理会是司法中常用和基本的工具。

第二，政治判断和政策考量不可避免。司法永远会遇到难办案件，教义分析和法律技能能发挥作用，但独自或相加仍不足以有效回应难办案件。包括理解和吸纳民意在内的政治判断和政策考量不可避免。甚至，即便判决书展示的全是教义分析或法律推理解释，在难办案件处理中，起支配或指导作用的仍是政治性判断和政策考量。法官在判决书中通常不会展示甚至有意隐匿这些判断，不意味着没有或可以没有这些判断和考量。法学人必须眼光深邃，看到判决背后和判决书背后的各类因素，并在相应的研究中努力予以描述和解说，这既是创造中国司法研究的学术共同体，也有助于对法学生的教育和培养。养成这种眼光不是要抛弃教义分析和法律推理，只为更有效地推动法学发展，培养更杰出的政治家/法律人，有利于理解和完善司法制度，有利于促进中国法治的发展。

第三，除了法条主义视角外，法律人更要坚持用制度眼光来考察司法。这包括在整个中国政治制度中理解司法，在整个中国政治民主发展进程中来理解司法，以及在整体司法制度和程序中理解难办案件的应对和处理。对审理难办案件中的法官的两难处境、所承受的压力要有足够理解，甚至对他们的差错也要有适度的宽容。法官并非事先装备齐全后从容等着难办案件的到访，他们通常同我们一样（尽管有更多教义分析和法律论证的武器）都是半路上冷不丁遭遇了难办案件。法官不仅是普通人，并且受制于制度角色，因此可能出错，甚至因制度角色有时还只能"将错就错"。我们应当把对正确司法判决的期待从个体法官和单一法院身上转到司法制度甚至立法制度上来。这是司法制度的意义，甚至也是立法制度的意义。

第四，民意是司法合法性的最终基础，司法当然应当回应民意，但更需有效回应，在现行制度下依据制度和程序来有效回应，包括完善制度和程序。但司法首先要依法，否则就一定会背离法治。吸纳民意不是对民意中判断性和情绪性因素的简单妥协和接纳，而是要有效吸纳民意中包含的与妥善决定相关的信息。在这个意义上，拒绝民意不仅政治上不明智，司法上很有害，而且是法律人的思维封闭和不求上进，是另一种法条主义。

第五，要善于总结中国的经验，不能只用外国做法来批评中国；要把那些也许还不完善、过于粗陋甚至有错的中国经验提升、概括到理论层面，使之成为有指导意义的中国司法经验，进入中国法学理论。这需要开阔的理论视野，求实的态度，更需要法学人对中国法律人的智慧和实践的自信。

2008 年国庆长假于北大/西南政法

附录：许霆案隐含的其他法律争点

许霆案判决是一个在制度和法学理论层面上——不限于刑法领域——都很重要的决定。此案中的有些问题并没随此案判决而结束。至少有以下几个问题，因为今后其他案件还会遇到，值得讨论。

重审判决、重审二审裁定以及最高法院裁定是否已经承认或默认了一般的"被害人过错"概念，并作为减轻处罚的根据？重审判决书称"许霆是在发现银行自动柜员机出现异常后产生犯意……行为与有预谋或者采取破坏手段盗窃金融机构的犯罪有所不同"；二审裁定书称"许霆取款的柜员机出现了故障，已非正常的'金融机构'……许霆的盗窃行为之所以得逞，柜员机的故障客观上提供了便利"；"许霆是趁自动柜员机发生故障之机……犯罪情节相对较轻"。三份法律文件都至少把 ATM 故障作为减轻处罚的裁量性情节之一，二审裁定书则将之视为犯罪发生的便利条件，因此可视为减轻处罚的法定情节之一。这里所说的"异常"或"故障"可否理解为受害人的"过错"？

无论是否理解为受害人的"过错"，此案事实上已成为中国刑事司法实践的一个"先例"。但这是一个什么样的先例？是一个司法可以、但不必须采纳的说服和论证性的范例？还是已经是具有法律效力的一般规则——毕竟该判决已经为最高人民法院核准了？

无论是作为范例还是作为一般规则，只要允许援引，还有两个有关援引或适用范围的问题。一是法域的。是在广州中院的管辖内（因为这是获得法律认可的重审判决）适用或援引？或是在广东高院或全国的管辖内（毕竟已经得到了高院和最高法的裁定核准）？二是有关刑法规则。是仅对诉诸《刑法》第 63 条第 2 款的犯罪，还是对所有罪名？

这涉及裁定核准的法律意味究竟是什么？是仅对此案重审判决结果的认可，因此仅仅是对量刑的认可；或是对此案判决的认可，包括对重审判决书（以及二审裁定书）所阐述理由及其体现的一般规则的认可，因此具有规则意义？

若是后者，且受害人过错成为裁量性的或法定的减轻甚或从轻处罚的辩解，中国刑事司法实践就会有重大变化。何为受害人过错，需要大量司法实践和法学研究来予以严格界定。财务制度有漏洞，是否构成受害人的过错，因此可减轻贪污者的罪责？女性穿着暴露，语言挑逗，是否构成过错，因此减轻强奸者的罪责？在特定情况下会否导致罪名的改变？这类此刻看来荒谬的辩解迟早会在法庭上出现，边界的划定和分类将成为法官面临的司法难题之一，并会成为大宗刑法教义分析论文的主要渊源之一。

这也意味着中国刑事法学理论可能会有较大改变。受害人"过错"有可能成为中国刑法教义学研究的一个前沿的同时牵涉广泛的问题。它可能改变以大陆法系刑法教义为基础的不承认混合过错的中国刑法理论，不得不更多借鉴英美法的刑法理论。这会导致刑法理论的一个不小的变革。之前许多以其他名目反映的刑法教义问题（如正当防卫）以及其他刑事辩护理由（如某些因幼女自愿而发生的"强奸"）都可以纳入这一框架重新分析，因此可能导致法律经济学的刑法分析在中国的发展，因为法律经济学分析的核心可以说就是比较过错（想想科斯的"权利的相互性"和"权力配置"）。

所有这些，但可能远不仅这些，就是为什么我在正文一开始提出的"难办案件可能引出坏法律"的一个注解。研究这些问题足以成为法学博士论文（不限于刑法）的出色选题。

|第九章| 司法解释的制度约束

—— 从最高人民法院有关"奸淫幼女"的司法批复切入

最高法院是个政治性法院……

—— 波斯纳[1]

问题的界定

2003 年元月 23 日，最高人民法院发布了 2003 年 1 月 8 日最高法审判委员会第 1262 次会议通过的题名为《关于行为人不明知是不满十四周岁的幼女，双方自愿发生性关系是否构成强奸罪问题的批复》，该解释自 2003 年 1 月 24 日起施行。[2]批复很简单，但正如所有的媒体关注的，要点在于后半句。全文照录如下：

> 行为人明知是不满十四周岁的幼女而与其发生性关系，不论幼女是否自愿，均应依照刑法第二百三十六条第二款的规定，以强奸罪定罪处罚；行为人确实不知对方是不满十四周岁的幼女，双方自愿发生性关系，未造成严重后果，情节显著轻微的，不认为是犯罪。

---

〔1〕 〔美〕波斯纳：《法官如何思考》，苏力译，北京大学出版社 2009 年版，第 245 页。波斯纳说的是美国联邦最高法院。但在我看来，由于最高法院必定会处理某些引发高度社会争议的案件，因此程度不同的，每个国家的最高法院都会如此。

〔2〕 参见，《法制日报》2003 年 1 月 24 日，版 2。

最高法研究室负责人介绍说，这个批复能够使刑法的相关规定在审判实践中得到更加准确、有力的贯彻执行。在他看来，由于我国《刑法》（1997）第236条第二款的规定缺乏"是否明知不满十四周岁"的主观要件，因此，"长期以来，只要行为人和不满十四周岁的幼女发生性关系，就一律以强奸罪从重处罚。"据说这是"客观归罪"的做法，不符合刑法刑罚适用主客观相一致的原则。[3]说是新批复不仅体现了主客观相一致的原则，同时还体现了"区别对待"的刑事政策。该负责人强调，要满足这一批复中的"确实不知"必须要有足够的证据证明；对于批复中的"明知"，他解释为"知道或应当知道"。[4]

刑法学界对于这一批复的态度——就公开表示的而言——基本是一边倒：支持。《法制日报》每周法评宣称"我们知道，一个具体行为构成犯罪，在主观方面必须具有犯罪的故意或过失，必须达到主客观的统一"，因此这一批复是对"奸淫幼女罪的法律规定……[的] 如此漏洞……在实行20多年之后 [的一个] 修正"[5]；某法学院网站上的一个帖子则把这一点说得更清楚："当事人在不知情的情况下发生如上的法律事实，本来就不满足犯罪基本要件的'主观要件'，不能构成犯罪。像这样基本的问题，还需要司法解释吗？费解！"支持这一批复的全部理由和根据就是这更符合刑法的犯罪构成理论。

这是刑法教义学的判断。尽管许多人真诚相信，其实也就是用教义学做了个幌子。真正的动力是许多学术和实务法律人的一系列重要且相互关联有关法律的抽象但实质性判断。大致说来，这些判断有，第一，刑罚是一种"恶"，不得已而用之，因此应当慎用；第二，在这类奸淫幼女案件中适用现有犯罪构成理论有利于减少和减轻刑罚适用（这是一个实用主义判断），会在任何情况下都能确保刑罚的准确适用（因此是一个对该理论的真理性判断）；以及第三，一个隐含的更为根本判断，这样做至少不会损害其他应当保护的利益，甚至有望增进整个社会的福利。

---

〔3〕 参见，《法制日报》2003年1月24日，版2。
〔4〕 同上注。
〔5〕 殷蕾：《从一项司法解释看法治观念的更新》，载《法制日报》2003年1月28日，版1。

这些用意很好，我支持；但严重脱离社会实际，也不仅是中国的社会实际。我有保留地分享刑法学人的第一个判断，一个价值判断；刑法是"恶"，但是必要的"恶"，因此对于受犯罪伤害的人和社会就是绝对的"善"。我赞同第二个判断的前一部分，一个事实判断，这一批复确实会减少和减轻刑罚适用。但减少或减轻刑罚适用不总是等于刑罚的正确适用，也完全可能是罪犯逃脱了刑事惩罚。据此，我反对第二个判断中的后一部分。进而，我坚决反对第三个判断，我判断这一批复减轻了对刑事罪犯的惩罚，甚至令一些罪犯逃脱了惩罚，一些本应受严格保护的社会利益无法得到刑法的保护，因此该批复的总体效果会是降低了全社会的福利。

下一节首先从可能的社会实践后果来论证这一批复是错误的：它违背法理，也违背保护 14 岁以下幼女的基本公共政策；第三节分析其损害了诸如幼女父母以及其他可以主张权益的相关人士和组织的利益；第四节力求展示这一批复客观上违反了立法与司法的权力配置以及法院与检察院的相对制度权能，鲁莽地以司法批复置换了国家最高权力机关对这一具体问题的立法判断；第五节则揭示这一批复有选择性执法的效果，有利于某些特殊群体的违法犯罪行为。最后就如何处理这一批复中隐含的或涉及的刑法问题提一些建议。

必须界定一下我的切入点。最高法在这一批复中，以及许多法学家为最高法这一批复的辩护，都认为该批复正当性的基础是行为男子对幼女年龄的认知错误，还引证了《刑法》第 16 条有关不可抗力和意外事故的规定展开分析。他们大致认为，当行为男子确实不知幼女年龄的情况下，该男子因双方"自愿"的性行为受刑法惩罚，这违背了这一原则以及相应的犯罪构成理论。[6]我认为从这里切入明显错了。

《刑法》第 16 条与这类案件全然无关。第一，第 16 条正确强调了受刑事惩罚的行为必须是有罪过的行为，这表述了一个刑法基本原则。

---

〔6〕 在北京大学法学院刑事法研究所为本文初稿组织的学术讨论会上，几位刑法学者都持这种看法。此外，又请看，同上注；吴金鹏：《一位刑事法官视角里的奸淫幼女罪司法解释》，http：//www. clreview. com/artiview. asp？ editid =246，最后访问时间 2003 年 7 月 3 日；李立众：《奸淫幼女严格责任否定论》，http：//www. zzhf. com/detail. asp？ id =986，最后访问时间 2003 年 7 月 3 日。

但在司法上，实践这一原则并不要求在每一点上都必须在司法上证明其过错的行为；司法可以，事实上许多时候使用了、也有理由使用一些法律设置，减免一方在某一点上的司法举证责任，如推定或"责成说明"。[7]第二，但更重要，对《刑法》第16条的法定概括是"不可抗力和意外事故"条款。如果这一概括不错，那么，怎么可能认为一位男子因年龄认知错误同一位不足14岁的幼女的性行为是一种"不可抗力"或"意外事故"？从法经济学的视角看，所谓不可抗力或意外事故是指施加惩罚不会排除事件发生或无法降低其发生之概率的事件。但就我目前看到的一些论文而言，诸多支持这一批复的法学家没提出任何论证表明，惩罚或不惩罚同14岁以下幼女发生性关系的男子，对这类事件的发生率没有任何影响；若真的毫无影响，那就根本不应惩罚。对这一款的不同司法解释必定会影响这类行为发生的数量和概率。"年龄认知错误"不属于，不可能属于，法律上的不可抗力或意外事故。男子同幼女交往时对其年龄的认知错误完全可以通过问询或查询而避免，就如同公民投票时或入学或入伍时相关职务人员只要察验年龄就可以避免年龄认知错误一样，这有什么不可抗拒的？有什么意外？除非你完全不理睬法律的这一提醒。

我认为，恰当的切入点只能有关幼女的"自愿"之界定。之所以从这一点切入，除了刑法不可抗力和意外事件条款不适用外，最重要的是，这一点与强奸罪强调"违背妇女意志"这一核心要素一致。14岁是立法机关也是最高权力机关的一个立法事实判断，即什么年龄段的女性，她的性行为意思表示才有效。这个判断是，当女性不足14岁时，其所谓的"自愿"意思表示在法律上不成立。如果这里的14岁强调的是男子对幼女年龄的主观认知，那么，势必推断或认定，14岁以下幼女同不知其年龄的男子发生性关系时，前者的"自愿"意思表示法律上有效（valid），因此豁免了该男子的罪责或罪错；而当与知道或应当知道其年龄的男子发生性关系时，该幼女的"自愿"意思表示在法律上则无效，因此不豁免该男子的刑事责任。这两个推断逻辑上不可避

---

[7] 典型如《刑法》第395条规定："国家工作人员的财产、支出明显超过合法收入，差额巨大的，可以责令该国家工作人员说明来源，不能说明来源的，差额部分以非法所得论……"

免，但在社会规范层面上无法并存。这会导致，同样与 14 岁以下幼女的性行为，行为人"知"（或"应当知"）与"不知"对方年龄这一点就决定了他的命运完全不同：当他"知"或"应当知"时，他面对的法定最高刑是死刑[8]，当他"确实不知"时，其行为甚至不被视为犯罪[9]。一个有关年龄的主观认知决定了一个行为横跨从无罪到死刑的全部刑事惩罚，如此巨大差别，没有哪位刑事法律人能够接受。这会是另一种令人可怕的"论心定罪"。

据此，对刑法这一文字的合理解释，只能是限制了 14 岁以下幼女性行为意思表示的有效性，可以说限制了幼女的性的行为能力，与男性对性对象年龄的主观认知无关。立法机关认定：任何人，与 14 岁以下幼女的任何性关系，都违背了幼女的意志；而不是先做个假定，然后让法院逐案考察确认，幼女性行为意思表示是否真实有效。换言之，行为人是否知道幼女不足 14 岁，对定罪没有影响，只可能对量刑有影响。本文因此集中讨论这个"自愿"，并在此基础上讨论年龄认知错误。

为什么特别保护幼女（或少女）？

保护孩子，是任何负责任的父母的自然本能。由于幼女和少女比男孩更容易受伤，在农耕社会要外嫁，再也得不到父母的关爱，因此，至少在中国社会，非但是社会的共识，事实上是社会规范，即"女儿要娇养"，男孩则可以粗养。[10]但在传统社会，国家有效治理能力欠缺，这一责任基本是由家庭特别是父母承担，以地方风俗习惯为准。近代以来，国家治理能力逐渐增强，以这一社会共识为核心，也因近现代保护妇女、保护未成年人的公共政策，保护幼女身心健康自然也进入现代国家治理的视野。除

---

[8] 参见《刑法》第 236 条第 3 款："……奸淫幼女，有下列情形之一的，处死刑：（二）……奸淫幼女多人的……"

[9] 参见前注〔2〕所引司法批复："行为人确实不知对方是不满十四周岁的幼女，双方自愿发生性关系，未造成严重后果，情节显著轻微的，不认为是犯罪。"

[10] 相关的经验研究，可参看，邢雅馨、蔡赵娜、王美芳：《父母体罚态度与体罚行为的关系：基于主客体互倚性模型的分析》，载《中国临床心理学杂志》2018 年 4 期，第 745 页。这一点看似与农耕中国"重男轻女"有冲突，其实不矛盾。

了民法典中开始规定婚龄外[11]，各国纷纷开始以刑法来保护低龄女子免受性侵，具体表现为，刑法规定了女性法定意思表示年龄。不到法定年龄，即便女子自愿的性行为在法律上也被视为非自愿，与之有性关系的男子，无论成年或未成年，因此构成法定强奸，并将受刑罚惩罚。

目前，世界各国/法域（联邦制国家的各州往往为独立的法域）规定的意思表示年龄差别相当显著。在极少数中东、非洲国家，这一年龄低到12岁。在美国少数州，基于普通法的遵循先例、近代以前的社会条件。以及天主教基督教传统导致这一年龄甚至至今高达21岁，乃至成为具文。[12]在我写此文时查到的210个法域中，有195个法域规定女性的法定意思表示年龄在14—18岁之间。[13]

在这一背景下，就容易理解我国《刑法》与此相关的诸多规定。《刑法》第236条第2款规定："奸淫不满十四周岁的幼女的，以强奸论，从重处罚"；第358至360条规定中有关幼女的一些规定也体现了相关的立法追求，反映了相应的社会共识或公共政策。从上下文、明示排斥默示的解释原则[14]以及相关法学著作的解释来看，特别是"以强奸论"，都表明《刑法》第236条的"奸淫"就是指不法性交（有别于更宽泛的"性关系"），无论男性是否有"强迫"或"违背妇女意志"。立法者显然认定，年龄不足14岁（大约如今的初二学生）的女性有关性行为的任何意思表示均无法律效力。由于与通常理解的典型强奸（common law rape）有别，刑法理论往往把制定法明文规定予以惩罚的其他种种不法性关系，主要是成年或未成年男性同法定年龄以下的幼女/少女、以及在一些国家中成年男女同法定年龄以下的男子的"性行

---

〔11〕 法国最早制定《拿破仑法典》规定婚龄为11岁，后来逐步提高，如今为15岁。《拿破仑法典》，李浩培、吴传颐、孙鸣岗译，商务印书馆1979年版，第21页。

〔12〕 在美国以及欧洲一些国家中，刑法关于女性同意年龄的规定所体现的社会共识，在相当程度上，还是欧洲近代之前社会环境的产物，主要为避免年轻女性怀孕和生育。由于天主教和基督教的影响，人工流产在欧美国家受严格限制甚至禁止，而非婚生子女也曾长期受社会歧视。

〔13〕 可参看，http://www.ageofconsent.com/ageofconsent.htm；以及，https://www.ageofconsent.net/world，2003年7月20日最后访问。

〔14〕 我国《刑法》分则中明确"明知"的条款计有二十六个。因此依据明示排除默示规则和法理，凡没有规定"明知"的，应推定或是过失犯罪，或是严格责任犯罪。规定了"明知"的条款，对丁具体"明知"的是什么，也不确定，必须根据各条文、但特别是长期司法实践形成的共识来理解和认定涉罪个案刑事被告应当明知的具体内容。

为"（并不限于性器官接触），无论受害者有无"自愿"（consent）表示，统一称为"法定强奸"（statutory rape）。目前中国刑法和刑法理论不用，乃至有学者拒绝，这一概念。

不应只关心立法文字，更应关心的是司法实践，即各国司法究竟是如何处理相关问题的。在美国普通法实践中，尽管不能仅有受害人女性一方的言词[15]，但法律明确规定，定强奸罪，检方需要完成的举证责任中，无须证明女性不自愿。[16]无论女性是实际同意了还是默许了，就因该女性不到意思表示的法定年龄，这就是法定强奸。[17]法定年龄被认为是由立法者断然确定的，一个人能合法同意与他人自愿发生性关系的法定时间。[18]在如今美国绝大多数法域，即便相关事件受害人及其父母都反对提起公诉，政府仍可以提起法定强奸的指控；换言之，是否指控法定强奸，与涉案的女孩或其家人是否认同政府的指控无关。在一份判例中，法院明确表示：法定意思表示年龄就是要"……以违背少女意志的方式来保护她们"（to protect young girls against themselves）。[19]

被告人真诚但错误地确信女性已过了法定年龄，在美国，不构成法定辩解。就联邦立法而言，美国联邦法院认定，虽然犯罪意图通常是普

---

〔15〕 Official Code of Georgia Annotated，§16-6-3。类似的规定，又请看，The Model Penal Code，§213.2-3。虽然这只是佐治亚州的刑法规定，但在美国，传统的刑法属于普通法，只要不与联邦宪法具体条文相悖，普通法的权威刑事司法解释就是本州最高法院的决定。由于历史传统，佐治亚州的刑法在美国历来被各州视为模范。依据美国司法惯例，在刑事司法案件上，佐治亚州最高法院的刑事判决，在美国普通法刑事案件审理上，有近乎最高权威性。相比之下，中国学人时常引用的《美国模范刑法典》，只是，基于对美国各州司法实践的总结概括，美国律师协会向各州推荐的刑法典草案，仅代表了美国部分法律和法学人的主张，有参考价值，但不具实在法的权威。

〔16〕 美国《布莱克法律词典》对"法定强奸"的界定为："与不到意思表示年龄（各州不同，16、17或18岁）的女性的非法性关系。不要求政府证明这一性关系没有得到该女性的同意，因为她被结论性地假定由于其年幼而没有表示同意的能力。"*Black's Law Dictionary*，Abridged fifth ed. West Publishing Co.，1983，734；《牛津法律指南》的相关界定是："同年龄16岁以下女性的性关系，即使她同意，尽管不是（普通法的）强奸，也是犯罪"。David M. Walker，*The Oxford Companion to Law*，Clarendon Press，1980，1031。

〔17〕 *Strickland v. State*，207 Ga. 284，61 S. E. 2d 118（1950）。

〔18〕 可参看，*Oxford Dictionary of Law*，New ed.，Oxford University Press，2002，p. 20；又请看，前注〔16〕，*Black's Law Dictionary*，p. 33。

〔19〕 转引自，http://www.ageofconsent.com/definitions.htm，同前注〔13〕。类似的说法，请参看英国的一个判决，称某性犯罪防范法"有时就是保护她们免于自身伤害"（indeed sometimes to protect them from themselves）*R. v. Matthews*，Court of Appeal（Criminal Division），17 Nov. 2000。此案中，一位15岁半的女孩"自愿"同一位31岁男子发生性关系，该男子还是被判入狱1年半。

通法犯罪的构成要件，但有几种制定法犯罪例外，其中包括"法定强奸这种性犯罪，即使被告合乎情理地确信女孩已过了法定年龄，然而，真正有决定意义的只是受害人的实际年龄"。并且这不违反美国宪法。[20]

各州情况略为复杂，但基本格局相同。1964 年之前，美国各州一致接受，在法定强奸案中，被告对受害人年龄认知错误不构成辩解。1964 年，由于加州当时的法定意思表示年龄是 18 岁，以及在具体案件中涉事女性"受害人"时年差三个月满 18 岁，加州最高法院背离先例认定：诚实且合乎情理地确信受害人已过了法定意思表示年龄，双方自愿的性交，构成法定强奸的辩解之一。[21]但此后多年，美国绝大多数州最高法院在涉及这个问题时都拒绝了加州最高法院确立的这一规则，不接受合乎情理之认知错误为法定辩解。[22]加州后来立法规定，若女性年龄低于 14 岁，年龄认知错误就不构成被告的法定辩解。[23]最新版《美国法理大全》指出，美国各州"普遍的司法实践是，在无立法规定的情况下，被告是否知道女方年龄对于法定强奸罪并不重要，被告合乎情理地相信受害人过了法定同意年龄不构成法定辩解"。[24]时下，只有阿拉斯加州，错误认定对方年龄，可以作为被告的辩解；但举证责任的标准相当高，即被告必须以大量且充分的证据证明自己对对方年龄的认知确实有误；这其实是很难达到的标准。其他有相关制定法的州则规定，当受害人为 14 岁或 15 岁或 16 岁以下时，无论受害人本人是否同意，或被告诚实且合乎情理的年龄认知错误，均不构成法定强奸的辩解。无制

---

〔20〕 *Morissette v. United States*, 342 U. S. 246, 251, 72 S. Ct. 240, 96 L. Ed. 288 (1952).

〔21〕 *People v. Hernandez* (1964) 61 Cal 2d 529, 39 Cal Rptr 361, 393 P2d 673, 8 ALR3d 1092.

〔22〕 如内华达州，*Jenkins v. State* (1994) 110 Nev 865, 877 P2d 1063, 46 *A. L. R.* 5th 865. 又请看，"Annotation Mistake or Lack of Information as to Victim's Age as Defense to Statutory Rape", 46 *A. L. R.* 5th 499。

〔23〕 请看《加州刑法典注释》(*California Penal Code* (c) 2003) § 288：

> 任何人对 14 岁以下儿童的身体或身体的任何部位有意或淫猥地干下了淫猥或淫荡行为，包括任何构成第一编规定的犯罪行为，意图激发、唤起、满足此人或此儿童的色欲、激情或性欲，都构成重罪，将予以 3 至 8 年监禁。

对这一条的官方注释以及一系列司法判例都明确指出：对于 14 岁以下人的犯罪指控，诚实、合乎情理的年龄错误不构成法定辩解。请看，*People v. Olsen* 36 Cal 3d 638, 205 Cal Rptr 492 (1984)；*People v. Cicero* 157 Cal App 3d 465, 204 Cal Rptr 582 (1984, 3 dist)；以及 In Re John L. 209 Cal App 3d 1137, 257 Cal Rptr 682 (1989, 5th Dist)。

〔24〕 *Am. Jur.* 2d Rape § 36.

定法的其他各州，则一律遵循普通法先例，当受害人不足 14 岁时，受害人同意或被告对对方年龄认知错误，统统不构成法定强奸的辩解。

在其他英语国家，如加拿大和英国，总体的严厉情况大致相似。一方面，法官接受年龄认知错误可以构成法定辩解，但这两国的法定意思表示年龄为 16 岁，也即少女，而不是幼女。[25]重要的是，这也只是一个法定辩解，并非法定的无罪辩解。

在欧洲大陆国家，根据我非常有限的二手资料发现，有两国刑法典涉及行为人的年龄认知错误。《意大利刑法典》第 539 条规定，与未满 14 岁人（男/女）发生性关系，行为人不得以不知道被害人年龄为无罪辩解。《格陵兰刑法典》第 53 条甲款规定：行为人因疏忽与 15 岁以下少年（同样不区分男/女）性交，疏忽年龄不构成法定辩解。[26]其他国家刑法典没有相关条款，无从判断年龄认知错误在这些国家刑事司法实践中是否构成法定辩解或无罪辩解。更重要的是，我们无法根据立法文字确切了解各国的司法实践。但有一点值得提及，在已知的欧洲各国中，只有西班牙、葡萄牙的法定意思表示年龄为 13 岁，其他欧洲国家规定的标准均为 14 岁或更高。

事实上，近年来世界各国趋于以立法对各类性侵女童加大了惩罚，也就是强化了立法保护。突出标志是"化学阉割"。尽管不只是保护女童，但"阉割"一词表明，这更多针对的是性侵女童的犯罪。1996 年，美国加州首先立法，对性侵 13 岁以下幼女幼男的各类罪犯，在其假释期间，必须接受化学阉割。[27]此后不少州跟进。最晚近的是亚拉巴马州，立法要求，被定罪的儿童性罪犯，即便是初犯，在释放前，也要化学阉割。[28]俄罗斯、丹麦、德国、英国、瑞士、瑞典、韩国、波兰、印

---

〔25〕 加拿大的相关规定，可参看，*R. v. B.*（P. D.），46 W. C. B.（2d）342；2000 W. C. B；在英国，可参看，*B（a minor）v. Director of Public Prosecutions*，*House of Lords*，〔2000〕2 AC 428，〔2000〕1 All ER 833，〔2000〕2 WLR 452，〔2000〕2 Cr App Rep 65，〔2000〕Crim LR 403.

〔26〕 均引自，〔美〕塞威特兹等：《性犯罪研究》，陈泽广译，武汉出版社 1988 年版。

〔27〕 加州立法规定，性侵受害者年龄 13 岁以下的罪犯，B. Drummond Ayres Jr. "California Child Molesters Face 'Chemical Castration'"，*The New York Times*，August 27, 1996, p. A1。

〔28〕 Alan Blinder, "What to Know About the Alabama Chemical Castration Law, Alabama is The Latest State to Use Drugs to Try to Reduce Recidivism Among Sex Offenders", *The New York Times*, June 11, 2019.

度尼西亚、哈萨克斯坦等国也立法规定了选择性的或强制性的化学阉割。

对习惯以欧美为标准，不愿讲道理的中国法学/法律人来说，也许上述介绍就足够了。但没有理由，欧美如何，我们就该如何。不是排外，只因为各国法律规定和司法实践都与各国的各种社会条件相关，国外经验必须经过我们的思考，接受中国经验的验证。哪怕国外最通行的做法都不应视为理所当然，天经地义。我们必须清楚其中的道理。

之所以如此，也因为目前中国还有恪守另一类理论的法律/法学人，数量还不少。他们认为，国外上述做法都是"客观归罪"，不符合我国现在通行的犯罪构成理论。据说，中国目前主流犯罪构成理论一概拒绝"客观归罪"或刑法上的"严格责任"，甚至拒绝讨论这类问题。[29]但检验对错既不应当是"外国的做法或理论"，也不应是"我们的理论"——即便是主流理论，不是所谓世界潮流或先进的例子，而只能是长期社会实践的效果。而一种做法越是广泛且长期实践，就越可能有道理；因此越有必要细细考察其中的道理。

首先，尽可能保护低龄女性（幼女、少女甚至青年女性）不受性侵在历史上一直有超越规范男女性爱的多维度社会意义。演化心理学也即社会生物学的研究发现，就性行为而言，一般说来，男性在两性关系上本能地会更主动、更冲动；男女交往期间，一般首先提出发生性关系的都是男生；男性通常也比女性更"花心""广种薄收"，因此很容易"始乱终弃"；他们通常也更关注年轻女性，包括幼女、少女。此外，男性的体力也更强，颇具"攻击性"，并且这对许多女性也有性诱惑力，所谓"阳刚"（Masculinity）或"很男人"。在更多靠体力的传统社会中，男性通常也比女性更能创造和占有财富，在社会中自然也占据了比女性更高的地位。有更多财富和更高地位的男子，对于那些相对缺少财富和社会地位但年少有姿色的女子几乎本能地有更大诱惑力，容易相

---

〔29〕 "社会主义刑法不存在客观归罪的原则……""只有社会危害行为而缺乏故意或过失，就不能构成犯罪"（曾庆敏：《犯罪构成》《犯罪主观方面的要件》，载《中国大百科全书》法学卷，中国大百科全书出版社 1984 年版，第 127）。"这些要件是有内在联系的，缺　不可的"（高铭暄、马克昌主编：《刑法学》，北京大学出版社、高等教育出版社 2000 年版，第 52 页）。

互交换利益。传统的"郎才女貌""一树梨花压海棠""老牛吃嫩草"或今天的"大叔控",尽管有可能以偏概全,一定程度上确实概括了自古以来社会生活中两性关系的一些基本特点。在有有效避孕或堕胎措施之前,男女间一旦有性关系,女性就有怀孕、生育的风险,往往得她独自承担。因为社会不允许,也很难强制,普遍的多妻(妻妾)制,也很难确定亲子关系,这种种因素都使男性更可能、更容易、也有借口"始乱终弃",推卸责任。因此,失身、未婚先孕、私生子是传统社会必须应对的重要问题。需要制度校正和介入,来保护尤其是那些未婚的年轻女性的权益。

但如果仅仅认为,在两性关系中,女性更容易受伤(vulnerable),是弱势群体,才需要刑法的特别保护,这种权利意识也太现代了。另一重大利益维度是,在近现代之前,尤其在传统中国人际关系紧密的农耕社区中,若不加严格管控,许多自发冲动的两性关系还可能重塑、改变和颠覆人们已有的关系,颠覆社区组织内"人伦",引发重大的家庭、家族、社会甚至政治的风险。[30]这方面的典型例证,在西方社会,就是俄狄浦斯王的故事。

社会实际采取的措施一直是多管齐下。除了男女有别、授受不亲、父母之命,乃至个人修身养性和自我规训等措施外,也还有一系列民间的、社会的和国家的惩罚措施。其中之一就是,对在两性关系中往往更主动、更具攻击性、更难规制管控的男性,以更为严格苛刻的刑事责任增加其同年轻女性性行为的成本,迫使他们心存忌惮,不去诱惑、骚扰、甚至主动避开那些情窦初开的年轻女性。

在英美国家法律史上,对与少女/幼女的性行为,以法定强奸从严惩罚有两个基本理由。一是需要更严格保护少女(不只是幼女);二是从被告的婚外性行为本身不道德或不法,可以推断被告有违反性规范的犯意即过错,因此无须证明行为人有意侵犯某少女。[31]这种罪责一直被

---

〔30〕 苏力:《纲常、礼仪、称呼与秩序建构——追求对儒家的制度性理解》,载《中国法学》2007 年 5 期。

〔31〕 6 Am. Jur. 2d Proof of Facts 2 (1975). 这一点如今仍然为美国许多法域坚持,即当违法者知道自己的行为是私通或其他不当行为时,他也就因此有了足以正当化认定其法定强奸之罪的犯罪意图。

视为严格责任。[32]

但严格责任并非无过错责任或绝对责任。严格责任只是根据一些基本事实预先假定了行为人有过错，因此控方只需证明被告有某某行为，但不必须证明被告有主观过错。刑事被告可以推翻这一假定，但要推翻这一假定，被告则需要提供大量充分的证据。换言之，这里几乎是举证责任倒置，提高了行为人的举证责任。换个角度看，这是以另一方式增加了男性性行为的成本。在这个意义上看，奸淫幼女的严格责任并非有些刑法人说的是"客观归罪"，这一罪名完全可以纳入目前中国刑法理论。

随着近代科学技术侦查手段的不断发展，各国刑法确实更多强调犯罪行为人要有主观恶意[33]，并要求检方或刑事受害人完成相应的举证责任。但至今为止也并非一切犯罪都必须证明主观意图。说到底，犯罪是主权者/立法者认定必须予以惩罚的行为，因此制定了相关立法。为保护对于主权者/立法者认为重大的利益，只要必要和适度，立法者完全有权要求行为人履行更高的举证责任，甚至以刑事责任，来实现立法者追求的立法判断。法定强奸就是例子之一。尽管有些国家在法理上不承认刑法有严格责任，但只要略加观察，就可以发现各国刑事实践都以不同方式暗中输送了严格刑事责任，甚至是更严苛的绝对责任。最典型的如那些造成严重后果的"错误"或"不当"行为，如对渎职罪、重大责任事故罪的追究。在这类案件中，不论行为人本人当初的主观意图和真实精神状态如何，只要特定行为人的作为或不作为未达到相关法律或相关规定的要求，事实是，发生了重大事故，就必须有人来承担刑事责任，通常会认为直接责任人主观上有过错。对某些持有型犯罪，也免除了检方对持有人主观意图的举证责任。只要立法者或法官认为这样处置，相对说来，能更有效保护立法者认为必须保护的社会利益，就会放

---

[32]　*United States v. Ransom*，942 F. 2d 775，776（10th Cir. 1991）．以及 8 *A. L. R.* 3d 1100 and 1 *Wharton's Crim. Law & Proc.* 321．这段编译文字出自，*Collins v. State*，691 So. 2d 918（Miss. 1997）。

[33]　古代社会为什么会更多所谓的"客观归罪"、强调严格责任，近代为什么会发生变化？一种基于科学、技术和信息的、非政治道德意识形态的解释，请看，〔美〕波斯纳：《正义/司法的经济学》，苏力译，中国政法大学出版社 2002 年版，特别是第 7 章。

松、减轻甚至豁免有关行为人犯罪意图的举证责任。

这里的有效会令执法更省心，更迅速。但这并非立法者的追求。立法者追求的其实是，用刑法惩罚风险来迫使或诱使潜在行为人改变其行为。波斯纳曾讨论过这个问题，以严格责任来惩罚如法定强奸这类犯罪的收益是，潜在的惩罚会迫使潜在违法者更细心，绕过被严格责任犯罪保护的那类人，因此法律更安全地保护了这类人。[34] 在法定强奸案中，国家提高了潜在违法者对社会认定应受特殊保护之群体的责任，提高了违法者进行这类行为的成本，把保护幼女或少女的部分责任派给了那些可能与幼女或少女——即便是幼女或少女主动——发生性关系的人。

为保护幼女（或少女），要求男性承担这些责任会不会太高了？这个特别保护的责任并不高，并非过度限制男性的自由和选择。这条规定只是要求，男性细心甄别并避开不到 14 岁（这相当于初二女生）的这个幼女群体，别同这些因年幼太易受伤的女生群体发生性关系。这并没剥夺他通过其他渠道获得性满足。他完全可以同其他相对成熟的女性发生合法的、不道德的甚或非法但不违反刑法或社会治安条例的性行为，起码不会受刑事制裁。甚至，这也没剥夺男性此后，也许只是半年或几个月后，同其心仪的某位现在还不到 14 岁的女生有性关系。男性行为人有非常大的选择空间。

其次，要甄别并避开这类受保护的女性，男性也不需要特别仔细，只需常规的细心就足够了。如果真正相爱，交往过程中不可能连对方年龄都不了解。即便由于种种原因今天会有女孩可能比以往大多数女孩看来更早熟，或是较以往同龄女子看来更成熟[35]，但这种可能性很可能被法学人夸大了。除了各种激素外，仅从生物学上看，既不大可能因为知识或信息催化，也不大可能因为营养好了，女性就会明显早熟。这道理很简单，就像今天的女性不会因信息刺激或增加营养，怀孕期就从 9

---

〔34〕〔美〕波斯纳：《法理学问题》，苏力译，中国政法大学出版社 2001 年版，第 222 页。

〔35〕有学者认为现代社会有关性的信息传播增加会令幼女发育期普遍提前（请看，刘仁文：《奸淫幼女要否负严格责任：兼与苏力先生商榷》，http://www.jcrb.com/zyw/n154/ca84806.htm，2003 年 7 月 5 日最后访问）。但儿童性成熟是一种生理现象，是基因决定的。性成熟提前的印象很可能是媒体选择性报道和人们下意识选择接受新闻留下的错觉，因为稀罕事总是更容易被人传播并令人印象深刻。只要了解生物学常识，注意简单分析日常经验，就能得出结论，性信息传播不大可能促使人性早熟，最多只会刺激或强化成熟者的性欲。

个月逐渐缩短。个别男孩女孩所谓的早熟自古以来一直有，想想李白笔下的"十四为君妇"；但那其实是例外。不大可能通过人类努力，生物演化进而社会进化就会系统加快，例外就变成了常规。这种猜想更多源自缺乏自然科学基础知识的法科学生对生物进化论的误解。我们还必须相信，在社会层面，成年女子、少女和 14 岁以下的幼女，身体外观一定会有较为明显的差别。若完全或几乎没什么身体区别，就想不出有什么理由，有任何或某些男子更喜欢同年轻女孩的性关系，难道只是为了户口本上出生日期上的那个阿拉伯数字？此类辩解——也就只是辩解而已。只要承认，在社会层面，幼女与少女或其他女性有某些明显外在区别，那么男性稍加留心应当就能甄别，并避免同幼女的性关系。

甚至，即便假定幼女或少数幼女因某些原因，如服药，身体确实早熟，这也不意味着，刑法就应当降低法定的自愿年龄；相反这需要刑法的保护。因为，幼女身体早熟的重要寓意最多是性行为对幼女无生理伤害或是伤害更轻。生理早熟丝毫不意味着幼女的心理和心智也会早熟，性行为对她们没有心理或情感伤害。保护幼女就是要保护她们的身心健康，并不只是身体健康。从逻辑上看，如果幼女因种种因素身体——相对于其心智或情感——早熟了，更有理由要求法律严格保护她们的身心；绝不能如该批复隐含的，或如一些学者不顾社会经验只是从逻辑上推断的，应适度减少，或可以减少，对幼女的这种保护。

还必须注意，我国《刑法》规定的幼女法定同意年龄仅为 14 岁，这低于美欧绝大多数国家或法域更常见的法定年龄 15 岁、16 岁甚或 18 岁。[36] 我个人觉得，中国社会广大民众通常也反对成年男子同即便 16—18 岁左右的少女有"自愿"的性关系。但中国立法者也明白，如果将法定年龄提高，会有一系列执法难题。一是可能对潜在违法者施加了过高乃至其难以承担的刑事责任，令社会中潜在违法者增多。若严格执行这一规定，需要加大执法力度，刑事司法和执法的成本和负担太沉重。如果放松执法，不仅导致司法者、执法者的裁量权太大，容易引发

---

〔36〕 值得注意的是，2010 年 6 月 29 日韩国国会通过并于 2011 年 7 月开始实施的《化学阉割法案》修改了儿童的定义，从先前的 13 岁以下扩大至 16 岁以下。参见前注〔25〕相关引注。

腐败，更容易令这条法律成为具文。[37]为避免糟糕的结果，中国《刑法》规定的 14 岁法定年龄，在我看来，是个务实的选择。也即，为执法的稳妥、保险和便利，中国立法者选择了较低的法定同意年龄。这一选择的代价是现行刑法弱化了对 14 岁—16 岁少女的保护。

在性关系上，中国刑法要求男性甄别对方年龄，这个责任并不重，操作起来也不麻烦。一般说来，只要不是赤裸裸的性交易，男性同一位少女或幼女有性关系之前，一般都会有一段交往，即便是一见钟情，也不至于没时间询问一下对方年龄之类的背景信息，甚或要求某种确证（如出示足以证明自己年龄的证件，学生证、身份证等）。[38]当然，有些情况下某些幼女也可能隐瞒自己年龄。但只要行为人事先问过年龄或查看了相关证件，即便"上当受骗"，男性行为人在法庭上就可以此为辩解。法官在审理或量刑之际可以，我想一般也会，考虑的。法官甚至可以创立这样一个司法从轻或减轻处罚甚至某些情况下免责的法定辩解。[39]如果一位男子同一位陌生年轻女性发生这种人类最亲密关系时，连这点责任都不愿承担，恣意任性，卷入刑事案件，那么只能说他自己不负责任，活该受惩罚。所有时代的法律和社会规范都要求并激励人们对自身行为负责，这是法治得以实现的真正基础。现代自由主义和个人主义并不鼓励或希望造就，胆大妄为且为所欲为的个体，也不希望造就以自我为中心处处要滑占便宜的小市民，而是要塑造有基本责任感和担当的公民。

---

[37] 参看，Lon Fuller, *The Morality of Law*, rev. ed., Yale University Press, 1969。

[38] 在这一问题上，英国、加拿大以及美国的阿拉斯加州都有类似的、但更为严格的要求。例如，《阿拉斯加制定法》的相关法条规定，当犯罪是否成立取决于受害人低于特定年龄时，被告的辩解之一是被告（1）合乎情理地相信了被告是这一年龄或高于这一年龄，并且（2）采取了合乎情理的措施验证了受害者是这一年龄或更年长（Alaska Stat. © 1962-2002, § 11.41.445）。这一条款规定"被告承担举证责任""他必须以充分大量的证据来证明这一可以免责的错误"（*Steve v. State*, 875 P. 2d 110（Alaska Ct. App. 1994））。

[39] 当然，这一点也是"造法"，似乎有我在后面分析的僭越立法权的嫌疑。但这与最高人民法院这一批复对有关 14 岁的解释有很大不同。因为这里对每一个法定辩解的承认都需要司法的确认，而批复对"14 岁"的解释，实际废除了立法者对所有 14 岁以下幼女的意思表示能力的立法确定，因此把这一能力的辨认完全变成一司法判断了。请看后面的分析。

其他可能受影响的利益

就这一规定，综合平衡的分析或许还得考虑其他一些利益，不能仅仅从潜在的男性行为人的视角，特别是其主观视角。[40]之所以在性关系上对幼女有法定意思表示的年龄限制，就表明立法认为，在这一方面，幼女并非完全独立，没法像成熟女性那样"我的身体我做主"。还有其他一些相关利益必须考虑。

但首先，真不是为表现一种自由主义的姿态，在性的问题上，我并不认为女性没有或不应有欲望，没有或不应有主动的要求。我甚至愿意承认，即便不早熟，某些青春期少女甚或幼女也可能会有性好奇，在某些情况下，甚至可能主动，或表现得很主动，愿意用性行为来换得某些她希望得到的利益或财物。因此，从立法来看，将少女和幼女的心理、生理或情感要求纳入立法考量，将这个年龄定为 14 岁，低于许多国家或法域字面上沿袭但容易成为具文的 16—18 岁的标准，很有道理。但如果突破现行立法，完全交由法官针对具体个案中涉案幼女的情况来裁判，则非常不妥，甚至有点本末倒置了。毕竟，奸淫幼女罪是一条主旨为保护幼女不受性侵的法条。

首先，即便有些幼女有性欲望，这一点也并不必然令其欲求满足正当，不必然令她以最随其心所欲的方式满足自身欲求正当。某些所谓女性主义者[41]或刑法学人，以幼女有性欲望为由，要求降低法定同意年龄对幼女的特别保护，这种功利主义的论证不能成立。这个道理就像是，哪怕对特定或不特定女性有再强的欲望也不能令一位男子性侵女性的行为正当，或是这一点可作为减轻其罪责或过错的辩解。一个人对金

---

〔40〕 事实上，最高人民法院的这个批复以及诸多法律人支持这一批复的法理论证都过分强调男性行为人"确实不知"的主观要件，这都明显侧重于男性的视角，而完全没有考虑女性的视角。这表明中国目前在这一方面的刑法学思想中有很强的男权主义因素。可参看，吕芳、杜晓航：《尴尬的自愿年龄线》，载《中国妇女报》2003 年 3 月 10 日。

〔41〕 例如，李银河：《关于奸淫幼女罪》，http://www.7cv.com/mar/liyinhe/01-06-27/index.php，2003 年 7 月 1 日最后访问。

钱地位的欲望再强，也不因此他就可以对他人或集体或国有的财富主张权利，或有更大权利要求获得某一公职。事实上，法治、制度和其他种种社会规范的最基本的功能其实是约束和规范人的欲望，按照社会制度安排来满足自己的欲望。就因为，"无规矩不成方圆"。

其次，从抽象的个人和抽象的性欲出发，法律人和某些女权人夸大了年轻女性的性需求和性冲动。生物学经验研究发现，女性，尤其是年轻女性，通常性欲求不像男性那么强烈和冲动。[42] 这一点甚至显著体现在男人和女人对色情或情色物品的消费上。[43] 因此，很难想象，当不涉及其他利益交换时，幼女对连自己年龄毫不关心的某个陌生男子即刻动心动情，"自愿"发生性关系。那只会出现在色情交易场所，但这在中国目前是法律禁止的。

法律人本应关注和考察的，但最高法司法批复中最不该忽略的，另一利益是，幼女父母的利益，以及社会以各种方式——法律的或非法律的——要求其承担保护幼女责任的个人（如监护人）和机构（如《未成年人保护法》中规定的学校）的利益和责任。我概括地称之为家庭和社群的利益。现实生活中，除幼女父母双亡或失踪外，同一位幼女发生即便是幼女"自愿的"性关系，也并非只涉及"自愿"发生性关系的这两个个体。除极端自私、极端不负责任外，几乎所有父母或监护人都不可能对年幼女儿或受监护人同他人的性关系不管不问，放任自流，或认为应尊重她的"自愿"。这一批复可以说一不小心就剥夺了，至少也是大大削弱了，父母、家庭以及《未成年人保护法》规定的其他社会组织和机构保护未成年人的法定义务和权利；并在这个意义上，侵害了他们的利益。

---

〔42〕 参见，〔美〕波斯纳：《性与理性》，苏力译，中国政法大学出版社 2002 年版，第 120 页及注〔8〕；〔美〕波斯纳：《超越法律》，苏力译，中国政法大学出版社 2001 年版，第 386 页。

〔43〕 经验研究发现女性和男性消费的情色读物，包括文字和图片材料，有不小的区别。女性更爱看一些爱情小说，至少也是带有某种情调的情色作品，而不是"硬核"色情作品的消费者，后者的消费者基本都是男子。请参看，〔美〕波斯纳：《性与理性》，同前注〔42〕，第 476 页，以及该书第 4 章注〔14〕所引资料。这是普遍现象，因此有男性有"一个疑问是，为什么女同胞对毛片全都表现得那么抗拒？见几个女性说看毛片的观感，都是忍不住要呕吐的感觉。跟我说这些话的女孩并不是那种假惺惺的人……"见招拆招（张立宪）：《关于毛片的记忆碎片》，载《记忆碎片》，南海出版公司 2003 年版，第 81—82 页。为什么如此？一个社会生物学的有力解释，请看，〔美〕波斯纳：《性与理性》，同前注〔42〕，第 119 以下。

不仅如此，批复中提及并强调的所谓"严重后果"过于局促：要么是一些传统后果，主要是幼女怀孕或堕胎或未婚生育甚或自杀，或是目前中国司法通常更关注的社会后果，即强烈的社区和社会舆论或反应。这些后果当然值得关注，也往往是法官依据其已有社会经验和知识就可以理解的，但国内外都有部分研究表明，同幼女发生性关系，哪怕是自愿的，也可能对其未来发展有长远的心理和生理影响。[44]我不轻信这些研究一定可靠，但如果说对幼女的未来完全没影响，我也很怀疑。至少到目前为止，绝大多数当父母的中国人，包括制定该批复的最高法审判委员会各位委员们，没几个人真的认为，只要不怀孕，幼女与陌生男子的性行为，对幼女的未来没啥不利影响吧？但如果觉得有，在制定这一司法解释时，为什么却不纳入考量呢？话说得难听一点，会不会，就因为那不会是你们的孩子？甚至，即便目前中国人的这一观念是蒙昧的，法律人的正确态度也不能是毫不理睬，而要通过理性研究和验证来使之转化。对法官来说，社会上绝大多数人的哪怕是错误的信念，也不能视若无睹，掉以轻心，一味要求他们信仰和服从法官认定的法律。道理是，即便是错误的社会信念，那也是法官裁判时不能不认真应对的基本社会事实之一。[45]

即便有利有害和无利无害的证据完全相等，只要社会尚未形成确定的共识，从司法上看，法官，尤其是最高法院的法官，的选择也应当是宁信其有，而不信其无。法官和法院的角色从来是依法办案，更多着力于维持社会的现有秩序和稳定，而不是带领社会，推动民众观念变革的尖兵。换言之，相对于立法机关，法院的制度角色通常应略偏保守，法官的首要责任是服从宪法和法律。这就是"遵循先例"，中国人的说法叫做"萧规曹随"甚或"墨守成规"。这是司法必须关注的重大利益，这不仅有关司法自身，也有关整个国家权力的基本制度，也即宪制。

---

〔44〕〔美〕波斯纳：《性与理性》，同前注〔42〕，第532页。

〔45〕波斯纳的一个论证非常有力，"让我们假定，美国士兵已经接受了这个非理性但又无法动摇的信念，十三日星期五发起进攻会带来灾难。那么，这个信念本身就是一个事实，军事统帅在安排进攻日期时就有责任把这一事实考虑在内。如果十三号星期五发起进攻非常重要，那么，他也许就要努力教育士兵摆脱他们的迷信；但如果不是非常重要或者是这一迷信非常顽固，也许他会认为，最好还是接受这一点。"〔美〕波斯纳：《性与理性》，同前注〔42〕，第425页。

隐含的宪制越位

上面最后的话，换一种说法则是，即便最高法认定现行刑法有关幼女性行为意思表示的规定错了，那最多也只能建议并留待全国人大修法来纠正，也不能任由最高法用自己的一个批复来"补足"它认定的这一立法欠缺。这个批复侵蚀了中国现有宪法制度架构，客观上改变了相关机构间的宪法性权力配置和制约；再说得严重一点，那就是违宪。最高法最不该忽略这一点。下面我主要以利害分析，而不是用法条或教义分析，来唤起法律人对这一点的关注。

因为，在中国，在制定法国家，确定究竟哪些行为有社会危害，后果是否严重，乃至应受刑罚惩罚，这并不是交由司法自行决定的问题。这只能在民意基础上由立法机关通过立法过程作为一般性的事实问题，也即立法性事实[46]来确认。依据法理，也符合各国的宪制实践，在这类问题上，法官必须接受（must accept）立法机关的判断，不能将自己的判断凌驾于立法机关之上。[47]之所以如此，最基本理由就在于，在这类问题上，法官既没有比立法机关更高的合法性，也没有比立法机关更好的途径，即无权也无法通过听证、调研以及直接征集社会各界、专家和民众意见，了解这类社会经验事实，凝聚社会共识，平衡有时可能冲突的各类利益诉求，作出更靠谱更权威的政策判断并形成法律。

相比之下，在处理这一批复涉及的问题时，由于始于个案，法院最多也就是听取了部分刑法学人和律师的意见，自然更容易关注并偏向具体案件中刑事被告的"权利"，依据的也几乎全是刑法理论。在这种案件中自然会有检察官参与，也必须清楚，检察官的制度角色更多代表国家，间接地却不是直接代表受害人本人，至于受害人父母等其他利益相

---

[46] 关于立法性事实，请看，John W. Strong, *Mccormick on Evidence*, 4th ed. West Publishing Co., 1992, pp. 555-557。

[47] 参看，*American Bookseller Association, Inc. v. Hudnut*, 771 F. 2d 323, 329 n. 2 (7th Cir. 1985)。

关人的权益则基本无人代表或代表很不充分。偶尔有社会舆论或媒体发声，为保持司法独立，法院通常会努力避免太多受公众舆论或媒体影响；更不会，也不合适主动征求诸如妇联、共青团、妇儿工委等相关部门或社会团体的意见。因此在此类案件司法过程中，往往是，事实上一定是，刑事被告的权利得到了更充分的表达和考量，其他相关方的权益趋于代表不足，甚至无人提及，自然也就很难进入法官的视野。

代表不足的另一原因则是，目前中国法学人和法律人过于迷信狭义的法学，不大关注，通常也缺乏能力关注，并恰当处理此类案件相关的其他学科的研究成果，如此类案件涉及的儿童心理学、性心理学、社会学、女性学和生物学知识。这就决定了，法院，即便是最高法院，即便其一心追求公平正义，由于司法自身的局限，由于其可诉诸的知识资源和能力的局限，其视野注定相对狭隘。

前面已经提及，这一批复中说的"严重后果"在目前中国，基本停留在传统司法的理解，大致是怀孕或堕胎或是引发了民愤等。但鉴于中国刑法中将这种情况单列一款，把相关年龄作为立法事实明确规定，我们就应断定，立法者已认定，只要男子与 14 岁以下的幼女性行为，危害就已发生，后果已足够严重，才要求刑法干预，否则刑法又怎么会在此特意规定"以强奸论，从重处罚"呢？很明显，这个伤害已经不是一个允许律师以怀孕或堕胎之类的后果辩驳并由法官裁量或确认或推翻的预设了，这个伤害是立法者基于社会共识确定的，与行为男子本人的主观认知能力或认知程度无关。立法者在此从一开始就断然并完全排除了（pre-empted）将是否有危害的问题留待法院或法官斟酌的可能。这是立法的预先排除权（preemptive power）或排他独占权。

这样的规定看起来太专断，其实这才是理性。在各国的各类立法中，都有不少这类有关年龄的立法事实判断。例如，中国公民有选举权或被选举权必须满 18 周岁，至少满 8 周岁的中国公民的民事行为才可能有效；等等。[48]难道法官能以某位不足 18 周岁的青年各方面都已经

---

[48]《中华人民共和国宪法》第 34 条规定："中华人民共和国年满十八周岁的公民……有选举权和被选举权；但是依照法律被剥夺政治权利的人除外"；《中华人民共和国民法典》第 20 条规定："不满八周岁的未成年人为无民事行为能力人"。

很成熟为由，判决他可以参与选举？或是法官发现某个不满8周岁的孩子早熟就破例承认他或她有民事行为能力？这里的问题不是某位或某些不满法定年龄的公民是否达到了立法者立法时心中设想的那个标准，是否比其他成年人更聪明，更适合参选，甚或更受民众欢迎等；也不是，某个或某些儿童是否早熟或在某些问题上特别早熟，有比一般成人更强的能力进行民事交易。[49]这里的问题是，我国宪法制度把这个对立法事实的判断权授予了全国人大这个最高权力机关——立法机关。如果允许或默许司法机关在这类问题上自行裁量，那就等于废除了与这一年龄相关的法律，让法院在这一点上接管了也即"篡夺"了立法权。换言之，在这个年龄问题上，就不再有作为规则的法律了，只有审案法官的斟酌裁量意义上的法律了。这种情况，不仅会引发下一节讨论的选择性执法，增加了执法和司法腐败的可能，还可能因为没有规则作依据，会使力求恪守公正的法官面临各种复杂的压力，还会因为涉及举证和确认而大大降低司法裁判的效率。

一旦理解了全国人大认定的这一立法事实，更具体地看，就会发现，这一批复从三个方面自行改变了这一刑法条款。第一是把隐含了严格责任的法定强奸改变为一种过错责任；第二，把"自愿"和"不自愿"这一同法定年龄联系的立法推定改变为一个司法事实的判断；第三，把同幼女发生性关系对幼女造成伤害这一立法事实判断置换为一种将由法官在司法过程中针对具体案件斟酌裁决的事实判断。这三者足以表明该批复无可辩驳地侵犯了立法权。不仅如此，这一批复还并非自我限制了司法权[50]，而是大大扩张了整个法院系统的司法裁量权，扩大了每个刑事审判法官的，进而也扩大了刑事辩护律师，在执行这一法律中的斟酌回旋余地。

---

〔49〕当然，波斯纳指出，这一点在极其特殊的情况下，也许可以松动。美国宪法规定美国总统必须年满35岁，波斯纳指出，如果美国发生了瘟疫，35周岁以上的公民都死了，就可以违反这一宪法规定了。请看，Richard A. Posner, *Law, Pragmatism, and Democracy*, Harvard University Press, 2003, ch. 2。

〔50〕这一点很重要，马伯利诉麦迪逊一案的判决之所以能够成立，未受到立法机关的抨击和反击，其中的重要因素之一是该判决，至少就此案而言，自我限制了美国联邦最高法院的权力，而不是扩大了这一权力。可参看我对此案的分析，苏力：《制度是如何形成的》，载《比较法研究》1998年1期。

不仅如此，最高法院还通过这一批复，严重影响了人民检察院的相应权力行使和职责履行。没有这一司法批复，检察院依据刑法以强奸罪起诉奸淫幼女者只需证明，（1）被告同某女性发生了性关系；（2）该女性当时年龄不足 14 周岁。这两方面证据都更为客观明确，容易获得，也容易为法官或陪审员认定和确证，很难造假或牵强解说附会。但有了这一批复，尽管仅由法官在审判中适用，却会严重影响检察院的工作。为了确保指控成功，检察院的举证责任和相应的工作大大增加了。除上述两方面的证据外，检察院现在还必须证明：（3）被告同该幼女发生性关系之际"知道或应当知道"对方年龄不足 14 周岁；或许还必须证明：（4）该幼女不曾"自愿"；以及（5）这一性行为对幼女造成了严重后果。在奸淫幼女案中这三条都很难有统一明确的界限，这就给法官留下了太大的裁量权，反过来检察官工作量大增。此外，这三条中任何一条，还可以在此后全国各地法院的同类案件审理中持续"切香肠"。尤其第三条"知道或应当知道"的证明会极为困难，某些情况下几乎不可能。设想一下，如果被告事先决意"不知道"，例如，有些有足够金钱权势的男子，病态地偏爱与幼女的性关系，从不明说，只是让他人"看着办"[51]，检方如何可能"确实充分"或"不存在合乎情理"地证明被告知道特别是"应当知道"？

检察院若要成功指控奸淫幼女案，就必须有效抵抗辩护律师既有理由也更便利的挑剔，势必承担更沉重的侦查、举证和控诉责任。这责任不仅是智力的，也会转化为人力的和财政的，需要更多更大量的人力钱财。[52]公安机关和检察院的财政经费总是有限的，侦查取证技术在短期内也不大可能有重大突破。可以断定，最后的结果会是，可能个别案件除外，检察院在更多甚至绝大多数奸淫幼女案中很难完成"确实充分"或"不存在合乎情理"的举证责任。

接下来，辩护律师也很容易对这三点提出"合乎情理的怀疑"，进

---

〔51〕 试想：检方如何证明，刑事被告，不仅知道或应当知道，而且还不存在合乎情理怀疑地知道或应当知道？

〔52〕 相对于过错责任，严格责任对于社会资源的配置不一定总是最有效率，但在司法程序上却肯定更有效率。可参看，〔美〕波斯纳：《法律的经济分析》，蒋兆康译，中国大百科全书出版社 1997 年版，第 730—731 页。

而主张"疑罪从无"。可以推定，在制定并执行这一批复的法院系统内，一般也会更愿意、也更容易接受辩护律师的无罪主张。不仅因为这一批复来自最高法院，而且如此决定法院几乎没什么损失。在法院看来，指控不成功，有疑点，那就是你检察院未能完成举证责任。检察院成功指控的各类费用会大幅增高。按照价格理论，这一费用增加一定会令更多检察官，出于追求成功起诉回避不成功的考量，甚至就是出于本能，对某些此类案件很可能从一开始就会放弃侦查或起诉。这意味着，会有相当数量同幼女发生性关系的男子，从一开始就因这一批复而被解脱了，甚至都不会进入"犯罪嫌疑人"或"刑事被告"的角色！全国人大保护幼女的立法追求，因这个批复，就打了个大大的折扣。

我只是关心检察院费用增加吗？或指控成功率下降吗？我可不是检察院的说客！我更关心的其实是，依据中国《宪法》，有什么理由，最高法以自己的一纸批复，就改变了立法机关以《刑法》确立的，并且为中国长期司法（不仅是法院，也包括检察院）实践支持的，在指控奸淫幼女犯罪上，人民检察院的法定职权？令检察院费用激增，工作量增加，还改变了法院与检察院在这个问题上的相对关系位置和制度位置呢？依据《宪法》，检察院还是法律的监督机构！我不是说两者的关系位置和制度位置不能变动。我也相信与时俱进。但这也只能由全国人民代表大会来决定；或至少应由两大机构的长期实践来协调，作功能性微调，不能由最高法自己说了就算。就此而言，这难道不也是种宪制的僭越？

选择性执法以及社会公正

以上分析是在理论和制度层面，政治家或学人更关注。还必须考虑普通人更容易直观感受的，因此更关注的，法律在真实世界的社会实践后果，尤其是作为规则的后果，而不是某个个案的后果。这一节具体探讨一下，这个批复的利弊，在社会层面，更可能会由什么人承担，以及可能产生什么后果。

　　这首先要了解，在目前中国社会中，有哪些男子更可能同14岁以下幼女发生看似"自愿"的性关系。一是利用某种熟人——父女（主要是继父/女）、师生、邻居——间的信任发生的看似双方自愿的性关系。二是，城市地区家庭男主人对小保姆（他们绝大多数是来自农村）看似自愿的关系。三是同班或同校或至少也是同一社区或街区大致同龄的少男幼女间因相爱自愿发生的性关系。[53]这类关系即便有金钱的介入，多少还会涉及一定程度的信任关系，会有一段时间的交往，因此不大可能不了解幼女的大致年龄。男子很难说"确实不知"。这就意味着，即便双方"自愿"，男子也不可能收获这一司法批复可能带来的法律收益。有人会提出"网友"的性约会，这种情况可能增多，其中也会有些人可能不了解对方真实年龄。但仍很难想象，在不涉及金钱利益交换的前提下，无论是约方还是应约方，有多大可能，一位不足14岁的女孩会自愿同一位不了解也不愿了解自己年龄的陌生男子发生性关系？

　　在排除了种种现实的可能后，最可能"确实不知"对方不满14周岁却还能让幼女"自愿"与其发生性关系的男性更可能是这个社会中特定的极少数人。如果有当即直接或间接的财物或金钱交换，这些男性更可能是有钱或有势的人，例如各类企业老板、外商、富有的国外或境外游客，腐败官员；如果没有直接或变相金钱或财物交换，则可能是一些球星、影星、歌星或其他有较高社会地位或影响的男子。事实上，只有这些人才更可能在不知对方不满14周岁的情况下，"自愿"发生性关系，而且更多会在一种公开或变相的色情环境下。

　　这一司法批复付诸实践的实际后果因此更可能是，它选择性地把我们这个社会最厌恶最难容忍的一类成年男子同幼女的性关系豁免了（也可能有少数网友由此得以豁免）。他们所以能得到豁免，客观上，主要因为这个群体在这个社会拥有的权势和金钱，他们可以或更容易以各种真实或想象的财和物诱使或换取幼女"自愿"与其发生性关系，在某

　　　　————————

[53] 不过，这一群体中至少有一些人（已满14周岁不满16周岁），只要"情节轻微，尚未造成严重后果"，可以得到豁免。请看，《最高人民法院关于审理强奸案件有关问题的解释》，2000年2月13日最高人民法院审判委员会第1099次会议通过，2000年2月16日公布，自2000年2月24日执行。

些色情场所，但更可能在某些私人聚会中，为满足其即时的性欲。他们也更可能，甚至真的就是，"确实不知"幼女的年龄。相比之下，那些同窗的少男幼女或隔壁阿哥与小妹间还相对纯真的性冲动，至少在理论上，无法因这一批复得到豁免。

还应看到，由于有钱有势，前一群体也更有财力雇佣更有能力的律师为其辩护。换言之，他们更可能充分且有效利用法律——也包括这一批复——和司法的正当程序，更容易发现"疑罪"，并用各种手段，包括非法手段，"说服"法官"从无"。如果付诸实践，我判断，并一定会看到，这一看似对任何人平等适用的批复有强大的选择效果。这一效果客观上会违背宪法和其他法律规定的法律面前人人平等。

一旦锁定了这个最可能因这一批复获益的群体，我们还会发现这一批复的更大危险在于，它一定会促使属于这一群体的人从一开始就采取有效防范措施，确保自己"确实不知"幼女年龄，却仍与之发生"自愿的"性关系。设想一下，如果某位要人，腐败官员或老板，有同幼女性行为的邪恶偏好，其下属，或某位有求于他的地方官员（即便为促进当地经济发展，希望外商投资），或其他什么人，知道他的这一偏好，就会主动为他安排这种"自愿"性关系，且格外体贴地，从不告知他幼女年龄，将他同刑法之网有效隔离。一些球星、影星或任何其他名人的经纪人也可能如此安排。

最高法政策研究室负责人在为这一司法批复作说明时强调"要有足够的证据证明确实不知"，这一限定似乎隐含了举证责任倒置。即便为真，这一限定也会是口惠实不至。因为，这里隐含的是证据由男性被告一方提供，但只要有点脑子，就会明白这类证据的获得或"创造"在相当程度上直接取决于愿意支付的金钱以及愿意购买这类证据的律师的专业能力，而这两者在经验层面是相互关联的。一旦付诸实践，就此类案件总体而言，控方就很难就"知道或应当知道"承担起"确实充分"或"不存在合理怀疑"的证据。如果被告多年前就曾私下暗示其下属寻找幼女，其下属如何出庭作证？空口无凭，如何证明？法官又何以认定？这立刻会成为公诉人的"软肋"，成为刑辩律师的突破口。甚至，我相信，最高法这一批复中隐含的举证责任倒置，也迟早会受辩护律师的攻击，因为这直接违背了刑事诉讼法有关"举证责任"的基本原则。然后，"疑罪从无"就在下一站接力了![54]这里有环环相扣的陷阱。最高法大法官似乎非常不理解，或是不愿直面，自己的决策可能引发的实际后果。[55]

这个看上去很技术、很专业的司法批复一旦付诸实践，不只是违背法治允诺的法律面前人人平等，更会借助这一批复创造一种法律上的不平等。很容易激化社会矛盾。这就是为什么，尽管不少法学人一再为这一批复唱赞歌，一些网友却凭直觉指出了这一潜在问题，质疑说"人们不禁要问，这是在为什么人立法"[56]；"明眼人一看就知道，这个司法解释对犯罪人有利，对不满 14 周岁的幼女有害，对整个社会有弊无利。……这一司法解释却在替犯罪开脱"。[57]言辞可能过分，但仅就批复的实际后果而言，却不能不承认平民百姓的这种直觉太有道理了。这至少是一个严重损害最高法自身形象的司法批复。

还必须考虑这一批复对法官裁判的可能影响，是否有利于司法廉洁公正，或有利于司法承诺的公平正义形象。就此而言，我认为这个批复是——用经济学话语来说——"造租"的。因为相对而言，严格责任规则较难变动；允许法官裁量，允许律师辩解，标准则更灵活，就有更大回旋余地。[58]也因此，律师一般也偏爱更能展示自己"切香肠"能力的标准，不喜欢难以变通的规则或"一刀切"。这个批复恰恰增加了多个任由法官裁量的因素（"不知或确实不知""自愿""严重后果"以及"显著轻微"），这就为特定类型的刑辩律师提供了寻租的新矿床，还是富矿。在这一系列关键词的证明或反驳上，律师可以大做文章。这还不

---

〔54〕 对于这类案件的刑事辩护律师，这是很自然的并且很重要的选择，因为他们是法庭上的重复博弈者。关于这一点的细致分析和研究，可参看，Marc Galanter, "Why the 'Haves' Come Out Ahead: Speculation on the Limits of Legal Change", *Law and Society Review* vol. 9, 1974。

〔55〕 不过最高人民法院的大法官也确实不必考虑，因为这些不利后果都将由检察院承担，最终则将由受害人承担，而不是法官或法院。因此，可以说，正是这一利害关系，更准确地说"是利害无关系"，才使最高法院作这一批复时无须考虑自己决策的"社会成本"。这促成了它的决策盲点。

〔56〕 寇庆民：《荒唐的司法解释》，光明网，2003 年 5 月 26 日最后访问。

〔57〕 文志传：《是保护幼女，还是纵容犯罪》，人民网，2003 年 5 月 2 日最后访问。

〔58〕 关于规则与标准或严格责任与过错责任之相对优劣的法理学讨论很多，中文材料，可参看，〔美〕波斯纳：《正义/司法的经济学》，同前注〔33〕，第 54 页以下。

是全部，有了这条新规则，也就肯定会有些检察官和法官借这些裁量因素同律师交易，谋求私利。这个批复完全可能成为检察和审判中滥用裁量权、甚至进行权钱交易的新渠道。这与最高法近年来追求的公平与效率两大目标完全背道而驰。

是我太不信任我们的法官、检察官了？是我低估了律师的良知了？也许是。但在目前中国，我只能如此不信任了。我不是不懂规则与标准各有利弊的人，但面对今天中国的社会现实，我认定，至少眼下，应选择一个更可能减少徇私舞弊或是更容易发现徇私舞弊的措施，这就是更多使用规则，明确而简单的规则。

我希望我的分析只是杞人忧天，甚至希望历史证明我错了，并因此向最高法道歉。但即使法院检察院系统内没有灵魂腐败或唯利是图的人，这一改规则为标准的司法批复也会对幼女和她们的家庭更为不利。现实的司法/正义都不是免费的，都要金钱。换言之，有钱人会雇到更好的律师，或者说更能干的律师。想想吧，在当今中国，哪些家庭的幼女更可能卷入同陌生人的"自愿"性行为？卷入的幼女们趋于更多是农民工的孩子、下岗工人家的孩子。换言之，不仅她们本身相对弱势，她们还可能更多是这个社会中相对弱势群体的孩子！但从国家视角、从法律的视角来看，她们就是我们的孩子！

结语与建议

尽管对这一司法批复持强烈批评态度，但我"对事不对人"。我愿意相信，最高法这一批复的初衷是力求维护法律的公正，完善法治，防止法律专断，减少刑罚适用等等；甚至许多大法官还可能想以此来推进法律"现代化"或"与时俱进"或"先进文化"；等等。但仅仅有愿望远远不够。从抽象的法律概念或部门法理论中无法推出有效的法律结论，因为法律的生命不是逻辑，而是经验。也没法用"法治观念更新""现代法治精神"这样的标准来有效评价一个立法或司法解释/批复的实际社会效果。唯一的出路就是，面对中国社会现实，一切——甚至都不是有些——从实际出发，有效借助社会科学的研究成果来谨慎务实地推进司法实践。

我懂得，并且一贯坚持，论文不是提具体建议的地方。但是笔下的这个问题实在是迫使我必须违规——即便达不到"紧急避险"的程度。鉴于这一司法批复的错误以及实践起来的潜在不公正，我的建议是采取如下的措施之一：

最高检察院针对具体案件就这一批复的合法性提起审判监督，要求最高人民法院重新审视，由最高人民法院自行撤销这一批复，纠正这一错误，确立司法的尊严；

或援引有关《香港特别行政区基本法》第 24 和第 22 条有关居港权的先例[59]，由适当机构（如最高检、全国妇联、共青团以及其他承担了保护少年儿童特别义务或责任的机构、组织、团体）请求全国人大常委会对《刑法》第 326 条第 2 款直接作出效力相当于立法的立法解释；

或在全国人民代表大会全体会议上，由全国人大代表针对这一问题制定新的立法提案，并予以辩论通过（肯定或否定最高人民法院的这一司法批复）。

尽管言词比较犀利，但是上面的分析，特别是对最高法，我还是有意节制的。[60]节制不是公关，而是我理解最高法，包括全国各级法院，在处理奸淫幼女案或某些"嫖宿幼女案"时遇到了一些非常棘手的案件。[61]且我国刑法对奸淫幼女案的刑罚相当重（最高可适用死刑）。最高法的批复在一定程度上或主观上是试图回应我国刑事立法上的这些问题。但问题是这一批复不可能解决这类问题，反而会引发更多其他问题。千万不要以为只要改变，甚或改革，结果就一定是改善或改良。结果与意图之间没有逻辑联系。根据前面的分析，我提出以下刑法修改或

---

〔59〕 有关居港权的争议之始末的介绍、分析和讨论，可参看，陈弘毅：《回归后香港与内地法制的互动：回顾与前瞻》，载香港法律教育信托基金编：《中国内地、香港法律制度研究与比较》，北京大学出版社 2000 年版，第 22—23 页。

〔60〕 我也力求避免意识形态化或道德化。因此本文避免了强烈的法条主义论证，也没太多强调人民主权或立法至上之类的政治理念。这种话语太多借助大词，容易湮灭实用主义的理性分析。我也不希望读者用这种角度切入问题。

〔61〕 有关这一点，可参看，杨书文：《刑法中的"嫖宿幼女罪"应予废止》，载《生活时报》2000 年 6 月 14 日。

解释的建议：

第一，在坚持《刑法》第 236 条的法定强奸之司法实践的同时，修改刑法的相关条文，对即使有铁证如山的证据证明，双方自愿，与 14 岁以下幼女的性行为也只以强奸论，可删去"从重处罚"。

第二，对那些确实不知幼女不足 14 岁并与之发生性行为的行为人，或可引入"过失犯罪"作为量刑情节；或如同英国或加拿大等国通过司法将"确实不知"作为奸淫幼女罪的法定从轻情节或减轻情节，但要从严掌握。

第三，借鉴国外相关经验，也可通过司法解释对"确实不知"提出明确的法律举证要求，如行为人必须问询对方年龄并要求出示相关的法定证件。

第四，考虑到事实上一直存在某些同性恋者性侵男童，应当考虑通过立法将奸淫幼女罪修改为奸淫幼女幼男罪或奸淫幼童罪，或通过司法解释适用于同年龄幼男。

第五，应当废除嫖宿幼女罪，将之纳入奸淫幼女罪，不只是为了消除这两个罪名的内在逻辑矛盾，更要避免由此产生的司法寻租和腐败。

第六，应重新考察"严格责任"在刑事法律理论中的可能作用，具体地分析其利弊。仅用"封建专制的"这样一个明显意识形态定语就将这样一个有重大理论意义且曾长期实践的问题长期放逐于理论视野之外，这是不正常的，不利于中国法学的发展。即使要它死，也要让它死个明白！

　　书编完了，却还想就个案/事件的法理分析和法律分析多说几句，算是对本书的一个说明。

　　第一，法理分析和法律分析是不同的。后一类分析，不论分析者是法官、检察官和律师，由于要点是做成一件具体的事，要决断，要行动，也难免有各种职业甚至个人的利害考量，有当下的社会情势，因此目标一定更为现实。这就迫使分析者通常会把自己的个案思考中的某些就目前而言实践意义并不重大的疑惑隐藏起来，还会特意把自己想到了、但对方不会想到，甚或即便对方想到也提出了但自己就是不想搭茬的某些争点（issues）隐藏起来，以便更强有力地推动自己追求的确定结论。所谓"扬长避短"，充分展开对己有利更易发挥的争点。

　　法理分析自然也会包括这种法律分析，但关注点不同。学理的分析一方面确实要综合平衡地关注涉案各方的利益，甚至要包括很容易被分析者忽视的抽象的也即无法落实到具体人身上的社会利益，要坦诚独自面对分析者的天理良知（但那也可能是个人的甚或世代的"偏见"，但没法消除，甚至不应消除，因为这是我们存在和思考的基础），但更会尽量追问个案中的各种智识可能，及其对于法治和法学的意义。

　　甚至法理分析不仅仅分析法律文字，而且分析其他相关的可能影响法律和司法的各种规范，关注司法制度、舆情、社会变迁以及历史文化对个案/事件的影响，分析理解个案/事件涉及的警方、检方、法院/合议庭/主审法官以及其他行为人的应对策略和举措。

法理分析当然应当有助于个案的务实应对，但其目标却从不只为了应对个案。法理分析其实几乎只为了更好地更现实地理解法律和司法，理解天理、国法与人情及其互动。

第二，由于追求是高度智识的，即便从不刻意追求，甚至应尽可能避免，这类个案/实践分析却常常不得不涉及相关的学科、科学或知识。在智识上必须多少有一点逢山开道、遇水搭桥的思想准备和气概。这看起来跨界，有难度，但对职业生涯和眼界也有好处。

第三，这种个案/事件分析之表述应保持坦诚。不但要能承认自己分析中的困惑，可能的弱点，更要准备得罪人，即便"政治不正确"，即便危险。表述应努力避免法言法语，以及其他学科的专业术语。要尽可能用普通人容易理解的日常语言和"日用而不知"的经验来表达，目的只是要让更多读者基于其经验来感悟、明白并真心接受或拒绝分析者的说理。不强求。这种分析和表达因此大致是鲁迅对司马迁的评价："不拘于史法，不囿于字句，发于情，肆于心而为文。"[1]这个要求也高也不高。

说了这些话用处不大。懂的人一听就懂；听不懂的，会说你矫情。然而，即便说了也白说，白说也要说！

苏 力

2019 年 5 月 20 日

---

〔1〕鲁迅：《汉文学史纲要》，载《鲁迅全集》（9），人民文学出版社 2005 年版，第 435 页。